机械工业出版社高水平学术著作出版基金项目

智能底盘关键技术及应用

线控执行、融合控制、失效运行

◎ 张俊智　吴艳　王丽芳　何承坤　著

机械工业出版社
CHINA MACHINE PRESS

智能底盘作为自动驾驶的基石，为中国汽车产业突破国外传统底盘技术壁垒提供了全新的发展路径和机遇，正在成为我国政产学研关注的焦点和热点。本书以智能底盘为研究对象，详细介绍了智能底盘的技术内涵及其发展，深入探讨了智能底盘核心线控执行系统（线控液压制动系统、线控转向系统）的关键技术、智能底盘多系统协调控制技术及智能底盘失效运行控制技术，系统地展示了智能底盘线控执行系统精准控制、智能底盘一体化协调控制、极限工况下智能底盘安全控制、智能底盘系统失效运行及容错控制技术的解决方案。

本书内容充分、翔实，借以仿真和试验结果，令读者能够快速掌握相关控制方法的适用范围及优势，可以作为高等学校车辆专业本科生和研究生的教材或教学参考书，还可以作为从事电动汽车相关领域工程技术人员、管理人员和科研人员的参考书或工具书。

图书在版编目（CIP）数据

智能底盘关键技术及应用：线控执行、融合控制、失效运行 / 张俊智等著 . —北京：机械工业出版社，2023.12（2024.6 重印）

机械工业出版社高水平学术著作出版基金项目

ISBN 978-7-111-75114-4

Ⅰ . ①智… Ⅱ . ①张… Ⅲ . ①电动汽车—智能控制—底盘—技术发展—研究—中国 Ⅳ . ① U469.72

中国国家版本馆 CIP 数据核字（2023）第 255416 号

机械工业出版社（北京市百万庄大街 22 号 邮政编码 100037）

策划编辑：王 婕　　　　责任编辑：王 婕

责任校对：张婉茹 陈 越　　封面设计：张 静

责任印制：刘 媛

北京中科印刷有限公司印刷

2024 年 6 月第 1 版第 2 次印刷

184mm × 260mm · 18 印张 · 2 插页 · 465 千字

标准书号：ISBN 978-7-111-75114-4

定价：199.00 元

序 PREFACE

经过20多年的洗礼和成长，我国汽车行业的自主研发能力与水平发生了质的飞跃，研发出了世界领先的电动汽车产品。电动化为智能化打下了扎实的整车技术基础、产业基础和品牌基础。电动化与智能化的结合、汽车行业与ICT行业的融合正在引发基因重组。随着电动与智能汽车技术的高速发展，底盘系统经历了由机械底盘、电动底盘再到智能底盘的技术变革。智能底盘为我国底盘整体技术的跨越式发展、打破底盘技术垄断的局面提供了新的机遇。

汽车电动化与智能化的深度融合也给底盘带了新的机遇，迫切要求底盘具备状态自感知及自管理等新功能，并能够与自动驾驶系统深度协作，催化了智能底盘概念及关键技术的诞生。智能底盘需要在电动底盘的基础上，具备全面线控能力、集中域控能力、自我感知与控制能力、极限驾驶能力以及失效运行能力。因此，汽车产业亟需系统性梳理相关知识体系，为解决智能底盘关键系统设计和控制提供解决方案。

《智能底盘关键技术及应用：线控执行、融合控制、失效运行》是作者团队十余年科研及实践工作成果的结晶，系统性论述了智能底盘的关键线控系统及协同控制技术。该书在概述智能底盘技术发展脉络的基础上，从线控制动与线控转向系统设计与控制技术、底盘多系统协同控制技术、极限驾驶控制技术以及失效运行控制技术等方面重点阐释了智能底盘关键系统设计与控制方面的系统性解决方案。

该书的出版将为汽车底盘技术的发展提供技术支撑，为汽车底盘产业的发展提供方向指引，同时为汽车底盘领域的人才培养提供宝贵教材。在此，希望该书能够充分发挥行业指导及示范效应，推动智能网联汽车的产业化发展，为“汽车强国”贡献力量。

中国工程院院士

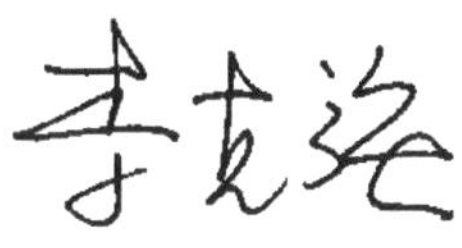

前　言 FOREWORD

底盘是决定汽车行驶安全、能效和驾驶平顺等核心性能的基石。自动驾驶技术的深入发展，要求底盘具备智能感知和智能控制能力，特别是与自动驾驶的协同，这一需求超出了传统底盘的技术范畴，极大促进了底盘技术的变革，智能底盘应运而生。智能底盘需要在原有承载和行驶功能的基础上，替代驾驶员实现对车辆与地面间相互作用的认知、预判和控制的能力。为了实现上述能力，现阶段亟需解决底盘的线控执行、底盘融合控制及失效运行控制等关键技术。

在上述背景下，本书基于清华大学智能底盘研究团队、中国科学院电工研究所车用能源系统及控制技术研究团队，以及自主零部件龙头企业和整车企业十余年密切合作的自主研究成果，系统性地介绍了智能底盘的核心线控执行系统及控制技术。全书内容分为6章，包含线控制动系统设计与控制技术、线控转向系统主动转向与路感模拟控制技术、底盘纵横向协同控制技术、底盘极限驾驶控制技术、智能底盘失效运行控制技术。

本书由清华大学教授张俊智博士，中国科学院电工研究所副研究员吴艳博士，中国科学院电工研究所研究员、中国科学院大学教授王丽芳博士，清华大学助理研究员何承坤博士著写，由张俊智确定总体思路、框架和各章节内容，负责统稿和定稿。本书第1章由张俊智撰写，第2章由王丽芳和何承坤撰写，第3章由吴艳和王丽芳撰写，第4章和第5章由张俊智和吴艳撰写，第6章由张俊智、何承坤撰写。在本书撰写过程中，智能底盘研究团队的苟晋芳、马瑞海、孙东升、张仲石、季园、张俊峰、韩金恒、赵世越、李月、陈启蒙等多位博士后、研究生及工作人员参与了各章节的资料整理，耿姝芳、李禹橦、袁野、李超、侯晓慧、马成军等多位研究生为相应章节写作提供了有价值的资料和帮助，在此一并对他们的辛勤付出表示感谢。

目前，智能底盘技术体系尚未成熟，未来仍将持续发展。限于作者水平，本书疏漏和不当之处在所难免，敬请广大读者批评指正。

著　者

目　录 CONTENTS

第 1 章 绪 论

1.1 智能底盘概述

电动汽车和智能汽车快速发展的背景下，全球范围内汽车技术与能源、交通、信息、人工智能等领域交叉与融合，汽车智能化已经成为汽车工业的发展潮流。无论在技术开发还是产业应用方面，安全、高效的智能电动汽车都呈现出蓬勃的发展态势和巨大的应用前景。在汽车电动化与智能化发展的进程中，汽车底盘也经历了机械底盘、电动底盘再到智能底盘的技术变革。智能底盘作为支撑自动驾驶汽车高质量发展的基石，已成为全球科技竞争的焦点。大力推进智能底盘技术创新与产业发展，将为我国汽车产业带来巨大的技术效益、经济效益和社会效益，同时是实现汽车强国、汽车产业跨越式发展，甚至全球领跑的重大战略需求。

1.1.1 智能底盘技术的发展现状

汽车底盘集成了制动、转向、传动、悬架等系统，承担车辆行驶任务，直接决定了汽车运动安全性、驾驶舒适性和操控性。在传统燃油车时代，车辆动力源为内燃机，通过刚性联轴器和转轴实现能量的传递，底盘主要以复杂的机械传动装置为主，仅有少量的电控单元和电控功能，底盘操控需要驾驶员全程参与。电动汽车则采用车载的驱动电机作为动力源，驱动电机参与驱动和制动控制，底盘的电动化程度逐步提升，机械底盘逐步向电动底盘转变。

随着高级别自动驾驶产品加速量产落地，国内外主流整车厂对 2025 年量产 L3 级自动驾驶产品、掌握 L4 级自动驾驶技术的目标达成共识。对于 L1 和 L2 自动驾驶，驾驶员是驾驶任务的全程主导者，对自动驾驶系统的计算能力、传感精度等方面并非硬性要求，底盘执行系统的冗余设计和线控性能亦无严格要求。对于 L3 ~ L5 高级别自动驾驶，驾驶主体逐渐由驾驶员转换为自动驾驶控制器，由于涉及“人、车、路、网、云”五维协同，技术难度骤然上升，车辆行驶安全问题因此更为突出。为了应对全工况全过程的驾驶任务，充分保证智能电动汽车的功能安全（Functional Safety），底盘需要具备对车辆与地面间相互作用的认知、预判和控制的能力，尤其是 L4 级别及以上自动驾驶要求底盘具有失效运行甚至冗余自动驾驶的能力，从不同程度上替代驾驶员。可以看出，高阶自动驾驶要求底盘线控化，底盘与驾驶员之间完全解耦，能够直接接收驾驶员或自动驾驶系统驾驶指令电信号，从而实现对汽车行驶各个单元部件的高效控制。智能底盘在电动底盘的基础上进一步强化了智能感知与智能控制能力，在无需驾驶员介入的情况下，可实现正常条件下底盘路况和状态的自我感知与底盘集中域控制、故障条件下底盘故障自我感知与失效运行控制。

1.1.1.1 国外智能底盘技术的发展现状

汽车底盘正沿着纯电动化、全面线控化、集中域控化和设计冗余化的技术路线持续变革。目前，智能线控底盘正处于初级阶段，部分产品也已实现规模化量产；同时，全球相关乘用车企业、零部件企业及初创滑板底盘企业等正在加速技术迭代，攻坚克难，意图在乘用车智能线控底盘领域抢占技术、产业与市场先机。

2016 年，美国特斯拉电动汽车公司在中国推出了 Model X 量产纯电动车型。该车型动力系统包括双电机集中式全轮驱动、三电机前集中式后分布式全轮驱动两种构型版本；其底盘搭载了面向高级别自动驾驶的电助力式线控制动系统、电动助力转向系统、主动空气悬架系统、电子驻车系统等，汽车底盘实现了基础线控化；另外，特斯拉在电子电气架构和集中式域控架构技术较为先进，Model X 将整车划分为动力、底盘、车身和车身低速容错等功能域，实现了底盘的集中域控制，同时中央车身控制模块横跨上述功能域，呈现出跨域融合的新趋势。

2021 年，德国奥迪汽车公司推出了纯电动 SUV Q4 e-tron，该车搭载了大众全新的 MEB 纯电动专属底盘平台，配备了电液一体化线控制动系统、电动助力转向系统、自适应悬架系统、电子驻车系统等，整个底盘系统已经实现基础线控化；同时，其搭载的大众 E3 域集中电子电气架构将整车划分为车辆控制域、智能驾驶域和智能座舱域，实现了底盘域控功能。2023 年广州车展上，新奥迪 Q6 e-tron 展示了奥迪在电动化、智能化和数字化等领域的科技创新和产品升级。该车搭载了大众全新高端 PPE 纯电驱动底盘平台，该平台采用了 quattro 电动四驱系统和自适应空气悬架。

2021 年，德国梅赛德斯 - 奔驰集团股份有限公司发布了奔驰 EQS 量产纯电动汽车，搭载了奔驰 EVA 纯电动专属底盘平台，配备了线控制动系统、四轮主动转向系统、阻尼连续可调的空气悬架系统、电子驻车系统等，汽车底盘实现了全面线控化。该车采用了集中域控的电子电气架构，整车划分为动力总成域、自动驾驶域、座舱域、车身域和通信域五大域控单元，保障了汽车和底盘集中域控制能力。

2021 年，滑板底盘头部企业美国 Rivian 公司交付了纯电动 SUV R1S 和纯电动皮卡 R1T，均搭载了 Rivian 滑板底盘平台。Rivian 滑板底盘平台高度集成了电池、电机、传动、转向、制动、悬架等部件，采用车身与底盘上下分体式设计，结构与非承载式车身相类似；其动力系统提供了四电机分布式四轮驱动和双电机集中式四轮驱动两类构型版本；搭载了线控制动系统、线控转向系统和独立空气悬架系统，实现了底盘全面线控化。目前，美国 Rivian 公司基于滑板底盘技术正积极拓展乘用车领域整车产品开发业务。类似的滑板底盘公司如 Canoo、Lordstown 也都先后交付了基于滑板底盘的纯电动车。其中，Canoo 滑板底盘的动力系统提供了集中式前轮驱动、集中式后轮驱动、集中式四轮驱动等定制化构型服务。Lordstown 公司推出的滑板底盘平台的动力系统则是采用四轮毂电机驱动的构型，其在 2022 年交付了全球首款轮毂电机驱动的滑板底盘纯电动皮卡 Endurance。

总的来说，国外凭借传统底盘长期技术积累优势，使其智能底盘发展具备一定的先发优势，资深整车企业和新兴滑板底盘企业等正在乘用车智能底盘领域持续发力，加速推进智能底盘线控化、域控化和冗余化设计进程，加速乘用车智能底盘产品的技术迭代，正在带动新一轮的乘用车底盘技术与产业革命。

1.1.1.2 国内智能底盘技术的发展现状

2021 年，比亚迪汽车工业有限公司推出纯电动量产车型海豚，搭载了比亚迪 e3.0 纯电专属底盘平台。该平台采用八合一电动化总成、电池车身一体化设计（Cell to Body，CTB）等新技术；其动力系统包括单电机集中式后轮驱动和双电机集中式四轮驱动两种构型版本；配备了面向高级别自动驾驶的博世智能集成线控制动系统 IPB、双小齿轮电动助力转向系统等，底盘实现了基础线控化。此外，2022 年比亚迪汽车工业有限公司推出的纯电动量产车型海豹也同样搭载了 e3.0 纯电底盘平台。2023 年 11 月广州车展上，比亚迪发布了仰望易四方概念车，该车没有传统转向器和传统制动装置，通过 4 个轮边电机实现驱动、制动、转向三合一技术，实现了驱动冗余、电源冗余、制动冗余和转向冗余四大整车级冗余能力支撑的整车级安全冗余。

2021 年，长城汽车发布了咖啡智能 2.0 智慧线控底盘。该底盘装配了线控制动、线控转向、线控换档、线控油门、线控悬架等；同时，在线控制动系统、线控转向系统等零部件层面，从电源、传感器、控制器和执行器均采用三重备份设计，即三冗余系统；实现了汽车底盘的全面线控化；该底盘采用了全新电子电气架构 - 长城 GEEP4.0，可以实现底盘域多系统协同控制，可全面支持 L4 及以上自动驾驶级别。

2022 年，吉利汽车集团有限公司子品牌极氪发布了首款高端智能电动量产车——极氪 001，搭载了吉利 SEA 浩瀚纯电专属底盘平台。该底盘提供单电机集中式后轮驱动和双电机四轮驱动两种构型版本；配备了 iBooster2.0 电助力线控制动系统、电动助力转向系统、全自动空气悬架系统和电子驻车系统等，底盘系统实现了基础线控化。此外，该车采用了智能座舱域、自动驾驶域和车辆控制域三域融合的全新电子电气架构，为汽车智能化开发奠定了架构基础。

2022 年，小鹏汽车推出了小鹏 G9 纯电动量产 SUV，搭载了小鹏 Edward 纯电动底盘平台。该底盘提供单电机集中式后轮驱动和双电机集中式四轮驱动两类构型版本；装备了线控制动系统、电动助力转向系统、智能空气悬架系统、电子驻车系统等，实现了汽车底盘的基础线控化。

2022 年，百度公司在百度世界大会发布了第六代量产无人车——阿波罗 RT6，其搭载了百度自研阿波罗星河架构底盘平台。该底盘配备了线控制动系统、线控转向系统等，实现了底盘的全面线控化；同时，整个底盘系统具备架构冗余、计算单元冗余、制动系统冗余、转向系统冗余、传感器冗余、通信冗余和电源冗余等七重全冗余，任何单一零部件或系统失效，备用的冗余系统都可以瞬时完成补位。

在滑板底盘方面，2021 年我国滑板底盘企业 PIX Moving 公司联合奥迪全资子公司 Italdesign 共同发布了全球首个自动驾驶滑板式底盘 Ultra-Skateboard。该底盘的动力系统采用了轮毂电机的四轮驱动构型，配备了线控驱动系统、线控制动系统、线控转向系统、电子驻车系统等，具备四轮转向能力；搭载了自研的 AMPTM 电子电气架构，可实现驱动、制动、转向、电池等关键部件的底盘集中域控制。

2022 年，滑板底盘企业悠跑科技公司发布了 UP 超级底盘。该底盘形如滑板，通过预留的电气和车体接口，实现底盘与车身系统、座舱系统的完全解耦，进而使车身与座舱可以根据需求更换。整个底盘全面线控化且高度集成，同时集成了三电、传动、悬架、制动等部件，配备了线控制动系统、线控转向系统和 AI 自适应悬架系统等，具备通信冗余、制动冗余、转向冗余、算力冗余、传感器冗余和电源冗余等多重冗余性能。

2023 年 1 月，宁德时代全资子公司宁德时代（上海）智能科技有限公司与哪吒汽车签署协议，双方将在 CIIC（CATL Integrated Intelligent Chassis）一体化智能底盘项目上开展合作；11 月，宁德时代在“2023 国际汽车电子与软件大会·滴水湖峰会”上介绍了其滑板底盘研发进展，首发 B 级轿车已完成了黑河冬季测试及吐鲁番夏季测试，该底盘集成了转向、制动系统，并配置了底盘域控制器，续驶里程突破了 1000km；预计将在 2024 年三季度实现量产。哪吒汽车也在 11 月广州车展上首次发布了全栈自研的滑板底盘平台“浩智滑板底盘”。该底盘应用了前后车体的一体化压铸 + 能量舱相结合的技术，能够适配轿车、SUV、MPV、旅行车和皮卡等多种不同车型。此外，我国一些初创零部件与底盘企业也正在智能线控底盘赛道上发力，如英创汇智、同驭、陆格博、比波斯特等。

总的来看，国外凭借传统底盘长期技术积累优势，在智能底盘发展上具备一定的先发优势。而我国智能底盘技术前期储备相对薄弱，但整车企业、新兴零部件企业和新兴滑板底盘企业等正在积极参与乘用车智能底盘领域的技术与产业变革，呈现出蓬勃发展的利好局面。我国整车企业与零部件企业之间、汽车行业与 ICT 行业之间的优势力量正在加速融合，协同突破智能线控底盘瓶颈技术；另外，我国在乘用车智能线控底盘赛道涌现出了一批新兴创新创业企业，成为智能线控底盘技术与产业发展的有效补充力量。这都有助于我国在乘用车智能线控底盘领域后发力量突破先发优势，实现乘用车智能线控底盘产业对国外的全面赶超。

1.1.2 智能底盘的定义及组成

智能底盘是为汽车自动驾驶系统、座舱系统和动力系统提供承载平台，具备认知、预判和控制车轮与地面间相互作用、管理自身运行状态的能力，具体实现车辆自动驾驶任务的线控执行系统。

智能底盘主要由底盘域控制系统和线控执行系统构成，其中底盘域控制系统能够对各传感器采集物理量进行融合分析，进而实现对地面状态的感知和极限工况下对自身行驶与控制状态的感知，并结合感知信息实现对智能底盘各个线控执行系统的精准控制、多系统的协调控制、失效运行控制等，使底盘独立移动成为可能，底盘和车身系统、座舱系统解耦。线控执行系统包括线控制动系统、线控转向系统、线控驱动系统、线控悬架系统，能够将原执行系统（制动、转向、驱动、悬架）中的部分传动机械结构用信号传输线来代替，通过控制意图信号（如制动意图、转向意图、驱动意图）直接传递给执行器实现执行控制。由于线控执行系统取消了传统执行系统中的部分机械结构，大大降低的部件的体积，同时控制系统的响应速度相比于传统执行系统得到了很大的提升，因此能够满足智能驾驶系统对执行控制的要求。

智能底盘具备针对不同驾驶工况以及个性化驾乘风格的智能调节能力；具备底盘安全运动状态预测与安全边界计算的能力，能够在极端工况下实现安全控制；具备与自动驾驶系统交互的能力，当自动驾驶域出现问题后，底盘可接管并承担一定的功能，确保行车安全；具备底盘关键部件失效后保持运行的能力；具备抵御对底盘域的典型网络攻击的能力；具备对底盘执行系统、零部件等异常状态或异响的智能感知能力，实现替代驾驶员对底盘健康状态的智能感知与管理。

1.1.3 智能底盘的属性

智能底盘集成了制动、转向、悬架、传动等系统，承担行驶任务，决定汽车运动安全性和驾驶平顺性，其应具备三大基本属性：安全、体验和低碳。

安全是智能底盘的第一属性和核心属性，是保障危急场景下底盘和汽车安全、可靠行驶的基础。智能底盘的安全属性主要包括主被动一体化安全、功能安全、预期功能安全和信息安全。底盘的智能化拓展了主被动安全控制的边界，提升了其主被动安全性能；功能安全包括系统失效后冗余系统的切换性能和功能安全水平；预期功能安全是规避由功能不足或可合理预见的人员误用所导致的危害和风险的功能；信息安全则是关注采取措施防御未经授权的访问和操纵，保证底盘安全运行。

体验是智能线控底盘的第二属性和个性化属性，注重不同类型驾乘人员的主观驾乘体验，拓展底盘个性化驾驶、专业驾驶的能力，是提升智能线控底盘驾乘舒适性和消费者接受度的关键。智能底盘可从三方面提升驾乘体验：第一是通过多系统协同控制提升驾乘体验，促进纵、横、垂向协同动力学控制与智能驾驶协同优化，提升驾乘舒适性；第二是提供自迭代的个性化驾乘体验，收集与识别个性化驾乘数据，通过人车交互与自学习迭代，提供符合驾乘人员心理预期的驾乘体验；第三是通过数据驱动方式来提供专业的驾乘体验，基于对专业驾驶员的行为数据分析，提供专业驾驶服务，提升驾乘乐趣。

智能线控底盘的低碳属性重点关注汽车行驶期间的底盘能耗，通过多部件协同管理，实现智能线控底盘行驶低碳和关键零部件的低能耗，是我国实现绿色出行、达成“双碳”目标的重要支撑。

1.2 智能底盘关键线控执行系统

线控技术（X-by-Wire）最早是从航空技术领域发展起来的，引入到汽车领域中，“X”可以代表传统的由机械或者液压控制的各个功能部件。智能线控底盘主要包含了线控加速踏板、线控换档、线控制动、线控转向等线控系统。其中，线控加速踏板和线控换档系统发展较早，技术较成熟，已经得到广泛的应用。相对而言，线控制动和线控转向因起步晚，技术门槛高，目前市场渗透率处于低位。但是线控制动系统与线控转向系统作为智能线控底盘的硬件基础，是实现汽车电动化和高级自动驾驶关键的部件之一，安全高效的制动和转向直接决定了底盘及整车的纵横向运动安全，是必须解决的核心技术。

1.2.1 线控制动系统

线控制动系统（Brake-by-wire System，BBW）是底盘线控化的关键执行部件之一。BBW 通过制动踏板采集驾驶员的制动意图，并转化为制动强度信号，或者接收上层智能驾驶系统的制动命令，主动执行制动命令。BBW 实现了驾驶员制动力与轮端制动的解耦，是实现高级别智能驾驶的执行基础之一。

线控制动系统根据执行传递介质的不同可以分为电子液压线控制动系统（Electro-hydraulic Brake System，EHB）以及电子机械式线控制动系统（Electro-mechanical Brake System，EMB）两类。

1.2.1.1 电子液压线控制动系统

电子液压线控制动系统主要包括以高压蓄能器为压力源的蓄能器式电子液压线控制动系统、以电助力主缸和柱塞泵为共同压力源的电助力主缸式电子液压线控制动系统。

1. 蓄能器式电子液压线控制动系统

蓄能器式电子液压线控制动系统是最早被提出且商用化的电子液压线控制动系统。其采用电机驱动柱塞泵将制动液压入高压蓄能器内并长期储存。蓄能器内的高压制动液在轮端具有制动力需求时，可以通过电磁阀调节模块进入到制动轮缸，从而实现对轮端制动力的调节。

蓄能器式 EHB 的代表性方案包括德国 Bosch 公司的 SBC（Sentronic Brake Control）方案以及日本 ADVICS 公司的 ECB（Electronically Controlled Brake）方案。SBC 方案由一套电机驱动的柱塞泵 - 蓄能器组件作为液力高压源，高压源下游布置有压力传感器。在工作状态下，柱塞泵根据测得的蓄能器压力调节工作状态，从而为蓄能器内部维持一个相对稳定的压力范围。在制动踏板端，踏板主缸与一个踏板模拟器相连接，从而在线控制动的情况下为驾驶员模拟制动脚感。SBC 取消了真空助力泵，采用踏板模拟器模拟制动脚感并采集驾驶员的制动意图，从而解耦了车辆的制动与驾驶员的制动动作。在下游，每个制动轮缸前均有进、出液阀，通过对进出液阀的控制，实现对轮缸压力的主动调节。当线控制动单元失效时，如断电等问题出现，踏板模拟器自动关闭，驾驶员可以直接将踏板主缸的制动液通过人力踩入前轴制动轮缸，从而实现失效冗余制动。

由于 SBC 方案需要蓄能器持续维持高压，因此其经济性较差，长时间工作会造成可靠性降低，在奔驰 W211 车上的搭载导致了该车大量的召回。与此同时，受限于泵电机的增压能力，无法持续为高压蓄能器提供稳定压力，从而导致 SBC 方案也不具备轮端长时间调压的能力。ECB 方案与 SBC 方案在原理上基本一致，也是通过电机泵推动高压蓄能器配合轮端电磁阀调节轮端的制动压力。在 ECB 方案中，一个较为明显的不同点是其加入了液压制动助力模块，从而在系统发生故障的时候，可以利用蓄能器中剩余的制动压力完成 2 ~ 3 次的备份紧急制动。与 SBC 方案类似，ECB 方案也存在轮端调压无法长期持续的问题。

蓄能器式电子液压线控制动系统得益于始终维持的高压力，轮端压力调节精度相对较高，响应速度较快，然而仅仅是针对短时间调压需求，无法长期工作。另外，蓄能器式电子液压线控制动系统对高压力的维持是以高能耗和低可靠性为代价的，因此难以推广，后续逐渐被电主缸式方案所取代。

2. 电助力主缸式电子液压线控制动系统

为了克服蓄能器式电子液压线控制动系统的种种不足，产业界提出了电助力主缸式电子液压线控制动系统方案。电助力主缸式电子液压线控制动系统以电机伺服的液压主缸作为高压源，替代了蓄能器式电子液压线控制动系统中的泵电机 - 蓄能器组件，从而利用电机的伺服特点，避免了对高压力的持续维持，大大降低了能耗，提高了可靠性。

电助力主缸式电子液压线控制动系统又分为分体式电子液压线控制动系统以及集成式电子液压线控制动系统两类。

（1）分体式 EHB

分体式电子液压线控制动系统包含两个物理上分隔的功能模块，分别是电助力主缸模块以及调压单元。电助力主缸负责提供常规制动工况下，制动系统需求的制动力，其在伺服电机的推动下调节主缸压力，进而直接统一控制四轮制动压力。在具有轮端独立压力调节需求的情况下，电助力主缸退出作用，此时采用调压单元内的柱塞泵作为压力源，配合电磁阀实现对轮端压力的调节。分体式电子液压线控制动系统的典型方案包括博世开发的 iBooster 系统 + 调压模块 ESP hev。iBooster 制动系统能量源为电助力主缸，通过机械传动将电机的旋转运动转化为主缸推杆的直线运动，完成主缸制动液的压缩和释放，实现助力制动（部分解耦）和自主制动（完全解耦）。与此同时，iBooster 取消了制动踏板模拟器，转而直接通过助力电机模拟踏板脚感，因此助力电机在实现对主缸压力进行控制的同时，还需要通过转矩控制进行脚感的负载模拟，这对助力电机的控制提出非常高的要求。由于 iBooster 仅能主动控制主缸压力，无法独立控制轮缸压力，因此在具有轮端压力调节需求的情况下，助力电机仅负责踏板脚感模拟；由 ESP hev 进行轮端调压，二者构成的 2-box 制动系统可以在再生制动时通过电磁阀组件的协调控制将后轮制动液返回储液器实现后轮解耦制动，同时，前轴制动轮缸通过 ESP hev 的内部液路与主缸直连。因此，这一综合制动系统属于部分解耦方案。

与之类似，日立公司开发的 e-ACT（Electrically-assisted Actuation）同样是由电动缸与 ESC 组成 2-box 的 EHB 制动系统。区别于 iBooster，e-ACT 采用了空心电机（无刷电机）和滚珠丝杆更为简单的结构驱动主缸推杆，驾驶员的制动操纵力与助力电机的伺服助力通过复合液压缸进行液力耦合，实现助力制动，因此制动主缸需要进行结构改进设计。e-ACT 与液压调节单元（Vehicle Dynamio Control，VDC）协调工作，实现四轮轮缸压力的独立、解耦控制。同样，在失效安全方面，e-ACT 与 VDC 仅能实现部分制动工况的双重冗余制动备份。

（2）集成式 EHB

相比于分体式 EHB 将电助力主缸与调压单元分开布置，集成式电子液压线控制动系统将其布置在同一个硬件模块内，并且做出了关键的硬件改动：取消了传统调压模块（ESP，VDC 等）内部的增压柱塞泵。集成式 EHB 的结构，电助力主缸与仅保留电磁阀的增压单元布置在同一个硬件结构内。这样的硬件方案减少了模块的数量，同时可以通过电助力主缸直接提供备压，调节轮端的压力。

集成式 EHB 方案的代表为德国大陆公司开发的 MKC1，包含两个主缸，分别为连接制动踏板模拟器的制动踏板主缸以及电机助力的伺服主缸。在线控制动模式下，驾驶员将制动踏板主缸内的制动液部分踩入制动踏板模拟器，此时制动踏板主缸到四轮轮缸的液压回路被电磁阀屏蔽，MKC1 检测到制动意图之后，伺服电机推动电助力主缸实现轮端制动。在系统发生故障后，制动踏板主缸到轮缸的回路由于断电打开，驾驶员可以直接进行无助力制动。在具有轮端独立压力调节需求的情况下，电磁阀具有在助力电机伺服的情况下进行压力调节的潜力，然而目前这一能力仍难以实现。大陆公司在 MKC1 的基础上为了增加冗余执行能力，结合冗余制动单元，提出了新一代的 MKC2 方案，其本质没有变化。集成式 EHB 的其他解决方案还包括伯特利开发的 WCBS（Wire-Controlled Brake System）以及比亚迪的 BSC 等。

1.2.1.2 电子机械式线控制动系统

电子机械式制动系统 EMB 取消了液压传递环节，直接以电机为制动能量源，通过机械传动将电机转矩转换为摩擦片与制动器之间的制动力矩。

一个 EMB 通常是由电子制动踏板、EMB 机械执行机构及其控制器、轮速传感器、中央控制单元、供电系统等组成，其中 EMB 机械执行机构主要包括动力驱动电机、减速增力机构、运动转换机构、制动钳体、制动垫块等。当驾驶员踩下电子制动踏板时，中央控制单元通过分析传感器信号，并根据车辆当前状态及路面状态计算每个车轮制动时所需要的制动力，并发送相应的控制信号给 EMB 控制器，EMB 控制器精确控制电机产生制动力矩施加在制动盘上实现精准制动。通常，实车上会采用前后 4 个 EMB 执行机构及对应的独立供电系统和控制单元相互冗余，以提高系统安全性。由于取消了液压传递环节，EMB 相对液压制动系统的体积可以进一步缩小，具有更快的响应速度、更高的控制精度，能够显著提高制动效能。然而，当前 EMB 技术仍存在散热性、可靠性、精准控制等难题，国内外厂商大多均处于样机研发阶段，尚无成熟量产的 EMB。

目前，最具代表性的 EMB 是意大利 Brembo 公司开发的 Sensify，该系统前轴采用 EHB（最大夹紧力 47kN），后轴采用 EMB（最大夹紧力 23kN），前后轴具有独立的制动控制器。在制动系统电力不足时，关断主缸和踏板模拟器之间的常开阀，通过液压制动备份模式实现失效安全控制。其他厂商如瑞典 Haldex 等企业推出了相关样机产品，国内长城精工汽车也发布了 EMB 产品及其量产计划。

1.2.2 线控转向系统

转向系统的技术发展经历了纯机械转向系统、液压助力转向系统、电子液压助力转向系统、电动助力转向系统到摆脱机械连接的线控转向。线控转向系统则是去掉了转向盘和转向执行机构之间的转向轴等机械机构，用弱电信号来传输转向控制命令以实现转向执行机构的转向。因此，它实现了驾驶员转向操作与车辆横向运动的解耦，可以灵活地设计汽车转向的力传递和角传递特性。

由于线控转向系统取消了诸如转向柱的机械结构，因此大大节省了空间并且可以避免在车辆发生事故时转向柱对驾驶员的伤害。通过合理的可变转向传动比控制和主动转向控制可以改善车辆的操纵稳定性；通过有选择地将路面信息和车辆信息进行路感的反馈，可以减少因路面颠簸造成的转向盘抖动，改善驾驶员的路感；同时，它可以与底盘其他智能控制系统和线控系统（线控制动等）无缝衔接，实现信号、数据的共享，实现车辆底盘的一体化和智能化控制。可以看出，线控转向系统以其独特的优势为智能车的自动转向提供了良好的硬件基础，成为智能车底盘关键部件之一。

1.2.2.1 线控转向系统的发展

线控转向系统的上述优势以及高阶自动驾驶的需求，使得线控转向系统正在逐渐普及。早在 20 世纪 50 年代，TRW（天河公司）的工程师就做出了大胆的假设，用控制信号来代替原来转向盘与转向执行机构之间原有的机械连接；直到 60 年代末，德国的 Kasselmann 等人尝试着用通信线路来连接转向盘和转向执行机构，但受限于当时的电子和电气技术水平，该方案并没有成功。此后，德国梅赛德斯 - 奔驰公司、戴姆勒 - 克莱斯勒公司、意大利 Bertone（博通）公司、德国宝马公司等也纷纷推出装载线控转向系统的概念车。

直到 2013 年，日产公司在北美车展和日内瓦车展上展出了首个量产的线控转向商用车——英菲尼迪 Q50。该款车的推出标志着线控转向技术从理论研究成功地转化到了商业应用。该车保留了传统的机械转向系统作为备用，由三套相互独立的 ECU 电子控制单元控制路感和转向稳定性；当线控转向系统出现故障时，电控单位会控制电磁离合器吸合，使转向盘与转向器结合，恢复成机械转向系统。2017 年，耐世特汽车系统公司研制出了由“静默转向盘系统”和“随需转向系统”组成的线控转向系统，可以模拟运动型到豪华型等各类车型的转向手感，同时具备主动转向功能。2022 年，丰田纯电车型 bZ4X 及雷克萨斯 RZ 搭载了捷太格特的线控转向系统，该系统完全取消了转向盘和转向轴之间的机械连接，并配备了和线控转向系统相适应的半辐转向盘。2023 年，特斯拉递交取消了机械连接的线控转向专利，目前已经在 Cybertruck、Model S/X 等车型上搭载线控转向系统。

2021 年，GB 17675—2021《汽车转向系 基本要求》删除了“不得使用全动力转向机构”的要求，代表着法规端开放了线控转向的应用，线控转向将进一步落地。目前，国内主机厂如长城汽车、吉利汽车、蔚来、比亚迪等均制造了线控转向系统物理样机并进行试验研究。虽然海外龙头厂商具有先发优势，但线控转向行业仍处于导入阶段，相关技术尚未成熟，国内多家企业已经在线控转向领域实现突破，未来国内厂商在线控转向领域有望实现替代。

1.2.2.2 线控转向系统组成

一个典型的线控转向系统主要由转向盘总成系统、转向执行总成系统、控制系统和故障容错备份系统组成。转向盘总成系统用于输入驾驶员的转向意图；同时转向盘根据转向执行结果，驱动路感电机提供给驾驶员相应的路感信息。转向执行总成系统执行转向，并将车速、前轮转角及汽车状态参数反馈到转向盘控制器，驱动路感电机给驾驶员提供路感。控制器总成用于处理采集到的传感器数据，运行控制程序，驱动电机实现转向和路感反馈。故障容错备份是当系统出现故障时，启动备份控制器或者吸合电磁离合器，转换转向系统，提高系统安全性能。

按照转向执行机构布置位置的不同，线控转向系统可以分为前轮线控转向系统、前后轴分布式线控转向系统和四轮独立线控转向系统。前后轴分布式线控转向系统在前后轴各有 1 个转向执行机构带动左右侧车轮同时转动；四轮独立线控转向系统则是 4 个车轮各有 1 套转向执行机构分别带动每个车轮转动。

1.2.2.3 线控转向系统关键技术

线控转向系统控制策略是线控转向系统的核心技术，一般包括三部分的内容：主动转向技术、路感模拟控制技术以及容错控制技术。因为容错控制技术与硬件冗余关系密切，并且结构多样，一般将其单独作为研究对象，这部分内容将在 1.3.2 小节中介绍。

主动转向控制作为主动安全技术中比较重要的一个研究方向，能够在不影响车辆纵向运动状态的情况上，确保车辆的稳定运行并提高车辆的转向操纵性和稳定性，受到汽车厂商和学者的广泛重视。主动转向控制可以根据控制目标的不同分为两类：第一类是车辆常规行驶工况下，以提高车辆转向操纵性为主要目的变转向传动比控制，通常控制目标是在低速时将传动比设计得小一些以减轻驾驶员的体力负担，在高速时将传动比设计得大一些降低高速转向时的灵敏度，在保证车辆响应速度的基础上提高高速转向稳定性。如现代公司将车速、转向盘转角以及车身状态参数拟合出了传动比的关系式，试验结果表明得到的传动比能够提高低速转向的灵敏性和高速转向时的稳定性。法国雷诺公司采用模糊控制方法设计了车速、转向盘转角和转向变传动比的函数关系，实现了汽车低速的转向灵敏和高速转向平稳。另外一类是主动安全控制，以改善危险驾驶工况下车辆的横摆稳定性为目的，通常根据车辆运行状态的反馈主动地对前轮转角进行控制，从而改变轮胎侧向力以产生补偿的横摆力矩，确保汽车的转向稳定性。如美国斯坦福大学通过建立状态观测器实现了对汽车质心侧偏角的估计，设计了基于状态反馈的闭环控制策略，通过线控转向系统主动控制前轮转角，校正汽车的运动状态，提高汽车的操纵稳定性和主动安全性。

对于线控转向系统，由于取消了转向盘与前轮之间的机械连接，因此驾驶员感受不到前轮传递的路面信息。而驾驶员对路况以及车身状态的判断是稳定行驶的基础，所以路感的模拟控制尤为重要。由于线控转向系统机械结构的变化，因此车辆的运动状态和路面状况等“路感”力矩信息可以通过控制策略驱动电机模拟产生，以保证驾驶员获得良好的操纵感觉。

按照转向系统的状态，可以将路感分为转向过程的路感和恢复直线行驶的路感，即回正控制。在车辆低速转向时，如倒车工况，采用小的力反馈来模拟路感以减轻驾驶员转向负担；车辆在高速转向时，为了保证车辆的安全，应该采用较大的反馈力矩使得驾驶员不会感觉车辆发飘，即高速路感清晰。如意大利都灵理工大学学者对线控转向系统的路感模拟控制策略进行了研究，通过建立转向系统模型，得到了路感与轮胎、悬架等部件相关变量之间的函数关系，在此基础上设计了路感模拟控制策略。试验结果表明，其设计的路感模拟控制策略可以准确地将路感反馈给驾驶员，增强驾驶员的驾驶信心。汽车在回正过程中对路感的要求主要有两个：一是转向盘回正力矩应随转向盘转角的减小而减小，转角 - 回正力矩曲线能通过或者接近转向盘的中间位置；二是在驾驶员撒手回正时要求转向盘转角不会出现角度残余现象，影响车辆稳定运行。

1.3 智能底盘控制技术

智能线控底盘由于执行器的线控化，可以在底盘层面统一协调各个执行器，从而在底盘层级实现最优控制和功能冗余。即通过底盘域控的方式，统一底盘各执行部件的调度任务，从底盘的整体安全出发，设计更为合理的执行控制策略。然而，底盘线控化也增加了底盘故障的种类、数量以及发生概率。相比于传统执行器，线控执行器内部的故障原因更为广泛，增加了传感故障、控制单元故障等类型，且这些故障相比于传统机械故障更容易发生。例如，线控转向系统相比于助力转向系统完全解耦了驾驶员与转向机构的机械连接，不再具有驾驶员作为执行备份，故障后的车辆处于更加危险的状态。因此，设计必要的失效运行机制及控制方法，对于底盘和车辆安全十分重要。

1.3.1 智能底盘多系统协同控制技术

随着对车辆操纵稳定性、行驶安全性和驾乘舒适性的要求不断提高，受限于单个系统的能力边界，分散式底盘系统的各子系统独立控制难以满足复杂的控制目标，有必要针对车辆横、纵、垂运动进行综合协同控制。从线控化程度来看，目前主要是集中在横、纵向的线控化。因此，现阶段底盘多系统协同控制产品大多集中在横、纵向，电驱 / 制动系统配合转向系统能够实现操纵稳定性和路径跟踪控制，可有效改善车辆操纵稳定性及行车安全性。如博世公司的集成式车辆动态控制（IVC）系统通过制动与后轮转向协同控制来提高车身稳定性，采埃孚 cubiX 底盘一体化控制器将接收到的上层控制目标通过内部的车辆运动控制算法分解成目标后轮转角、目标制动、驱动力等，综合利用各个执行器实现期望的车辆运动目标。

1.3.1.1 操纵稳定性控制

在操纵稳定性控制方面，根据对电驱动车辆操纵稳定性的不同干预方式，目前研究主要集中在基于差动制动操纵稳定性控制方法研究、基于转矩矢量分配操纵稳定性控制算法研究和基于控制性能指标优化的操纵稳定性控制算法研究。

（1）基于差动制动的操纵稳定性控制算法

目前针对传统内燃机汽车稳定性控制的算法几乎均基于差动制动的思路，其最大的优势在于能够有效地在车辆质心处产生横摆力矩，且适用工况范围广。对于电动汽车而言，由于电机转矩控制较液压相对准确且响应迅速，所以基于传统内燃机车辆差动制动的控制框架，将原有液压制动替换成回馈制动实现，在一定程度上可以提高稳定性控制效果。综合来看，基于差动制动的思路对电驱动车辆进行操纵稳定性控制的研究较少，其主要原因在于这种思路没有充分发挥电机转矩精确可控以及可工作于电驱动 - 电制动状态的优势。

（2）基于转矩矢量分配的操纵稳定性控制算法

该算法较基于差动制动控制方法最大的优势在于在提供车辆质心处横摆力矩的同时，可以保证车辆纵向速度不降低，彻底解决差动制动不良干预的问题。这种控制方式尤其适合在分布式电动汽车上实施，如通过利用转矩矢量分配控制的方式来改变车辆转向不足的特性。具体操作上，可以基于驾驶员转向意图识别设计不同的转矩矢量分配控制策略：当驾驶员集中于轨迹保持任务时，控制系统提供横摆力矩来减轻转向工作负荷；当驾驶员试图进行剧烈的移线操纵（如躲避障碍物）时，通过调节车身侧偏角来控制横摆力矩来稳定车身运动。综合看来，目前针对转矩矢量分配的操纵稳定性控制算法研究大多针对分布式电驱动车辆展开。转矩矢量分配控制的优势在于可以将轮胎纵向力和横向力进行解耦控制，但目前研究中尚未在控制算法设计中考虑执行结构约束，导致所设计控制算法在实际控制中可能造成执行机构饱和，控制效果下降。

（3）基于控制性能指标优化的操纵稳定性控制算法

考虑到目前电动汽车尤其是分布式电动汽车的执行机构数量往往超过所要控制的变量数量，采用基于不同优化目标的控制分配算法可以使控制效果达到最优的同时考虑系统执行机构和性能指标约束。其中，常用的性能指标有整车能量经济性、横摆角速度控制精度等。如清华大学学者针对分布式轮毂电驱动车辆，考虑了网络通信延迟对控制效果的影响，以横摆角速度误差最小为优化目标并考虑电机外特性以及变化速率等约束，利用转矩分配控制计算得到四个电机转矩以及前轮主动转向角度的命令值；同时为将网络延迟影响降低，提出了优化的网络任务调度机制。结果表明，通过优化任务调度可以提升车辆横摆角速度的跟随效果。总的来说，基于优化控制的车辆操纵稳定性协调控制算法能够直接考虑系统执行机构约束，但无法在算法设计过程中直接考虑系统跟踪误差动态，由此造成了控制参数调节困难。

1.3.1.2 路径跟踪控制

在路径跟踪控制方面，电驱 / 制动系统参与横向运动控制，可有效改善车辆操纵稳定性及行车安全。常用的控制方法有 PID 控制、最优控制、模型预测控制（MPC）、鲁棒控制、自适应控制（AC）、智能控制、滑模控制（SMC）、基于扰动观测器的控制（DOBC）及预设性能控制（PPC）等。加拿大麦克马斯特大学研究了四轮独立驱动电动汽车路径跟踪控制过程电驱 / 制动系统协调控制问题，设计了基于鲁棒 LQR 的横摆角速度跟踪控制律，求解前轮转角及外部横摆力矩；进一步地，通过求解二次优化问题，分配四轮纵向力。厦门大学学者研究了纵向车速时变条件下四轮独立驱动电动汽车路径跟踪控制的问题，基于线性时变模型预测控制（LTV-MPC）设计了路径跟踪控制律，计算车辆前轮转角及外部横摆力矩；进一步地，利用伪逆控制分配的方法将求解得到的外部横摆力矩转换为四轮纵向力。本书研究团队针对低附路面轮胎横向力饱和的问题建立了分段仿射车辆侧向动力学模型，并结合 SMC 和 MPC 设计了基于鲁棒性滑模预测控制的智能电动汽车转向和电驱 / 制动系统协调控制方法。相关试验表明，该方法对测量噪声及轮胎侧偏刚度不确定性具有强鲁棒性，同时具有良好的实时性。

未来智能底盘的发展，将从横、纵向的线控化向横、纵、垂三个方向发展，底盘的协同控制也将向横、纵、垂综合协调控制发展。目前国外关于横、纵、垂综合协调控制的技术已经完成布局并开始逐步实现，而我国国内还在发展单项线控技术，未将零散的线控技术集合发展，多系统协调控制技术还停留在概念阶段，没有将综合协调控制技术进行落地量产。

1.3.2 智能底盘失效运行及容错控制技术

随着车辆智能化的不断深入，车辆自动驾驶级别的提高意味着驾驶员逐步退出对车辆的控制，高级别自动驾驶对底盘的失效运行能力提出了更高的要求。在 SAE 自动驾驶分级中，L0 ~ L2 级自动驾驶对车辆故障失效后的要求仅为失效静默，即失效后自动驾驶系统无需进行紧急处理。在 L3 级自动驾驶中，由于驾驶员已经部分退出车辆的驾驶行为，因此需要在驾驶员未接管的短时间内保证车辆安全。而在高级别的 L4 级和 L5 级自动驾驶中，对车辆失效后的冗余要求进一步提高，达到了失效运行的水平。这就要求车辆在发生故障后能够主动诊断故障并采用合理的措施，在保证车辆安全的前提下，继续执行预定任务。

失效运行是指车辆的执行器或者传感器发生故障后，通过自身调整，重新恢复部分或全部运行能力的过程。在失效运行的要求下，车辆需要在故障发生后主动检测并调度剩余的同质或异质执行器、传感器，从而最大限度保证车辆正常运行功能不降级。智能线控底盘的线控化，使其可以协调各个执行器实现在底盘层级的功能冗余，这为实现底盘高级别自动驾驶要求的失效运行能力打下了硬件基础。对于高级别自动驾驶的失效运行的需求，智能底盘需要在单点故障发生后保留其核心安全功能；在无人驾驶场景下，智能底盘内部各子系统需要相互冗余，在系统发生多点故障后确保整车的安全运行。

1.3.2.1 典型故障类型

故障（Fault）是指设备或系统中某一特征量的实际值与理论值的偏差超过了设定门限，从而导致同等输入条件下获得的输出超出预期的现象。故障诊断（Fault Detection and Diagnose，FDD）是通过传感器和数学观测等手段，监控系统健康度的过程。故障诊断还应该对故障发生的位置和严重程度给出量化指标。故障容错控制（Fault Tolerant Control，FTC）是指在系统发生故障时，通过调整控制输入，利用原有系统的硬件冗余继续维持系统的正常运行。按照故障的发生部位、时间特性以及表现形式等，对于故障具有多种分类方式，见表 1-1。

表 1-1 故障的常见分类

分类依据	故障分类	说 明
发生部位	传感器故障	指控制回路中用于监控被测量的传感器发生故障，使得返回值与真实值之间存在差别的故障
	执行器故障	指控制回路中与控制通道对应的、用于执行控制命令的执行器发生故障，具体表现为实际输出与理论输出存在差别的故障类型
	控制器故障	指控制回路中用于生成控制指令的单元发生故障，具体表现为相同控制输入下，控制求解与设计值发生偏差
时间特性	缓变故障	故障指数随时间的推移和环境的变化而缓慢变化
	突变故障	故障指数突然发生阶跃变化
	间隙故障	故障出现具有时隐时现的特性
表现形式	加性故障	一般指状态量与理论值存在固定偏移的故障
	乘性故障	指状态量与理论值存在固定比例的故障
	卡死故障	指状态量不随输入变化，固定卡死的故障

1.3.2.2 被动容错控制

按照是否需要详细的故障诊断信息，容错控制方法可以分成无需诊断信息的被动容错控制和需要故障信息的主动容错控制两大类。

被动容错控制将所有可能的故障列表设置为研究对象，基于所有故障的边界设计控制器，当故障发生时，被动地处理错误，在所有故障边界构成的重叠区域内寻找可行解，通过系统冗余来对抗系统故障，控制器结构不变。由于不需要故障诊断信息，因此被动容错故障对于故障的发生位置和严重程度都不关注，其主要通过增强闭环系统的鲁棒性来降低系统对于参数变化的敏感性。其控制器设计思路如图 1-1 所示。

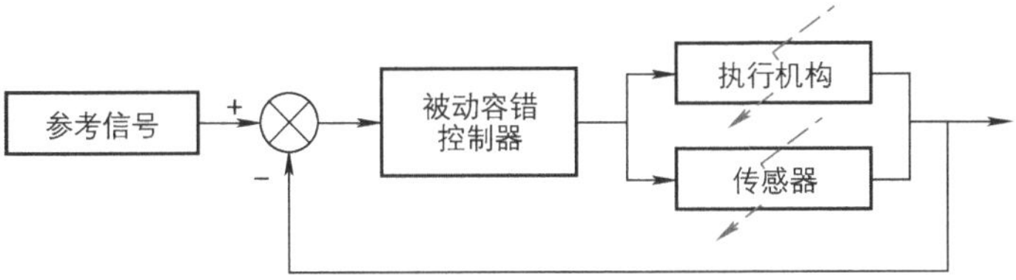

图 1-1 被动容错控制器设计方法（红色虚线箭头表示出现故障的系统）

日本京都大学学者考虑具备线控转向、线控驱动和线控制动的多种线控系统的车辆，当线控转向出现故障时，通过线控驱动 / 制动系统直接产生横摆力矩对横摆力进行补偿，其采用的基于逻辑切换的容错控制方法是典型的被动容错控制方法。

在分布式底盘结构的容错控制方面，失效控制研究大多集中于基于规则或故障诊断的子系统级别的失效控制。在整车层面，部分研究表明，在发生单个驱 / 制动执行机构故障时，应按照规则离线故障执行机构及其同轴对侧的执行机构，这样可以实现车辆横摆的稳定性。但是由于两侧的执行机构均离线，可能使得纵向的速度与目标值产生跟踪偏差，即造成驱动性能或制动性能下降。

清华大学学者根据电机失效情况对车辆状态进行了估计，同时考虑纵向动力性和横向方向稳定性，提出了基于预设规则切换的失效控制方法。试验结果表明，系统发生失效后，所设计的失效控制策略可以保证驱动能力和方向稳定性，但是基于预设规则切换的控制方法并未考虑执行机构所有可能的故障，因此存在很大的局限性。

被动式容错系统需要对失效工况有先验知识，提前设计好失效的工况，因此可以适用的工况十分有限，参数的变化也会导致控制效果的差异。而主动式容错指系统可以根据故障诊断的信息，自动调整控制器参数，对不同的故障类型和故障程度都能给出最优解，已经成为容错研究的热点。

1.3.2.3 主动容错控制

主动容错控制根据故障诊断模块的实时诊断信息，动态地配置控制器的参数或结构，使其能够适应系统故障并调整控制系统的输入，实现对系统各类故障的应对。主动容错控制器的设计思路如图 1-2 所示。

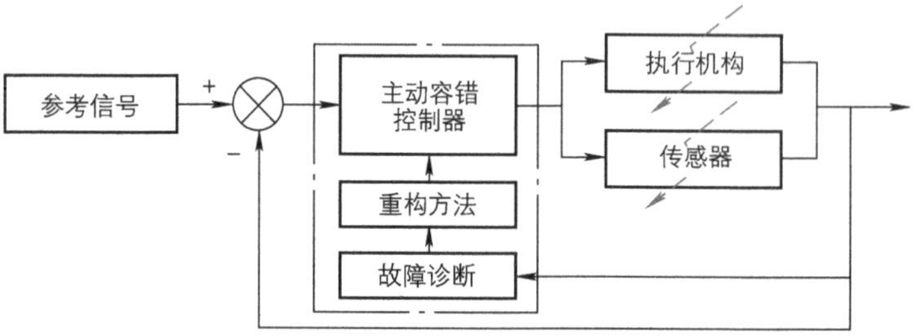

图 1-2 主动容错控制器设计方法（红色虚线箭头表示出现故障的系统）

常用的主动容错控制研究方法包括控制分配、鲁棒控制、自适应控制等。吉林大学学者针对轮毂电机电动汽车的驱动电机失效以及转向系统失效设计了基于三步法的上层稳定性控制策略，设计了可以在线更新的容错控制策略，在执行层采用左右侧一致的电机控制策略，另外针对离散时间容错控制的问题，优化了其在离散时间下的应用；针对主动转向系统故障，基于自适应三步法提出了自适应差动转向方法，实现了转向系统故障后，通过轮毂电机差动转矩进行轨迹跟踪的能力。法国里尔科技大学学者针对过驱动电动汽车驱动电机的同轴等量失效问题，设计了驱动容错控制方法，并结合了路径规划层，分别提出了针对四轮驱动、前轮驱动以及后轮驱动的容错切换规则，并匹配了相应的路径规划算法，部分解决了驱动故障后的容错驱动问题，然而其研究未能解决左右侧不等量失效问题。俄亥俄州立大学学者针对具有主动转向能力的四轮独立驱动电动车辆的容错控制问题，提出了一种主动故障诊断方法，并在此基础上建立了基于自适应控制的容错控制器，从而减少对故障车轮的转矩需求。

主动容错控制方法虽然对故障信息的依赖较大，但是由于其容错能力强，可应对的故障类型多，尤其对时变故障效果良好，因此主动容错控制取代被动容错控制成为容错控制方法的主流。

第 2 章 线控制动系统关键技术

在发展新能源汽车蔚然成风的全球背景下，智能电动汽车已成为汽车领域的新潮流。目前，车辆技术逐渐迈进高级别自动驾驶阶段，安全问题更加凸显。智能电动汽车的安全行驶与高效运行对车用线控制动系统提出了多重冗余备份和失效运行控制的新要求，引发了系统冗余方案设计、精密控制等一系列新问题。本章将介绍一种可满足智能电动汽车高安全制动需求的冗余型线控液压制动系统的总体设计方案，包括构型设计、核心部件的优化设计和执行器精准控制策略。

2.1 线控制动系统需求分析

从智能电动汽车的制动安全性出发，线控液压制动系统需要达到的期望目标如下：①高冗余功能：要求在基础制动功能的前提下，当制动系统发生部分失效时，仍可通过剩余健康的制动系统进行结构调整，获得同样制动功能的冗余备份；②高控制性能：要求无论是在正常或部分失效状态下，制动轮缸压力都应具有稳定、快速、准确的调控水平。

从制动系统本身功能模块组成出发，线控液压制动系统需要的核心功能模块有：①液压供给模块：应具有充足的制动液流量和最大压力、长时间的液压力维持水平；②液压调节模块：应具有精密调节能力和鲁棒性。另外，以上两种模块均需要在尽可能降低制动系统结构复杂性的同时，在硬件层面上至少实现双重冗余备份。

从线控液压制动系统运行情况出发，线控液压制动系统需要实现的功能包括：①正常状态主动制动：指当整个制动系统完全健康时的制动功能；②失效状态冗余制动：指当制动系统某些部件出现部分或完全失效时（如机械、电气或通信故障等）的制动功能。

需要注意的是，制动系统故障类型繁多，失效状态冗余制动并不一定导致制动性能衰退，可通过合理的冗余备份方案和压力精密控制获得非降级的制动效果，从而满足高级别自动驾驶车辆对制动系统的失效运行功能安全需求。

在进行线控液压制动系统方案设计时，除了上述需求之外，也应考虑一些客观限制条件：

1）尽量使用较为成熟的制动系统零部件技术，确保零部件可靠、长效、稳定运行。

2）改进并优化核心部件，挖掘线控制动执行器的性能潜力。因此，需要从系统构型和关键部件两个方面寻求合理、实用的设计方案。

2.2 冗余型线控液压制动系统构型设计

根据上述需求分析，立足目前国内代表性汽车制动零部件供应商的技术条件，提出一种冗余型线控液压制动（REHB）系统，方案如图 2-1 所示。

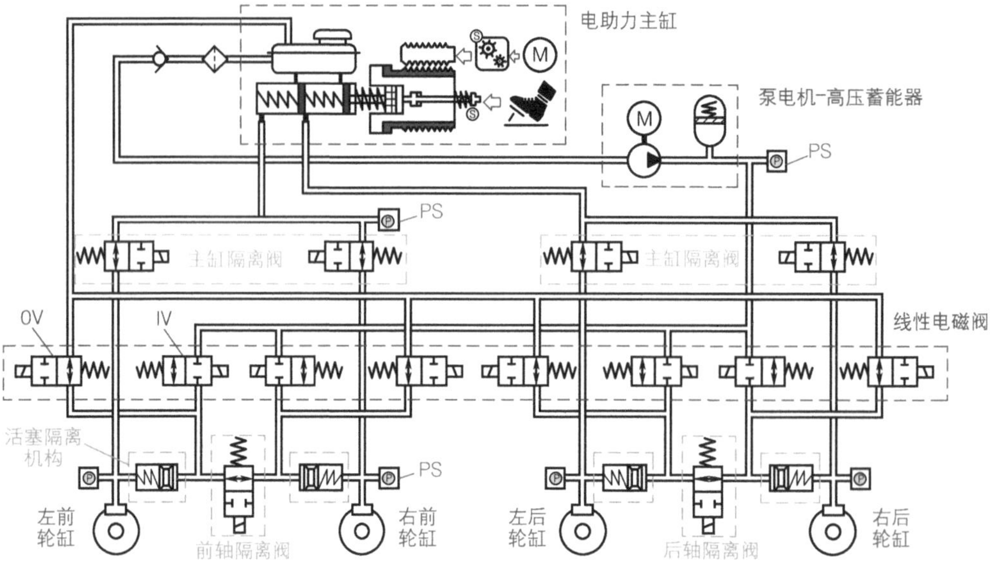

图 2-1　REHB 系统方案图

REHB 系统采用模块化、分体式的设计思路，以电助力主缸、泵电机 - 高压蓄能器、线性电磁阀作为主要执行部件，实现液压供给和液压调节的双重冗余备份；同时，为四路制动轮缸设计了活塞隔离机构，用于耦合两种液压制动力；并在制动主缸与四路轮缸之间以及同轴轮缸之间分别增加了隔离阀用于变换制动系统拓扑结构，从而增加 REHB 系统的可运行模式。

从功能组成的角度看，REHB 系统分为四个层级：液压供给层、液压调节层、液路切换层、液压耦合层。

1）液压供给层：REHB 设置了两套能量源以实现液压供给的冗余备份，即电助力主缸和泵电机 - 高压蓄能器。考虑到高级别自动驾驶中的有条件自动化仍需要驾驶员在紧急情况下接管车辆，因此在主缸前端保留了制动踏板。助力电机作为主缸动力源，将储液器里的制动液泵入主缸，继而流入 REHB 内部液路。泵电机 - 高压蓄能器作为另一液压源，需要长时间保持高压状态：泵电机将储液器里的制动液泵入高压蓄能器，时刻准备为下游轮缸提供制动液。

2）液压调节层：包括电助力主缸和线性电磁阀。两种液压调节元件在 REHB 失效状态下实现冗余备份：通常情况下，轮缸压力由二者其一调控；而在某一元件出现故障时，另一元件进行快速接管。来自高压蓄能器的制动液在下游线性电磁阀的调节作用下进入轮缸并实现压力控制。两种调压元件的区别在于，电助力主缸无法实现四轮独立的压力控制，而线性电磁阀以成对的进 / 出液阀形式布置于轮缸上游，能够实现四路轮缸压力的独立解耦控制。

3）液路切换层：前、后轴的轮缸隔离阀以及由主缸至轮缸的隔离阀（简称为主缸隔离阀）构成了液流切换层。正常状态下，轮缸隔离阀上电，即可实现四轮压力独立控制；在某一路轮缸压力异常时，轮缸隔离阀下电连通同轴轮缸，实现同轴车轮制动力平衡，防止出现严重的制动跑偏。当某一路轮缸需要线性电磁阀进行调压时，主缸隔离阀上电关断。

隔离阀均采用开关阀，可靠性高。根据 REHB 工作模式，协调控制上述隔离阀与供压 / 调压的执行元件，形成不同的制动系统拓扑，从而实现全制动工况的主动制动与冗余制动。

4）液压耦合层：REHB 的两种液压力通过活塞隔离机构进行隔离和耦合。活塞隔离机构位于轮缸上游液路的支路上，一侧连接轮缸并经由主缸隔离阀连接至主缸，另一侧连接进 / 出液阀（IV/OV）以及轮缸隔离阀。活塞隔离机构实现了对同一制动轮缸分时或同时地接受来自两种液压调节元件（电助力主缸、线性电磁阀）的液压力，从而实现了“双重液压制动冗余备份”的功能。

围绕 REHB 的两种核心执行元件（电助力主缸、线性电磁阀），从轮缸压力控制任务的角度出发，一套 REHB 最终分化成为两套互为冗余的制动系统：电助力主缸制动系统和线性电磁阀制动系统。总结以上所述的构型设计思路和各模块运行原理，可知 REHB 系统具有以下特点：

1）具有双重压力供给和双重压力调节能力。

2）兼顾正常工况制动功能和失效运行能力。

3）自主解耦方案，四轮压力集中 / 独立调节。

在制动控制器方面，REHB 设置了两套制动控制器——BCU1 和 BCU2，二者互为备份。其中 BCU1 主要控制电助力主缸制动系统，BCU2 主要控制线性电磁阀制动系统，同时两套 BCU 均可控制 REHB 的所有隔离阀。因此，可以认为 REHB 具有两套电控系统实现软件冗余备份。在实际运行时，BCU1 和 BCU2 互相监控，进一步提高 REHB 电控系统运行的可靠性。

在传感器方面，REHB 设置了推杆位移传感器、电机转角传感器、主缸压力传感器、轮缸压力传感器、蓄能器压力传感器。当有驾驶员参与制动操作时，则推杆位移信号即可解析为整车制动需求，主缸压力作为冗余备份。当无驾驶员参与制动操作时，则由整车控制器（VCU）向制动控制器（BCU）发出整车制动需求，综合来自各传感器的实时信号，实现 REHB 各种制动功能的闭环控制。

在制动控制器的控制下，REHB 可实现正常和失效状态下的制动功能，包括主动制动、制动能量回收（Regenerative Braking System，RBS）、防抱制动控制（Anti-lock Braking System，ABS）、车身稳定控制（Electronic Stability Control，ESC）以及配合高级别自动驾驶的各类智能制动功能。

2.3 冗余型线控液压制动系统的工作模式

由于 REHB 的构型方案具有双重冗余备份的特点，并且可控元件较多，因此制动系统的可运行模式更加多样。为了便于介绍，从 REHB 的正常工作模式和失效工作模式分别介绍代表性的制动系统工作模式。

2.3.1 正常工作模式

REHB 工作模式多样，在正常状态下，REHB 控制器可根据当前车辆需求切换不同的工作模式，实现制动功能的前提是正常的制动液供给。因此，从液压供给的角度看，REHB 正常工作模式分为三种：单一电助力主缸供压、单一高压蓄能器供压、电助力主缸和高压蓄能器联合供压。

2.3.1.1 正常模式 1：单一电助力主缸供压模式

当 REHB 处于单一电助力主缸供压的工作模式时，如图 2-2 所示，电助力主缸提供四路轮缸的供压和调压功能。液路切换层的所有隔离阀均保持常态（未上电），液压调节层的线性电磁阀均保持常态，高压蓄能器内部充满高压制动液处于准备状态。由于电助力主缸单一承担四路轮缸压力调节功能，因此无法实现四轮制动力的独立控制。

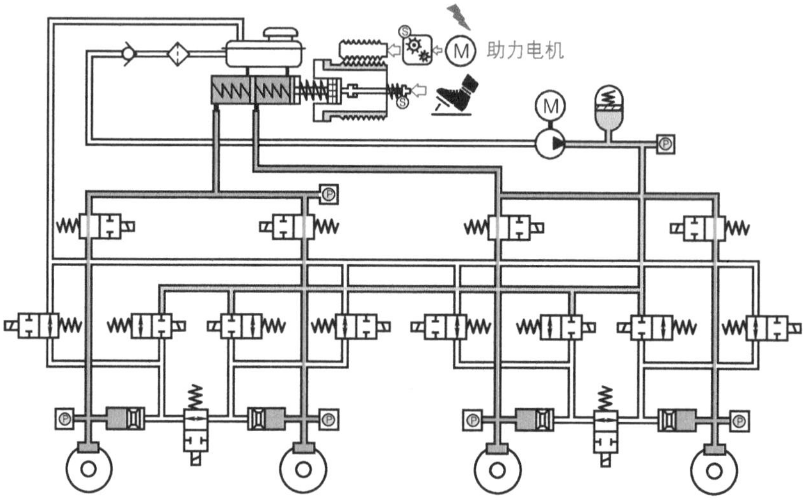

图 2-2 REHB 正常工作模式 1

这一工作模式适合于自适应巡航控制（Adaptive Cruise Control，ACC）、制动能量回收（RBS）等对轮缸压力控制精度要求较低且无需四轮独立控制的常规制动工况。

2.3.1.2 正常模式 2：单一高压蓄能器供压模式

当 REHB 处于单一高压蓄能器供压的工作模式时，如图 2-3 所示，高压蓄能器提供四路轮缸所需的制动液，四路轮缸各自对应的线性电磁阀负责压力调节。

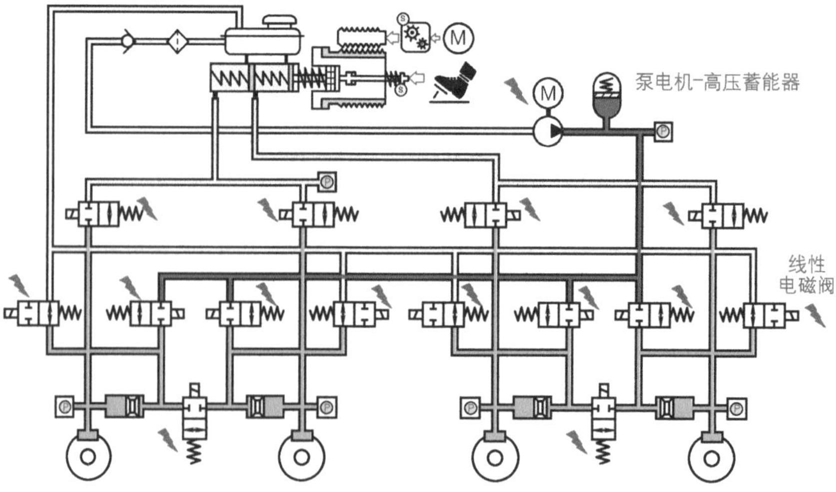

图 2-3 REHB 正常工作模式 2

液流切换层的隔离阀均上电关断。其中，主缸与轮缸间的隔离阀关断后，制动轮缸与液压活塞隔离机构形成了封闭空间，由于制动液的不可压缩性和不可忽略的隔离活塞质量，因此隔离活塞另一侧的线性电磁阀对于制动轮缸依然具有良好的调压能力。制动器隔离阀的关断，使得四轮轮缸压力控制实现了完全解耦。同时，电助力主缸保持待机准备状态。

这一工作模式下，轮缸压力响应迅速，控制精密，因此更适用于高动态制动工况，如防抱制动（ABS）、车身稳定控制（ESC）等。

2.3.1.3　正常模式 3：电助力主缸和高压蓄能器联合供压

当 REHB 处于电助力主缸和高压蓄能器联合供压的工作模式时，两种供压单元联合供压时存在多种可运行的工作模式。这里仅以前轴轮缸由电助力主缸供压和调压，后轴轮缸由高压蓄能器供压、由线性电磁阀调压的配置方案为例，此时 REHB 制动系统的工作状态如图 2-4 所示。

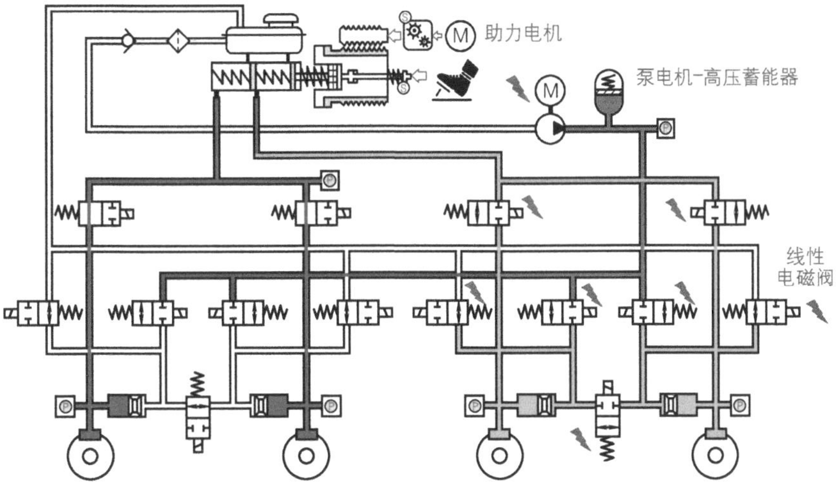

图 2-4　REHB 正常工作模式 3

通过对上述 REHB 正常工作模式运行原理的介绍和分析，再次说明：电助力主缸制动系统和线性电磁阀制动系统的根本区别在于是否能够实现轮缸压力的独立控制。而且，基于电助力主缸和基于线性电磁阀的两种制动系统分别适用于不同制动工况，在制动性能上也可实现互补。

REHB 的其他正常工作模式，均由上述三种模式演变以满足不同的制动需求，在此不再赘述。

2.3.2　失效工作模式

当 REHB 内部出现某些执行器部件故障情况时，REHB 会进入失效工作模式。在失效工作模式下，REHB 控制系统可以根据制动工况和剩余健康的制动系统重新规划拓扑结构可运行的制动方案，以满足车辆的制动要求。

如前所述，REHB 工作模式多样，具有代表性的执行器故障有：供压单元失效、调压单元失效。考虑执行器功能安全对制动系统可靠性的要求，同时出现两处部件故障的概率极小，REHB 系统内部某一元件单独发生故障是最为普遍的失效情况。因此，下面分别按照电助力主缸故障、泵电机 - 高压蓄能器故障及线性电磁阀故障、阀门故障对 REHB 失效工作模式进行介绍。

2.3.2.1 失效工作模式 1：电助力主缸故障

当电助力主缸的助力电机发生故障时，助力电机无法正常驱动制动主缸，进而无法为四路轮缸提供达到特定需求压力的制动液。该工作模式下的 REHB 失效运行原理如图 2-5 所示。

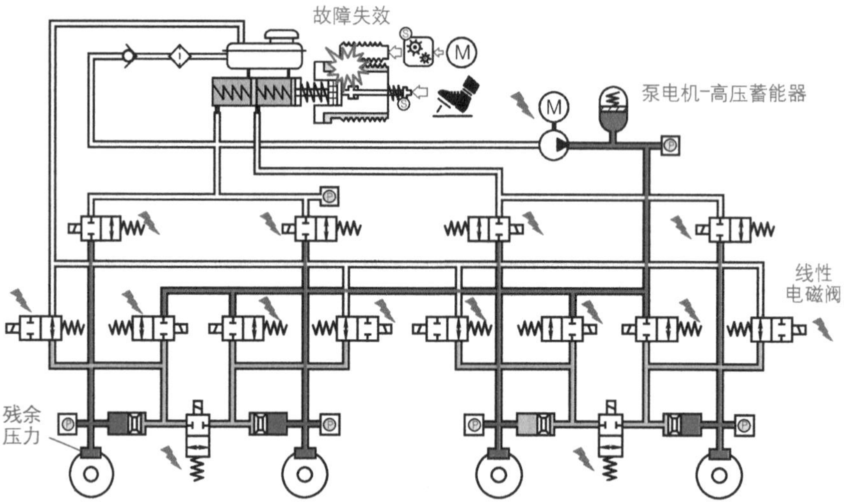

图 2-5 REHB 失效工作模式 1

此时，所有隔离阀立即上电关断，高压蓄能器承担整个 REHB 系统的供压功能，线性电磁阀接管四路轮缸压力的控制功能。由于线性电磁阀制动系统响应迅速，能够独立控制各轮缸压力，因此车辆仍具有未降级的制动控制能力。需要注意的是，在隔离阀关断时，轮缸内仍残余部分压力的制动液，线性电磁阀此时接管轮缸压力调节任务时，制动轮缸的液压特性发生了变化，此时轮缸压力精密控制将面临“液压耦合”的新问题。该问题将在 2.5 节进行详细讨论。

2.3.2.2 失效工作模式 2：泵电机 - 高压蓄能器故障及线性电磁阀故障

当泵电机失效时，泵电机无法正常为高压蓄能器提供动力，高压蓄能器无法储备高压制动液，相应地，线性电磁阀无法正常配合调压工作。此时，电助力主缸完全接管四路轮缸的供压和调压任务。该工作模式下的 REHB 失效运行原理如图 2-6 所示。

该场景下，电助力主缸制动系统无法独立精密控制四轮液压制动力。因此，为了防止遭遇极端制动工况，车辆需要尽快到达安全区域并进行 REHB 系统修复。

2.3.2.3 失效工作模式 3：阀门故障

当某一进液阀或出液阀发生故障失效时，该路对应的制动轮缸无法通过线性电磁阀继续正常调压，因此只能选择电动助力主缸作为供压和调压单元进行接管，相应地，此路对应的主缸轮缸隔离阀保持开启状态。该工作模式下的 REHB 失效运行原理如图 2-7 所示。

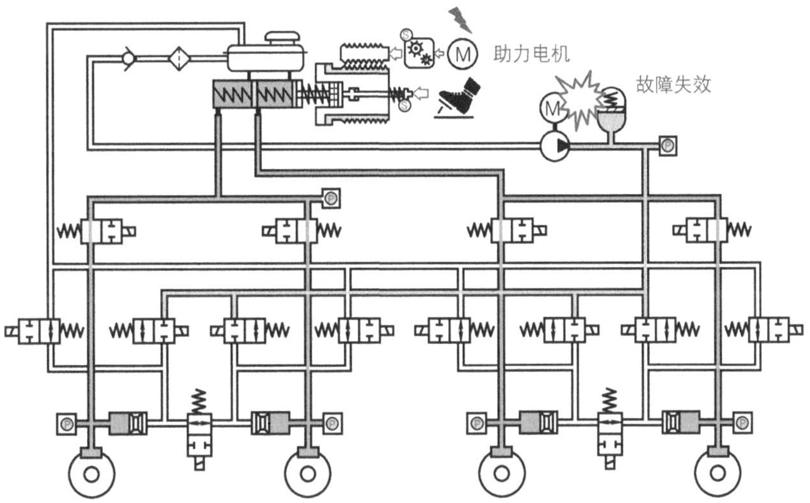

图 2-6　REHB 失效工作模式 2

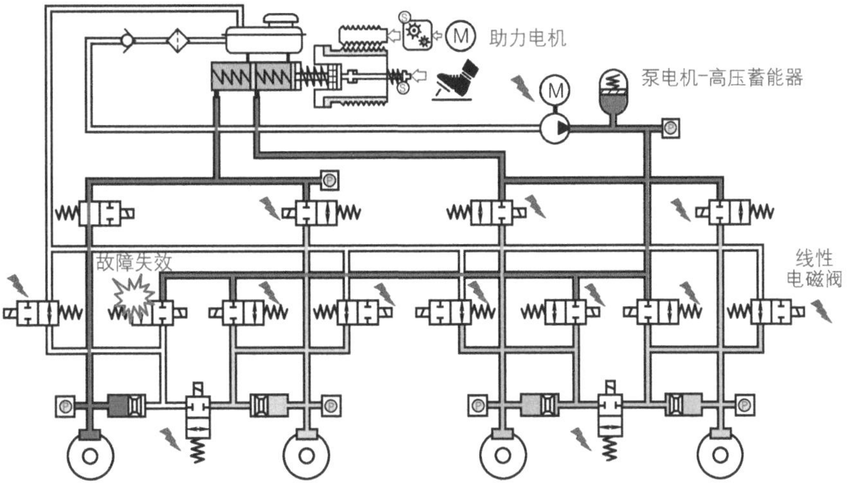

图 2-7　REHB 失效工作模式 3

需要注意的是，当车辆直线制动时，若同轴液压制动力出现不均的异常现象，则可能导致严重制动跑偏，该轴对应的轮缸制动器隔离阀应立即下电开通，快速连通同轴两个制动轮缸，确保两侧轮缸压力一致，从而通过硬件冗余的方式实现轮缸压力调节的失效运行控制。

2.4 冗余型线控液压制动系统的核心部件参数设计

REHB 高冗余功能和高控制性能的执行器硬件基础主要体现在供压单元和调压单元。其中，作为核心部件的电助力主缸和线性电磁阀对 REHB 的控制性能具有决定性的影响。以下分别针对电助力主缸和线性电磁阀进行结构设计和参数优化。

2.4.1 电助力主缸设计

在 REHB 运行时，电助力主缸需要关注的基本性能有：建压幅值，增压（减压）速率（或最小响应时间）。以上液压响应性能主要由电助力主缸的助力电机和制动主缸中的关键机电参数决定，因此需要分别针对二者进行参数设计。在电助力主缸参数设计之前，首先需要明确其性能指标（开环测试）的具体要求。

建压幅值根据目标车型在高附路面上所需的最大制动力决定。在不考虑车轮制动滑移、车辆载荷转移的前提下，在制动强度 z 取 0.85 的情况下，车辆所需总制动力 $F_{\mathrm{X,max}}$ 为

$$F_{\mathrm{X,max}} = mgz \tag{2-1}$$

式中，m 为车辆整备质量；g 为重力加速度。

假设主缸压强 p_{mc} 与轮缸压强 p_{wc} 一致，所需主缸压力产生的最大制动器制动力 $F_{\mathrm{B,max}}$ 为

$$F_{\mathrm{B,max}} = \frac{2p_{\mathrm{mc}}(G_{\mathrm{fhb}} + G_{\mathrm{rhb}})}{R_{\mathrm{w}}} \tag{2-2}$$

式中，G_{fhb} 为前轴制动器增益；G_{rhb} 为后轴制动器增益；R_{w} 为车轮半径。

考虑车辆所需总制动力 $F_{\mathrm{X,max}}$ 与最大制动器制动力 $F_{\mathrm{B,max}}$ 相等，代入具体参数值，计算可得最大主缸压强 $p_{\mathrm{mc,max}}$ 为 11.45MPa。考虑液压制动系统的设计安全裕度，最终选取电助力主缸制动系统的建压幅值指标目标值为 12.5MPa。

增压（减压）速率（或最小响应时间）根据车辆在高附路面紧急制动工况下的制动距离情况给出。计算所需车辆车轮和制动器参数同上，假设车辆制动初始速度 u_{a0} 为 80km/h，制动距离 s_{b0} 的计算方式为

$$s_{\mathrm{b0}} = \frac{u_{\mathrm{a0}}}{3.6}\left(t_{\mathrm{r}} + t_{\mathrm{a}} + \frac{t_{\mathrm{s}}}{2}\right) + \frac{1}{2gz}\frac{u_{\mathrm{a0}}^2}{3.6^2} \tag{2-3}$$

式中，t_{r} 为驾驶员反应时间；t_{a} 为制动消隙时间；t_{s} 为制动器起作用时间。

改进制动系统结构，减少制动器起作用时间，是缩短制动距离的一项有效措施。另外，REHB 制动系统的自主制动可大大缩短驾驶员反应时间，因此更短的制动系统响应时间意味着更短的制动距离。

对标国外先进液压制动系统的响应时间（<150ms），并考虑国内厂商的制造水平，选择电动助力主缸响应时间为 250ms。基于选定增压速率指标目标值，结合上述紧急制动工况具体参数进行估算，可得制动距离为 45.6m，满足国标规定的制动距离要求。下面根据上述设计指标，从电助力主缸制动系统的助力电机和制动主缸两个方面分别进行参数设计。

2.4.1.1 助力电机

助力电机的输出转矩 T_{m} 与制动主缸推杆力 F_{pr} 之间呈正比例关系：

$$F_{\mathrm{pr}} = i_{\mathrm{t}} T_{\mathrm{m}} \tag{2-4}$$

式中，i_{t} 为电助力主缸的等效传动系数。

主缸活塞受到的液压 F_{p} 表示为

$$F_{\mathrm{p}} = \frac{\pi d_{\mathrm{mc}}^2}{4} p_{\mathrm{wc}} \tag{2-5}$$

式中，d_{mc} 为主缸活塞直径；p_{wc} 为轮缸压力。

以电助力主缸中的“推杆 - 活塞”运动部分为研究对象，考虑主缸推杆力与活塞液压力的平衡，得到电机输出转矩与主缸压力的关系为

$$T_{\mathrm{m}}=\frac{\pi}{4}\frac{d_{\mathrm{mc}}^{2}p_{\mathrm{wc}}}{i_{\mathrm{t}}} \tag{2-6}$$

根据工程经验初选主缸活塞直径 d_{mc} 为 25mm，等效传动系数 i_{t} 为 $3400\mathrm{m}^{-1}$，根据上节所述的建压幅值要求，可估算得到所需电机输出转矩值为 1.805N · m，考虑安全裕量并圆整后，选择最大值为 2.0N · m。根据电机手册初选助力电机空载最大转速为 2800r/min，电压 U_{N} 为 12.0V。根据以上条件及以下假设，计算助力电机设计所需的关键电学参数。

1）在无负载条件下，助力电机的空载电流可忽略。

2）在助力电机的运行过程中，磁路中没有磁通损失。

考虑以上假设条件、电机机械特性需求（转速、转矩）等，可得助力电机需满足的电气关系如下：

$$\begin{cases}T_{\max}=k_{\mathrm{t}}U_{\mathrm{N}}/R_{\mathrm{m}}\\ \omega_{\max}=U_{\mathrm{N}}/k_{\mathrm{be}}\\ k_{\mathrm{be}}=k_{\mathrm{t}}\end{cases} \tag{2-7}$$

式中，k_{be} 和 k_{t} 为助力电机的反电动势系数和力矩系数；R_{m} 为电机等效电阻；$\omega_{\max}$ 为电机最大角速度。

经计算，初步可得：助力电机反电动势系数 k_{be} 为 4.1×10^{-2}V/rad · s，力矩系数 k_{t} 为 4.1×10^{-2}N · m/A，等效电阻 R_{m} 为 0.108Ω。

2.4.1.2　制动主缸

电助力主缸的增压速率由助力电机和制动主缸的参数设计综合决定。为了满足开环试验性能设计目标，需要进一步通过专业软件对动态建压过程进行仿真，从而设计制动主缸的关键参数。

如图 2-8 所示，在液压仿真软件 AMESim 中建立电助力主缸制动系统模型，包括助力电机、电源驱动、传动机构、制动主缸、制动轮缸以及液压管路等。

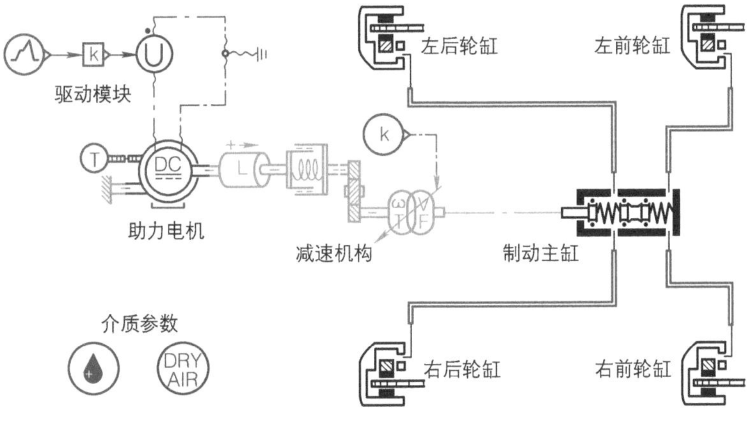

图 2-8　电助力主缸制动系统 AMESim 仿真模型

电助力主缸制动系统 AMESim 仿真模型相关参数见表 2-1。

表 2-1　电助力主缸制动系统 AMESim 仿真模型参数

参数名	参数值	参数名	参数值
制动液密度	850kg/m^3	制动液黏度	42.5mm^2/s
制动液模量	1700MPa	制动液温度	40℃
制动间隙	0.25mm	主缸弹簧刚度	2.5×10^6N/m
液流阻尼系数	1.1×10^7N·s/m	最大流量系数	0.7

以主缸直径和活塞行程为关键设计参数。由于需要满足机械设计原理中的标准尺寸要求，因此设置四组常用数值的尺寸参数进行对比仿真。在仿真工况中，助力电机转矩输入：0.5s 时刻阶跃输入，转矩保持 2s，2.5s 时刻转矩置零。在此过程中，对比分析不同数值的尺寸参数条件下的主缸压力开环动态性能指标。仿真结果如图 2-9 所示。

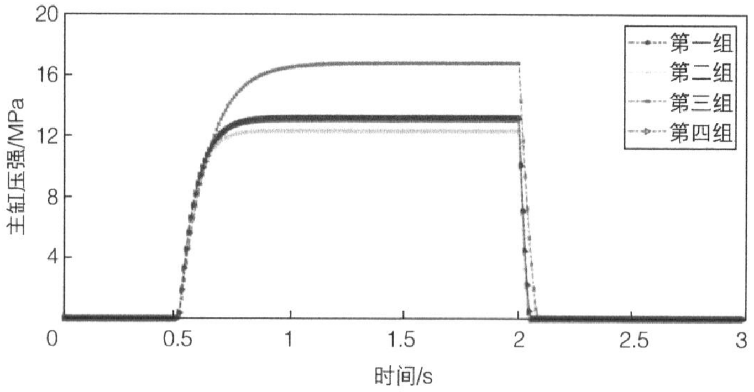

图 2-9　制动主缸多组参数仿真结果

仿真设置的 4 组制动主缸参数及各组参数下的建压结果总结见表 2-2。

表 2-2　电助力主缸模型关键仿真参数

序号	主缸直径 /mm	活塞行程 /mm	建压幅值 /MPa
1	26.0	30.0	13.3
2	24.0	28.0	12.2
3	30.0	32.0	16.7
4	26.0	28.0	13.1

对比以上 4 组参数对应的仿真结果可知：

1）除第 2 组参数值外，其他三组参数下的制动主缸压强均可满足建压幅值 12.5MPa 的设计指标需求。

2）第 3 组参数下的仿真结果建压幅值较高，但由于其主缸直径和活塞行程较大，减压速率指标相对其他三组较低，而且较大的主缸直径和活塞行程会产生更强非线性的摩擦影响。

3）第 1 组和第 4 组参数下的制动主缸压力响应曲线基本一致，并且均达到了三种性能指标的设计目标。

考虑四路轮缸的液压供给流量需求较大，主缸应具有足够的可用容积。综合以上分析，为了保证制动主缸系统设计的安全裕度，最终制动主缸直径和活塞行程采用第 1 组参数值。

2.4.1.3　电助力主缸台架试验

为了验证所设计的电助力主缸的电控液压响应性能，如图 2-10 所示，基于电助力主缸样机搭建了液压试验平台。其中，上位机为工控机，用于人机交互操作；下位机为 dSPACE AutoBox，通过 CAN 总线与制动控制器通信；电助力主缸的集成式制动控制器 BCU 负责驱动、通信和信号处理；额定电压为 12.0V 的直流电源为电助力主缸制动系统提供电力。

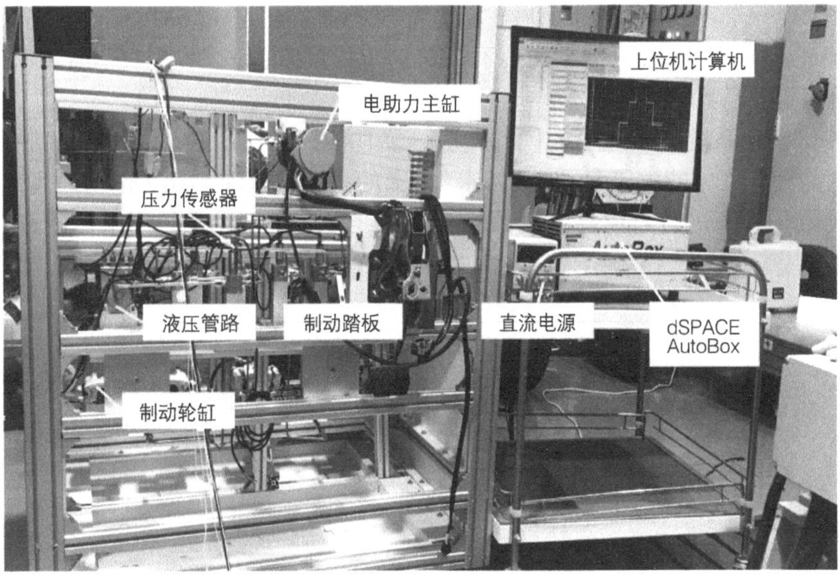

图 2-10　电助力主缸制动系统试验台架

这里所涉及的 REHB 线控液压制动系统试验研究的压力传感器 MSP300 的规格参数见表 2-3。

表 2-3　压力传感器规格参数

规格项目	规格参数
测量范围	0~35.0MPa
输出电压范围	1.0~5.0V
测量精度	± 0.1%
工作温度范围	−20~85℃

通过阶跃工况分别针对前后制动轮缸进行开环建压性能测试。前后轮缸均从 1s 开始增压，为使前后轮缸有所区分，前轮轮缸建压持续 2s，后轮轮缸建压持续 4s。轮缸压力响应曲线如图 2-11 所示。

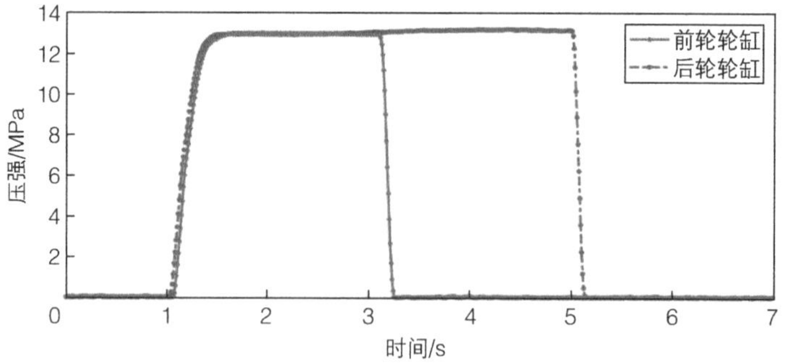

图 2-11　前后轮缸压力阶跃响应

分析图 2-11 试验数据可知，前后轮缸的建压幅值均超过 12.5MPa，并且增压减压响应时间（以 0MPa 与 10.0MPa 为准）均小于 250ms。由于前轮轮缸容积大于后轮轮缸，因此在压力响应上略逊于后者。

为了评价制动系统失效运行的硬件响应恢复性能，针对所设计的 REHB 制动系统与本书研究团队前期开发的能够满足 ADAS 制动需求的集成式电液制动（IEHB）系统，在 AEB 紧急制动失效场景下进行对比性台架试验。两种线控液压制动系统所采用的开环控制逻辑以同样的时序事件触发，试验结果如图 2-12 所示。

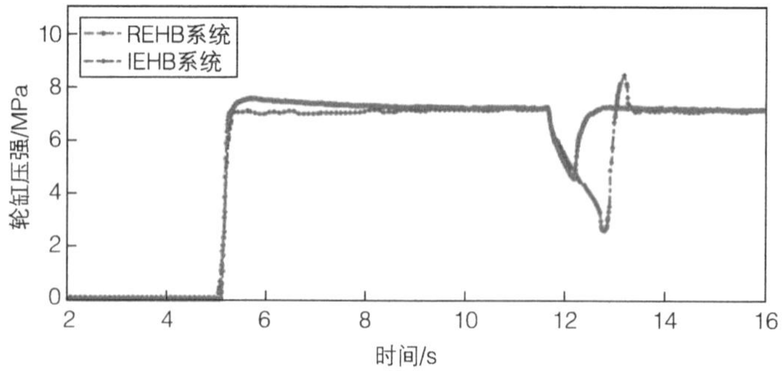

图 2-12　紧急制动失效场景压力响应恢复对比结果

根据试验结果，5.0s 时刻触发 AEB 功能，REHB 依靠电助力主缸、IEHB 依靠高压蓄能器，两种方式均可实现制动轮缸在短时间内增压至 7.0MPa；11.5s 时刻制动故障注入（轮缸减压阀失效打开），轮缸压力突降，威胁车辆制动效能。在同样的故障检测时间下，IEHB 采用人力制动实现失效安全需要至少 500ms 反应时间，同时需要 500ms 恢复 7.0MPa 的稳态压力；得益于电助力主缸作为失效备份，REHB 能够在 400ms 内完成故障诊断和制动控制器输出命令，并于 150ms 之内恢复正常制动压力，从而兼具失效运行能力和良好的压力响应恢复性能。

2.4.2　线性电磁阀设计

电磁阀是 REHB 制动系统中实现解耦和独立轮缸压力调节的关键电控液压部件，电磁阀流量可控性是保障 REHB 精密调压和失效运行的使用特性，这一电磁阀基础性能依赖于电磁阀机械、电磁、液压等方面的结构和参数优化设计。

2.4.2.1 电磁阀机械结构改进

为了进一步改善电磁阀的液压力可控性，提升电磁阀流量控制线性度，扩展 PWM 占空比有效区间，这里基于本书研究团队与国内零部件供应商单位的前期研发的高速开关阀，介绍一种高精度线性电磁阀。线性电磁阀结构与改进如图 2-13 所示。

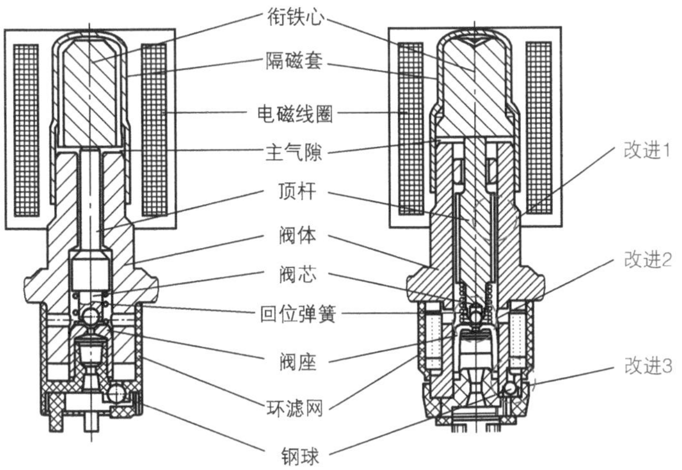

图 2-13 电磁阀机械结构改进设计

液压制动系统中电磁阀的主体结构包括电磁线圈、隔磁套、衔铁心、顶杆、阀芯、回位弹簧、阀座、阀体等零部件。图 2-13 以代表性的常开式电磁阀为例，当电磁线圈未上电时阀口处于开启状态；当电磁线圈通电时，在电磁力的作用下阀芯沿着轴向运动，压缩回位弹簧，直至阀芯落座，阀口呈现闭合状态。

相比于原有的高速开关阀，线性电磁阀的结构改进主要有三处：

改进 1：设计了带沟槽的阀芯顶杆，改善顶杆与阀体之间的制动液黏合作用，增加阀芯顶杆的轴向运动稳定性。

改进 2：增加了阀口导向结构，提高阀芯阀座配合精度，与之匹配回位弹簧刚度，加快阀口闭合速率及回位稳定性。

改进 3：设计了一体化的油滤结构，提升了电磁阀的耐高压能力；带单向阀一体式阀体，增强了保压能力，降低了制造成本。

另外，在泵电机 - 高压蓄能器的选型与设计方面，沿用本书研究团队前期研究的能量回馈式电子液压制度（EEHB）方案的柱塞泵与蓄能器的技术参数。该模块已通过台架试验和实车验证，满足四路轮缸所需的制动液容量、建压幅值以及建压速率的基本条件。

2.4.2.2 液动力与电磁力优化

线性电磁阀的阀芯部件主要受到电磁力、液压力、弹簧力、阻尼力等作用。其中，电磁力是阀芯动力学系统中唯一的可控输入；液压力作为制动液与电磁阀机械部件相互作用产生的流体力，具有高动态性和强非线性。另外，电磁力和液压力在阀芯所受外力中的比例相对较高，因此，电磁力和液压力的特性对于阀芯运动状态起到决定性作用。这里对液压力和电磁力进行参数优化，使电磁阀具有更优良的可控性和流量线性特性。

电磁力由线圈、阀体、衔铁心、各处气隙以及其他参与电磁场的部件实体共同相互作用产生，各部分的尺寸 / 材料、分布装配、线圈电流等因素都将影响电磁特性整体性能。因此采用电磁场有限元分析方法优化设计电磁力特性。

在 ANSYS 软件中根据线性电磁阀的实际尺寸和材料参数，进行线性电磁阀电磁场有限元建模。其中，阀芯采用聚醚醚酮树脂，隔磁套采用不锈钢，二者磁导率极低。线圈、衔铁心、阀体以及其气隙是产生磁路的主要来源。通过设置参数、定义边界、划分网格等步骤，进行有限元计算，磁场可视化结果如图 2-14 所示。

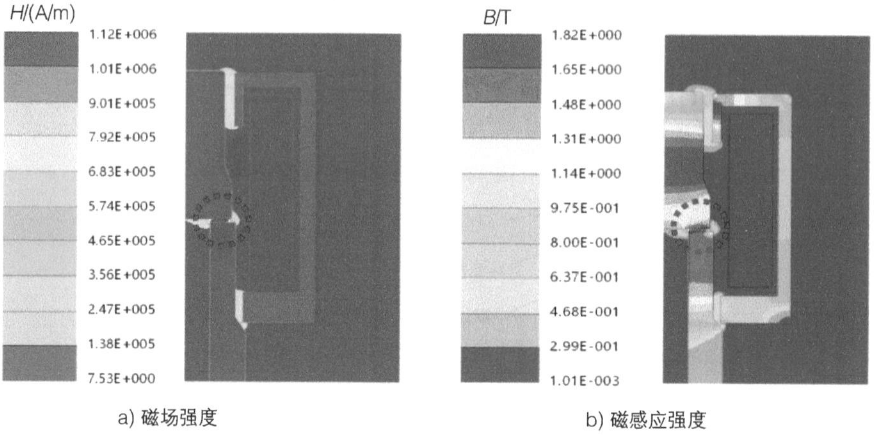

图 2-14　电磁力有限元分析

根据线性电磁阀的磁感应强度仿真结果，衔铁心、主气隙及阀体部分磁感应强度较大，相应位置的磁力线较为密集。此部分处于阀芯运动件的轴向，因此，电磁力方向将主要沿着电磁阀轴线产生；电磁力大小与磁感应强度成正比，因此电磁力大小将主要与此部分磁路的磁感应强度有关。另外，两个副气隙位置产生了少许漏磁现象。

根据线性电磁阀的磁场强度仿真结果，主气隙处的磁场强度尤为显著，两处副气隙次之，其他位置磁场强度最低，气隙磁阻高于其他部件。需要注意的是，主气隙附近的磁场强度高于磁路中的其他位置至少一个数量级。

综合上述仿真结果和分析结论，基于现有高速开关阀的基本尺寸，为了有效改进线性电磁阀的电磁力特性，最简便高效的方法是选择主气隙大小进行机械优化设计。

为了直接观测电磁力特性，即线圈电流与电磁力的关系，借助有限元仿真方法，保持电磁阀其他仿真参数值（线圈匝数、尺寸、材料等）恒定，考虑不同主气隙大小条件下电磁力与线圈电流的变化规律，仿真结果总结如图 2-15 所示。电磁阀驱动电路的驱动电流范围为 0～3A，选择 4 个主气隙尺寸：0.1mm、0.15mm、0.2mm、0.3mm。由图 2-15 所示曲线可知：

1）线圈电流与电磁力呈现正相关的变化关系，但在实际情况中由于存在主气隙磁通饱和、泄漏，以及电磁场分布不均匀，当线圈电流较大时，电磁力的变化率逐渐趋缓。

2）主气隙显著影响电磁力，主气隙越小，电磁力越大；主气隙尺寸决定了主气隙磁阻，影响实际磁通，最终决定电磁力大小。

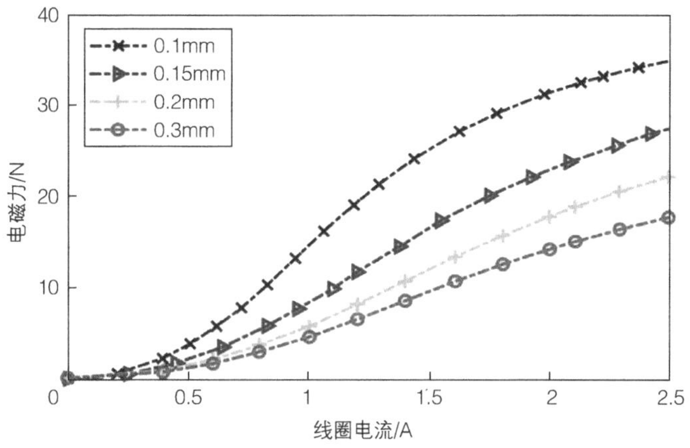

图 2-15 不同主气隙下电磁力与线圈电流关系

为了改善电磁阀流量的可控性，需要电磁力具备较大的可控范围，因此主气隙长度应选择较小值。然而，过小的主气隙尺寸客观限制了阀芯开度的最大值，直接影响电磁阀流量特性范围。因此，需要综合考虑电磁力最大值、电磁力线性度及电磁阀液压特性选择主气隙参数值。

根据流体力学的孔口出流原理可知，电磁阀液压力是一种依赖外界液压环境和自身结构尺寸高动态变化的被动力，这种强非线性因素对电磁阀流量线性特性产生关键作用，最终影响液压力精密控制性能。已有研究表明，电磁阀阀芯所受的液动力主要与阀芯、阀座、回位弹簧的机械参数与空间位置有关。在给定回位弹簧标准规格（弹簧刚度、预紧力等）的前提下，阀芯、阀座的结构参数对液压力将产生直接影响。

本书研究团队前期已对高速开关阀的阀芯最大升程、阀座锥角、阀座孔径等进行了参数设计工作。在此基础上，选取对阀口流量影响最为显著的阀座孔径和阀芯球头直径的尺寸参数针对电磁阀流量特性进行参数设计。

由于线性电磁阀所处的液压管路在流体力学建模方面较为复杂，因此采用 AMESim 液压仿真软件对线性电磁阀及 REHB 制动系统的相关模块进行建模，如图 2-16 所示。

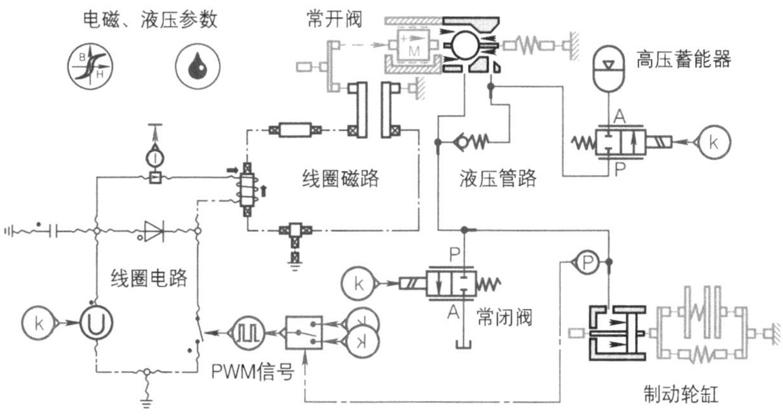

图 2-16 线性电磁阀制动系统 AMESim 仿真模型

图 2-16 所设计的线性电磁阀（以常开阀为例）由线圈电路、线圈磁路以及机械运动部分组成。线性电磁阀上游为高压蓄能器（及出液口处的常开阀），下游为制动轮缸（及旁路的常闭阀）。通过电磁线圈驱动电路提供不同调制频率和占空比的 PWM 信号。

设置线性电磁阀上游高压蓄能器压强恒为 10MPa，轮缸初始压强为 0MPa，线圈电路的 PWM 驱动信号为斜坡输入（0% ~ 80%），仿真时间为 300ms。通过上述仿真条件模拟常开阀在斜坡输入信号上电的过程中阀口流量的动态变化情况。如图 2-17 所示，当阀座孔径在 0.5 ~ 1.15mm 内间隔选取时，仿真结果总结如下：

1）当阀座孔径为 0.5mm 时，电磁阀流量特性仅表现出了“开关”效果，即当线圈电流增至某一数值时，阀口流量突变为零。

2）随着阀座孔径由 0.6mm 逐渐增加至 0.9mm 时，流量特性的线性区间逐渐变宽，阀座孔径为 0.9mm 时，阀口流量全程都在降低。

3）当阀座孔径处于 0.9 ~ 1.15mm 范围内时，流量特性的线性区间出现了“饱和”现象，即无论阀座孔径如何变化，流量特性保持不变。

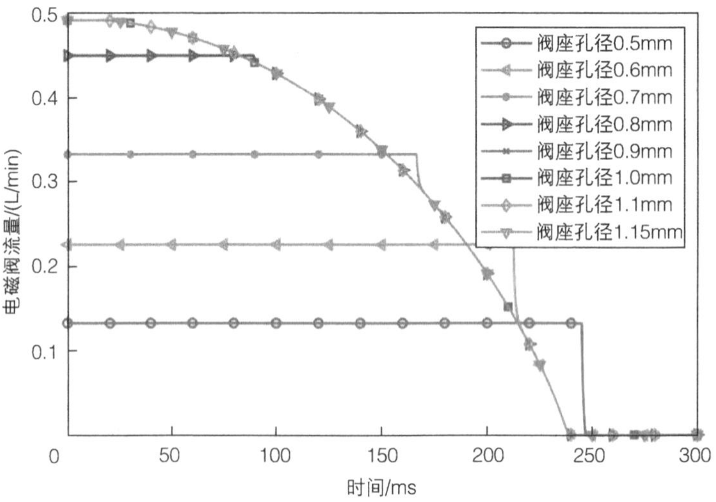

图 2-17　不同阀座孔径下电磁阀流量特性

如图 2-18 所示，当球芯直径在 1.5 ~ 2.2mm 范围内间隔选取时，仿真结果总结如下：

随着球芯直径由 2.2mm 逐渐减少至 1.6mm 时，流量特性的线性区间逐渐变宽，当球芯直径取 1.6mm 时，线性区间从零开始贯穿全程；当球芯直径减至 1.5mm 时，在小范围线圈电流输入的情况下，阀口流量发生变化，说明此时电磁阀可控性较差。

结合图 2-17 和图 2-18 的仿真结果，并考虑实际线性电磁阀参数设计的其他限制条件，在分析和选择阀座孔径和球芯直径参数时需要注意：阀座孔径尺寸大小应与球芯直径、升程以及阀座锥角相匹配。

球芯直径的降低意味着阀芯质量的减小，过小的阀芯质量会导致电磁阀在 PWM 信号作用下趋向于开关运动，引发流量不可控和开关噪声；阀座孔径和球芯直径的流量特性在小占空比输入时不宜轻易触发，应具有一定的控制死区，防止外界扰动引发的电磁阀流量可控性下降。

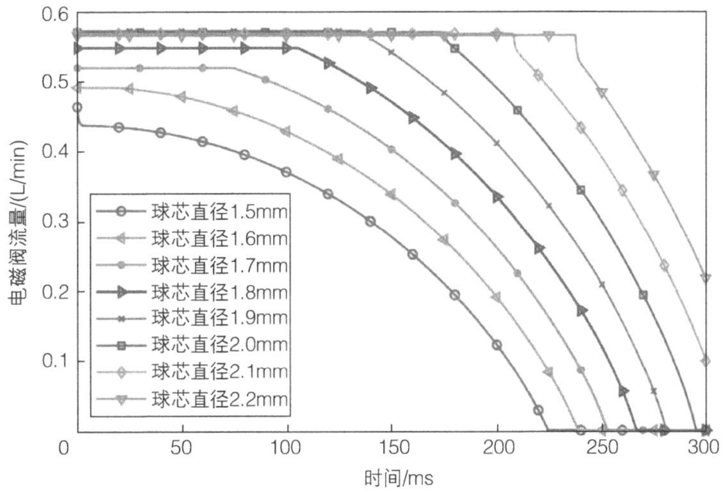

图 2-18　不同球芯直径下电磁阀流量特性

综合以上分析结论以及原有高速开关阀的其他既定参数，这里线性电磁阀的阀座孔径与球芯直径分别选为 0.8mm、1.8mm。

2.4.2.3　线性电磁阀台架试验

根据上文所述的线性电磁阀设计结果，试制线性电磁阀（以及泵电机 - 高压蓄能器总成）样机。在此基础上，在专门的制动系统液压特性试验台上进行线性电磁阀试验，记录 PWM 驱动信号占空比和电磁阀体积流量，验证线性电磁阀的流量特性。

线性电磁阀制动系统试验台架如图 2-19 所示，按照功能划分为三个模块：集成数控系统、待测液压单元管路系统、制动液供给系统。

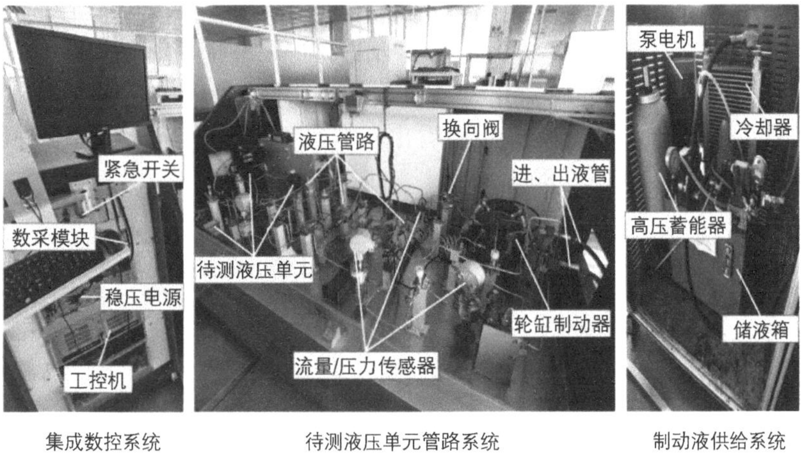

图 2-19　线性电磁阀制动系统试验台架

集成数控系统主要包括 LabVIEW 上位机和 NI 数据采集系统，负责采集 / 处理各传感器信号、试验数据可视化及发送目标指令控制 REHB 制动系统的电控液压元件。

待测液压单元管路系统包括待测 REHB 制动系统样机、液路换向阀手动机构、液压管配件、轮缸制动器及流量 / 压力传感器。

制动液供给系统包括泵电机、高压蓄能器、储液箱、冷却器，负责为 REHB 制动系统提供压力可调的制动液。

压力传感器沿用电助力主缸台架试验采用的型号。流量传感器的选型为 VC 0.04 E1 PS，流量测量精度为 ±0.1%，测量值重复性为 <0.1%，最大受压能力为 40MPa。

线性电磁阀流量特性试验工况：以线性常开阀为研究对象，先使制动液供给系统的高压蓄能器压强恒稳控制在 10.0MPa，PWM 控制信号的占空比以每秒 2% 的增量逐渐提高，PWM 驱动信号以 1s 使能、1s 复位的周期间歇输出方式给到线性电磁阀。记录试验全程的 PWM 信号和流量信号，试验结果如图 2-20 所示。

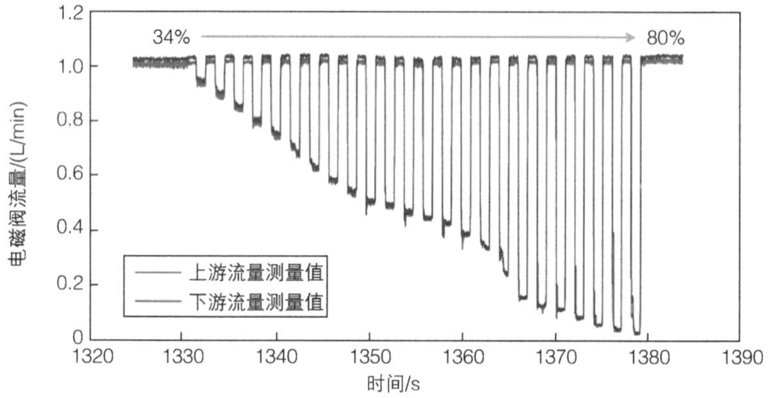

图 2-20　不同 PWM 占空比对应的电磁阀流量

分析图 2-20 的试验数据可知，当 PWM 信号占空比增至 34% 时，线性常闭阀在电磁力的作用下阀芯逐渐克服液压力开始关闭，阀口流量开始下降；随着占空比的不断提高，阀口流量随之降低，直至占空比增至 80% 以上，阀口接近闭合状态。

进一步地，如图 2-21 所示，对比技术成熟的高速开关阀的流量特性（电磁阀流量与 PWM 驱动信号占空比之间的关系），可以看出，本节所设计的新型线性电磁阀将流量可用区间由 50%～80% 扩展为 35%～80%。

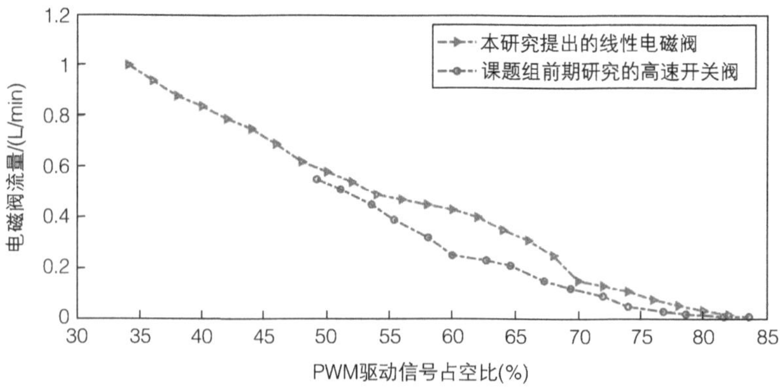

图 2-21　不同电磁阀流量特性对比

为了评价所研发的线性电磁阀的流量特性的线性程度，采用 Pearson 相关系数量化 PWM 驱动信号占空比与电磁阀流量之间的线性相关性，计算方法如下：

$$R_{x,y}=\frac{\sum_{i=1}^{n}(x_i-\bar{x})(y_i-\bar{y})}{\sqrt{\sum_{i=1}^{n}(x_i-\bar{x})^2}\sqrt{\sum_{i=1}^{n}(y_i-\bar{y})^2}} \tag{2-8}$$

式中，$R_{x,y}$ 为 Pearson 线性相关度；等式右侧分母项为变量 x、y 均方差之积，分子项为变量 x、y 偏差之积的数学期望。

根据式（2-8）分别计算原有高速开关阀和本节线性电磁阀的流量特性线性程度 $R_{x,y}$，可得：

原有高速开关阀：$R_{x,y,1} = 0.971$

本节线性电磁阀：$R_{x,y,2} = 0.995$

由此可见，经过结构改进和参数优化设计，电磁阀的流量特性线性度得以提高，线性区间显著拓宽。该研究结果对于改善线性电磁阀制动系统的流量可控性、提高压力控制性能具有重要意义。

2.5 冗余型线控制动执行器液压强精密控制方法

作为能量回馈式线控制动系统的核心部分，冗余型线控液压制动系统 REHB 的基本要求是具备精密的液压强控制能力，保证正常工作模式和失效工作模式下的制动轮缸压强跟踪效果，从而确保车辆层面的制动安全性、制动平顺性以及制动能量回收效率等。

前面设计的冗余型线控液压制动系统依赖于两种关键执行器：电助力主缸和线性电磁阀。现有的基于电助力主缸的线控制动系统通常仅关注正常状态的液压强闭环控制，往往忽略失效状态或工作模式切换导致的制动系统特性改变、控制系统鲁棒性不足等问题。对于基于电磁阀的线控制动系统，采用 PWM 信号控制高速开关阀的压强控制方法需要大量试验标定，而且压强调节噪声明显。另外，采用线圈电流控制的压强控制方法所需的电流芯片成本较高，而且动态工况下压强控制效果较差。

本节分别针对电助力主缸制动系统和线性电磁阀制动系统，在现有研究基础上对两种系统的液压强精密控制方法进行深入研究。

2.5.1 电助力主缸“机 - 电 - 液”耦合动力学建模

电助力主缸制动系统是一种电液伺服系统，具有自主解耦和非独立轮缸压强控制的特点，该系统的主要构成原理如图 2-22 所示。

该系统主要部件包括：助力电机总成（包括助力电机和电机驱动模块等）、传动机构（包括减速齿轮副、螺杆螺套副等）、制动主缸（包括储液器、主缸缸体、主缸活塞等）、下游制动管路和轮缸制动器等。

电助力主缸制动系统的运行原理为：助力电机作为实现主动制动的动力来源，通过传动机构推动主缸活塞在主缸内部形成加压状态的制动液，经下游制动管路进入轮缸制动器，推动轮缸活塞和摩擦片，最终以摩擦转矩的形式作用在制动盘上对车轮进行制动。

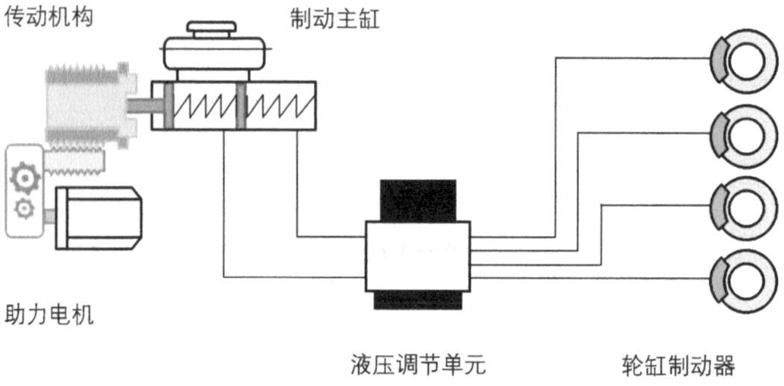

图 2-22　电助力主缸制动系统示意图

在进行电助力主缸制动系统建模前，需要作出以下几点假设：

1）制动液为不可压缩性流体；忽略制动管路沿程阻力；制动主缸和轮缸直接连通，二者内部液压强始终一致。

通过液压制动系统建模仿真的方式，分析得出了制动主缸与轮缸液压强之间动态响应差异性可被忽略的结论。据此，这里通过试验对比了主缸压强和轮缸压强在主缸活塞位置控制信号（5Hz 复合正弦信号）激励下的开环响应曲线，如图 2-23a 所示。可以看出，主缸压强和轮缸压强曲线基本全程重合。因此，可以认为在主缸与轮缸直连的情况下主缸压强与轮缸压强始终保持一致。

2）不考虑制动液温度变化导致的液压系统特性变化。

为了验证此假设，这里在不同环境温度下对主缸液压特性进行了 5Hz 复合正弦信号激励开环试验，对比结果如图 2-23b 所示。可以看出，不同温度下的主缸液压特性曲线重合较好。因此，可以认为在常规温差范围内电助力制动系统的液压特性保持不变。

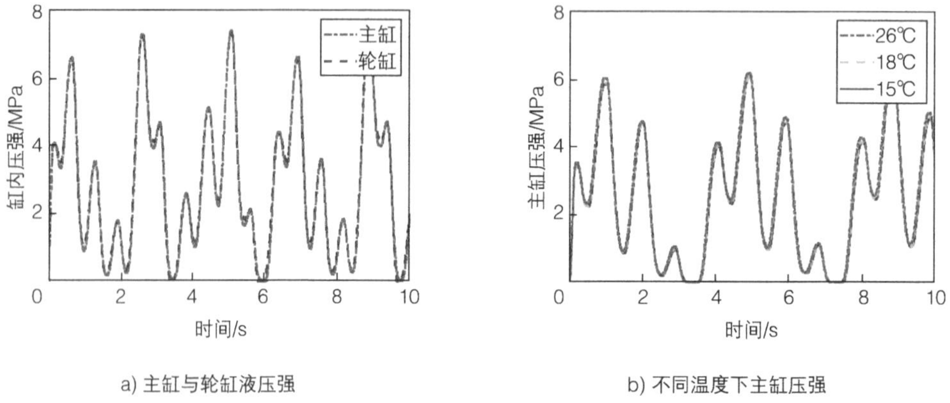

图 2-23　液压强一致性假设试验验证

基于以上电助力主缸运行原理和假设条件，分析该多物理场动态系统的耦合机理，建立电助力主缸的“机 - 电 - 液”耦合动力学模型。

2.5.1.1　电助力主缸“机 - 电 - 液”耦合动力学方程

如图 2-24 所示，以主缸活塞的静置位置为坐标原点，以主缸活塞的增压运动方向为 X 轴正向，建立电助力主缸一维坐标系。主缸活塞在运动过程中受到推杆力 F_{pr}、液压强 p_{mc}、

摩擦力 F_f、弹簧力 F_s、阻尼力 F_d 的共同作用，主缸压强 p_{mc} 与轮缸压强 p_{wc} 保持一致。

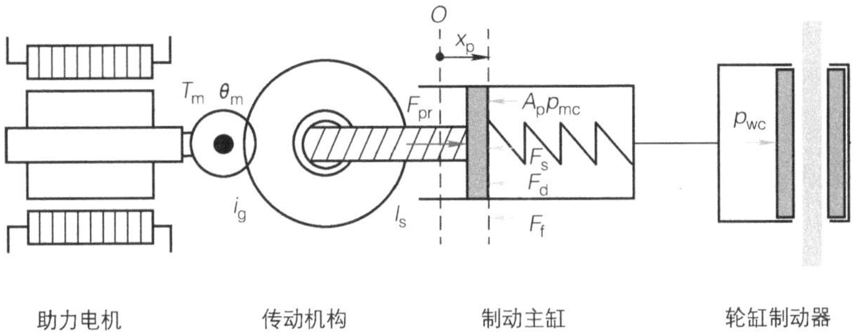

图 2-24　电助力主缸制动系统坐标系

考虑以主缸活塞为主要部件构成的平动部分，根据轴向受力平衡关系，可得主缸活塞动力学方程：

$$m_p\ddot{x}_p + F_d + F_s + \operatorname{sgn}(\dot{x}_p)F_f = F_{pr} - A_p p_{mc} \tag{2-9}$$

式中，m_p 为推杆和主缸活塞构成的平动部分的质量；F_d 为阻尼力；F_s 为弹性力；A_p 为主缸活塞位移；F_f 为摩擦力；F_{pr} 为推杆力；A_p 为主缸活塞工作截面面积；p_{mc} 为主缸液压强。

1）推杆力：作用于主缸活塞上的唯一的主动力。推杆力来源于助力电机的输出转矩。助力电机通过减速齿轮和螺套螺杆将旋转运动转换为直线运动。传动机构均由工业塑料热塑成型，具有较好的耐磨性和润滑性，可忽略传动效率损失。因此，主缸活塞所受的推杆力与电机输出转矩之间可以视为固定比例关系：

$$F_{pr} = i_t T_m \tag{2-10}$$

式中，T_m 为电机输出转矩；i_t 为等效传动系数，由传动环节的设计参数决定，其计算方法如下所述。

考虑减速齿轮和螺套螺杆构成的传动部分，根据能量守恒关系，可得：

$$2\pi T_m i_g = l_s F_{pr} \tag{2-11}$$

式中，i_g 为电枢转子到螺套的传动比；l_s 为螺杆螺套的导程。

联合式（2-10）和式（2-11），上述等效传动系数可表示为

$$i_t = 2\pi i_g / l_s \tag{2-12}$$

2）电机转矩：助力电机为 REHB 系统的供压和调压提供动力，选用功率密度大、使用寿命长的无刷直流电机（Brushless Direct-Current Motor，BLDC）。无刷直流电机转矩响应性良好，电机控制器和驱动器的延迟时间可以忽略。因此，电机输出转矩与控制电流可以看作固定比例关系：

$$T_m = K_T i_m \tag{2-13}$$

式中，i_m 为电机控制电流；K_T 为等效转矩系数。

3）弹簧力：主缸活塞部分所受弹簧力的大小主要与推杆回位弹簧和主缸活塞弹簧的刚

度系数以及预压缩量有关。在静置状态下，主缸活塞位移为零，弹簧处于预压缩状态；当助力电机开始输出转矩时，主缸活塞推动缸内制动液，弹簧压缩量增大，弹簧力随之增大。当主缸活塞处于某一位置 x_p 时，弹簧力表示为

$$F_s = k_0(x_0 + x_p) \tag{2-14}$$

式中，k_0 为等效弹簧刚度系数；x_0 为预压缩量。

4）黏性力：主缸活塞部分在液流的作用下受到黏性力，其大小主要与主缸活塞运动速度有关。黏性力可表示为

$$F_d = c_0 \dot{x}_p \tag{2-15}$$

式中，c_0 为等效阻尼系数。

本节中电助力主缸制动系统的主要参数见表 2-4。

表 2-4　电助力主缸制动系统关键参数

符号	含义	数值	单位
d_p	主缸活塞直径	26	mm
k_0	等效弹簧刚度	5100	N/m
c_0	等效阻尼系数	1000	N/（m/s）
m_p	等效平动质量	0.45	kg
k_T	等效转矩系数	0.04	N·m/A

根据以上电助力主缸“机 - 电 - 液”耦合动力学方程可以看出，影响液压强精密控制性能的主要是摩擦力和液压强两个强非线性因素。因此，需要分别针对二者进行“机 - 电 - 液”特性研究。

2.5.1.2　摩擦特性

作为“机 - 电 - 液”耦合动力学系统中的关键非线性因素，摩擦非线性主要来源于制动主缸以及轮缸内部的摩擦副，电助力主缸制动系统中摩擦力主要由主缸活塞密封件等产生。为了探究摩擦特性，通过对电助力主缸进行开环试验，获得动摩擦力 - 主缸压强 / 活塞位置 - 电机转速的三维 MAP 数据。

动摩擦特性试验原理：根据式（2-9）的动力学关系可知，当主缸活塞处于匀速运动状态时，可以反推出动摩擦力。

$$F_{fd} = \frac{1}{\mathrm{sgn}(\dot{x}_p)}(F_{pr} - A_p p_{mc} - F_k - F_c) \tag{2-16}$$

动摩擦特性试验方法：将助力电机设定为位置控制模式，主缸位置跟踪目标为一系列不同速度的斜坡信号，如图 2-25 所示。采集助力电机控制器反馈的电机转矩、主缸活塞位置、主缸压强等数据。

图 2-26 所示为不同主缸活塞速度条件下的主缸压强响应曲线。可以看出：随着主缸活塞位移的增加，主缸压强增速越快；随着主缸活塞速率的增加，主缸压强在增压和减压两个过程中的对称性逐渐降低。

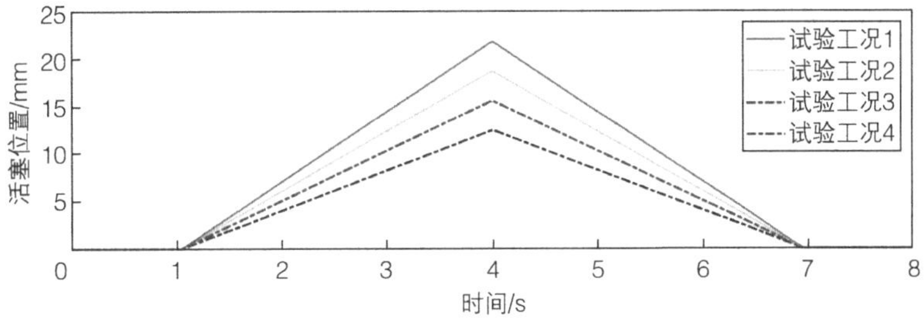

图 2-25　电助力主缸摩擦特性试验

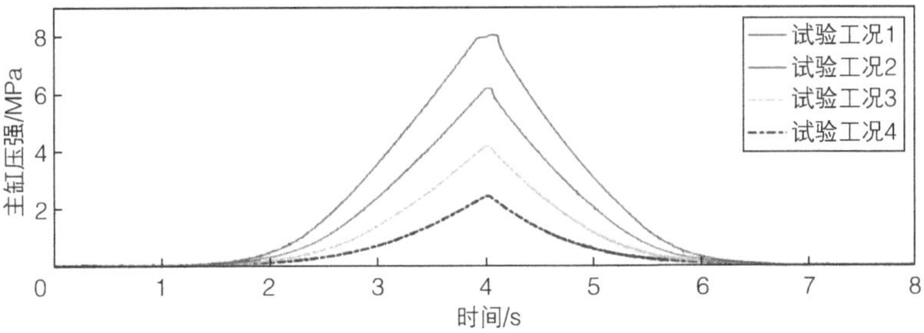

图 2-26　电助力主缸摩擦特性试验主缸压强响应曲线

多次重复以上试验过程，将计算所得的摩擦力、主缸活塞位移及主缸活塞速度整理为三维摩擦力特性 MAP，如图 2-27 所示。由于主缸活塞在正、反向运动（对应增、减压）过程中的摩擦力特性不同，因此将二者独立画出。

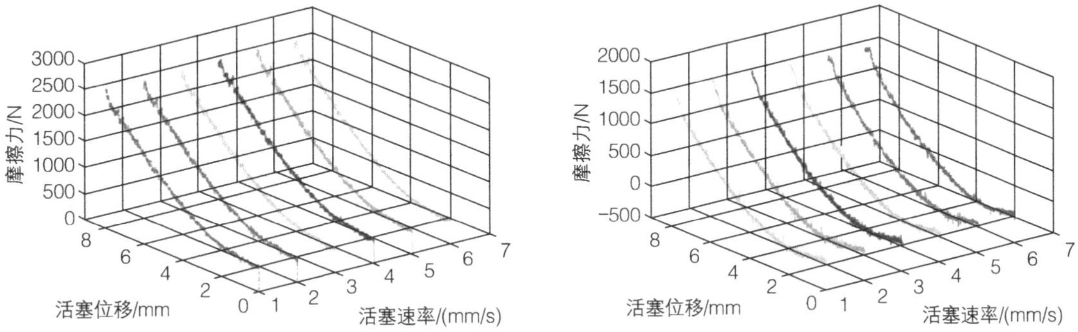

a) 主缸活塞正向运动摩擦特性　　b) 主缸活塞反向运动摩擦特性

图 2-27　电助力主缸摩擦 MAP 图

根据图 2-27，可以看出主缸活塞受到的动摩擦力具有三个特点：

1）负载相关：活塞位移的增加导致更高的主缸压强，密封件等摩擦副在高压之下产生更为显著的摩擦作用，因此产生更大的摩擦力。

2）转速相关：由于摩擦现象的多种作用机理（如 Stribeck 效应）与摩擦副之间的相对速度相关，因此不同的活塞速度下产生不同的摩擦力。

3）正反向不对称：摩擦特性在主缸活塞正、反向运动时呈现不对称的特性，主缸活塞在反向运动时的摩擦力数值明显低于正向运动。

相比于动摩擦，静摩擦特性存在于主缸活塞由静转动的临界阶段，呈现明显的“黏滞”现象，难以从硬件特性台架试验上获得静摩擦特性的统计特征。另一方面，在主缸活塞速度不为零时静摩擦作用即可忽略，对于电助力主缸制动系统液压强精密控制而言，可通过抖振信号激励消除静摩擦作用，单独处理动摩擦非线性。

2.5.1.3　液压特性

电助力主缸的液压强控制性能与液压特性直接相关。电助力主缸的液压特性指主缸压强与推杆位移及不同推杆速度之间的关系。另一方面，当 REHB 制动系统进行制动模式切换或发生制动故障时，电助力主缸下游直通的制动轮缸数量和液压初始条件必然发生变化，此时电助力主缸的液压特性必然受之影响。因此，需要通过台架试验分别探究电助力主缸制动系统在以上两种情况下的液压特性。

液压特性试验方法介绍如下：

1）将助力电机设定为位置控制模式，主缸位置目标为不同速度的斜坡信号，多次重复试验过程，收集助力电机控制器反馈的主缸活塞位置、主缸压强等数据。

2）将部分通路的主缸轮缸隔离阀上电，隔断对应的制动轮缸，重复上述第 1）步中的试验程序。

如图 2-28 所示，分别给出不同最大推杆位移与不同推杆速度下的“推杆位移 - 主缸压强”液压特性以及仅采用前轴制动轮缸的 REHB 制动系统的液压特性试验结果。

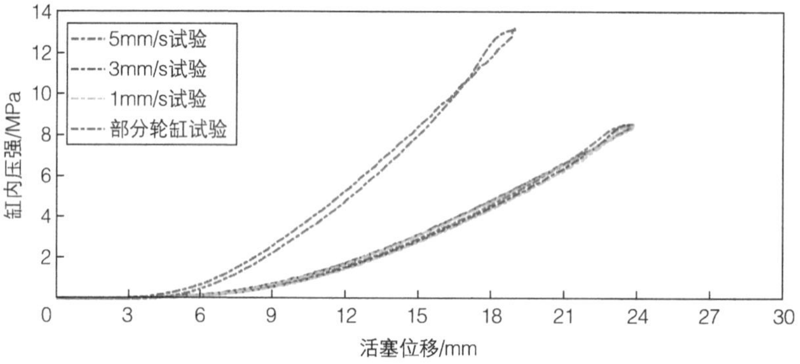

图 2-28　电助力主缸液压特性试验结果

从以上电助力主缸液压特性试验结果可得出如下结论：

1）液压特性可以不考虑不同推杆速度的影响。在最大推杆位移范围内，“推杆位移 - 主缸压强”特性曲线呈现出明显的一致性，即液压特性与推杆速度的大小基本无关。

2）由于制动主缸下游液路的轮缸有效容积特性变化，不同数量的制动轮缸条件下电助力主缸液压特性差别巨大，因此在研究制动模式切换或制动故障时的液压控制必须考虑这一事实。

3）另外，液压特性曲线具有死区和滞回现象，但正反向运动所产生的滞回曲线差异较小，且滞回非线性处理方法较为复杂，因此这里将其作为一种模型不确定性进行统一考虑。

2.5.1.4　模型验证

为了研究基于模型的电助力主缸的液压强建模控制方法，需要对该“机 - 电 - 液”耦合动力学系统模型进行验证。通过对比模型仿真和台架试验中主缸液压强响应曲线的方式，验证该动态系统模型的可靠性和准确性。

采用 2.4.1.3 小节搭建的电助力主缸硬件在环试验系统。将助力电机设置为转矩控制模式，进行电助力主缸开环试验：设置复合周期的连续方波信号。其中，周期为 2s 内设置 3 次助力电机转矩命令方波信号，分别持续 0.2s、0.3s、0.5s。观测对比电助力主缸制动系统模型仿真和台架试验的“电机转矩输入 - 主缸压强输出”信号曲线。助力电机内部电流环具有大于 60Hz 的带宽，电流响应性高于主缸压强。电助力主缸的输入转矩信号对比结果如图 2-29 所示。

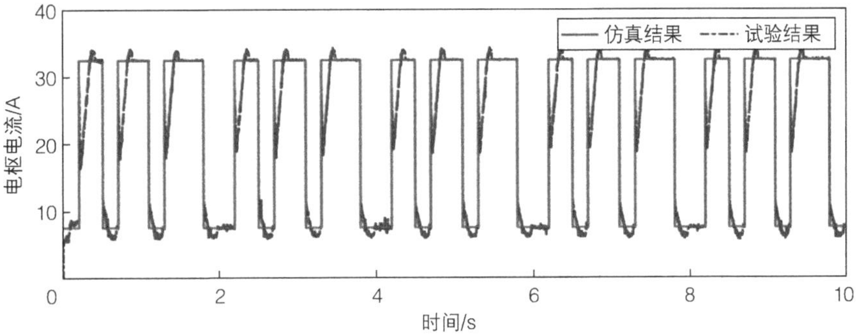

图 2-29　助力电机电流输入响应模型验证

为了清晰展示对比效果，图 2-29 将电机输出转矩转化为控制电流，二者之间的比例系数为 25A/N・m。根据电机电流对比结果可见，除了在信号阶跃阶段出现了部分跟踪偏离，整体吻合程度较高。如图 2-30 所示，电助力主缸的主缸压强响应信号对比如下。主缸压强最高约至 6MPa，可以满足绝大多数制动工况的主缸压强需求。

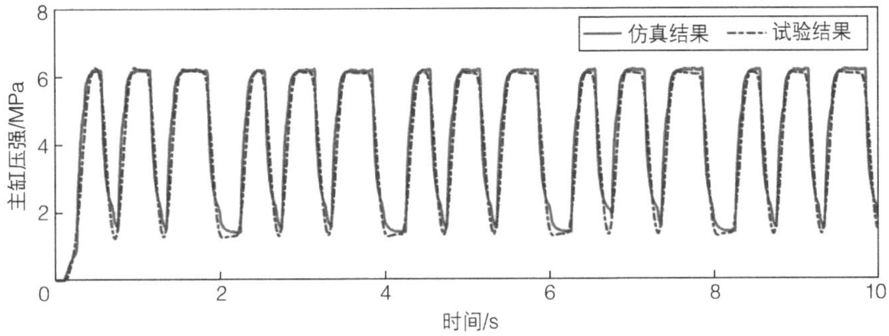

图 2-30　助力主缸压强响应模型验证

主缸压强仿真与试验结果的一致性较为良好，主缸增减压速率和压强幅值均能达到期望的吻合程度。

根据以上仿真模型和实际液压系统输入输出的对比可知，电助力主缸“机 - 电 - 液”耦合动力学模型较为准确客观，可用于后续液压强控制方法设计。

2.5.2　基于摩擦补偿和液压特性估计的压强闭环控制方法

电助力主缸液压强控制的本质是主缸活塞位置控制。其难点在于：①液压特性兼有工况依赖性和参数不确定性；②摩擦现象对主缸活塞运动影响显著。因此，主缸压强响应速度和控制精度面临挑战。为解决以上问题，这里设计了基于摩擦补偿和液压特性估计的压强控制方法，总体原理如图 2-31 所示。

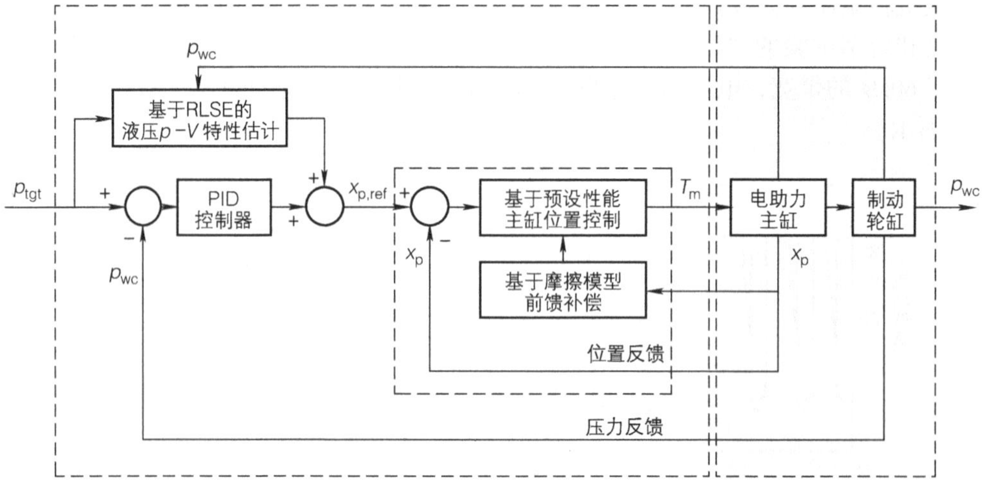

图 2-31　基于摩擦补偿和液压特性估计的压强控制方法原理

该方法包括活塞位置闭环（内部）和压强闭环（外部）。位置闭环首先通过摩擦补偿消除扰动后，采用了预设性能控制算法同时保证活塞速度（响应速度）和位移（调压精度）的性能约束。压强闭环通过液压特性估计算法获取当前 REHB 制动系统的主缸 p-V 特性，借此获得目标压强对应的期望活塞位置；为进一步提高鲁棒性，结合压强闭环 PID 控制器对期望位置进行修正。位置闭环结合活塞位置的实际值与期望值等信息，输出控制指令（电枢电流）驱动助力电机实现电助力主缸制动系统的压强控制。

2.5.2.1　基于模型的摩擦非线性补偿

电助力主缸制动系统压强控制中的摩擦非线性通常采用补偿方式解决。考虑高效、可靠的控制器设计原则，这里针对动摩擦力和静摩擦力采用了不同的处理方法。

一些研究通过大量台架试验获得电动缸的动摩擦特性 MAP 数据，使用试验数据进行线性差值，结合主缸压强和助力电机转速逆向查表，获得当前工况点的动摩擦力补偿值。此类方法可有效补偿动摩擦非线性，但硬件测试工作量浩繁，不具备推广意义。这里采用基于模型的摩擦非线性补偿方法，将动摩擦特性建模为具有显式表达式特征的摩擦模型，并用于电助力主缸压强闭环控制的摩擦非线性补偿。该方法仅需部分典型制动工况下的试验数据，通过参数辨识的方式，对摩擦模型进行泛化处理。摩擦特性的建模偏差可通过所设计的压强闭环控制方法的鲁棒性进行弥补。

基于模型的摩擦模型包括三种摩擦特征，即 Stribeck 摩擦 F_{St}、Coulomb 摩擦 F_{Co}、Viscous 摩擦 F_{Vi}，其表达式为

$$F_{Fr}=F_{St}+F_{Co}+F_{Vi} \tag{2-17}$$

式中，Stribeck 摩擦和 Viscous 摩擦与主缸活塞运动速度有关；Coulomb 摩擦与主缸压强有关。三种摩擦项的表达式为

$$\begin{cases} F_{St} = F_{Do}\exp[-(f_{bm}/f_s)^2] \\ F_{Co} = K_{CP}p_{mc} + F_{C0} \\ F_{Vi} = \alpha_d f_{bm} + \alpha_e \tanh(f_{bm}/f_c) \end{cases} \tag{2-18}$$

式中，f_{bm} 为助力电机运动频率，通过主缸活塞速度换算而来；p_{mc} 为主缸压强；F_{Do}、F_{C0}、f_s、f_c、K_{CP}、α_d、α_e 分别为待辨识摩擦项中的力学、频率及系数参数。

选取第 2.5.1.2 节中的摩擦特性试验数据进行摩擦模型参数辨识，图 2-32 给出了主缸压强分别为 4.0MPa、6.0MPa、8.0MPa 时的摩擦模型曲线和摩擦试验数据，主缸活塞速度（等效表征助力电机转动频率）范围为 −7 ~ 7mm/s。

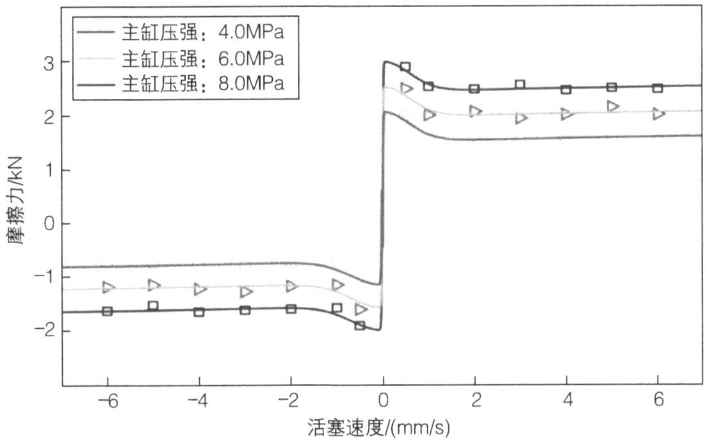

图 2-32　摩擦力模型

为了评价以上摩擦模型与实际摩擦特性的拟合准确度，采用相对均方根误差（Relative Root-Mean-Square Error，RRMSE）进行量化，表达式为

$$\mathrm{RRMSE} = \sqrt{\frac{1}{N}\sum_{i=1}^{N}\left(\frac{X_{act,i} - X_{ref,i}}{X_{act,i}}\right)^2} \tag{2-19}$$

式中，N 为计算采样点数；$X_{act,i}$、$X_{ref,i}$ 分别为实测及理论模型的摩擦力。

计算可得，主缸压强为 4.0MPa、6.0MPa、8.0MPa 时的 RRMSE 分别为 0.13、0.10、0.14。可以看出，不同主缸压强下的摩擦模型的拟合效果较好，可有效用于摩擦非线性补偿控制。

静摩擦作用对于主缸活塞由静止转为运动时的液压控制影响显著。为了削弱静摩擦力分量，这里采用抖振（Dither）信号注入技术，即在助力电机的转矩命令中加入抖振信号分量，使主缸活塞在压强控制过程中长时间处于微小幅度抖振状态从而消减静摩擦作用干扰。采用不同幅值和频率的正弦波作为抖振信号，进行电助力主缸压强跟踪正弦响应测试，根据主缸压强跟踪误差大小和稳定性，最终选择正弦信号频率为 25Hz，幅值为 0.08N · m。

2.5.2.2　基于递归最小二乘估计的液压特性参数估计

液压特性（*p-V* 特性）存在明显的参数不确定性，尤其当电助力主缸制动系统的液压特性发生变化（如模式切换、故障失效等）时，原有参数已无法准确描述变化后的液压特性。需要设计一种在线实时参数辨识方法，实现变工况下液压特性参数的更新，从而提高压强控制方法的容错能力和鲁棒性。这里采用递归最小二乘估计（Recursive Least Square Estimation，RLSE）算法迭代辨识电助力主缸液压特性参数，具体计算步骤如下：

将液压特性（p-V 特性曲线的非零压强区间）建模为主缸压强与活塞位移的三次多项式函数，其中主缸压强的观测值为

$$\hat{p}_{\mathrm{mc}}(x_{\mathrm{p}})=\underbrace{[x_{\mathrm{p}}^{3}\quad x_{\mathrm{p}}^{2}\quad x_{\mathrm{p}}]}_{\boldsymbol{\phi}_x}\underbrace{\begin{bmatrix}a_{\mathrm{m},3}\\ a_{\mathrm{m},2}\\ a_{\mathrm{m},1}\end{bmatrix}}_{\boldsymbol{a}_{\mathrm{m}}} \tag{2-20}$$

实际主缸压强与观测值之差为辨识误差，之间的关系表示为

$$p_{\mathrm{mc}}=\boldsymbol{\phi}_x\boldsymbol{a}_{\mathrm{m}}+e_{\mathrm{p}} \tag{2-21}$$

根据助力电机转角位置传感器的实测数据转换处理后获得辨识系统输入 $\boldsymbol{\phi}_{x,k}$，主缸压强传感器获得辨识系统输出 $p_{\mathrm{mc},k}$。

计算主缸压强的辨识误差 $e_{\mathrm{p},k}$，即 $t=k$ 时刻辨识系统的主缸压强实际值与上一时刻 $t=k-1$ 估计的辨识系统输出之差，计算方式为

$$e_{\mathrm{p},k}=p_{\mathrm{mc},k}-\boldsymbol{\phi}_{x,k}\boldsymbol{a}_{\mathrm{m},k-1} \tag{2-22}$$

计算更新 RLSE 的增益变量 $\boldsymbol{K}_{\mathrm{a},k}$ 和协方差变量 $\boldsymbol{P}_k$：

$$\boldsymbol{K}_{\mathrm{a},k}=\boldsymbol{P}_{\mathrm{a},k-1}\boldsymbol{\phi}_{x,k}^{\mathrm{T}}\left(\boldsymbol{\phi}_{x,k}\boldsymbol{P}_{k-1}\boldsymbol{\phi}_{x,k}^{\mathrm{T}}+\boldsymbol{R}_k\right)^{-1} \tag{2-23}$$

$$\boldsymbol{P}_k=\boldsymbol{R}_k^{-1}\boldsymbol{P}_{k-1}-\boldsymbol{R}_k^{-1}\boldsymbol{K}_{\mathrm{a},k}\boldsymbol{\phi}_{x,k}\boldsymbol{P}_{k-1} \tag{2-24}$$

计算更新 RLSE 的液压特性辨识参数：

$$\boldsymbol{a}_{\mathrm{m},k}=\boldsymbol{a}_{\mathrm{m},k-1}+\boldsymbol{K}_{\mathrm{a},k}e_{\mathrm{p},k} \tag{2-25}$$

为了防止液压特性估计模块时刻更新的参数变化导致电助力主缸压强控制系统的控制精度和稳定性产生波动，基于 RLSE 的液压特性估计并非时刻进行，而是需要根据 REHB 制动系统的状态标志位进行使能触发，具体原理如下：

1）在制动模式切换或部分故障发生时，REHB 制动控制器监控或检测到制动系统状态标志位的变化，从而触发基于 RLSE 的液压特性参数估计模块进行一次参数更新，待状态标志位恢复稳定后，液压特性参数估计模块即进入待机模式。

2）另外，在参数估计功能触发后，最近一次采样时刻的主缸压强需要达到某一阈值方可进行参数更新，这是因为只有获取足够大的主缸压强测量值才能够使不同的 p-V 特性曲线产生区分度，从而使 RLSE 估计器计算得到的液压特性参数更为准确。

2.5.2.3 基于预设性能状态反馈的主缸位置控制

电助力主缸压强控制方法的位置环核心是一种基于预设性能理论的状态反馈控制算法。系统控制输入为助力电机转矩 T_{m}，输出为主缸活塞位置 x_{v}。

选择状态变量 $\boldsymbol{x}=[x_1, x_2]^{\mathrm{T}}=[x_{\mathrm{v}}, \dot{x}_{\mathrm{v}}]^{\mathrm{T}}$，选择控制输入 $y=T_{\mathrm{m}}$，主缸活塞的动力学系统方程可重写为典型的严格反馈系统，形式如下：

$$
\begin{cases}
\dot{x}_1 = f_1(\boldsymbol{x}) = x_2 \\
\dot{x}_2 = f_2(\boldsymbol{x},u) = [i_{\mathrm{e}}u - k_{\mathrm{e}}x_1 - c_{\mathrm{e}}x_2 - A_{\mathrm{p}}p_{\mathrm{mc}} - \mathrm{sgn}(x_2)F_{\mathrm{f}}]/m_{\mathrm{v}} \\
y = x_1
\end{cases}
\tag{2-26}
$$

式中，$f_1(\boldsymbol{x})$ 与 $f_2(\boldsymbol{x})$ 均为有界（非线性）函数。

电助力主缸“机 - 电 - 液”耦合动力学方程中的摩擦、液压等非线性均通过补偿方式处理。

1）给定系统状态变量初值 $x_1(0)\ = x_2^0 \in \mathbb{R}$，$i = 1，2$。选取系统输出的性能预设函数 $\rho_1(t)$，并使之满足以下条件：初值条件：$\rho_1(0)>|x_1(0) - y_{\mathrm{d}}(0)|$，用于限制超调量。这里选择第一个预设性能函数 $\rho_1(t)$ 的形式为

$$\rho_1(t) = (\rho_{10} - \rho_{1\infty})\mathrm{e}^{-l_1 t} + \rho_{1\infty}，\quad \forall t \geqslant 0 \tag{2-27}$$

式中，l_1 为参数系数。

以期望满足动态过程的性能约束，限制稳态误差和收敛速度。

2）定义 x_1 的归一化跟踪偏差变量 ξ_1：

$$\xi_1 = \frac{x_1 - y_{\mathrm{d}}(t)}{\rho_1(t)} \tag{2-28}$$

3）定义偏差转换函数 T_{f}：（−1，1），使用对数函数的形式：

$$T_{\mathrm{f}}(\xi) = \ln\left(\frac{1+\xi}{1-\xi}\right) \tag{2-29}$$

4）设计第一个虚拟控制变量：

$$\bar{a}_1(x_1,t) = -k_1 T_{\mathrm{f}}(\xi_1) \tag{2-30}$$

式中，k_1 为正值控制增益。

5）选择第二个性能预设函数 ρ_2，并使之满足初值条件：$\rho_2(0) > | x_2 - \bar{a}_1(x_1(0),0) |$，用于限制超调量。

$$\rho_2(t) = (\rho_{20} - \rho_{2\infty})\mathrm{e}^{-l_2 t} + \rho_{2\infty}，\quad \forall t \geqslant 0 \tag{2-31}$$

式中，l_2 为参数系数。

6）定义 x_2 的归一化跟踪偏差变量 ξ_2：

$$\xi_2 = \frac{x_2 - \bar{a}_1(x_1,t)}{\rho_2(t)} \tag{2-32}$$

7）电助力主缸制动系统为二阶动态系统，设计控制律：

$$u(x_1,x_2,t) = -k_2 T_{\mathrm{f}}(\xi_2) \tag{2-33}$$

经过以上控制方法获得助力电机转矩命令并传递至电机底层驱动模块，助力电机输出转矩作用于电助力主缸制动系统产生液压强响应。

2.5.3　电助力主缸制动系统压强精密控制方法试验验证

为了验证基于摩擦补偿和液压特性估计的电助力主缸制动系统压强控制方法的有效性，采用 REHB 系统硬件在环（HiL）的方式进行试验研究。所搭建的 REHB 系统 HiL 试验平

台如图 2-33 所示，包括上位机、下位机、REHB 系统、液压管路、车轮制动器以及其他的传感器、驱动模块等。

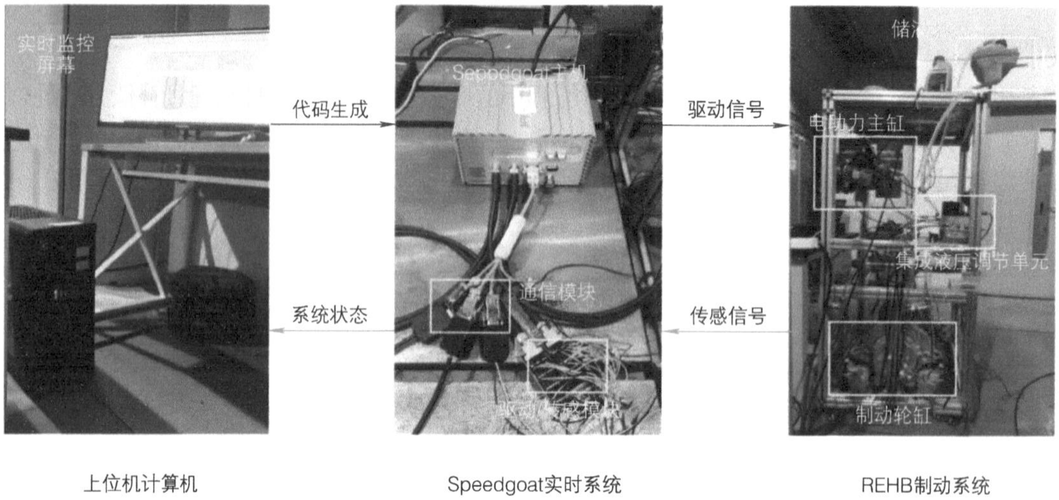

图 2-33　REHB 系统试验台架

上位机为装有 Windows10 操作系统的台式计算机，通过运行 MATLAB/Simulink 环境实现各种控制方法、监控试验进程、分析与处理试验数据。下位机为 Speedgoat 实时系统，REHB 系统的制动控制器 BCU1 和 BCU2 均运行于其中，即通过快速控制器原型功能实现了 REHB 制动控制算法的实时运算；另外，Speedgoat 负责各传感器信号处理、发送指令至电机或电磁阀驱动器以及通过 CAN 或者 Ethernet 与其他设备或终端进行通信。上位机中 Simulink 形式的 BCU 控制方法通过代码生成的方式下载到下位机 Speedgoat 中，Speedgoat 实时运行 BCU 算法代码，驱动 REHB 系统执行控制动作，运算指令和传感信号等结果信息通过 Ethernet 传回上位机 Simulink 端，最终形成 REHB 系统的电子控制闭环。

综上可知，REHB 系统硬件在环试验平台能够实现 REHB 系统在各种工作模式或制动工况下的机、电、液特性测试与控制算法试验验证。

在以下电助力主缸制动系统压强控制方法的台架试验中，上位机 MATLAB/Simulink 环境中仅需使能（enble）BCU1 所需的压强控制方法；BCU2（对应线性电磁阀）控制算法禁用（disable），即采用单一电助力主缸制动系统进行轮缸液压强调节。

2.5.3.1　正常工况

为了验证正常状态制动工况电助力主缸液压强控制方法的有效性和精密性，这里分别采用主缸压强期望值为阶梯波和正弦波来对应评估稳态制动工况和动态制动工况的主缸压强控制性能：①阶梯波对应的制动需求变化斜率恒定，全程较为平稳；②正弦信号具有时变的幅值和斜率，用于测试制动需求动态变化时的压强控制效果。

电助力主缸制动系统在正常工况下，当期望主缸压强为阶梯波时的主缸压强响应结果如图 2-34 所示。主缸压强的期望值在 0 ~ 4.0MPa 之间以斜坡形式增减，阶梯波周期为 0.1Hz。可以看出，相比正弦跟压效果，电助力主缸的阶梯响应压强控制性能更精密，压强跟踪效果全程表现良好，能够实现长时间的主缸压强稳定控制。

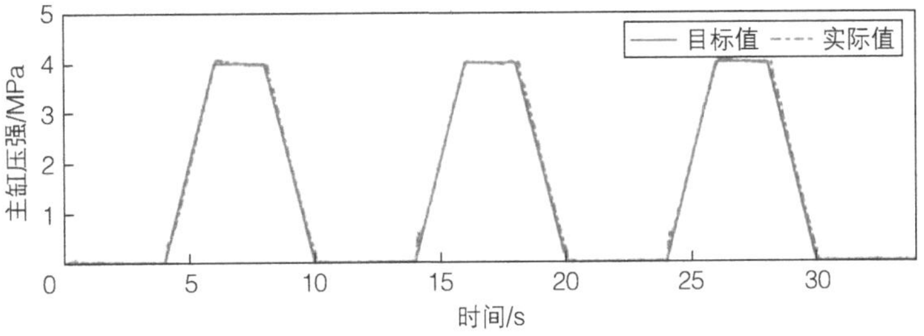

图 2-34　正常工况梯形波压强响应

如图 2-35 所示，阶梯压强跟踪控制全程最大误差小于 0.35MPa，主缸活塞正向运动过程的最大误差小于 0.15MPa。由于反向运动时存在静摩擦和滞回，因此仅在斜坡增压切换至平台位置出现了小幅度的超调现象。

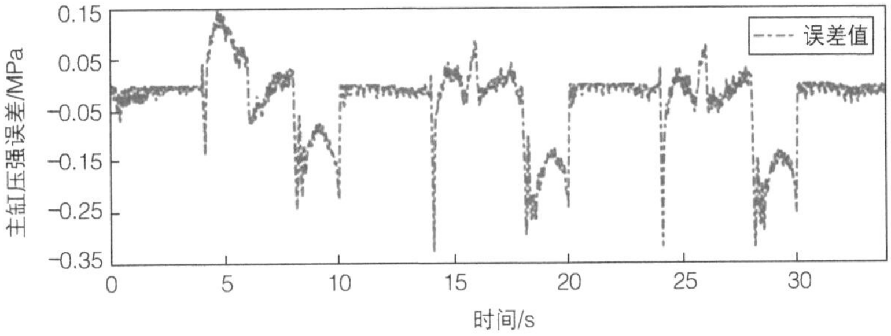

图 2-35　正常工况梯形波跟压误差

如图 2-36 所示，助力电机的输出转矩（电机电流）在主缸压强期望值由零切换为非零以及反向切换时，出现了最大电流尖峰，这是因为需要较大的电机转矩克服静摩擦作用的产生与消失的突变。

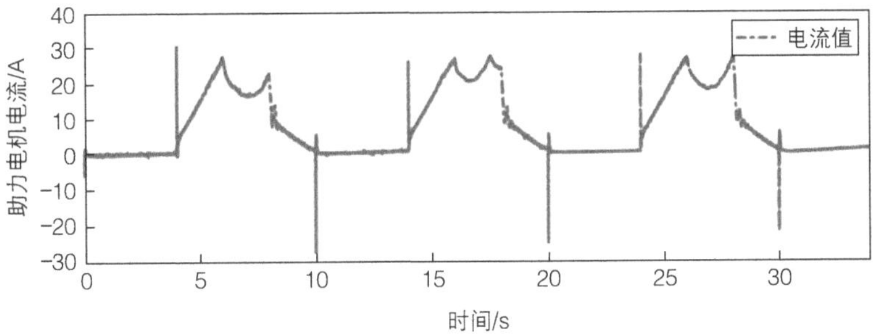

图 2-36　正常工况梯形波跟压控制电流

电助力主缸制动系统在正常工况下，当期望主缸压强为正弦波时的主缸压强响应结果如图 2-37 所示。主缸压强期望值在 1.0 ~ 4.0MPa 之间波动，正弦波周期为 0.5Hz。可以看出，电助力主缸的响应压强与正弦波期望值吻合度较高，压强跟踪效果全程表现良好，能够实现长时间的主缸压强稳定控制。

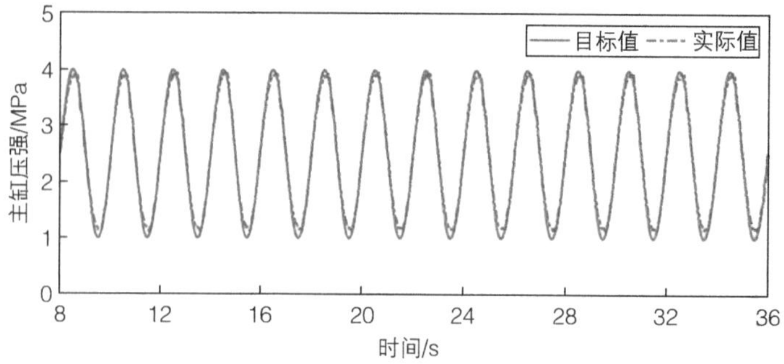

图 2-37　正常工况正弦波压强响应

如图 2-38 所示，电助力主缸的正弦压强跟踪控制最大误差小于 0.2MPa，同样呈现周期性变化的特点，分析可得以下结论：

1）当主缸压强期望值较小时，主缸跟压误差较大，反之亦然。这是因为产生较小的主缸压强时，助力电机的输出转矩较小，转矩环控制效果对比大转矩输出时相对较差。

2）当主缸压强期望值的变化率发生正负切换时，主缸活塞运动发生正方向切换，产生最大跟压误差，表现为误差曲线中的最高尖峰，这是因为上述切换过程中引发了静摩擦以及滞回的非线性作用。

3）后续可考虑继续标定助力电机的转矩抖振信号进一步消减静摩擦效应。另一方面，在实际使用中，0.2MPa 以内的压强控制精度已完全满足如 ACC、AEB 等制动功能。

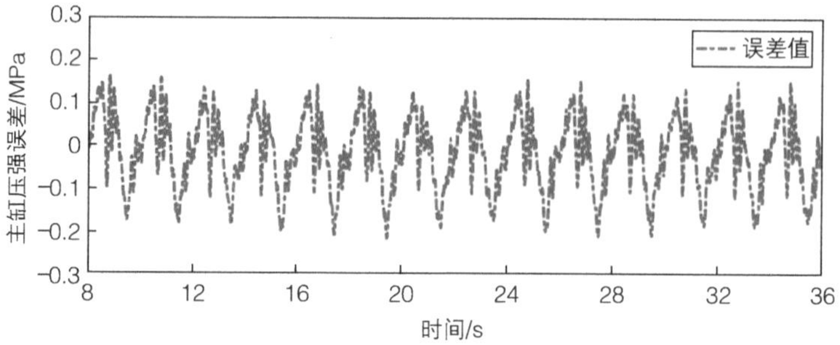

图 2-38　正常工况正弦波压强响应误差

由此可见，所设计的基于摩擦补偿和液压特性估计的双环液压强控制方法在正常工况下压强响应性良好，具有较高的控制精度。

2.5.3.2　失效工况

为了评价基于摩擦补偿和液压特性估计的压强控制方法在电助力主缸制动系统失效工况下的失效运行控制能力，设置两种制动故障（或模式切换）触发工况，该故障本质上导致电助力主缸的液压特性发生较大变化。通过硬件在环试验的方式，定量地对比在有 / 无液压特性估计模块下的失效工况压强控制效果。失效工况试验过程的目标压强与 2.5.3.1 节中目标压强的设置保持一致。

（1）试验情景 1

在 12s 时刻进行故障注入，表示车辆在尚未进行制动前发生了制动故障。图 2-39 ~ 图 2-42 展示了有、无液压特性估计模块的电助力主缸压强控制方法的压强跟踪效果。

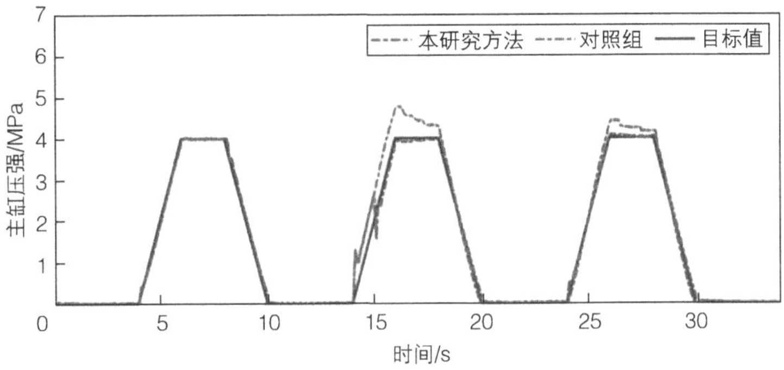

图 2-39　两种方法响应对比

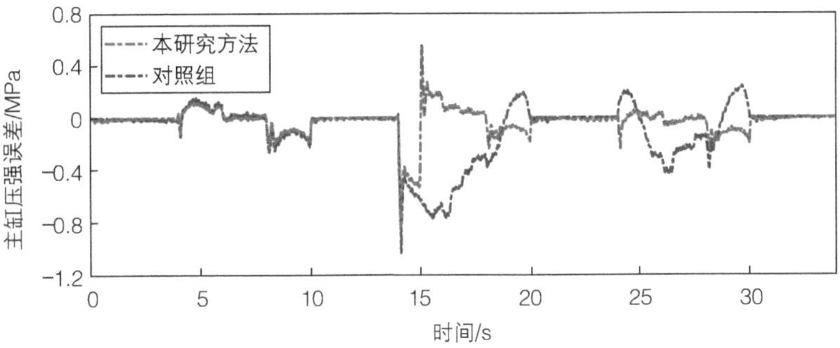

图 2-40　两种方法误差对比

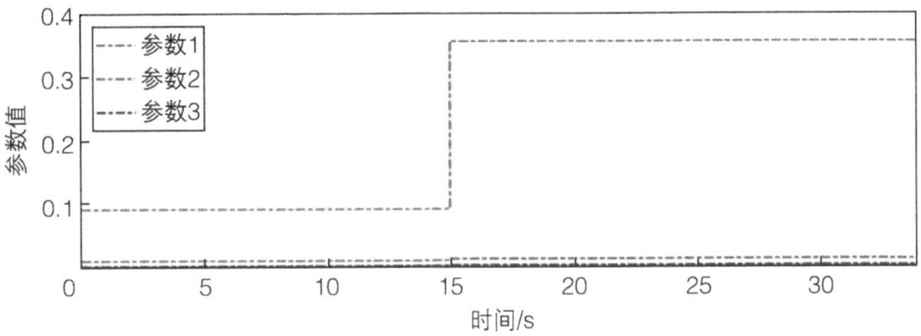

图 2-41　参数辨识

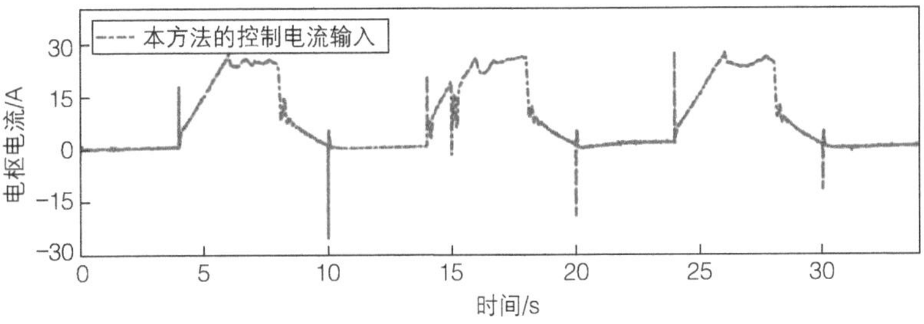

图 2-42　电机输入

可以看出，在制动系统故障注入前（0 ~ 12s），两种控制方法均保持稳定、良好的压强跟踪效果；然而，在故障注入后的第二轮和第三轮制动过程中，两种控制方法呈现出不同的压强跟踪表现。

1）无液压特性估计的压强闭环控制：由于没有液压特性估计的故障处理能力，该方法无法适应变化的液压特性，在第二轮制动增压阶段出现了较明显的持续跟压误差（>0.4MPa）和超调（最大 1.1MPa）；另一方面，由于该控制方法中的双环反馈模块的鲁棒性，在目标压强保持 4.0MPa 的 2s 内压强控制恢复稳定和原有精度，并且在第三轮制动过程中，除了仅出现在平台阶段的小幅度超调，其他阶段压强控制误差恢复到原有正常制动水平。

2）有液压特性估计的压强闭环控制：由于具有液压特性估计功能，在故障检测时刻（15s）的第一个控制周期，RLSE 即时调整了液压特性前馈模块中的参数值，因此第二轮制动过程仅出现了短暂的增压波动，未出现超调，控制系统稳定性保持良好；第三轮制动过程全程跟压控制效果基本和正常工况一致。因此，该方法的控制系统能够在短时间内重新恢复为正常状态下的压强控制能力。

（2）试验情景 2

在 17s 时刻故障注入，表示车辆在正常制动过程的中途发生制动故障，图 2-43 ~ 图 2-46 展示了有、无液压特性估计模块的电助力主缸压强控制方法的压强跟踪效果。

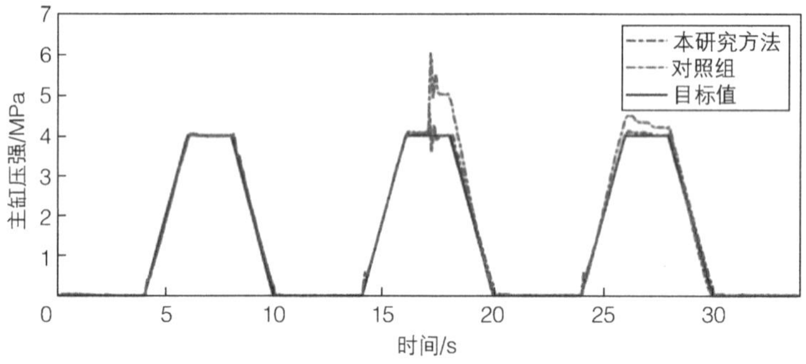

图 2-43　两种方法压强对比

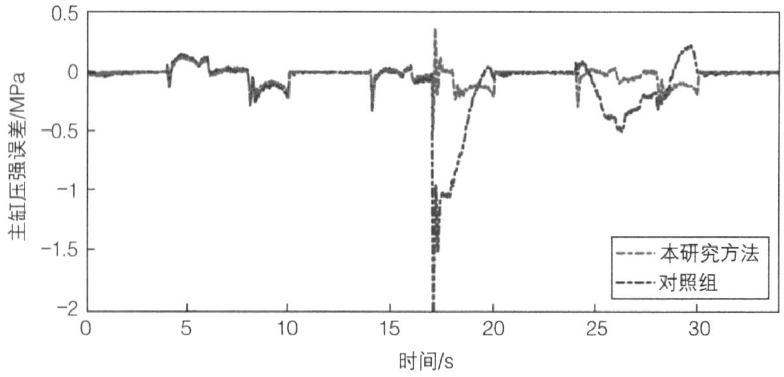

图 2-44　两种方法误差对比

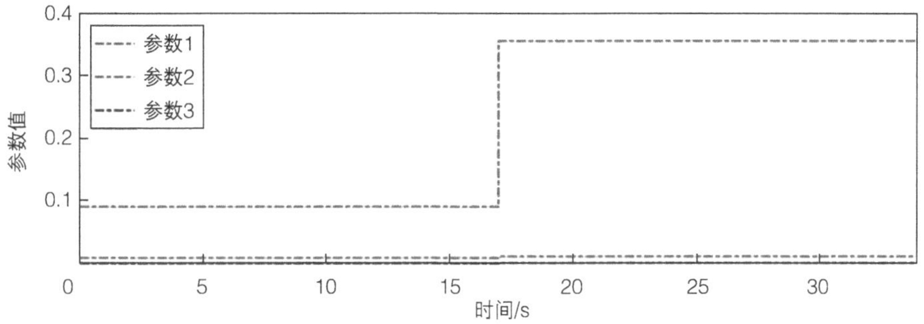

图 2-45　参数辨识

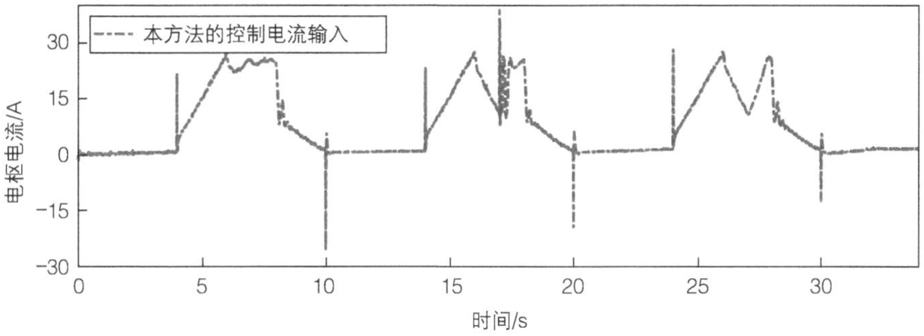

图 2-46　电机输入

可以看出，在制动系统故障注入前（0 ~ 17s），两种控制方法均保持稳定、良好的压强跟踪效果；然而，在故障注入时的第二轮制动后半段和第三轮制动过程中，两种控制方法呈现出不同的压强跟踪表现。试验结果分析过程与上文类似。

1）无液压特性估计的压强闭环控制：该方法无法适应突变的液压特性和前馈参数失配，在第二轮制动中途故障注入后出现了强烈的超调（最大误差为 −2MPa）；然而，由于双环反馈模块的鲁棒性，在 2s 内压强控制恢复稳定和原有精度，并且在第三轮制动过程中，除了仅出现在平台阶段的小幅度超调，其他阶段压强控制误差恢复到原有正常制动水平。

2）有液压特性估计的压强闭环控制：由于具有液压特性估计功能，在故障检测时刻（17.0s）的第一个控制周期，RLSE 即时调整了液压特性前馈模块中的参数值，因此在第二轮制动中途仅出现了短暂的小幅度的压强波动，控制系统稳定性保持良好；第三轮制动过程全程跟压控制效果基本和正常工况一致。因此，该方法的控制系统能够在短时间内重新恢复为正常状态下的压强控制能力。

基于以上正常工况和失效工况下的硬件在环试验结果及分析，可以说明，所设计的基于摩擦补偿和液压特性估计的电助力主缸液压强控制方法的压强跟踪控制效果、容错能力及控制系统的鲁棒性，均可满足智能电动汽车对 REHB 系统的制动安全性要求，拓展了线控液压制动系统的失效运行控制方法，并提升了 REHB 系统的实用性。

2.5.4 线性电磁阀机理分析与控制特性

线性电磁阀是 REHB 系统的另一关键执行器。如图 2-47 所示，线性常闭阀上游为高压蓄能器，下游为制动轮缸；线性常开阀上游为制动轮缸，下游为储液器。借助高压蓄能器提供的高压制动液，线性电磁阀在 PWM 信号作用下控制阀口开度，调节进入轮缸的制动液流量，从而控制轮缸压强。

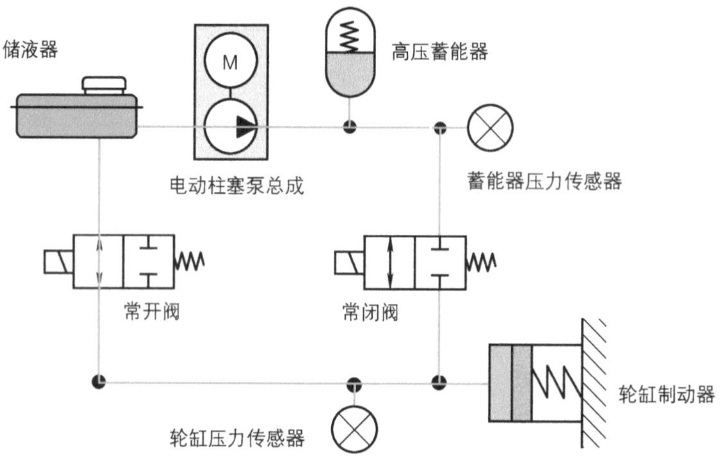

图 2-47 线性电磁阀制动系统示意图

电磁阀是“机 - 电 - 液”多物理场耦合的复杂动力学系统，电磁阀阀芯受到多种不同性质的外力作用，易受外界扰动改变运动状态。相比于电液伺服系统的电助力主缸，线性电磁阀的液压可控性较低。因此，对于线性电磁阀制动系统而言，直接采用基于模型的液压强控制方法，一是准确建模的难度较大，二是控制器设计的可靠性不足。

本节的线性电磁阀经过重新设计，大大拓宽了电磁阀的线性流量区间。因此，可以采用基于模型的方法分析阀芯动力学机理，提供精密控制的液压控制理论支撑，同时采用基于无模型的方法设计具有强鲁棒性的液压强精密控制方法。

2.5.4.1 线性电磁阀主动溢流机理

经过第 2.2 节中对线性电磁阀的机械改进和优化设计，线性电磁阀的流量可控性得到了提升。结合本书研究团队前期对开关阀电流控制方式的研究基础，进一步挖掘线性电磁阀的液压可控性潜力。如前所述，在线性电磁阀工作中阀芯受到电磁力、液压强、弹簧力、阻尼力等外力作用。其中，电磁力为主动力，电磁力与液压强所占比例最大，弹簧力和阻尼力成分相对较少。

以线性常开阀为例，以阀芯落座位置的球芯顶点为坐标原点，以阀芯运动的开启方向为正方向，建立阀芯阀座坐标系，如图 2-48a 所示。在分析阀芯各种受力形式的基础上，重点分析阀芯液压强的解析形式，建立基于制动液控制体（蓝色部分）的坐标系，如图 2-48b 所示。

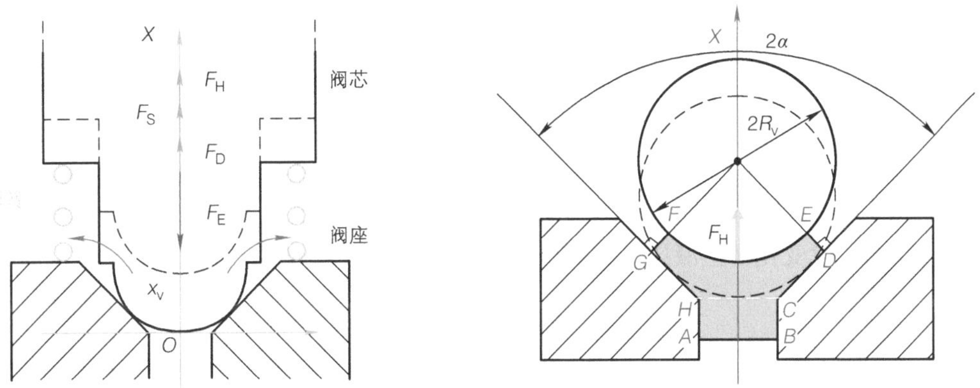

a) 阀芯阀座坐标系　　　b) 制动液控制体示意图

图 2-48　电磁阀系统受力分析

以阀芯、动铁运动部分为研究对象，可得阀芯动力学方程：

$$m_{\mathrm{v}}\ddot{x}_{\mathrm{v}} = F_{\mathrm{E}} - F_{\mathrm{H}} - F_{\mathrm{S}} - F_{\mathrm{D}} \tag{2-34}$$

式中，m_{v} 为所述阀芯、动铁运动部分的质量；x_{v} 为阀口开度；F_{E} 为电磁力；F_{H} 为液压力；F_{S} 为弹簧力；F_{D} 为阻尼力。

1）电磁力：电磁线圈与衔铁心等在 PWM 信号激励下产生相互作用力，其数值大小与线圈匝数、线圈电流及主气隙（阀口开度）大小有关。根据理想磁路模型推导电磁力表达式为

$$F_{\mathrm{E}} = \frac{(NI)^2 \mu_0 S_{\mathrm{m}}}{2K_{\mathrm{lm}}^2 \delta^2} \tag{2-35}$$

式中，μ_0 为真空磁导率；S_{m} 为磁路截面积；K_{lm} 为漏磁系数；δ 为气隙长度；N 为线圈匝数；I 为线圈电流。

线性电磁阀的电磁力与线圈电流和阀口开度的线性度较好。因此，对电磁力表达式进行线性化后，可得：

$$F_{\mathrm{E}} = K_{\mathrm{I}} I + K_x x_{\mathrm{v}} \tag{2-36}$$

其中，电磁力线性项分量中增益 K_{I} 和 K_x 的表达式为

$$\begin{cases} K_{\mathrm{I}} = \dfrac{\partial F_{\mathrm{E}}(I, x_{\mathrm{v}})}{\partial I} \\ K_x = \dfrac{\partial F_{\mathrm{E}}(I, x_{\mathrm{v}})}{\partial x_{\mathrm{v}}} \end{cases} \tag{2-37}$$

2）弹簧力：线性常开阀在完全关闭时压缩量最大，弹簧压缩量由阀芯升程与阀芯顶点位置有关，弹簧力满足胡克定律，同时具有预紧力成分。

$$F_{\mathrm{S}} = F_{\mathrm{S0}} + K_{\mathrm{S}}(x_{\mathrm{lim}} - x_{\mathrm{v}}) \tag{2-38}$$

式中，F_{S0} 为弹簧预紧力；K_{S} 为弹簧刚度；x_{lim} 为弹簧自由长度；x_{v} 为弹簧压缩后长度。

3）阻尼力：线性电磁阀阀芯在流场中受到来自制动液与运动件之间的黏性阻力，近似表征为阀芯速度的一次项。

$$F_{\mathrm{D}}=K_{\mathrm{D}}\dot{x}_{\mathrm{v}} \tag{2-39}$$

式中，K_{D} 为阻尼系数。

4）液压力：当制动液流经阀芯阀座时，节流作用使其流动方向和速度大小发生变化，该部分流体的动量变化产生液压力。液压力 F_{H} 分为稳态部分 $F_{\mathrm{H,s}}$ 和瞬态部分 $F_{\mathrm{H,i}}$，即有

$$F_{\mathrm{H}}=F_{\mathrm{H,s}}+F_{\mathrm{H,i}} \tag{2-40}$$

如图 2-48 所示，取蓝色部分的制动液为控制体，根据流体力学的动量定理、体积流量公式及电磁阀尺寸参数与阀口开度等几何关系，在数量级上忽略其中阀芯位移的二次项，最终可得阀芯所受的稳态液压力：

$$F_{\mathrm{H,s}}=K_{\mathrm{I1}}\Delta p+K_{\mathrm{D1}}x_{\mathrm{v}}\Delta p \tag{2-41}$$

式中，Δp 为阀口两侧压差。

式（2-41）中的具体参数，计算方式如下：

$$\begin{cases}K_{\mathrm{I1}}=\pi R_{\mathrm{v}}^{2}\cos\alpha^{2}\\K_{\mathrm{D1}}=\pi R_{\mathrm{v}}\sin 2\alpha(\cos\alpha+2c_{\mathrm{d}}^{2})\end{cases} \tag{2-42}$$

式中，R_{v} 为阀芯端面球体半径；α 为阀座锥角的一半。

瞬态液压力大小与阀芯速度及阀口两侧压差有关，其方向始终与阀芯的运动方向相反。根据工程经验公式，可得瞬态液压力为

$$F_{\mathrm{H,i}}=K_{\mathrm{H,i}}\dot{x}_{\mathrm{v}}\sqrt{|\Delta p|} \tag{2-43}$$

$$K_{\mathrm{H,i}}=-C_{\mathrm{q}}L_{\mathrm{d}}\frac{\pi D_{\mathrm{m}}}{R_{\mathrm{v}}}\sqrt{2\rho}\sqrt{R_{\mathrm{v}}^{2}-\frac{D_{\mathrm{m}}^{2}}{4}} \tag{2-44}$$

式中，C_{q} 为电磁阀流量系数；D_{m} 为阀口中位直径；L_{d} 为阻尼长度；ρ 为制动液密度。

如图 2-48 所示，当阀芯与阀座处于闭合与开启的临界状态时，阀口开度为零，阀芯与阀座之间的弹力同样处于零值附近。在此条件下，阀芯动力学方程需改写为

$$0=F_{\mathrm{E}}-F_{\mathrm{H}}-F_{\mathrm{S}} \tag{2-45}$$

在阀口临界状态下，液压力中的瞬态分量为零，此时电磁力、液压力及弹簧力的形式为

$$\begin{cases}F_{\mathrm{E}}=K_{\mathrm{I}}I\\F_{\mathrm{H}}=K_{\mathrm{I1}}\Delta p\\F_{\mathrm{S}}=F_{\mathrm{S0}}+K_{\mathrm{S}}x_{\mathrm{lim}}\end{cases} \tag{2-46}$$

联合以上条件，可将阀芯动力学方程改写为

$$0=K_{\mathrm{I}}I-K_{\mathrm{I1}}\Delta p-F_{\mathrm{S0}}-K_{\mathrm{S}}x_{\mathrm{lim}} \tag{2-47}$$

整理式（2-47），可得在阀口临界状态下需要满足如下必要条件：

$$\Delta p = \frac{K_{\mathrm{I}}}{K_{\mathrm{I1}}} I - \frac{F_{\mathrm{S0}} + K_{\mathrm{S}} x_{\mathrm{lim}}}{K_{\mathrm{I1}}} \tag{2-48}$$

由此可见，当阀口处于临界状态时，两侧压差与线圈电流呈现一次函数线性关系。在机理上，这一线性关系呈现稳态溢流的电控液压特性。

1）当阀芯两侧压差大于此时线圈电流对应的临界压差时，这一临界状态失去稳定，阀口开度增加，线性电磁阀进行溢流，制动液进入制动轮缸，轮缸压强升高直至阀口临界状态必要条件再次建立，阀口关闭，形成新一轮稳态；另外，线性常闭阀同样具备此电控液压特性。

2）另一方面，可以通过主动控制线圈电流的方式，主动调节电磁阀两侧的压差，即当制动轮缸需要增压时，控制线圈电流减小，阀口临界状态打破，制动液进入轮缸，线性电磁阀进行溢流，直至再次建立临界状态的必要条件，形成新一轮电磁阀液压稳态。

需要注意的是，无论是基于高速开关阀的“限压差”特性还是所设计线性电磁阀的“溢流”特性，本质上的电控液压机理都是一致的，均是电磁阀在临界稳态时存在的一种力学平衡关系。由于流量可控性区间较窄以及电磁力特性局限性，“限压差”特性对于高速开关阀在高动态轮缸压强目标跟踪效果较差；相比之下，线性电磁阀进行了改进优化，整体可控性显著提升。因此，基于稳态溢流电控液压特性的线性电磁阀制动系统的液压强控制方法明显具有提高调压精度和算法鲁棒性的研究前景。

2.5.4.2 线性电磁阀 PWM 控制特性

第 2.5.4.1 节中获得的线性电磁阀稳态溢流特性中仅提及了线圈电流，而在工程应用中除了选择技术成本较高的电流芯片外，只能通过调节 PWM 信号的周期和占空比的方式控制金属氧化物半导体场效应晶体管（MOSFET）产生线圈电流，本质上是控制线性电磁阀的平均电功率输入。在调制周期一定的条件下，线性电磁阀的线圈电流与 PWM 驱动信号有关。

另外，当 PWM 信号的调制频率相比于线圈电路的自然频率越高时，则该 PWM 信号在电磁线圈中激发出电流信号在调制周期内的波动幅度相对平稳。因此，可通过调节 PWM 信号占空比的方式控制电磁阀的稳态线圈电流，从而开辟 PWM 信号间接调节线性电磁阀电控液压特性的新型控制方式，实现低成本、高效率的电磁阀液压强控制。

这里用线性电磁阀试验台架，获取了不同 PWM 信号调制频率下的占空比与线圈电流的三维 MAP 数据。线性电磁阀通过外置 PWM 信号驱动板卡进行驱动，线圈电流通过专用的电流传感器进行采集。试验结果如图 2-49a 所示，其中，这里采用的 PWM 控制特性如图 2-49b 所示。

由图 2-49 分析可知，不同调制频率下占空比 - 线圈电流特性有如下特点：

1）在较低的调制频率下，同样占空比的 PWM 信号能够产生更高的线圈电流，即意味着更大的电磁力，但存在电流波动较大的不足，而且调制频率越低，电磁阀的控制性能越趋近于开关阀。

2）在较高的调制频率下，一方面，在常用占空比范围内，PWM 信号占空比与线圈电流的线性关系显著，但数值较小；另一方面，过高的调制频率激发线圈产生了明显的发热现象，安全性低。基于以上分析，综合考虑电磁阀线圈的耐久性和可靠性、最大线圈电流以及占空比 - 线圈电流的线性度，最终选择 PWM 信号的调制频率为 450Hz，其试验结果如

图 2-49b 所示，占空比 D_{lsv} 线性区间为 0 ~ 82%，线圈电流 I 的线性区间为 0 ~ 1.5A，二者近似为比例关系，系数为 K_{PWM}。

$$I = K_{PWM} D_{lsv} \tag{2-49}$$

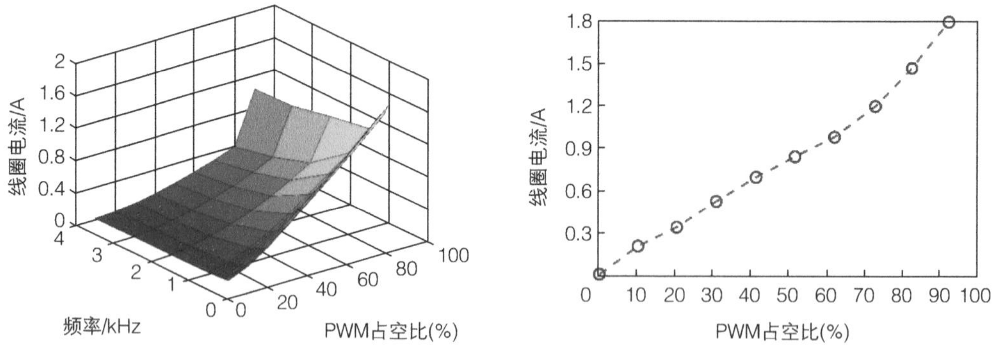

a) PWM占空比与线圈电流MAP　　b) 采用的PWM占空比与线圈电流关系

图 2-49　线性电磁阀 PWM 控制电流特性

在获取了线性电磁阀稳态溢流特性和 PWM 信号线圈电流特性的基础上，进一步探索 PWM 信号占空比与稳态溢流特性（限制压差）之间的直接关系。

同样地，通过线性电磁阀试验台架试验的方式，获取不同 PWM 信号占空比条件下的限制压差，并通过线性拟合的方式处理试验数据，获得图 2-50 所示的试验结果，试验条件设置不再赘述。

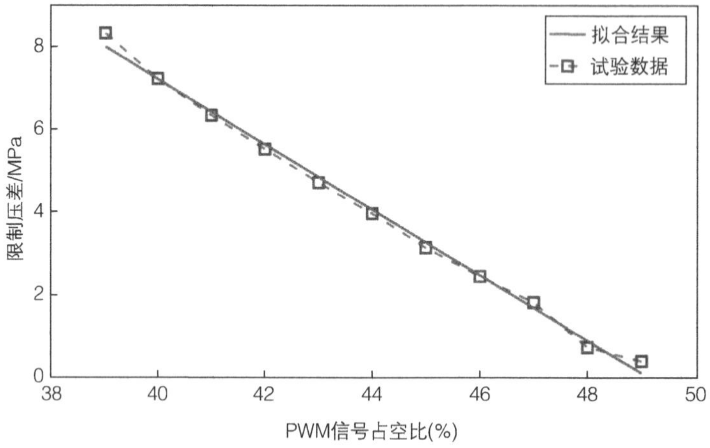

图 2-50　PWM 信号占空比 - 压差关系

图 2-50 给出了线性常开阀与线性常闭阀的稳态溢流特性的试验数据及拟合结果，分析可得出以下结论：

1）相比于第 2.4.2.3 节的线性电磁阀流量特性试验结果，稳态溢流的压强特性区间较窄，这是由于流量特性结果包含了线性电磁阀开关控制和线性控制两部分控制特性。

2）线性电磁阀的进、出液阀（常闭、开阀）稳态溢流特性不相同，这是由于进液阀上游为高压蓄能器的高压制动液，必须具备较高的限制压差能力，出液阀下游为无压强的储液器制动液，因此无需较高的限压水平。

3）线性电磁阀的稳态溢流特性呈现了部分 PWM 占空比的线性关系，而在该占空比线性区间之外，两侧分别对应开关控制的截止区与饱和区，流量特性也呈现出该开关现象。因此线性电磁阀可灵活采用线性控制和开关控制两种方式。

2.5.5　基于增益调度的主动溢流压强闭环控制方法

本节在本书研究团队已有研究的基础上，进一步改进电磁阀控制方式以提升压强控制性能。根据以上对于线性电磁阀的溢流机理分析和 PWM 控制特性试验验证，提出了一种增益调度主动溢流控制方法，解决现有基于电磁阀调压方法存在的动态调压性能不足的问题，控制方法整体框架如图 2-51 所示。

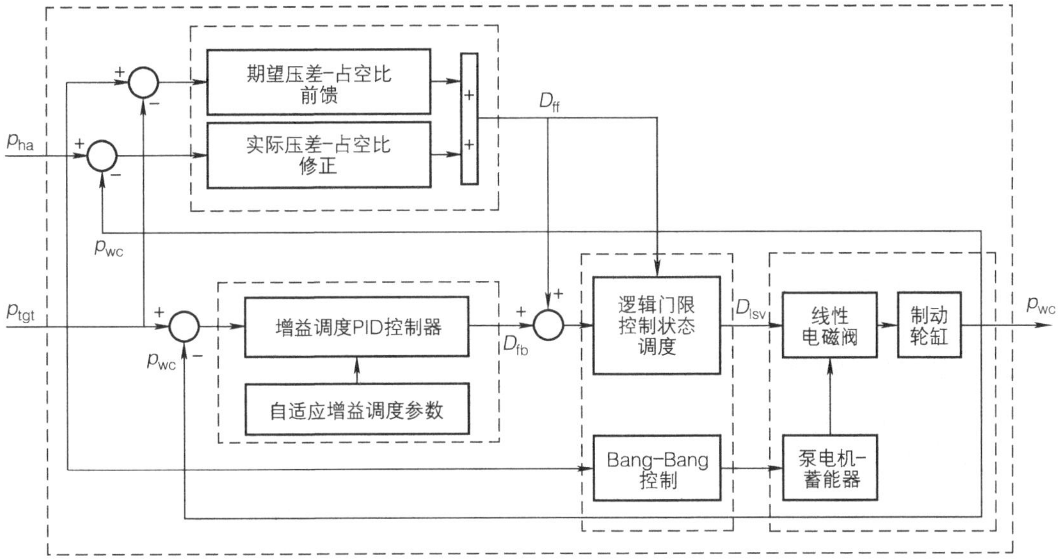

图 2-51　基于增益调度的主动溢流压强闭环控制方法框图

该压强控制方法主要由主动溢流前馈模块、增益调度 PID 控制器以及逻辑门限控制调度模块构成。主动溢流前馈模块根据轮缸期望压差与实际压差获得 PWM 信号占空比的预瞄值；增益调度 PID 控制器根据高压蓄能器压强和实际压差算得反馈 PWM 信号占空比命令值；逻辑门限控制调度模块负责根据当前 REHB 制动系统运行状态，调度线性电磁阀、隔离阀控制模式并生成 PWM 控制命令，驱动液压执行器产生压强响应。

2.5.5.1　基于电磁阀溢流特性的开环前馈模块

根据以上线性电磁阀主动溢流机理和 PWM 控制特性可知，在已知线性常闭阀上游高压蓄能器压强和线性常闭阀下游储液器压强的条件下，通过主动溢流 PWM 控制特性可获得跟踪轮缸压强期望值所需的线性电磁阀 PWM 信号占空比。同时，需要考虑在实际应用中的液压制动系统的各种扰动因素，需要保证提高前馈环节的鲁棒性。针对以上需求，设计了基于线性电磁阀溢流特性的开环前馈模块。

线性电磁阀 PWM 控制信号占空比前馈命令值 D_{ff} 由两部分组成：

$$D_{\mathrm{ff}} = D_{\mathrm{ff,ref}} + D_{\mathrm{ff,del}} \tag{2-50}$$

式中，$D_{\mathrm{ff,ref}}$ 为考虑阀口期望压差的 PWM 信号占空比前馈命令值；$D_{\mathrm{ff,del}}$ 为考虑阀口实际压差的 PWM 信号占空比前馈命令值。

$D_{\mathrm{ff,ref}}$ 通过第 2.5.4.2 节中的线性电磁阀 PWM 控制特性计算：

$$D_{\mathrm{ff,ref}} = \frac{[K_{\mathrm{I1}}(p_{\mathrm{ha}} - p_{\mathrm{tgt}}) + F_{\mathrm{S0}} + K_{\mathrm{S}}x_{\mathrm{lim}}]}{K_{\mathrm{I}}K_{\mathrm{PWM}}} \tag{2-51}$$

式中，p_{tgt} 为轮缸压强的期望值；p_{ha} 为高压蓄能器内制动液压强。

$D_{\mathrm{ff,del}}$ 的大小与当前时刻的高压蓄能器压强和轮缸压强有关，需要通过台架试验进行离线测得。

通过 $D_{\mathrm{ff,del}}$ 的主动溢流特性实现期望压强的快速预瞄控制能力，通过 $D_{\mathrm{ff,del}}$ 抑制实际阀口压差波动带来的控制系统外界扰动，二者结合提高轮缸压强控制方法的压强控制精密性和抗扰能力。

2.5.5.2　基于增益调度 PID 的压强闭环反馈模块

线性电磁阀制动系统对液压环境及使用工况的动态变化较为敏感。设计一种基于增益调度的 PID 控制器作为轮缸压强闭环反馈模块，进一步提高线性电磁阀压强控制方法的鲁棒性。PID 控制器的输入为轮缸压强期望值与实际值之差，输出为 PWM 控制信号占空比的闭环反馈命令值 $D_{\mathrm{fb,cmd}}$，计算形式如下：

$$D_{\mathrm{fb,cmd}} = K_{\mathrm{p}}(p_{\mathrm{tgt}} - p_{\mathrm{wc}}) + K_{\mathrm{i}}\int(p_{\mathrm{tgt}} - p_{\mathrm{wc}})\mathrm{d}t + K_{\mathrm{d}}(\dot{p}_{\mathrm{tgt}} - \dot{p}_{\mathrm{wc}}) \tag{2-52}$$

在 PID 控制器设计时兼顾了比例、积分、微分三种计算。由于本控制方法直接控制电磁阀两侧压差，不同于基于电磁阀流量控制的方式，因此不用担心积分项引起控制系统阶数增加导致稳定裕度恶化的情况。同时，积分项的存在适合于 PWM 控制信号前馈控制后的压强控制稳态误差的消除，提高跟压精度。另一方面，微分项预测了误差值的变化方向，提高了跟压控制的预测能力，其求导计算导致的噪声扰动可通过降低微分增益以及后续设置低通滤波器进行处理。

线性电磁阀制动系统的高压蓄能器内制动液压强控制在某一常用范围（812MPa）内，轮缸压强期望值也在某一常用范围（0 ~ 6MPa）内变化，如果只采用一套 PID 控制器增益参数（K_{p}、K_{i}、K_{d}）必然无法满足复杂多样的轮缸压强控制需求。为了能够跟随环境条件变化自适应地调节 PID 控制器增益参数，进一步增强 PID 闭环反馈控制模块的鲁棒性和稳定性，提出了一种增益调度规则用于实时调节 PID 控制参数。同样地，增益调度规则也通过台架试验标定获得，最终形式为不同高压蓄能器压强对应的 PID 控制器增益参数，并采用线性插值方法计算其他情况下的控制增益。

2.5.5.3　基于逻辑门限的轮缸压强控制状态调度

轮缸压强期望值 p_{tgt} 的变化率可正可负，因此要求轮缸对应的进、出液阀协调运行，完成增压、保压、减压。考虑到车辆对 REHB 系统的控制精度要求以及液压系统自身强非线性容易导致压强超调的局限性，如图 2-52 所示，设计了基于逻辑门限的轮缸压强控制状态调度方法，用于控制进、出液阀及增压、保压、减压的不同状态。

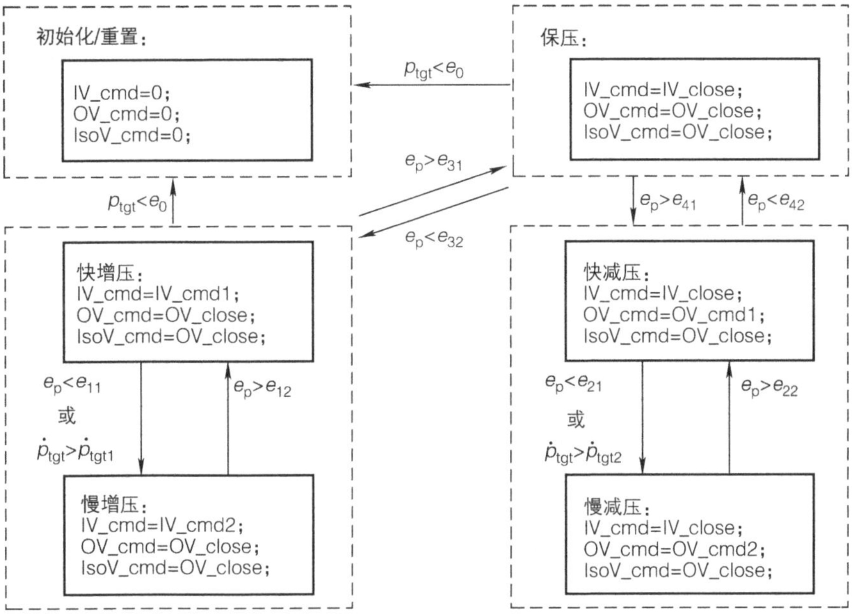

图 2-52　基于逻辑门限的轮缸压强控制状态切换

在基于溢流特性的开环前馈和基于增益调度 PID 控制器的压强闭环反馈作用下，REHB 控制器根据当前压强控制误差 e_p、压强期望值 p_{tgt} 及其变化率 $\dot{p}_{tgt}$ 情况对进、液阀的控制状态进行调度，从而高效地实现压强跟踪控制。设定不同控制状态调度之间的跳转条件的压差阈值 e_{ij}，进液阀、出液阀、隔离阀命令分别为 IV_cmd、OV_cmd、IsoV_cmd。考虑到实际控制器的通信时延和离散化控制信号导致的压强控制超调，因此将跳转阈值设为小于常规制动工况压强控制稳态误差要求（0.1MPa）的某一数值（不宜过小，否则会引起控制状态的高频跳转），进一步提高线性电磁阀压强控制系统的鲁棒性。

由于泵电机的流量可控性差，而且在实际应用时高压蓄能器压强仅需维持在某一常用范围内，因此采用简单易实现的 Bang-Bang 控制方法。

综合以上设计过程，所提出的用于线性电磁阀制动系统的基于增益调度的主动溢流压强闭环控制方法，旨在实现以下目标：

1）提高制动工况适应性，特别是在高动态制动需求时改善轮缸压强控制性能，增强控制鲁棒性。

2）进出液阀均可使用该控制方法，充分发挥主动溢流能力，减少开关动作频率，降低调压噪声。

3）直接采用 PWM 信号控制电磁线圈，避免采用高成本和高壁垒的电流芯片，提高技术应用潜力。

2.5.6　线性电磁阀制动系统压强精密控制方法试验验证

采用第 2.5.3 节所述的 REHB 制动系统硬件在环试验平台对基于增益调度的主动溢流压强控制方法进行试验验证，试验设备条件与之保持一致，此处不再重复介绍。上位机 MATLAB/Simulink 环境中仅需使能（enble）BCU2 所需的压强控制方法；BCU1（对应电助力主缸）控制算法禁用（disable），即采用单一线性电磁阀制动系统进行轮缸液压强调节。

为了验证线性电磁阀液压强控制方法的有效性和精密性，这里分别采用轮缸压强期望值为凸台波和阶梯波来评估稳态制动工况的压强控制性能；采用三角波和正弦波评估动态工况压强控制性能。

2.5.6.1 稳态工况

稳态制动工况采用阶梯波的轮缸压强响应试验，目标压强具有阶跃后恒定的特点。试验过程与结果分析分别介绍如下。

阶梯波跟压试验

当期望主缸压强为阶梯波时，对比了基于增益调度的主动溢流压强闭环控制方法和本书研究团队前期的基于“限压差”特性的开关电磁阀电流控制方法。两种方法的轮缸压强响应结果如图 2-53 所示，压强响应误差如图 2-54 所示。

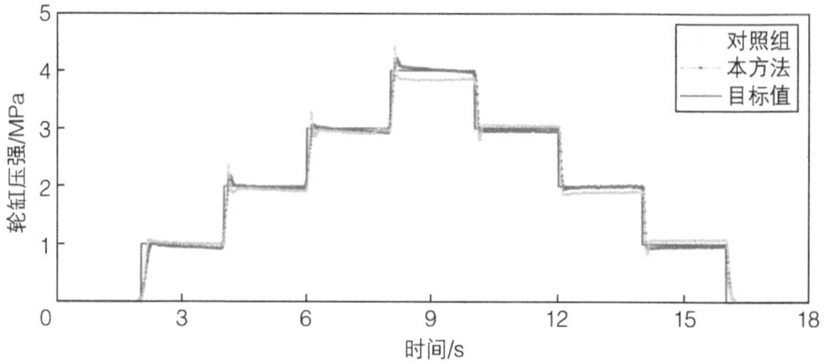

图 2-53 本节方法的阶梯波压强响应

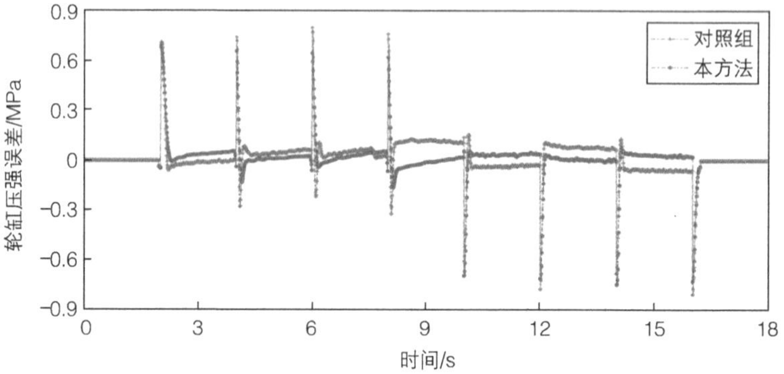

图 2-54 本节方法的阶梯波跟压误差

轮缸压强期望值每隔 2s 增加 1MPa 直至 4MPa，之后每隔 2s 减少 1MPa 直至 0MPa。根据图 2-54 试验结果，可以看出：

1）开关阀电流控制方法在不同目标压强时出现了不同程度的超调现象，目标压强为 3.0MPa、4.0MPa 时的超调程度尤为明显，这是由于开关阀的限压差特性有效限压区间（1.2 ~ 3.0MPa）较窄决定的。

2）基于增益调度的主动溢流压强控制方法的跟压误差明显小于电流控制方式，溢流特性起到了开环前馈的作用，增益调度 PID 控制器实现了快速压强闭环控制效果。

3）所提出的控制方法的稳态跟压误差控制在 0.05MPa 以内，当轮缸压强期望值较小时，跟压误差略大，整体压强控制性能良好。在阶跃超调快速消除后压强趋稳，这是因为逻辑门限调度的门限值设为 0.1MPa，误差值满足门限值之后进入保压模式。

另外，开关阀限压差控制方法依赖于专用的电流控制芯片，而所提出的线性电磁阀压强控制方法只需要 PWM 驱动信号，在保证了压强控制精度的同时，降低了制动系统的电控硬件成本。

2.5.6.2　动态工况

动态制动工况采用三角波和正弦波的轮缸压强响应试验，目标压强具有时变幅值和变化率的特点。试验过程与结果分析分别介绍如下。

（1）三角波跟压试验

试验设置了不同斜率（2MPa/s、1.5MPa/s）和幅值（3MPa、4MPa）的三角波作为轮缸压强期望值，整体变化较缓，用于表示车辆常规制动需求。所提出的基于增益调度的主动溢流压强闭环控制方法的轮缸压强响应结果如图 2-55 所示，压强控制误差如图 2-56 所示。

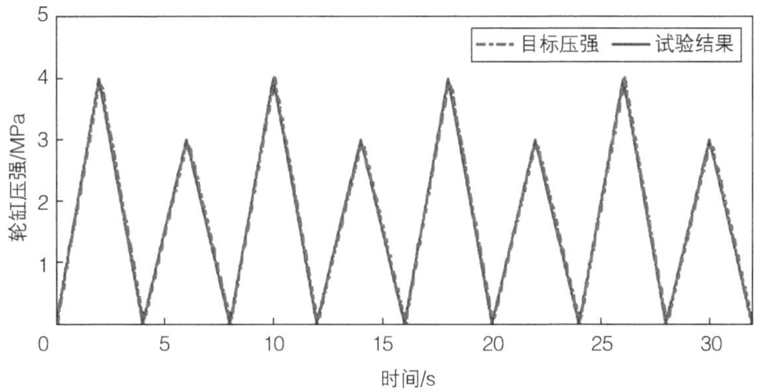

图 2-55　三角波动态跟压

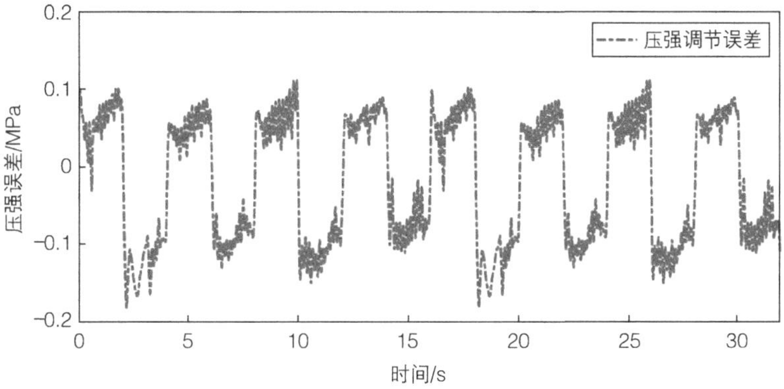

图 2-56　三角波动态跟压误差

根据以上试验数据，分析可得：

1）全程压强控制稳定，跟压误差随着压强期望值周期性变化而变化；最大跟压误差小于 0.16MPa，完全满足常规制动工况的制动性能需求，实际上跟压误差可通过调整逻辑门限调度门限值进一步降低，但考虑到控制系统鲁棒性，因此已无优化必要。

2）减压过程跟压误差（0.15MPa）略大于增压过程（0.1MPa），这是由于减压过程的出液阀（常开阀）使用占比较高，而其流量可控区间略窄，但不影响整体压强控制精度。

（2）正弦波跟压试验

试验设置了周期为4s、幅值范围为0～4MPa的正弦波作为轮缸压强期望值，表示车辆快慢变化的动态制动需求。所提出的基于增益调度的主动溢流压强闭环控制方法的轮缸压强响应结果如图2-57所示。

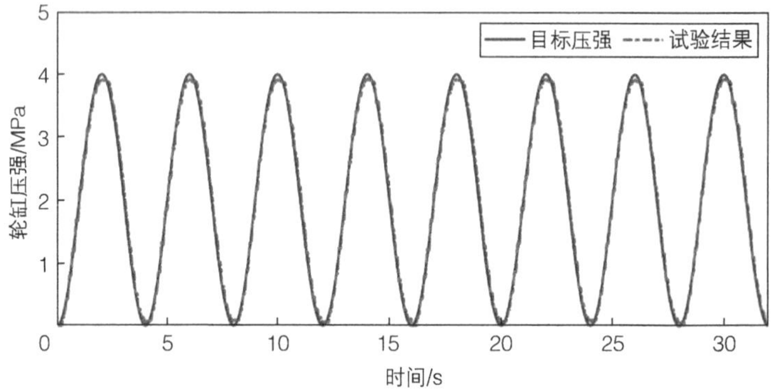

图2-57　正弦波动态跟压

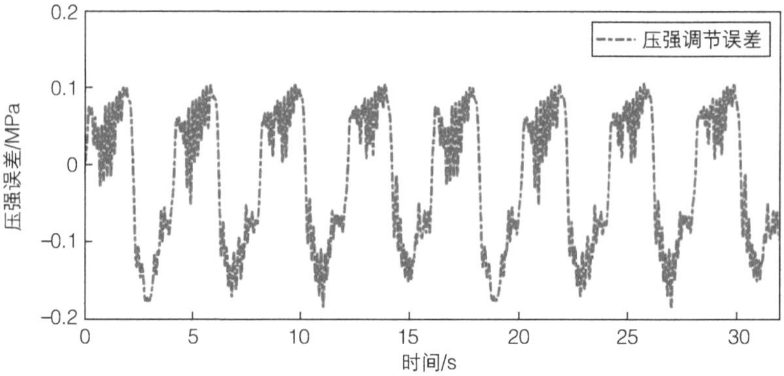

图2-58　正弦波动态跟压误差

根据以上试验数据，分析可得：

1）全程压强控制稳定，跟压误差随着压强期望值周期性变化而变化；最大跟压误差小于0.18MPa，完全满足常规和紧急制动工况的制动控制响应性能需求（精度与速率）。

2）所提出线性电磁阀压强控制方法的鲁棒性良好，不随高压蓄能器压强波动而产生控制性能下降。

3）减压过程跟压误差略大于增压过程，这是由于减压过程的出液阀（常开阀）使用占比较高，而其流量可控区间略窄。

另外，根据以上跟压误差试验结果的正负分布规律（增压过程基本为正误差，减压过程基本为负误差，基本不存在正负误差的高频跳变）和台架试验过程中现场人员的主观评价，对比课题组前期高速开关阀开关控制方式，本方法显著降低了电磁阀压强控制中的振动和噪声。

第 3 章　线控转向系统关键技术

汽车转向系统是用来维持或者改变汽车行驶方向的部件，它是汽车的底盘中决定车辆主动安全性的重要组成部件。线控转向系统去掉了转向盘和转向执行机构之间的转向轴等机械机构，用弱电信号来传输转向控制命令以实现转向执行机构的转向，因此，它实现了驾驶员转向操作与车辆横向运动的解耦，可以灵活地设计汽车转向的力传递和角传递特性，降低驾驶难度，也为智能车实现自主转向提供了良好的硬件基础。本章重点介绍线控转向系统的方案、主动转向控制方法以及路感模拟控制技术。

3.1 线控转向系统方案

与汽车传统机械式转向系统相比，线控转向系统取消了转向盘与转向轮之间的机械连接，转向盘与前轮通过控制信号连接，使用电机驱动，并依据一定的控制算法确定合理的转向传动比，实现预期的转向，与此同时，驾驶员通过路感模拟算法来获得路面信息。

3.1.1　线性转向系统结构

一个典型的线控转向系统由转向盘系统、转向执行机构、控制系统及备份系统等组成，如图 3-1 所示。在实际应用中，将有不同的线控转向结构设计。

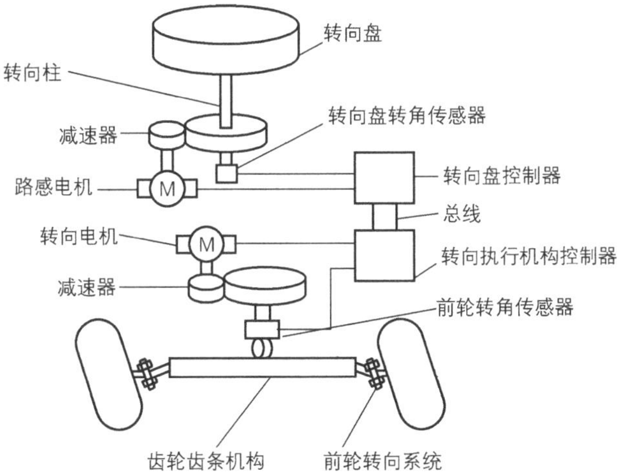

图 3-1　线控转向系统的结构

一般地，转向盘系统包括转向盘总成、路感电机及其减速器、转向盘转角传感器、转矩传感器等。其主要功能是：①通过转角和转矩传感器将驾驶员转向意图发送给主控制器；

②根据转向系统的力矩反馈情况驱动路感电机继而提供路感信息。

转向执行机构包括齿轮齿条机构、转向拉杆、转向电机及其减速器、前轮转角传感器、转矩传感器等部件。其主要功能是根据转向控制器发出的指令执行转向，并将车速、前轮转角及汽车状态参数反馈到转向盘控制器，驱动路感电机给驾驶员提供路感。

控制器总成包括转向盘控制器、转向执行机构控制器。其主要功能是对车辆各控制器及车辆运行状态进行判断并在故障状态时控制故障容错备份系统；采集处理各传感器信息、运行控制程序，接受并反馈指令给各电机控制器从而驱动电机转向和路感反馈。

故障容错备份系统主要包括主控制器备份、电磁离合器电机、电源备份等相关器件构成，主要功能是当系统出现故障时，启动备份控制器或者吸合电磁离合器，提高系统安全性能。常见的机械备份方案如英菲尼迪 Q50，是采用电磁离合器实现的。为了提高转向器的安全性，目前有两种主流方案：一种是采用双电机备份的转向器；另一种是增加单电机的绕组数，利用六相永磁同步电机替换当前的三相永磁同步电机。

控制器之间的通信主要依靠总线。按照 SAE 的定义，汽车线控系统需要一个安全等级为 C 的通信网络架构。FlexRay 通信协议由“TDMA”和“事件”两部分构成：“TDMA”在启动时根据所有后续参与的节点定义，是唯一的传输通道标识符；“事件”部分的节点采用 Byteflight 协议。FlexRay 协议设计了很高的通信带宽水平和容错能力，既保证了系统对于安全性的要求，又尽量保持灵活性，而且降低了节点成本。FlexRay 系统还具有扩展性，从单通道总线到双通道多星型拓扑结构，甚至允许在一个系统中同时有单通道和双通道的节点。在安全性方面，FlexRay 采用冗余通道的方式确保数据正确传输。

3.1.2 线性转向系统建模

本节对线控转向系统的机械结构进行合理的简化，采取降阶建模方法进行动力学建模，包括转向盘系统和转向执行总成系统动力学模型。

（1）转向盘系统模型

将转向盘总成进行简化，简化为几个动力学元件，并进行动力学分析，转向盘系统模型示意图如图 3-2 所示。

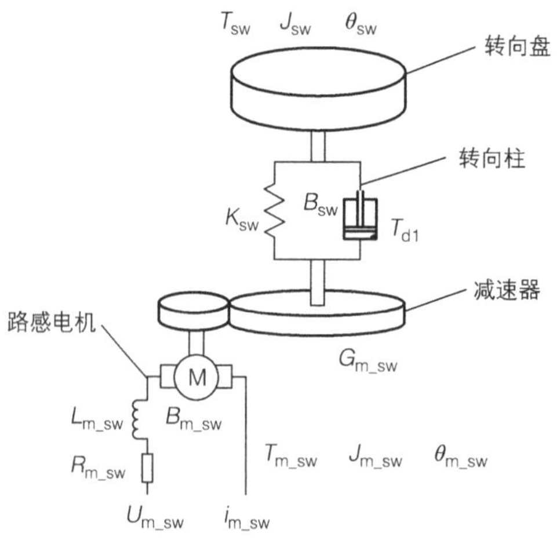

图 3-2 转向盘系统模型示意图

转向盘端的动力学方程为

$$J_{sw}\ddot{\theta}_{sw}+B_{sw}(\dot{\theta}_{sw}-\dot{\theta}_{m\_sw}/G_{m\_sw})+T_{d1}+T_{fr}=T_{sw} \tag{3-1}$$

式中，J_{sw} 为转向盘及转向柱的转动惯量（$kg \cdot m^2$）；B_{sw} 为转向盘与转向轴之间的相对阻尼系数（$kg \cdot m^2/s$）；θ_{sw} 为转向盘转角（rad）；θ_{m_sw} 为路感电机转角（rad）；G_{m_sw} 为转向盘系统减速器减速比；T_{d1} 为转向柱转矩（N · m）；T_{fr} 为转向盘系统摩擦力矩（N · m）；T_{sw} 为转向盘力矩（N · m）。

路感电机端的动力学方程为

$$J_{m\_sw}\ddot{\theta}_{m\_sw}+B_{m\_sw}\dot{\theta}_{m\_sw}+T_{d1}/G_{m\_sw}=T_{m\_sw} \tag{3-2}$$

式中，

$$T_{d1}=K_{sw}(\theta_{sw}-\theta_{m\_sw}/G_{m\_sw}) \tag{3-3}$$

路感电机模型可以表示为

$$T_{m\_sw}=K_{i\_sw}i_{m\_sw} \tag{3-4}$$

$$U_{m\_sw}=R_{m\_sw}i_{m\_sw}+L_{m\_sw}\frac{\mathrm{d}i_{m\_sw}}{\mathrm{d}t}+k_{e\_sw}\frac{\mathrm{d}\theta_{m\_sw}}{\mathrm{d}t} \tag{3-5}$$

式中，J_{m_sw} 为路感电机转动惯量（$kg \cdot m^2$）；B_{m_sw} 为路感电机轴阻尼系数（$kg \cdot m^2/s$）；T_{m_sw} 为路感电机转矩（N · m）；K_{sw} 为转向轴扭转刚度（N · m/rad）；K_{i_sw} 为路感电机转矩系数（N · m/A）；i_{m_sw} 为路感电机电枢电流（A）；U_{m_sw} 为路感电机两端电压（V）；R_{m_sw} 为路感电机电阻（Ω）；L_{m_sw} 为路感电机电感（H）；k_{e_sw} 为路感电机电动势系数 [V/（rad/s）]。

（2）转向执行总成系统模型

转向执行总成系统主要包括转向电机及其减速机构、齿轮齿条机构等，转向执行总成系统模型示意图如图 3-3 所示。

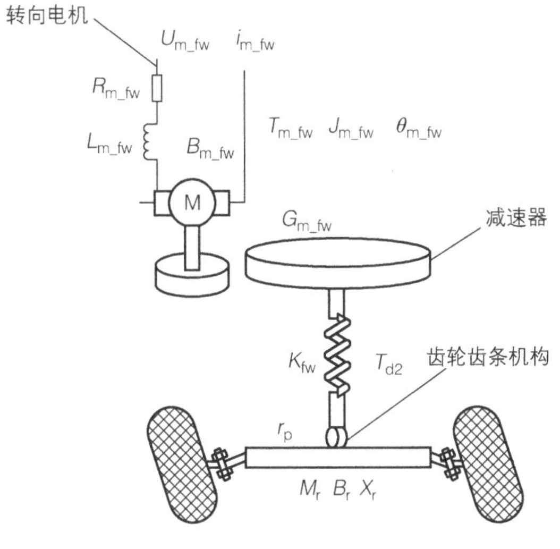

图 3-3　转向执行总成系统模型示意图

转向电机的动力学方程为

$$J_{m\_fw}\ddot{\theta}_{m\_fw}+B_{m\_fw}\dot{\theta}_{m\_fw}+T_{d2}/G_{m\_fw}=T_{m\_fw} \tag{3-6}$$

式中，J_{m_fw} 和 B_{m_fw} 分别为转向电机转动惯量和阻尼系数；θ_{m_fw} 为转向电机转角；T_{d2} 为转向杆转矩；G_{m_fw} 为转角减速比；T_{m_fw} 为转向电机电磁力矩。

其中：

$$T_{d2}=k_{fw}(\theta_{m\_fw}/G_{m\_fw}-X_r/r_p) \tag{3-7}$$

$$T_{m\_fw}=k_{i\_fw}i_{m\_fw} \tag{3-8}$$

式中，X_r 为齿条位移；r_p 为齿轮半径；k_{i_fw} 为电磁力矩系数；i_{m_fw} 为转向电机电流。

转向电机模型可以表示为

$$U_{m\_fw}=R_{m\_fw}i_{m\_fw}+L_{m\_fw}\frac{di_{m\_fw}}{dt}+k_{e\_fw}\frac{d\theta_{m\_fw}}{dt} \tag{3-9}$$

式中，U_{m_fw} 为转向电机电压；R_{m_fw}、L_{m_fw} 为转向电机电阻与电感；k_{e_fw} 为转向电机反电动势系数。

齿轮齿条机构的动力学方程为

$$M_r\ddot{X}_r+B_r\dot{X}_r+\frac{T_{lbf}}{l_{lf}}+\frac{T_{rbf}}{l_{rf}}=T_{d2}/r_p \tag{3-10}$$

式中，M_r 为齿条质量；B_r 为齿条平移阻尼系数；l_{lf} 和 l_{rf} 分别为转向前轮左摇臂和右摇臂长度；T_{lbf} 和 T_{rbf} 分别为前轮左右主销力矩值。

3.1.3 线性转向系统模型的验证

为了验证线控转向系统模型的准确性和有效性，选择典型工况包括转向盘正弦输入试验、转向盘角度阶跃输入试验进行测试，将仿真结果与实车数据进行对比验证模型准确性。

3.1.3.1 转向盘正弦输入试验

转向盘正弦输入试验主要考察汽车转向运动的综合性能，试验车速设为 60km/h，将试验测得的转向盘转角作为模型的转向盘转角输入以保证模型的仿真工况与实车试验条件的一致性，路面附着系数取 0.9。试验结果如图 3-4 所示。

由图 3-4 的对比结果可以看出，仿真值和实车数据的横摆角速度和侧向加速度的变化曲线是基本一致的，而转向盘转矩的仿真值和实车试验数据有一些误差，这主要是由于模型的简化以及转向盘系统的惯量、阻尼等参数的估计误差导致的。但是转向盘转矩的变化趋势和峰值是基本一致的，图 3-4 的结果可以说明线控转向系统模型能够反映系统的主要特征，误差程度不影响模型的有效性，该仿真模型可以描述线控转向系统的动力学特性并验证控制策略的有效性。

3.1.3.2 转向盘角度阶跃输入试验

转向盘角度阶跃输入试验主要反映汽车从直线行驶过渡到转弯行驶的动态过程。试验中汽车以 100km/h 的车速直线行驶，3s 后转向盘转过 180° 并保持不变，观察汽车响应情况。试验与仿真结果如图 3-5 所示。

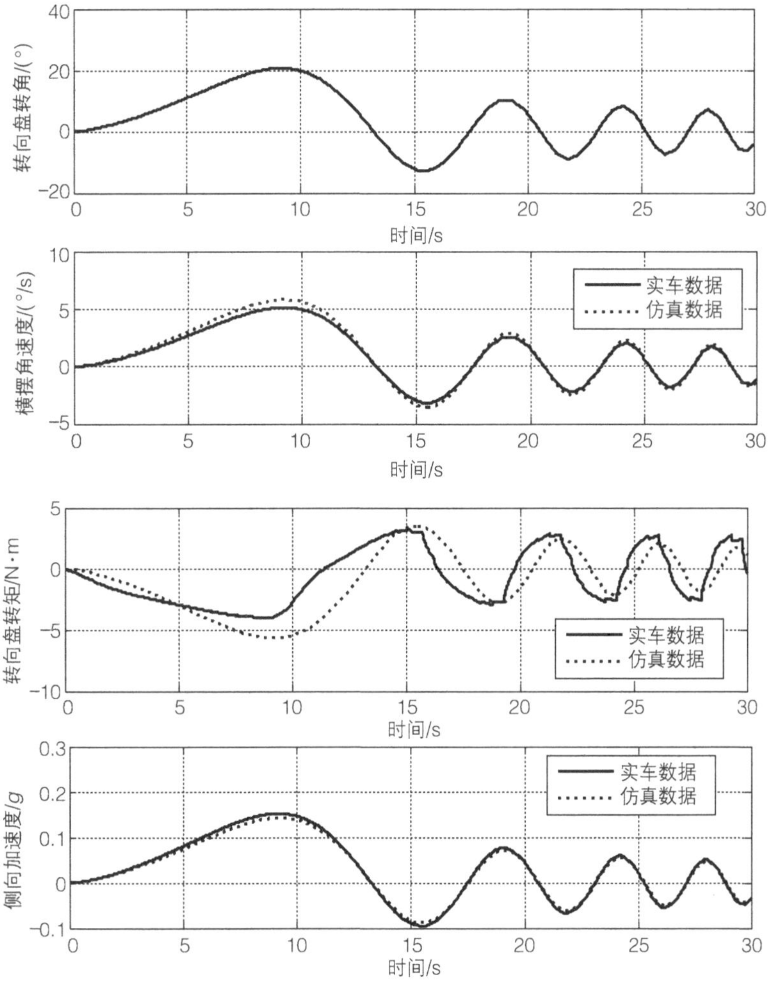

图 3-4　转向盘正弦输入结果对比

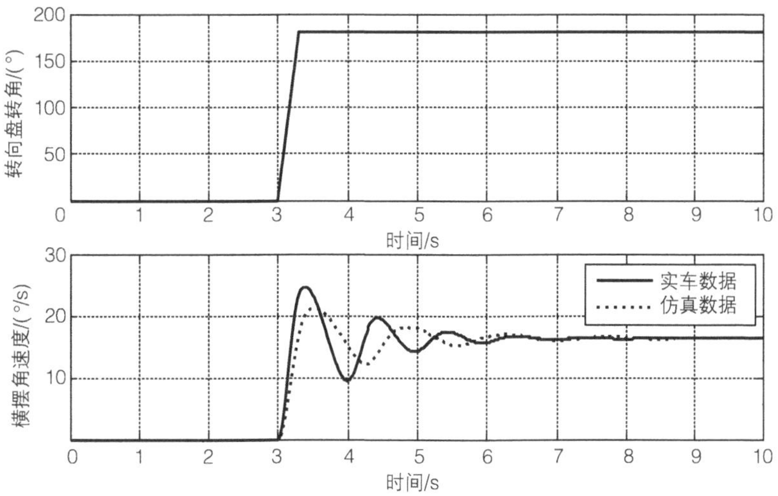

图 3-5　转向盘角度阶跃输入结果对比

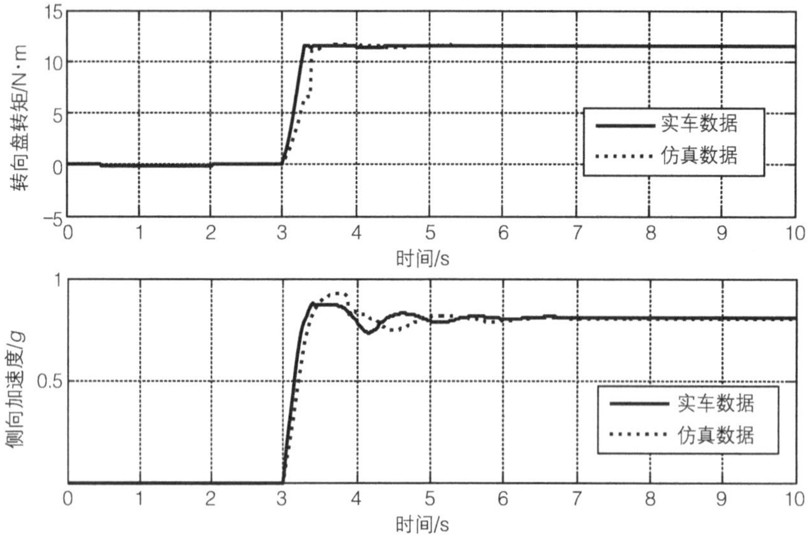

图 3-5　转向盘角度阶跃输入结果对比（续）

图 3-5 中，实车的试验数据与模型仿真数据在稳态后是一致的，在瞬态变化过程中两者出现误差，仿真数据存在时间上的延迟，这主要由于系统惯量阻尼等参数估计不够准确，但是仿真数据与实车试验数据变化趋势一致、峰值接近并且稳态值一致，能够比较真实地再现试验过程，可以保证仿真模型的有效性。

3.2 主动转向控制

线控转向系统最有价值的特点之一就是可以自由地设计转向盘到转向前轮之间的传动比，传统转向系统中使用的是固定传动比，由于悬架和轮胎的非线性特性，汽车的响应会随着车速和转向盘转角的变化而改变，驾驶员必须对这种变化进行补偿才能保证汽车按照驾驶意图行驶，增加了驾驶负担。线控转向系统可以在不同的工况下实现可变的传动比，降低驾驶难度，让更多的非职业驾驶员容易掌握汽车的动力学特性，从这一角度出发，本节介绍可变理想传动比的主动转向控制策略。

3.2.1 转向传动比对操作稳定性的影响

传统的转向系统中，由于转向盘和前轮是靠机械连接的，因此转向传动比是固定的，驾驶员的输入指令总是以相同的方式传递。低速行驶或停车状态时如果需要大转角转向驾驶员则需要输入较大的转向盘转角，增加了驾驶员的负担；而高速行驶时，由于汽车对方向盘转角的响应较低速时灵敏，因此在高速行驶中需要急转弯或者紧急躲避障碍物时，驾驶员很容易操作不当发生意外。

转向传动比是影响方向灵敏性的关键因素。转向灵敏度（Steering Sensitivity）是用来测量车辆所承受的侧向加速度相对于转向盘转角的瞬间变化量，其定义为每 100° 的转向盘转角所产生的侧向加速度 a_y 的增量，即

$$S_S = \frac{100 \mathrm{d} a_y}{\mathrm{d} \delta_{sw}} \tag{3-11}$$

式中，S_S 为转向灵敏度；δ_{sw} 为转向盘转角。

一般汽车的转向灵敏度介于（0.9 ~ 1.4）g/100° 之间。如果转向灵敏度太小，驾驶员输入的转向盘转角所产生的汽车侧向力将不能平衡汽车转向离心力，汽车表现为不足转向特性，因此需要驾驶员输入更多的转向盘转角产生更大的侧向力平衡离心力，维持汽车转向的稳定性；而当汽车转向灵敏度超过 1.4g/100° 时，汽车转向时会产生过度转向甚至发生甩尾，导致驾驶员难以控制车辆。

对转向系统模型进行仿真，验证汽车转向系统传动比对转向灵敏度的影响。在传动比 $i = 10$、$i = 12$、$i = 14$、$i = 16$、$i = 18$、$i = 20$，转向盘转角输入为 100° 的工况下，对汽车的灵敏度进行研究。

仿真结果如图 3-6 所示，矩形框内区域的转向灵敏度介于（0.9 ~ 1.4）g/100° 之间，为理想的转向灵敏度。结果表明，小传动比转向系统在低速时转向灵敏度落在理想区域内，而在高速时转向灵敏度较大，此时小转向盘转角会引起较大的转向甚至甩尾，造成车辆转向不稳定；大传动比转向系统在低速时转向灵敏度过小，车辆对于转向盘转角输入反应迟缓，需要更多的转向盘转角达到预期转向，这增加了驾驶员的负担，而高速时转向灵敏度落在理想区域内，有利于高速转向稳定性。

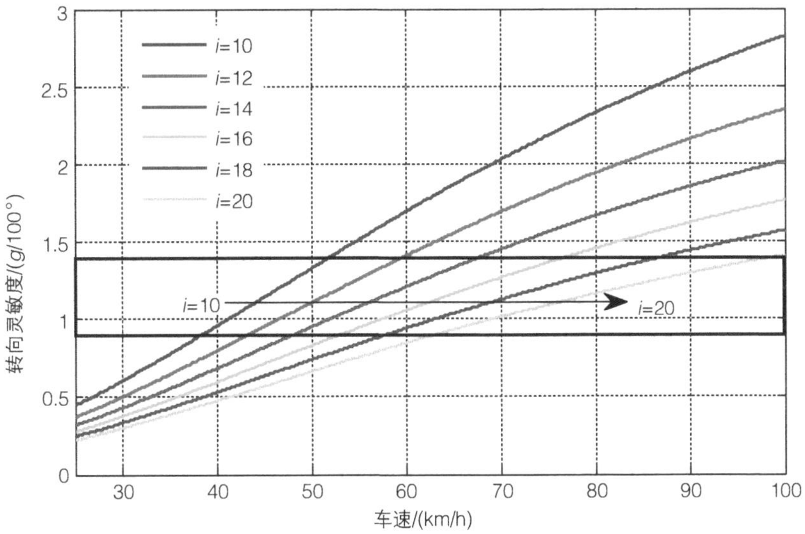

图 3-6　汽车不同传动比的转向灵敏度

3.2.2　基于变转向增益的传动比控制策略

本节通过分析基于固定转向增益的变传动比控制策略存在的问题，介绍了一种基于变转向增益的传动比随车速变化的控制策略，并在此基础上，设计了传动比同时随车速和转向盘转角变化的控制策略。通过仿真试验，验证了所提出的变传动比控制策略可以有效地提高车辆的操纵稳定性。

3.2.2.1　理想的线性二自由度车辆模型

这里不考虑车辆的悬架特性的理想二自由度车辆动力学模型就可以满足控制需求。图 3-7 所示为理想的二自由度车辆动力学模型，这里假设车辆在平坦的道路上行驶，忽略悬架运动对侧向运动的耦合作用，忽略载荷的左右及前后轴的转移，忽略纵向和横向空气动力学，仅考虑纯侧偏的轮胎特性。图中，OXY 坐标为大地坐标系统，Oxy 坐标为以车辆质心为原点的车体坐标系，ψ 为车辆在 OXY 坐标下的偏航角，v_x 和 v_y 为车辆在 Oxy 坐标下质心处的纵向车速和侧向车速，w_r 为车辆质心处的横摆角速度，F_{yf} 和 F_{yr} 为车辆等效的前后轴侧向力，L_f 和 L_r 分别为前轴和后轴到车辆质心处的距离，δ_f 为前轮转角。

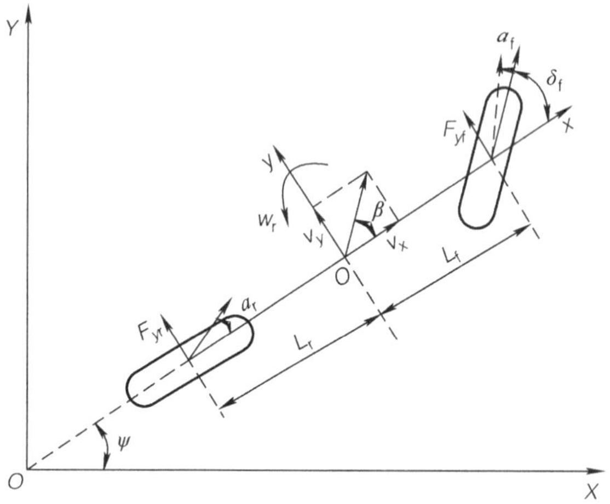

图 3-7　理想二自由度车辆动力学模型

根据牛顿第二定律我们可以得到：

1）车辆在 y 轴的受力方程：

$$ma_y = -mv_xw_r + F_{yf} + F_{yr} \tag{3-12}$$

式中，m 为车身质量；a_y 为车辆侧向加速度。

2）车辆绕 z 轴的受力方程：

$$I_z\ddot{\psi} = L_fF_{yf} - L_rF_{yr} \tag{3-13}$$

式中，I_z 为车辆的横摆转动惯量。

大量的理论研究和实践表明，对于驾驶员而言，在具有适当不足转向特性的线性区域中的车辆具有更好的操纵稳定性并且更易于控制。因此，线性二自由度车辆的转向特性经常被用作车辆的理想转向特性。

当车辆在线性区域行驶时，即当车辆的侧向加速度满足 $a_y \leqslant 0.4g$ 时，采用线性函数近似描述的轮胎力具有较高的拟合精度，可以表示为

$$F_{yf} = -C_fa_f \tag{3-14}$$

$$F_{yr} = -C_ra_r \tag{3-15}$$

式中，C_{f} 和 C_{r} 分别是车辆前后轴的等效侧偏刚度；a_{f}、a_{r} 分别为车辆前后轮的侧偏角。

基于小角度的假设，前轮和后轮的侧偏角分别表示为

$$a_{\mathrm{f}}=\frac{v_y+L_{\mathrm{f}}w_{\mathrm{r}}}{v_x}-\delta_{\mathrm{f}}=\beta+\frac{L_{\mathrm{f}}w_{\mathrm{r}}}{v_x}-\delta_{\mathrm{f}} \tag{3-16}$$

$$a_{\mathrm{r}}=\frac{v_y-L_{\mathrm{r}}w_{\mathrm{r}}}{v_x}=\beta-\frac{L_{\mathrm{r}}w_{\mathrm{r}}}{v_x} \tag{3-17}$$

式中，β 为车辆质心处的侧偏角。

根据式（3-14）~ 式（3-17），我们可以得到一个线性轮胎模型，即前后轮的轮胎侧向力为

$$F_{y\mathrm{f}}=C_{\mathrm{f}}\left(\delta_{\mathrm{f}}-\beta-\frac{L_{\mathrm{f}}w_{\mathrm{r}}}{v_x}\right) \tag{3-18}$$

$$F_{y\mathrm{r}}=C_{\mathrm{r}}\left(\frac{L_{\mathrm{r}}w_{\mathrm{r}}}{v_x}-\beta\right) \tag{3-19}$$

将式（3-18）和式（3-19）代入式（3-14）和式（3-15）中并经过相关等式变换，可以得到基于小角度假设和线性轮胎模型的理想二自由度车辆模型的状态方程：

$$\begin{cases} ma_y=-mv_xw_{\mathrm{r}}+C_{\mathrm{f}}\left(\delta_{\mathrm{f}}-\beta-\dfrac{L_{\mathrm{f}}w_{\mathrm{r}}}{v_x}\right)+C_{\mathrm{r}}\left(\dfrac{L_{\mathrm{r}}w_{\mathrm{r}}}{v_x}-\beta\right) \\ I_zw_{\mathrm{r}}=L_{\mathrm{f}}C_{\mathrm{f}}\left(\delta_{\mathrm{f}}-\beta-\dfrac{L_{\mathrm{f}}w_{\mathrm{r}}}{v_x}\right)-L_{\mathrm{r}}C_{\mathrm{r}}\left(\dfrac{L_{\mathrm{r}}w_{\mathrm{r}}}{v_x}-\beta\right) \end{cases} \tag{3-20}$$

3.2.2.2　基于固定转向增益的传动比控制

在转向过程中，常用于表征转向特性的汽车转向增益主要是指转向盘转角 δ_{sw} 到车辆响应 x（这里可以是横摆角速度、侧向加速度等）的转向增益 G_{sw}^{x}，它不仅与轮胎、车辆定位、悬架等车辆的物理特性有关，还与转向系统的转向特性（如响应特性、转向传动比 i 等）有关。其中车辆的转向增益主要包括横摆角速度增益和侧向加速度增益，横摆角速度增益为横摆角速度相对于转向盘转角的比值，可表示如下：

$$G_{\mathrm{sw}}^{w_{\mathrm{r}}}=\frac{w_{\mathrm{r}}}{\delta_{\mathrm{sw}}} \tag{3-21}$$

侧向加速度增益是侧向加速度与转向盘转角的比值，可表示如下：

$$G_{\mathrm{sw}}^{a_y}=\frac{a_y}{\delta_{\mathrm{sw}}} \tag{3-22}$$

由式（3-21）和式（3-22）可以推出稳态时车辆的横摆角速度增益和侧向加速度增益的

具体表达式如下：

$$G_{\mathrm{sw}}^{w_r}=\frac{w_r}{\delta_{\mathrm{sw}}}=\frac{w_r}{\delta_f i}=\frac{v_x/L}{\left[1+\frac{m}{L^2}\left(\frac{L_f}{C_r}-\frac{L_r}{C_f}\right)v_x^2\right]i} \tag{3-23}$$

$$G_{\mathrm{sw}}^{a_y}=\frac{a_y}{\delta_{\mathrm{sw}}}=\frac{a_y}{\delta_f i}=\frac{v_x^2/L}{\left[1+\frac{m}{L^2}\left(\frac{L_f}{C_r}-\frac{L_r}{C_f}\right)v_x^2\right]i} \tag{3-24}$$

式中，$L=L_f+L_r$。

可以看到，传统的固定传动比的机械转向系统，车辆稳态时的横摆角速度增益以及侧向加速度增益都是随着车速的变化而变化，驾驶员需要根据不断变化的车速来调整转向操作，以适应转向特性的变化，这不可避免地增加了驾驶员的转向操作负担。如果采用基于固定转向增益的变传动比控制方法，那么就可以有效地避免由于驾驶员不适应汽车转向特性的变化而引发的事故，降低驾驶难度并且减轻转向负担。

基于横摆角速度增益不变的变传动比控制可以确保车辆在轮胎的线性区域内转向时的稳态横摆角速度增益不随车速和转向盘转角的变化而改变，有效降低了不同车速下驾驶员的转向操作难度。由式（3-24）可以推导出基于横摆角速度增益不变的传动比如下：

$$i_{w_r}=\frac{v_x/L}{(1+Kv_x^2)G_{\mathrm{sw}}^{w_r}} \tag{3-25}$$

式中，

$$K=\frac{m}{L^2}\left(\frac{L_f}{C_r}-\frac{L_r}{C_f}\right)$$

相关的研究结果表明：对于普通驾驶员而言，比较理想的横摆角速度增益范围为 0.16 ~ 0.37s^{-1}；对于有经验的驾驶员，比较理想的横摆角速度增益范围为 0.22 ~ 0.41s^{-1}。综合考虑后，我们选取理想的横摆角速度增益范围为 0.19 ~ 0.33s^{-1}。

基于恒定的侧向加速度增益的变传动比控制可以确保车辆侧向加速度响应不随车速而变化，这将降低驾驶员驾驶汽车的难度和负担。从式（3-25）可以推导出基于侧向加速度增益不变的传动比如下：

$$i_{a_y}=\frac{v_x^2/L}{(1+Kv_x^2)G_{\mathrm{sw}}^{a_y}} \tag{3-26}$$

这里分别取 $G_{\mathrm{sw}}^{w_r}=0.26$ 和 $G_{\mathrm{sw}}^{a_y}=10$，根据式（3-25）和式（3-26），我们可以得到固定转向增益控制下传动比随车速变化的特性，如图 3-8 所示。从图中可以得到，基于侧向加速度增益不变的传动比随车速变化相对剧烈，而基于横摆角速度增益不变的传动比随车速变化相对平缓，可以有效地降低驾驶难度。其中，基于横摆角速度增益不变获得的变传动比控制率随车速的增加呈现出先增加后减小的趋势，这与在高速时需要增加转向传动比的要求相违背，并且在高速时过小的传动比容易引起转向灵敏度过高，不利于行车安全。而基于侧向加速度增益不变得到的传动比控制规律在高速时传动比取值过大，容易缺失高速时转向的路感。

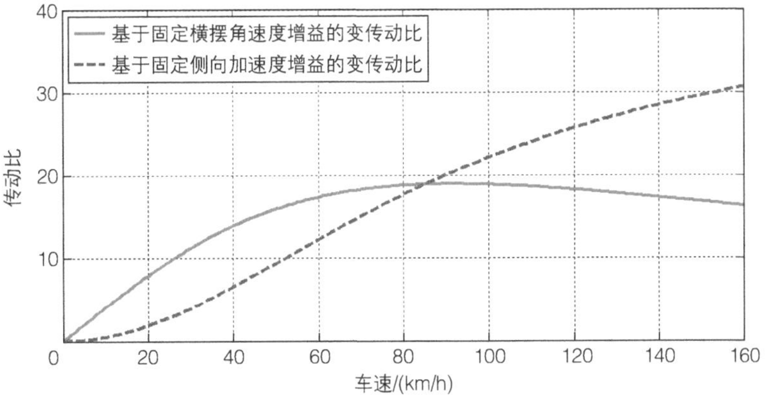

图 3-8　固定转向增益控制下传动比随车速变化曲线

3.2.2.3　传动比随车速变化的控制策略

根据以上分析，不同车速范围的传动比设计方法如下：低速段同时考虑转向的轻便性及驾驶员的转向操作习惯，中速段基于固定的横摆角速度增益，高速段则以转向灵敏度为设计依据，对其进行限制。

（1）高速段传动比设计

这里，将车辆在 100 ~ 160km/h 范围内的速度称为高速段，该段传动比设计需要对转向灵敏度进行限制。转向灵敏度是用来测量车辆相对于转向盘转角所经历的侧向加速度的瞬时变化。它被定义为每 100° 的转向盘转角产生的侧向加速度 a_y 的增量，即

$$S_{\mathrm{S}}=\frac{100\mathrm{d}a_y}{\mathrm{d}\delta_{\mathrm{sw}}} \tag{3-27}$$

典型汽车的转向灵敏度介于（0.9 ~ 1.4）g/100° 之间。当汽车转向灵敏度超过 1.4g/100° 时，车辆进行转向时容易产生过度转向甚至甩尾，这将使得驾驶员难以控制车辆，因此，高速段需要对转向灵敏度进行限制以降低车辆的稳态横摆角速度增益。根据 Kenneth 等人对不同车辆中心区的转向灵敏度值的研究，B 级轿车在 100km/h 时的转向灵敏度值的合理范围是（0.95 ~ 1.2）g/100°。由于车辆在转向过程中侧向加速度相对于转向盘转角具有一定的相位滞后，因此这里将车速 100 ~ 160km/h 的侧向加速度增益从 0.90g/100° 线性增加至 1.15g/100°。据此，传动比随车速变化的规律如图 3-9 所示。图 3-10 所示为该控制策略下的车辆与传统的机械转向系统在高速段的横摆角速度增益比较结果，可以得出在高速段，基于变转向增益的传动比控制下的横摆角速度增益要小于固定传动比控制下的横摆角度增益，说明所提出的方法在一定程度上降低了车辆高速转向的灵敏度，提高了车辆行驶安全性。

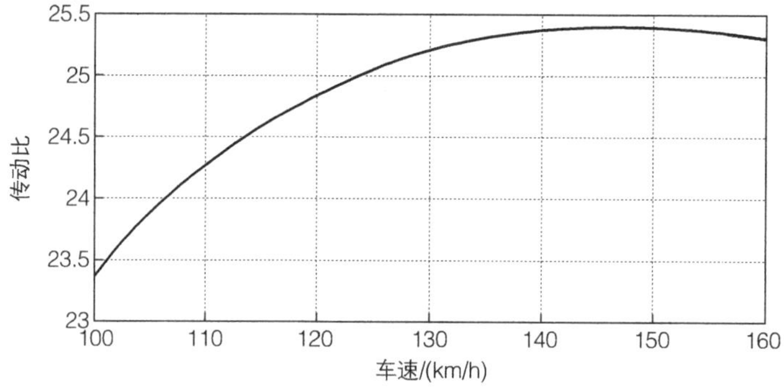

图 3-9　高速段的传动比随车速变化

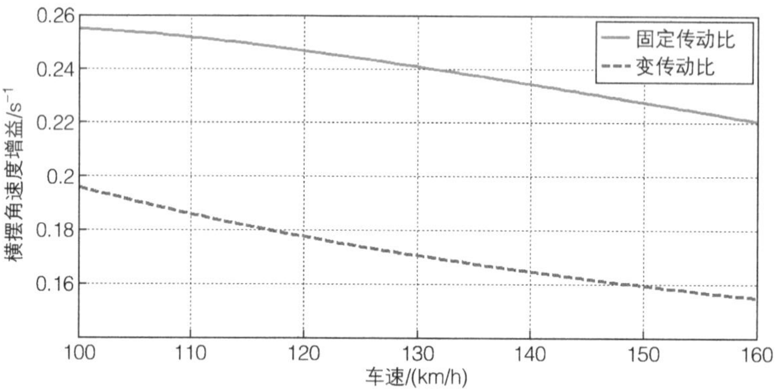

图 3-10　不同传动比下高速段的横摆角速度增益

（2）中速段传动比设计

这里将车速在 30 ~ 100km/h 范围的称为中速段。该段传动比设计基于理想的横摆角速度增益，确保车辆稳态时的横摆角速度增益处于理想的范围内，同时能够随着车速增加适当地减小。为了实现与高速段的平稳过渡，这里将该车速段对应的横摆角速度增益设置从 0.33 线性减小至 0.196，对曲线进行平滑拟合得到的中高速传动比随车速变化的曲线如图 3-11 所示，图 3-12 所示为对应车速下的横摆角速度增益。

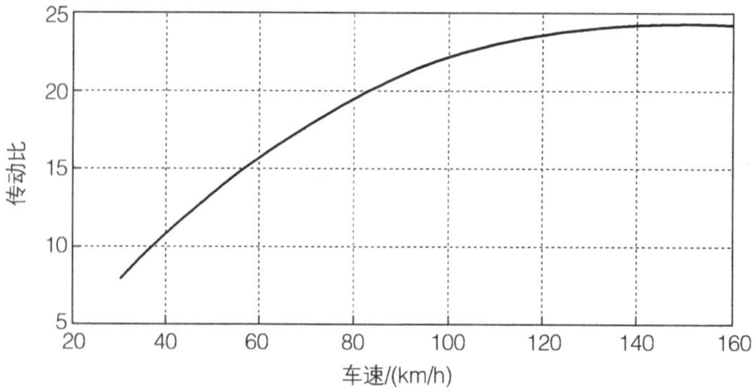

图 3-11　中高速段的传动比随车速变化

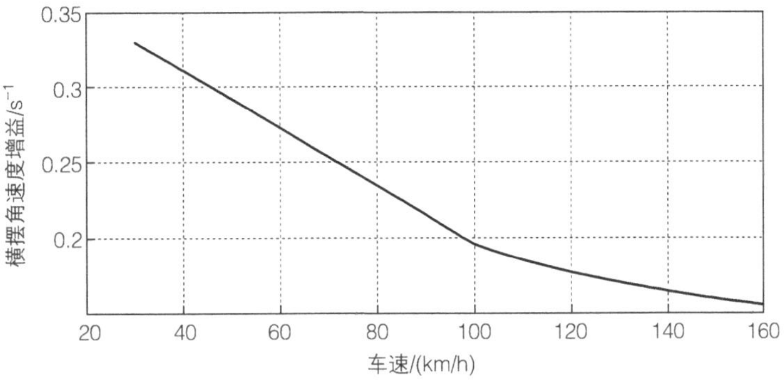

图 3-12　中高速段的横摆角速度增益

（3）低速段传动比设计

这里将车速低于 30km/h 称为低速段。低速段的传动比设计主要考虑转向的轻便性及驾驶员的转向操作习惯。在传统的机械转向系统中，由于传动比几乎不变，转向盘需要转动 3 ~ 4 圈才能从一侧极限位置转到另一侧极限位置，当需要大转角转弯时，驾驶员需要快速转动转向盘，无形中增加了转向负担。针对所开发试验车，前轮转角的范围为 −36° ~ 36°，考虑到驾驶员低速时习惯大角度转向以及转向的轻便性，设计转向盘的转角范围从 360° 到 −360°，转向盘从一侧极限位置转到另一侧极限位置只需要 2 圈，换手 2 次，此设计下的转向系统的最小传动比 i_{min}=10。

$$i_{\min} = \frac{\delta_{\mathrm{sw\,max}}}{\delta_{\mathrm{f\,max}}} = 10 \tag{3-28}$$

考虑到与中速段传动比的平稳过渡，当车速为 0 ~ 30km/h 时的传动比设置为定值 10，同时，将中速段中车速为 30 ~ 40km/h 的传动比由定传动比平稳过渡到中速段的可变传动比。通过对低速段、中速段与高速段进行拟合，可以得到从 0 ~ 160km/h 全速段的随车速变化的传动比特性，如图 3-13 所示。

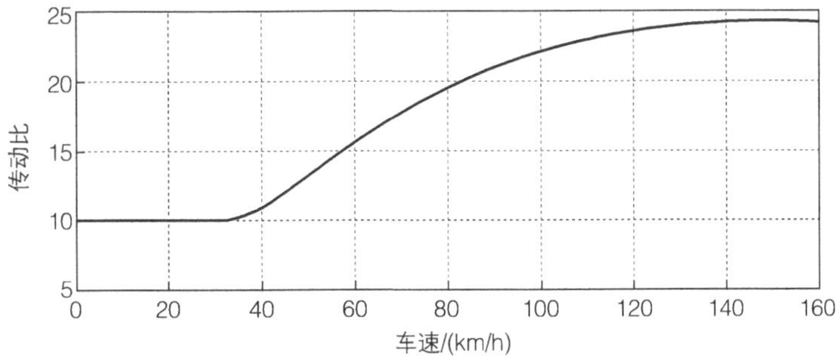

图 3-13　全速段的传动比随车速变化特性

3.2.2.4　传动比随方向盘转角变化的控制策略

本节基于前一部分研究，研究在车速不变的情况下，传动比随转向盘转角变化的特性。将 3.2.2.3 节得到的传动比随车速变化的规律嵌入 CarSim-Matlab 车辆运动仿真中，仿真中，路面的附着系数为 0.85，可以获得速度变化是车辆横摆角速度增益随方向盘转角变化的趋势，如图 3-14 所示。

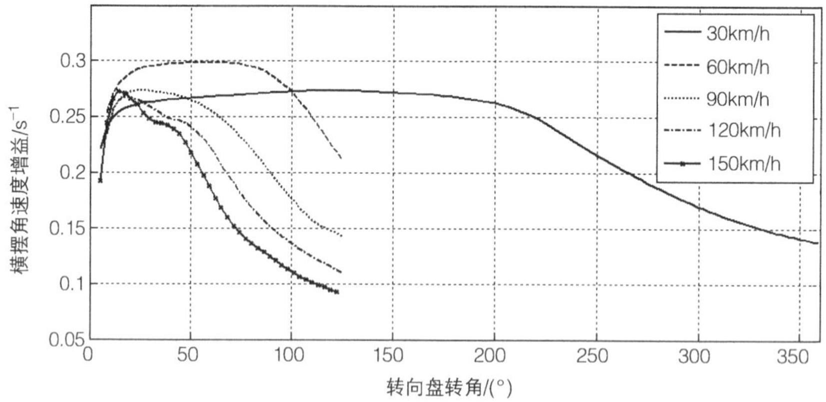

图 3-14　横摆角速度增益随方向盘转角变化特性

从图 3-14 可以得到，在不同速度下，车辆横摆角速度增益随着转向盘转角的增加先迅速增加，然后在一定的转角范围内保持相对稳定，紧接着又随着转向盘转角的进一步增加而减小，并低于理想的横摆角速度范围值。主要原因是：当车辆的轮胎处于线性区域时，车辆的横摆角速度增益基本保持不变，并且随着转向盘转角继续增加，轮胎进入了非线性区域，轮胎的侧向力也逐渐接近饱和；此时若继续增加转向盘转角，前轮侧偏角将持续增大而后轮侧偏角保持不变，导致横摆角速度增益逐渐降低。

对于驾驶员来说，当车速恒定时，期望车辆的横摆角速度增益在不同的转向盘转角下尽可能保持恒定，这样就可以通过小转向盘转角下的转向经验来预测大转向盘转角下的车辆转向响应特性。为了改善这一特性，在车速不变时，当车辆的轮胎处于非线性区时，通过适当地减小传动比，就可以相应地增加横摆角速度增益，并且扩大了理想横摆角速度增益的范围。通过这种方式，驾驶员就可以在更大的转向盘转角范围内更好地控制车辆并提高驾驶安全性。

这里以 90km/h 为例来说明传动比随转向盘转角变化的设计方法：

1）根据图 3-13，可以得到车速为 90km/h 时的传动比 i_{90}=20.9。

2）从图 3-14 可以看出，车速为 90km/h 时，转向盘转角大于 35° 时，车辆轮胎将从线性区域逐渐进入非线性区域，并且车辆横摆角速度增益逐渐降低；当转向盘转角大于 85° 时，车辆的后轴的侧向力饱和，并且车辆横摆角速度增益进一步地降低。因此，当转向盘转角为 35° ~ 85° 时，传动比应从 20.9 逐渐降低至 18.392，当转向盘大于 85° 时，车辆进入极限工况，应保持传动比为 12.5 不变。

图 3-15 显示了为车速为 90km/h 时修正前后的传动比随转向盘转角变化的特性曲线。可以看出，改进后的传动比可以在更大的转向盘转角范围内维持横摆角速度增益基本不变。同时，理想的横摆角速度增益所对应的转向盘转角范围也相应地扩大了，以尽可能地确保驾驶员能在更大的范围内较好地掌控汽车。

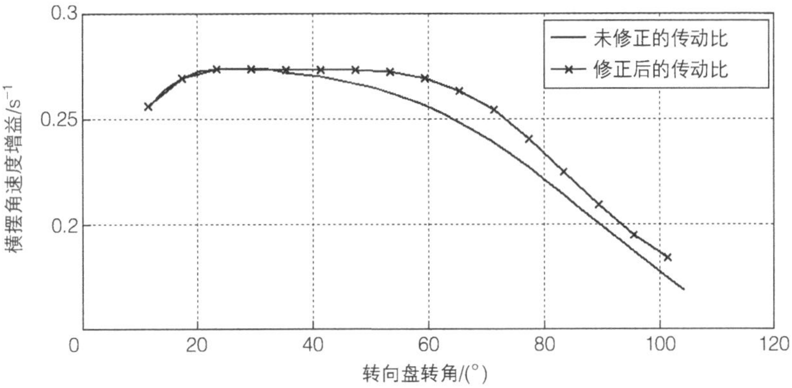

图 3-15 修正前后的传动比随转向盘转角变化的特性

按照上面的方法分别对 40km/h、50km/h、60km/h、70km/h、80km/h、90km/h、100km/h、110km/h、120km/h、130km/h、140km/h 和 150km/h 的角传动比进行修正，并对不同车速和转向盘转角的传动比进行线性插值来获得传动比随车速和转向盘转角变化的特性，如图 3-16 所示。

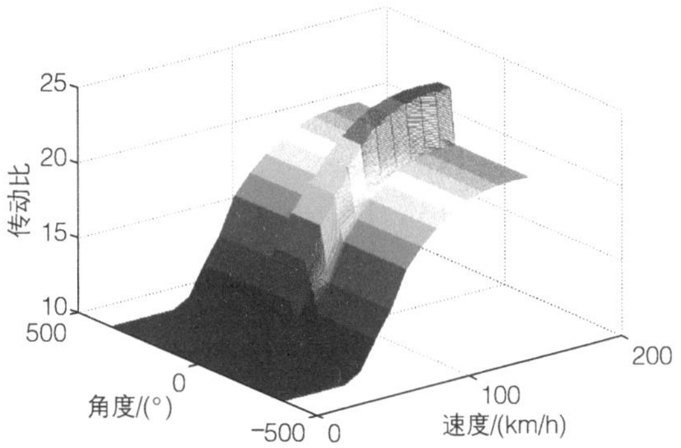

图 3-16 传动比随不同车速和不同转向盘转角变化特征

为了避免驾驶员手部轻微抖动而导致的车轮不必要的转动，这里在转向中间位置设置了一个转角的“死区”，其转角范围为 −2° ~ 2°。当转向盘转角在这个范围内时，认为转向盘转角为 0°。

3.2.2.5 仿真分析

为了验证所设计的传动比同时随车速和转向盘转角变化的控制策略的有效性，采用 Simulink 和 Carsim 联合仿真环境来模拟和分析典型工况下的控制效果，并与传统的固定传动比的转向系统进行对比，其中传统的转向系统采用的传动比为 17.5。

1. 转向盘转角阶跃工况

在仿真中，车辆先直线行驶 1s 后，转向盘转角从 0° 阶跃到 30°，起跃时间为 0.1s，分析车速在 20km/h 和 100km/h 下的车辆的响应特性，其中路面附着系数为 0.85。仿真结果如图 3-17 和图 3-18 所示。图 3-17 为车辆车速 20km/h 速度时的前轮转角、横摆角速度和侧向加速度响应曲线。从图中可以得到，低速行驶时变传动比控制比固定传动比控制下的前轮转角输出、横摆角速度和侧向加速度都更大，这表明所提出的控制方法可以提高汽车低速时转向灵敏性。

图 3-18 显示了车辆为 100km/h 时的阶跃工况下的前轮转角输出、横摆角速度响应以及侧向加速度响应。可以得到，高速下，变传动比控制比固定传动比控制下的前轮转角输出、横摆角速度输出以及侧向加速度输出都要小些，这表明所提出的控制方法可以对汽车高速时转向灵敏性加以控制，改善了车辆的稳定性，有利于汽车的稳定行驶。

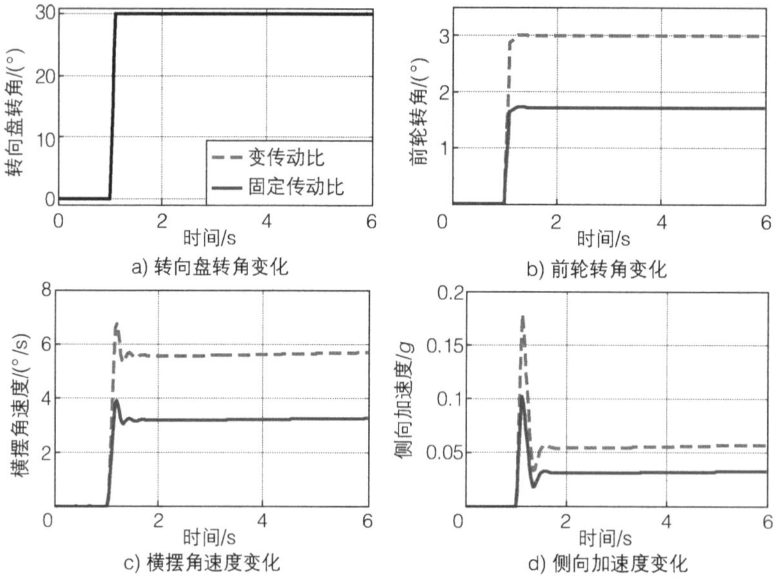

图 3-17　车速为 20km/h 时阶跃工况下的车辆响应

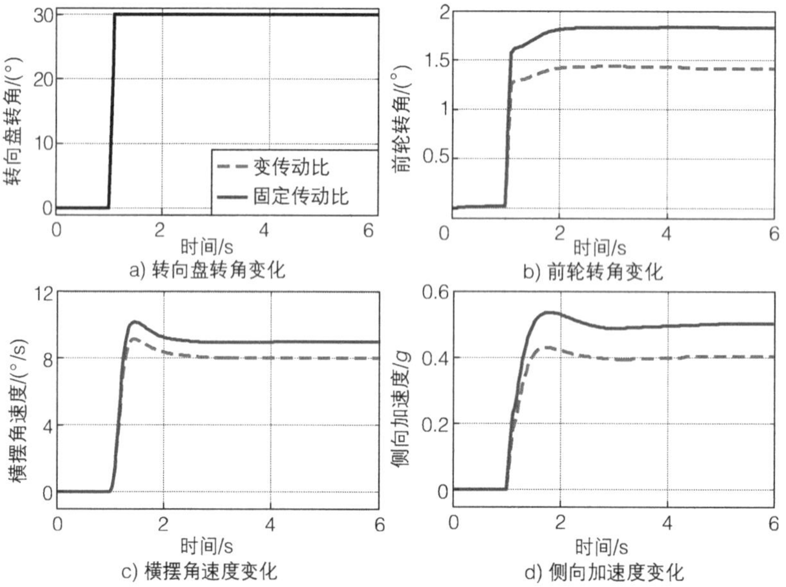

图 3-18　车速为 100km/h 时阶跃工况下的车辆响应

2. 双移线工况

试验中采用 CarSim 中自带的双移线路径设置和驾驶员模型，仿真不同车速下车辆避障过程中的操纵性能，并与传统的固定传动比的转向系统进行对比。仿真中路面附着条件良好，$\mu=0.85$，纵向车速分别为 60km/h 和 120km/h。

从图 3-19 可以得到，车辆在中速紧急转向时，变传动比控制和固定传动比控制下的车辆都有较好的路径跟踪能力和车辆行驶稳定性，其中变传动比控制下车辆的转向盘转角明显要小于固定传动比车辆的转向盘转角。这说明变传动比使得车辆具有较高的转向灵敏性，有效地降低了驾驶员的转向负担。

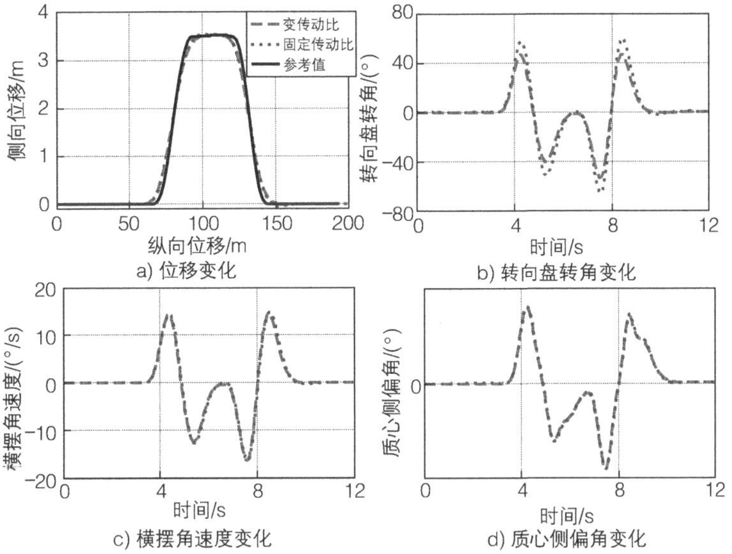

图 3-19　车速为 60km/h 时双移线工况响应

从图 3-20 可以得到，车辆在高速紧急转向时，变传动比控制和固定传动比控制下的车辆路径跟踪都出现了偏差，其中变传动比控制下的车辆路径跟踪效果稍好些，同时变传动比控制下的车辆转向盘转角明显大于固定传动比的车辆，而横摆角速度和质心侧偏角的响应基本相似，那么有相对应的变传动比车辆的横摆角速度增益和侧向加速度增益都相对较小，这表明所提出的控制方法可以降低车辆高速时的转向灵敏度并且提高车辆行驶的稳定性。

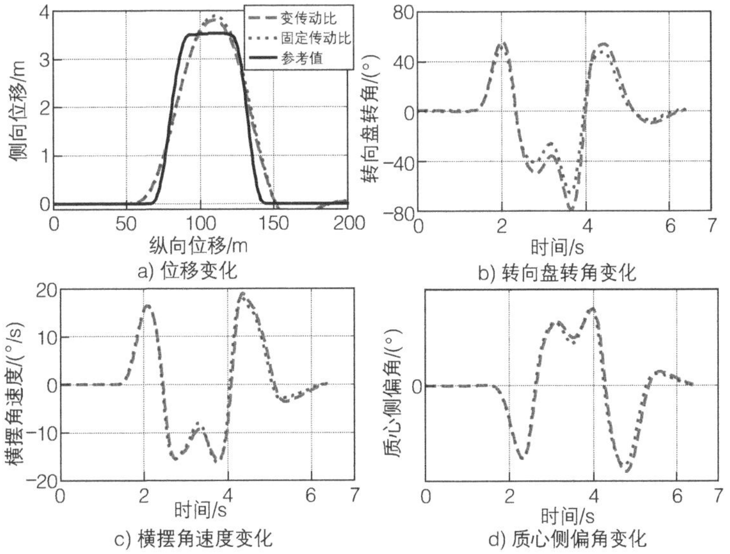

图 3-20　车速为 120km/h 时双移线工况响应

3.2.3 基于遗传算法确定可变的理想传动比

本节通过利用遗传算法将汽车转向系统操纵稳定性闭环总方差作为目标函数对期望横摆角速度增益进行优化，得到不同车速下的期望横摆角速度增益最优值，拟合出了可变的理想传动比，并根据转向盘转角参数对可变理想传动比进行修正，得到了随车速和转向盘转角变化的转向系统可变理想传动比的曲面图。

3.2.3.1 转向系统操纵稳定性评价指标

从人 - 车 - 路的闭环系统，并考虑驾驶员特性及道路条件，这里选用郭孔辉院士提出的操纵稳定性综合评价指标，包括考虑行驶路径跟踪好坏误差的评价指标、考虑驾驶员操纵负担的评价指标和考虑侧翻危险性的评价指标三个单项指标，通过加权得到描述汽车操纵稳定性的综合评价指标。

1. 轨迹跟踪指标

（1）轨迹跟踪误差指标

汽车轨迹跟踪的效果直接影响转向系统的主动安全，汽车行驶中首先要保证的就是汽车按照驾驶员的转向意图行驶，因此选择轨迹误差的总方差作为衡量汽车操纵稳定性的一个重要指标，表达式为

$$J_{\mathrm{e1}}=\int_0^{t_\mathrm{n}}\left[\frac{f(t)-y(t)}{\hat{E}}\right]^2\mathrm{d}t \tag{3-29}$$

式中，$f(t)$ 为驾驶员的期望轨迹；$y(t)$ 为汽车实际运行轨迹；$\hat{E}$ 为轨迹误差标准门槛值；t_n 为试验时间。

（2）方向误差指标

方向的跟踪效果关系着能否实现驾驶员的转向意图，因为侧向加速度 $a_y=v_x(\dot{\beta}-\omega_\mathrm{r})$ 的关系式中，$v_x\dot{\beta}$ 是非稳态变量影响转向跟随性，方向误差可表示为

$$J_{\mathrm{e2}}=\int_0^{t_\mathrm{n}}\left[\frac{v_x(t)\dot{\beta}(t)}{\hat{\beta}}\right]^2\mathrm{d}t \tag{3-30}$$

式中，$\hat{\beta}$ 为方向误差标准门槛值。

两项指标的加权平均后总的行驶路径跟踪好坏的误差指标为

$$J_\mathrm{E}=\sqrt{\frac{w_{\mathrm{e1}}J_{\mathrm{e1}}^2+w_{\mathrm{e2}}J_{\mathrm{e2}}^2}{w_{\mathrm{e1}}+w_{\mathrm{e2}}}} \tag{3-31}$$

式中，w_{e1} 和 w_{e2} 为加权系数。

2. 考虑驾驶员操纵负担的评价指标

驾驶员的操纵负担是评价汽车操纵性的重要指标，可以从驾驶员忙碌程度和沉重程度两个方面考察驾驶员的操纵负担。

（1）驾驶员忙碌程度指标

汽车转向盘转角和转向盘转动角速度是影响驾驶员忙碌程度的两个指标，因为转向盘

转角不绝对可积，转向盘转动角速度绝对可积，所以选用转向盘转动角速度 $\dot{\delta}_{sw}$ 作为驾驶员忙碌程度的评价指标，其表达式如下：

$$J_{b1} = \int_0^{t_n} \left[\frac{\dot{\delta}_{sw}(t)}{\hat{\dot{\delta}}_{sw}} \right]^2 dt \tag{3-32}$$

式中，$\hat{\dot{\delta}}_{sw}$ 为转向盘转动角速度标准门槛值。

（2）驾驶员沉重程度指标

汽车转向盘转矩 T_{sw} 与驾驶员操纵负担密切相关。转向盘转矩过大，则转向沉重驾驶员转向费力，转向盘转矩过小又会丧失路感降低安全性。转向盘转矩总方差可表示为

$$J_{b2} = \int_0^{t_n} \left[\frac{T_{sw}(t)}{\hat{T}_{sw}} \right]^2 dt \tag{3-33}$$

式中，$T_{sw}(t)$ 为转向盘转矩值；$\hat{T}_{sw}$ 为转向盘转矩标准门槛值。

上述两项指标加权后的总操纵负担指标为

$$J_B = \sqrt{\frac{w_{b1}J_{b1}^2 + w_{b2}J_{b2}^2}{w_{b1} + w_{b2}}} \tag{3-34}$$

式中，w_{b1} 和 w_{b2} 为加权值。

3. 翻车危险性评价指标

汽车转弯行驶时，如果汽车的侧向加速度或车身侧倾角过大，则会使翻车的危险概率变大，导致驾驶员情绪紧张而不利于稳定行驶。

（1）侧向加速度评价指标

侧向加速度是操纵稳定性评价中重要的影响参数和评价指标，表征了汽车的侧向行驶性能，其总方差可表示为

$$J_{r1} = \int_0^{t_n} \left[\frac{a_y(t)}{\hat{a}_y} \right]^2 dt \tag{3-35}$$

式中，$\hat{a}_y$ 为侧向加速度标准门槛值。

（2）侧倾角评价指标

从驾驶员的角度考虑，车身侧倾角同样代表翻车危险性，但与侧向加速度表示的意义又有所不同，其总方差表达式为

$$J_{r2} = \int_0^{t_n} \left[\frac{\phi(t)}{\hat{\phi}} \right]^2 dt \tag{3-36}$$

式中，$\hat{\phi}$ 为侧倾角标准门槛值。

上述两项评价指标加权后的翻车危险性总指标为

$$J_{\mathrm{R}}=\sqrt{\frac{w_{\mathrm{r1}}J_{\mathrm{r1}}^{2}+w_{\mathrm{r2}}J_{\mathrm{r2}}^{2}}{w_{\mathrm{r1}}+w_{\mathrm{r2}}}} \tag{3-37}$$

式中，w_{r1} 和 w_{r2} 为加权值。

将轨迹跟踪好坏、驾驶员负担、翻车危险性三项单项评价指标进行加权得到汽车转向操纵稳定性闭环总方差公式如下：

$$J_{\mathrm{T}}=\sqrt{\frac{w_{\mathrm{E}}J_{\mathrm{E}}^{2}+w_{\mathrm{B}}J_{\mathrm{B}}^{2}+w_{\mathrm{R}}J_{\mathrm{R}}^{2}}{w_{\mathrm{E}}+w_{\mathrm{B}}+w_{\mathrm{R}}}} \tag{3-38}$$

式中，w_{E}、w_{B} 和 w_{R} 为加权值。

根据确定的闭环总方差综合评价指标，对期望横摆角速度增益进行优化设计，根据文献，各评价指标的标准门槛值见表 3-1。

表 3-1　评价指标标准门槛值

符号	意义	取值	单位
$\hat{E}$	轨迹误差标准门槛值	0.4	m
$\hat{\beta}$	方向误差标准门槛值	0.08	g
$\hat{\dot{\delta}}_{\mathrm{sw}}$	转向盘转动角速度标准门槛值	1.0	rad/s
$\hat{T}_{\mathrm{sw}}$	转向盘力矩标准门槛值	3.5	N・m
$\hat{a}_{y}$	侧向加速度标准门槛值	0.4	g
$\hat{\varphi}$	侧倾角标准门槛值	3.0	°

3.2.3.2　基于遗传算法的可变传动比

1. 遗传算法

遗传算法模拟生物进化论的自然选择和遗传理论的进化过程的计算模型，是将生物进化过程中适者生存规则与群体内部染色体的随机信息交换机制相结合的高效全局寻优搜索算法。遗传算法摒弃了传统的搜索方式，将“优胜劣汰，适者生存”的生物进化原理引入优化参数形成的编码串联群体中，它将问题域中的可能解看作是群体中的一个个体或染色体，并将每一个个体编码成符号串形式，按所选择的适应度函数并通过遗传中的复制、交叉及变异对个体进行筛选，利用目标适应度函数评价群内个体，适应度高的个体保留下来组成新的群体，同时以全局并行搜索方式来搜索优化群体中的最优个体，新群体继承了上一代又优于上一代，这样周而复始得到满足要求的最优解。

遗传算法的数学模型如下：

$$SGA=(C,E,P_0,M,\varPhi,\varGamma,\varPsi,T) \tag{3-39}$$

式中，C 为个体编码方法；E 为个体适应度评价函数；P_0 为初始群体；M 为种群大小；$\varPhi$ 为选择算子；$\varGamma$ 为交叉算子；$\varPsi$ 为变异算子；T 为遗传算法终止条件。

图 3-21 描述了遗传算法的运算流程。

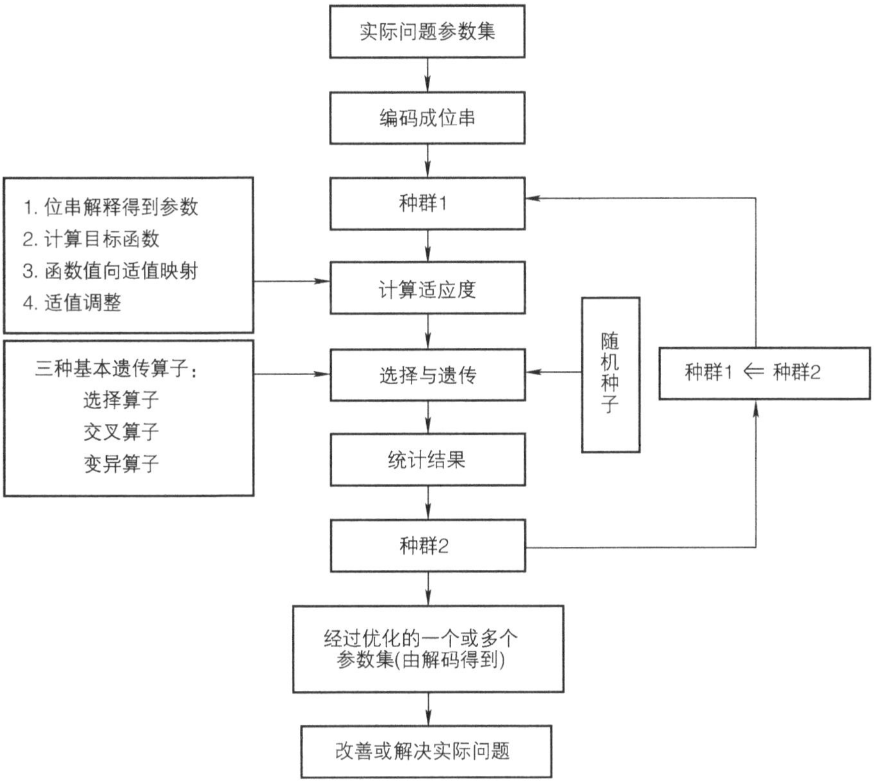

图 3-21　遗传算法的运算流程

由图 3-21 和式（3-39），利用选择算子、交叉算子和变异算子三种遗传算子进行遗传算法优化的主要操作过程如下：

1）染色体编码：遗传算法的表现型形式为解空间中的解数据 x，从表现型到基因型的映射称为编码。首先将解空间的解数据表示成遗传学中的基因形式的串结构数据，这里采用二进制编码，将某个变量值代表的个体表示为一个二进制串，再进行遗传算法的搜索。本节优化问题将期望横摆角速度增益进行染色体编码。

2）生成初始群体：一个串结构数据称为一个个体，若干个个体组成了一个群体，群体中含有的个体数量叫作种群的规模。遗传算法以随机生成的个体作为初始点开始优化迭代。进化代数设计为 $t=0$；最大进化代数设置为 T；初始群体 P_0 包含 Size 个随机生成的个体。

3）估计适应度值：适应度函数表明个体或解的优劣性。对于不同的问题，适应度函数的定义方式不同。根据具体问题，计算群体 $P(t)$ 中各个个体的适应度。本节优化问题中，适应度函数目标值可选取轨迹跟踪好坏、驾驶员负担、翻车危险性三项单项评价指标加权得到的汽车转向系统操纵稳定性闭环总方差。

4）选择：将选择算子作用于群体。

5）交叉：将交叉算子作用于群体。

6）变异：将变异算子作用于群体；群体 $P(t)$ 经过选择、交叉、变异运算后得到下一代群体 $P(t+1)$。

7）终止条件判断：若 $t \leqslant T$，则 $t \leftarrow t+1$，转到步骤 2）；若 $t>T$，则以进化过程中所得

到的具有最大适应度的个体作为最优解输出，终止运算。

2. 不同车速下期望横摆角速度增益优化中遗传算法的实施要素

遗传算法的实施要素主要包括染色体的编码与初始化，选择、交叉及变异操作，根据这些基本要素，以及优化的目标——汽车转向系统操纵稳定性闭环总方差最小，优化的参数——期望横摆角速度增益，对遗传算法的实施要素总结如下：

（1）染色体编码与初始化

将染色体定义为一个向量，向量中的元素为需要优化的各个车速下的期望横摆角速度增益，即 Chrom=[Φ_1，Φ_2，…，Φ_m]，每个元素 Φ_i，$i=1$，2，…，m 都应是整数值，解码后在 [0.12，0.37] 范围内，因为对于一般驾驶员，期望横摆角速度增益范围介于 0.12 ~ 0.37s^{-1}。定义了染色体后，根据种群的大小生成 M 个染色体，染色体中元素的初值随机选择，并且在一般驾驶员的期望横摆角速度增益范围内，最终生成的染色体群体就称为初始群体 P_0。

（2）选择操作

选择操作从初始群体中选择出适应度函数最佳的个体，以进行遗传算法后续的交叉步骤。这里适应度函数的目标值即汽车转向系统操纵稳定性闭环总方差，不能通过具体的公式计算出来，只能在仿真环境或者硬件试验台上通过仿真或试验来获得。

（3）交叉操作

选择操作后任意挑选种群中的两个个体进行交叉操作，交叉点随机选择，在交叉点位置互换两个个体染色体中的元素，形成两个新个体。如图 3-22 所示，选择染色体中的第 r 个位置进行交叉操作，则下一代的某一个个体的[1, r]个元素等于上一代的一个父个体的[1, r] 元素，而该个体的 [$r+1$, m] 个元素为上一代另一个父个体的 [$r+1$, m] 元素；下一代的另一个个体的元素获取顺序是相反的。通过修改单点交叉的概率 P_c 来决定用单点交叉产生子个体的概率，该值一般取 0.4 ~ 0.99。

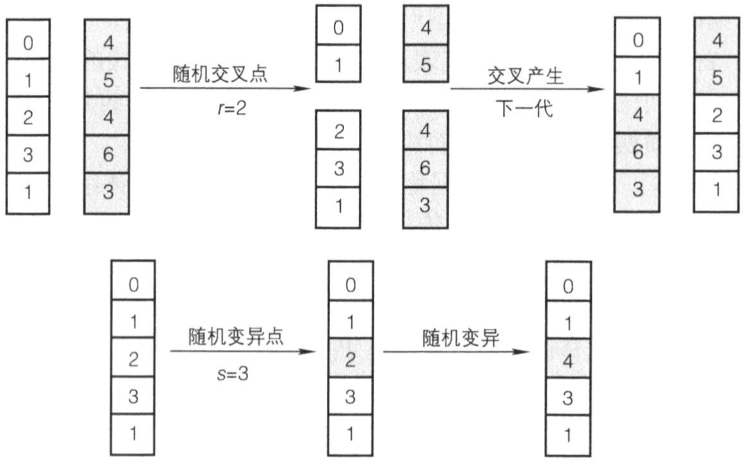

图 3-22 单点交叉、变异操作

（4）变异操作

交叉操作之后对子代进行变异操作，子个体中元素以很小的概率发生变化，元素变异的概率与种群的大小无关，但是与染色体中元素的个数成反比。

变异操作使遗传算法具有局部的随机搜索能力，当遗传算法通过交叉操作已接近最优解邻域时，利用变异操作可以使这种局部随机搜索能力加速向最优解收敛，同时可以防止出现非成熟收敛，使得遗传算法保持种群的多样性。变异概率 P_m 指定改变个体中元素值的概率，该概率一般取较小的值 0.001 ~ 0.1，防止遗传算法退化为随机搜索。如果当前需要对群体中某个子代个体进行变异操作，则首先应随机选择变异点 s（图 3-22），然后令个体的元素突变。由于期望横摆角速度增益的具体应用背景，变异后产生的新元素也应在期望横摆角速度增益的理想范围 [0.12, 0.37] 中随机选择。

终止遗传算法迭代的条件为适应度函数值小于某个预期值 $OSJ<C$，或者遗传代数 T 达到终止进化代数为条件。根据不同车速下期望横摆角速度增益在遗传算法中的实施要素，在线控转向系统仿真模型平台上编写遗传算法，记录转向时的闭环总方差，验证横摆角速度增益的优化效果。

3. 遗传算法在仿真模型上的实施

利用 MATLAB 中的 m 函数文件运行遗传算法，优化期望横摆角速度增益，同时在 m 函数文件中调用线控转向及整车动力学仿真模型来获取目标函数——汽车转向系统操纵稳定性闭环总方差，得到其最小值。车速输入为 10 ~ 100km/h，间隔为 10km/h，种群大小 Size = 40，10 列为一个优化变量，单点交叉概率 P_c = 0.6，变异概率 P_m = 0.08。以车速为 50km/h 为例，遗传算法运行过程中，当需要计算适应度函数即汽车转向系统操纵稳定性闭环总方差时，调用线控转向及整车动力学仿真模型仿真运行 10s，记录闭环总方差；经过遗传算法优化 20 代后，可得到当前车速下的汽车转向系统操纵稳定性闭环总方差最小值为 0.8174。此时的期望横摆角速度增益值为 0.29738，优化结果如图 3-23 所示。

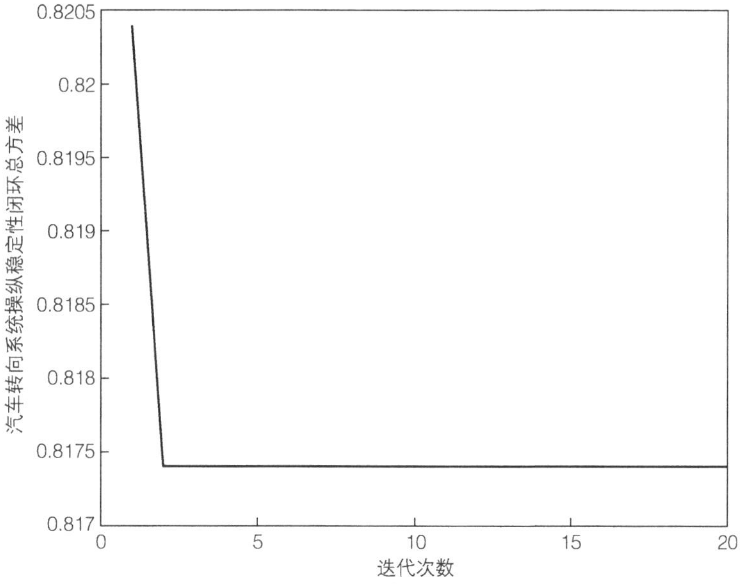

图 3-23 遗传算法优化后的操作性闭环总方差

不同车速下的期望横摆角速度增益与可变的理想传动比以及固定增益的理想传动比数值见表 3-2。为了在高速转向工况下车辆转向响应不至于过缓，令 90km/h、100km/h 车速下的可变理想传动比为24。经过数据拟合获得可变的理想传动比与理想传动比曲线如图3-24所示。

表 3-2　不同车速下传动比对比值

车速 / (km/h)	期望横摆角速度增益	可变的理想传动比	理想传动比
10	0.3679	8.000	8.000
20	0.3514	8.000	8.000
30	0.3367	9.108	10.809
40	0.3149	13.043	14.686
50	0.2974	16.096	17.546
60	0.2505	19.793	19.833
70	0.2399	21.779	20.922
80	0.2116	23.426	21.571
90	0.1858	24.000	22.000
100	0.1678	24.000	22.000

由图3-24对比理想传动比和可变理想传动比曲线，低速时可变理想传动比数值比理想传动比小，这意味着相同的转向盘转角在采用可变理想传动比时将会产生较大的前轮转角，提高转向灵敏度；高速时可变理想传动比数值比理想传动比大，相同的转向盘转角将产生较小的前轮转角，降低了转向灵敏度和期望横摆角速度增益，提高了转向操纵稳定性。

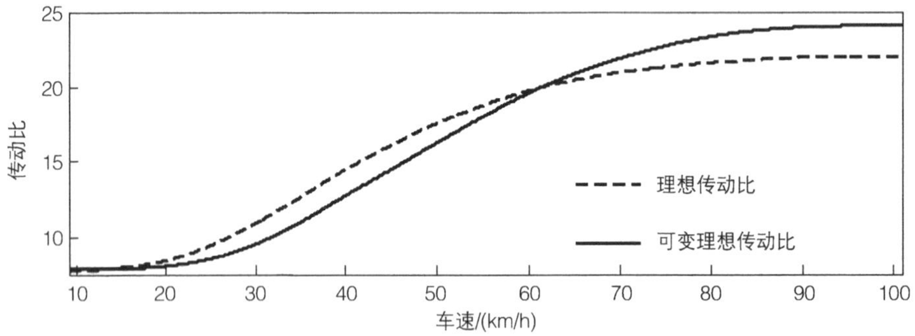

图 3-24　拟合的传动比曲线对比

3.2.3.3　可变的理想传动比的修正

一般而言，在大转向盘转角转向工况下，驾驶员期望能够尽快地实现转向预期，即将转向过程尽可能缩短并减少转向盘转角输入，此时在相同车速下应该选择比较小的传动比以尽快达到转向目的；而对于小转向盘转角工况，驾驶员则不需要特别灵敏的转向，以免发生过度转向偏离预定的行驶轨迹，在相同车速下应该选择较大的传动比，降低转向灵敏度。因此，对已经得出的可变的理想传动比进行修正，令传动比不仅随着车速而且随着转向盘转角而变化，即相同的车速下，不同的转向盘转角对应不同的转向传动比，对可变的理想传动比的修正规则为：取转向盘转角的区间为 [0，240]，转向盘转角在中间位置时，即转向盘转角为 0° 时的传动比为同等车速下的 1.2 倍，转向盘转角为 240° 时传动比为同等车速下的 1/1.2。相同的车速下，传动比随转向盘转角的变化曲线如图 3-25 所示。

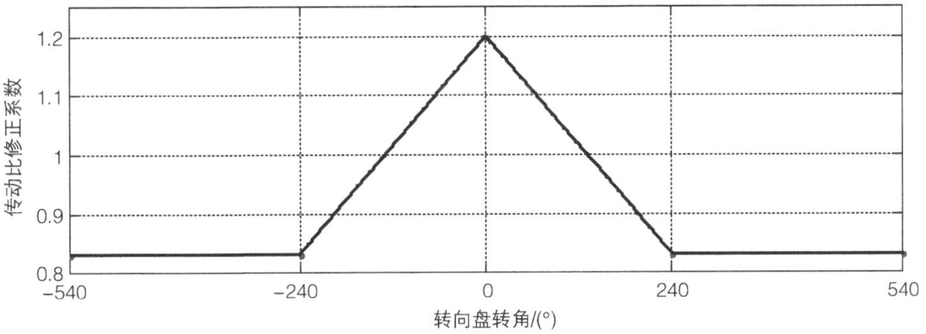

图 3-25　传动比修正系数

由修正规则可以获得不同车速不同转向盘转角下的传动比，曲面图如图 3-26 所示。

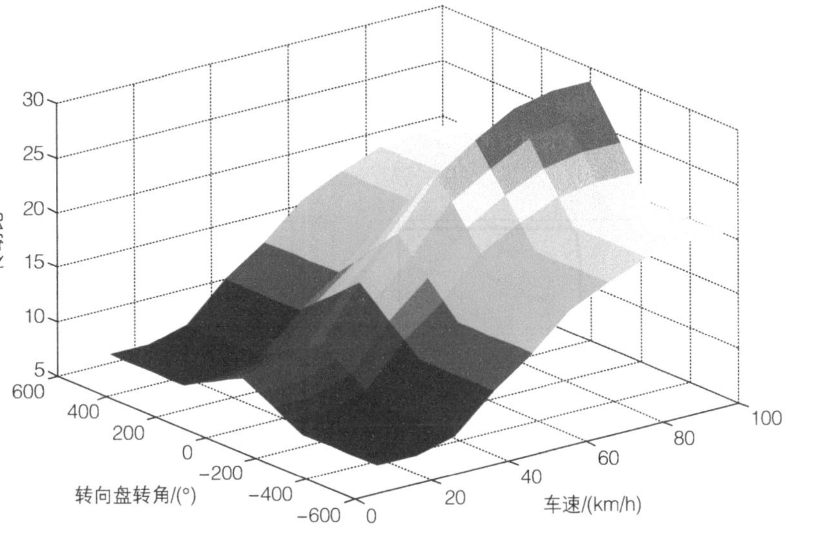

图 3-26　不同车速不同转向盘转角下的传动比

3.2.3.4　仿真分析

将修正后的可变理想传动比 map 图嵌入线控转向系统模型中，选取典型工况进行仿真验证，固定传动比设为 16。

1. 转向盘角阶跃输入仿真

选取转向盘角阶跃输入工况进行仿真验证，可变的理想传动比即为上述拟合得到的传动比，转向盘转角到前轮转角的固定传动比定为 16，仿真结果如图 3-27 所示，其中实线是可变的理想传动比车身状态参数曲线图，虚线是传统的固定传动比车身状态参数曲线。

由图 3-27 可以看出，低车速 20km/h 时采用可变理想传动比的横摆角速度比采用传统固定传动比的横摆角速度值大，且随着转向盘转角的增大，横摆角速度增大的幅度变大，这说明可变理想传动比在低速时可以提高汽车的转向轻便性。并且随着转向盘转角的增大，这种优势越来越明显，而在高车速 100km/h 时，采用可变理想传动比的横摆角速度比传统固定传动比下的横摆角速度值小。但是随着转向盘转角的增大，两者的横摆角速度之间差值的幅度是变小的，这表明采用可变理想传动比的转向系统在汽车高速运行时可以保证汽车的转向稳定性，避免了高速转向发“飘”的弊端，同时还兼顾了转向盘转角增大时的转向灵活性。

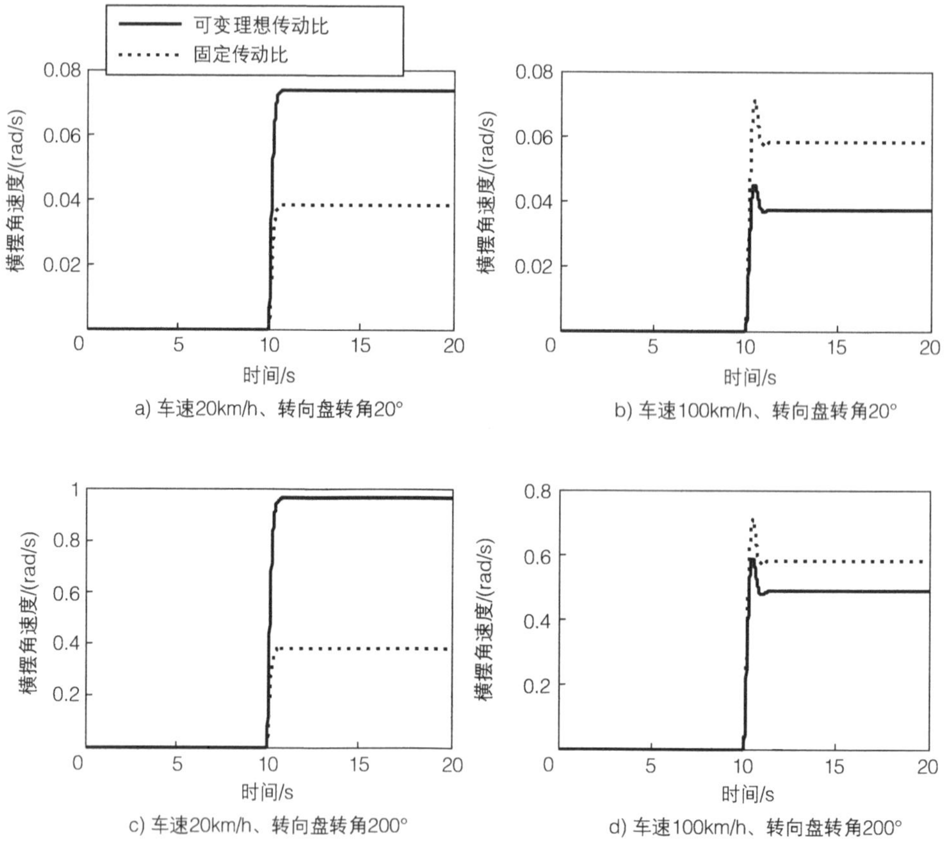

图 3-27 不同车速不同转向角下的横摆角速度

图 3-28 是转向盘角阶跃输入仿真时侧向加速度在各种工况下的变化规律。从图中可以看出，采用可变理想传动比时的侧向加速度和采用传统固定传动比时的侧向加速度与其各自的横摆角速度的变化是一致的，验证了采用可变理想传动比的线控转向系统比采用固定传动比的传统转向系统可以使转向更为灵活稳定。

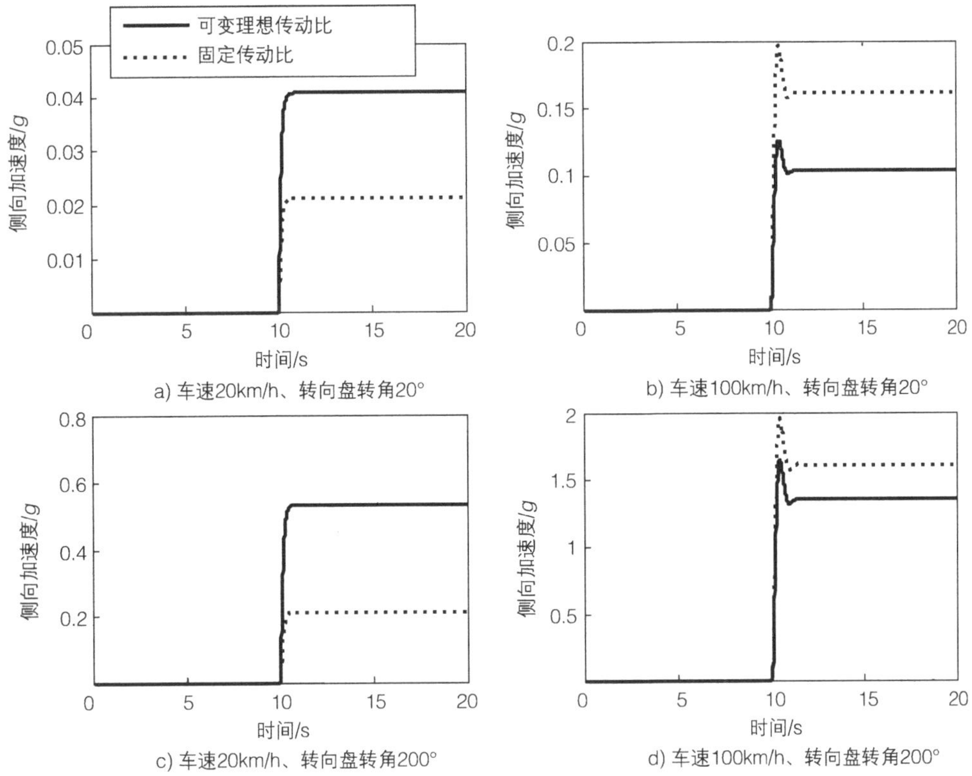

图 3-28　不同车速不同转向盘转角下的侧向加速度

2. 稳态回转试验仿真

选取稳态回转试验工况进行仿真验证，稳态回转试验工况参照 GB/T 6323—2014《汽车操纵稳定性试验方法》，如图 3-29 所示，该试验反映了变车速下的汽车综合转向性能。试验时汽车以 15km/h 的速度逐渐加速到 45km/h（汽车纵向加速度不超过 $0.25m/s^2$），转向盘转角输入设定为 50°，采用固定传动比和可变理想传动比仿真结果如图 3-30 所示。

由图 3-30 可以看出，汽车在稳态回转仿真工况下，采用固定传动比的传统转向系统其横摆角速度和侧向加速度均随着车速的增加而增大，也就是说转向越来越灵活，按着这个趋势在高速范围将可能发生过度转向，产生转向失稳的情况；采用可变的理想传动比的线控转向系统其横摆角速度和侧向加速度在低速范围是随着车速的增加而增加的，其值大于固定传动比的数值，但是在车速大于 30km/h 后其变化率减小，数值上小于固定传动比的横摆角速度和侧向加速度数值。这说明低车速时转向灵敏度较高，线控转向更为灵活，随着车速的增加，转向灵敏度在逐渐变小，线控转向在高速时向不足转向发展或者不足转向程度变大，使转向更为稳定。

3. 双移线工况仿真

双移线试验工况是综合测定驾驶员 - 汽车操纵稳定性的闭环试验。该试验主要用于模拟汽车超车或躲避障碍物的情况，是研究人 - 车 - 路闭环系统最有效的试验工况之一，试验时汽车以 100km/h 的车速驶入试验道路，试验参照 ISO 3888 标准。仿真结果如图 3-31 所示。

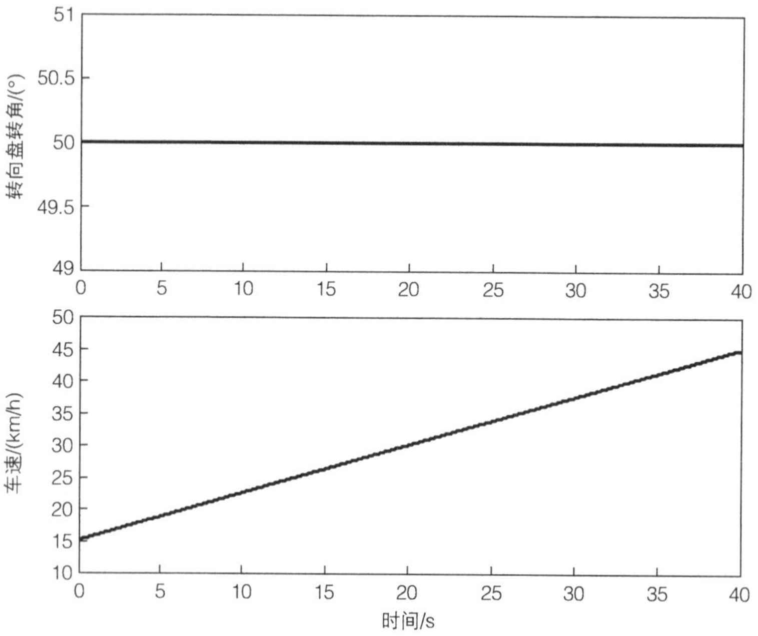

图 3-29　转向盘转角与车速输入

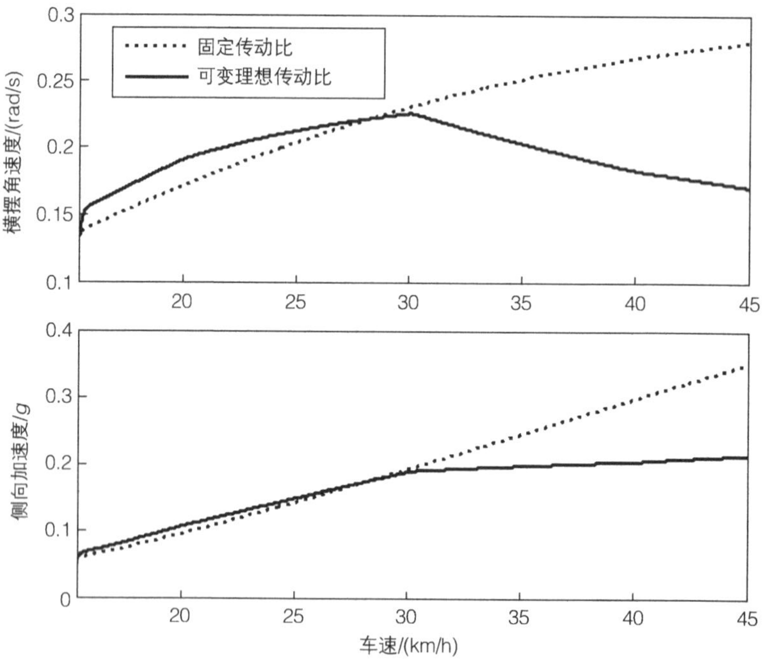

图 3-30　稳态回转工况的车身参数

图 3-31 中，采用可变的理想传动比的线控转向系统路径跟随效果比采用固定传动比的传统转向系统要好，横摆角速度和侧向加速度的变化更为平稳，采用可变的理想传动比的线控转向系统高速超车或避障的操纵稳定性更好。

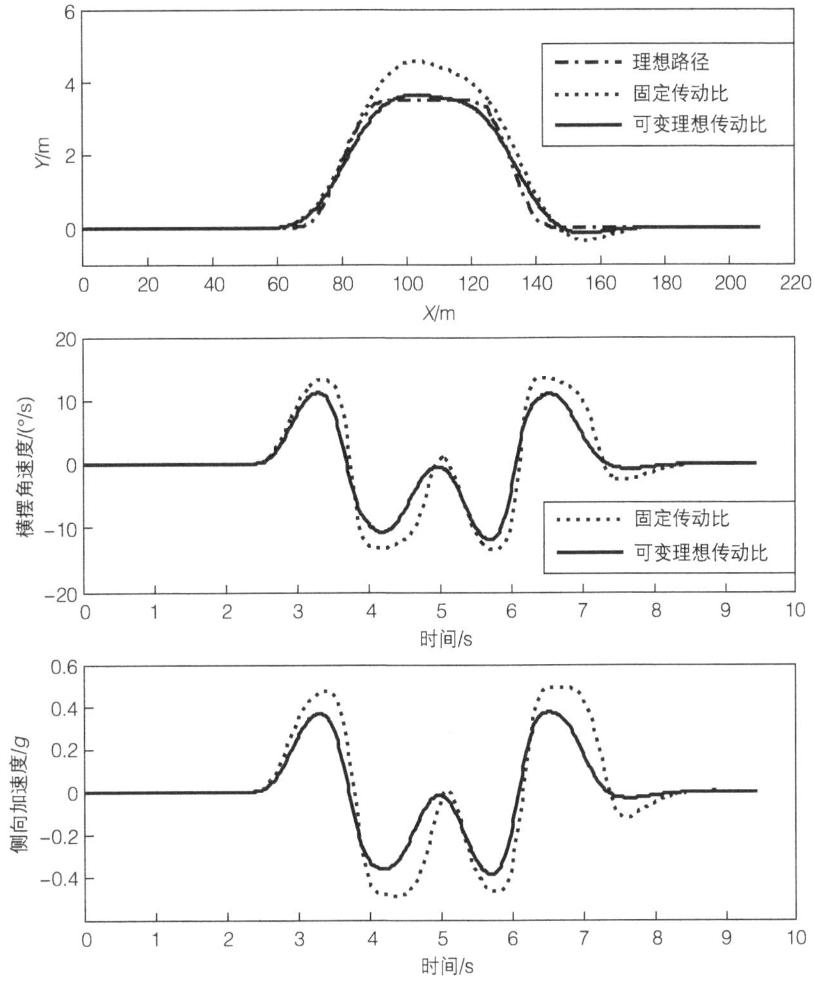

图 3-31　双移线仿真路径与车身参数对比图

3.2.4　基于车辆状态反馈的主动转向控制

主动转向控制作为主动安全技术里面比较重要的一个研究方向，能够在不影响车辆纵向运动状态的情况下，提高车辆的转向操纵性和稳定性，确保车辆的稳定运行，因此受到了汽车厂商和学者的重视。线控转向系统可以根据车辆运行状态的反馈主动地对前轮转角进行控制，从而改变轮胎侧向力以产生补偿的横摆力矩，确保汽车的转向稳定性。由于汽车行驶工况复杂，各参数之间相互耦合且具有很强的非线性特性，系统受外部扰动影响大，现有的依赖于控制对象精确数学模型的主动转向控制方法很难满足控制需求。本节所采用的线性自抗扰控制算法通过线性扩张状态观测器动态估计并补偿系统未建模动态和外部扰动以改善控制系统的动态特性和鲁棒性。

3.2.4.1　自抗扰控制器

自抗扰控制（Active Disturbance Rejection Control，ADRC）算法是一种非线性控制方法，可以有效地解决大规模复杂的（非线性、时变、耦合等）不确定系统的控制问题。该方法是韩京清研究员继承和发扬了传统的PID控制的优点，借鉴和吸收了现代控制方法的先进成果，将微分跟踪器和状态观测器以及误差反馈律引入经典的PID框架中，来改善闭环系统的控制品质。此后，美国克利夫兰州立大学高志强教授在其基础上提出了线性化、带宽化的线性自抗扰控制器，用线性函数替换原有的非线性函数不仅可以减少需要整定的参数，而且还具有明确的物理意义。

自抗扰控制的本质是利用扩张状态观测器来估计和补偿系统的总扰动，从而具有强鲁棒性。直到目前为止，自抗扰控制以其抗干扰能力强、精度高、响应速度快、结构简单、易于工程实现等优点获得广泛的应用。完整的自抗扰控制器是由跟踪微分器、扩张状态观测器和状态误差反馈构成的。这里以单输入单输出的二阶系统为例，介绍线性自抗扰控制器的具体设计过程。考虑单输入单输出的二阶系统：

$$\begin{cases}\dot{x}_1 = x_2 \\ \dot{x}_2 = f\left[x_1, x_2, w(t)\right] + bu \\ y = x_1\end{cases} \tag{3-40}$$

式中，x_1、x_2为系统的状态变量；u为系统的控制输入；y为系统的输出；b为控制参数；$w(t)$为外部扰动；$f[x_1, x_2, w(t)]$为有界时变函数，是系统的总扰动项，这里简写为f，它包括了系统未建模的动态以及外部扰动。

针对系统式（3-40）设计自抗扰控制器，如图3-32所示。

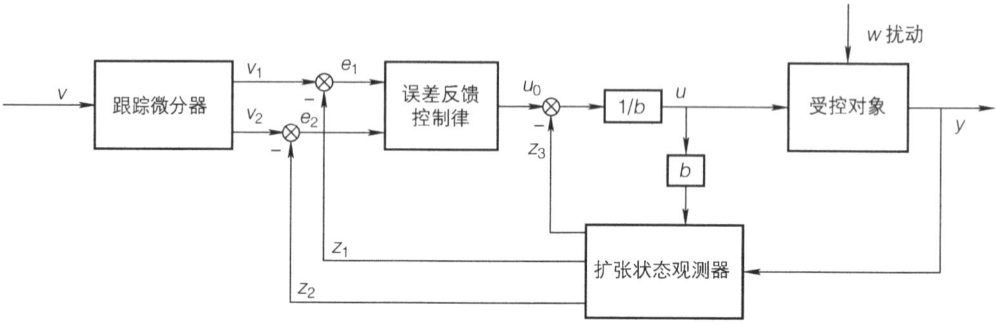

图3-32 二阶系统自抗扰控制器框架

v—系统的参考输入信号 v_1—跟踪参考的输入信号v v_2—输入信号v的微分信号

z_1、z_2、z_3—扩张状态观测器的输出，分别为系统状态变量及总扰动的估计值

e_1、e_2—系统状态的估计误差

（1）跟踪微分器设计

跟踪微分器（Tracking Differentiatior，TD）是单输入多输出的结构，用于从被噪声污染的信号中合理地提取微分信号，从而有效地抑制传统的微分器中的噪声放大效应。对于给定的信号v_0，设计如下线性二阶跟踪微分器：

$$\begin{cases}\dot{v}_1 = v_2 \\ \dot{v}_2 = h^2(v_1 - v) + 2hv_2\end{cases} \tag{3-41}$$

式中，h 为速度因子，它反映了跟踪微分器的跟踪速度，h 越大，跟踪速度越快，其最大值为 $4/T_0^2$，T_0 为系统响应时间。

（2）扩张状态观测器

扩张状态观测器（Extened State Observer，ESO）作为一种新型的状态观测器，其工作原理是将系统的总扰动扩张为新的状态变量，并利用反馈机制使得系统可以同时观测到系统的状态量和总扰动，进而实现对总扰动的补偿，它是不确定性系统的 ADRC 设计的关键。针对式（3-40）表示的系统，这里假设 f 可微，且 $\zeta=\dot{f}$，把其当作新的状态量，那么式（3-40）可以扩张成如下控制系统：

$$\begin{cases}\dot{x}_1=x_2\\ \dot{x}_2=x_3+bu\\ \dot{x}_3=\zeta\\ y=x_1\end{cases}\tag{3-42}$$

对这个扩张系统构建线性扩张状态观测器如下：

$$\begin{cases}\varepsilon_1=z_1-y\\ \dot{z}_1=z_2-\beta_{01}\varepsilon_1\\ \dot{z}_2=z_3-\beta_{02}\varepsilon_1+bu\\ \dot{z}_3=-\beta_{03}\varepsilon_1\end{cases}\tag{3-43}$$

从式（3-43）中减去式（3-42），可以得到扩张状态观测器的误差矩阵如下：

$$\dot{\boldsymbol{\varepsilon}}=\boldsymbol{A}\boldsymbol{\varepsilon}+\boldsymbol{B}\zeta\tag{3-44}$$

式中，

$$\boldsymbol{\varepsilon}=[\varepsilon_1\ \ \varepsilon_2\ \ \varepsilon_3]^{\mathrm{T}},\varepsilon_i=z_i-x_i\ (i=1,2,3)$$

$$\boldsymbol{A}=\begin{bmatrix}-\beta_{01}&1&0\\-\beta_{02}&0&1\\-\beta_{03}&0&0\end{bmatrix},\boldsymbol{B}=\begin{bmatrix}0&0&-1\end{bmatrix}^{\mathrm{T}}$$

为了确保观测器的估计误差能够收敛，误差矩阵中的 $\boldsymbol{A}$ 需要满足 Hurwizt 准则。通过极点配置将矩阵 $\boldsymbol{A}$ 所有极点配置于 $-w_0$，其中 $w_0>0$，即：

$$|\lambda\boldsymbol{I}-\boldsymbol{A}|=\begin{vmatrix}\lambda+\beta_{01}&-1&0\\\beta_{02}&\lambda&-1\\\beta_{03}&0&\lambda\end{vmatrix}=\lambda^3+\beta_{01}\lambda^2+\beta_{02}\lambda+\beta_{03}=(s+w_0)^3\tag{3-45}$$

进一步可以得到观测器的参数值为

$$\beta_{01}=3w_0,\beta_{02}=3w_0^2,\beta_{02}=w_0^3\tag{3-46}$$

式中，w_0 为观测器的带宽，只需要适当地调整其值，就可以使观测器对于总扰动的估计 z_3 能够很好地跟踪总扰动 f，获得期望的动态特性。

（3）状态误差反馈

状态误差反馈使用跟踪微分器和扩张态观测器之间的输出误差来实现反馈控制，以提高控制器的鲁棒性，常用经典的 PD 控制，状态误差反馈律的输出控制量可以表示为

$$\begin{cases} e_1 = v_1 - z_1 \\ e_2 = v_2 - z_2 \\ u_0 = k_p e_1 + k_d e_2 + \ddot{v} \\ u = \dfrac{u_0 - z_3}{b} \end{cases} \tag{3-47}$$

式中，e_1、e_2 为跟踪微分器中跟踪信号的各阶输出与扩张状态观测器输出之间的差值；k_p、k_d 为控制参数，满足 $k_p>0$、$k_d>0$，令 $k_d=2w_c$，$k_p=w_c^2$，其中 $w_c>0$，即将补偿后的系统总体配置为无超调临界系统，w_c 可以看作是控制器的带宽，该值可以根据系统需求确定或通过在线整定获得；u_0 为误差反馈控制量；u 为通过补偿扰动估计值后获得的最终控制量。

忽略对 z_3 的估计误差，并把式（3-47）带入式（3-40）中，那么式（3-40）将变成线性积分串联型：

$$\ddot{y} = f(\cdot) - z_3 + u_0 \approx u_0 \tag{3-48}$$

至此，自抗扰控制器通过对系统总扰动进行实时估计和动态补偿，将复杂的不确定系统线性化，大大简化了控制系统。从上面的分析可以看出，线性自抗扰控制器只需要整定三个控制参数：h、w_0 和 w_c。由于控制参数具有明确的物理意义，参数整定容易，大大减轻了工作量，且工程应用中容易实现。

线性自抗扰控制器稳定性分析：

（1）线性扩张状态观测器的收敛性

定理 3-1： 假设式（3-41）中的 ζ 有界，即存在一个正数 $M_1>0$ 满足 $|\zeta| \leqslant M_1$，那么一定存在一个可调的观测器参数 $w_0>0$ 和有限的时间 $t \geqslant T>0$，使得 $\lim\limits_{t\to\infty}\|e(t)\|_2 = 0$。

证明： 式（3-44）中的矩阵 $\boldsymbol{A}$ 的特征多项式如式（3-45）所示，其特征值均为 $-w_0$，则存在一个非奇异矩阵 $\boldsymbol{P}$ 满足：$\boldsymbol{A}=\boldsymbol{PJP}^{-1}$，其中矩阵 $\boldsymbol{J}$ 为矩阵 $\boldsymbol{A}$ 的 Jordan 标准型，且其对角线上的元素均为 $-w_0$，则可以得到如下式子：

$$\exp(\boldsymbol{A}t) = \boldsymbol{P}\exp(\boldsymbol{J}t)\boldsymbol{P}^{-1} \tag{3-49}$$

根据矩阵范数的相容性及矩阵 m_∞- 范数的定义可知，存在一个正数 α 满足：

$$\|\exp(\boldsymbol{A}t)\|_{m_\infty} \leqslant 3\|\boldsymbol{P}\|_{m_\infty}\|\boldsymbol{P}^{-1}\|_{m_\infty}\exp(-w_0 t) = \alpha\exp(-w_0 t) \tag{3-50}$$

解式（3-49），可得

$$\varepsilon(t) = \exp(\boldsymbol{A}t)\varepsilon(0) + \int_0^t \exp[\boldsymbol{A}(t-\tau)]\boldsymbol{B}\zeta\,\mathrm{d}\tau \tag{3-51}$$

根据矩阵 m_∞ - 范数与向量 2- 范数的相容性可得：

$$
\begin{aligned}
\|\varepsilon(t)\|_2 &\leqslant \|\exp(\boldsymbol{A}t)\varepsilon(0)\|_2 + \left\|\int_0^t \exp[\boldsymbol{A}(t-\tau)]\boldsymbol{B}\zeta\,\mathrm{d}\tau\right\|_2 \\
&\leqslant \|\exp(\boldsymbol{A}t)\|_F\,\|\varepsilon(0)\|_2 + \int_0^t \|\exp[\boldsymbol{A}(t-\tau)]\|_F\,\|\boldsymbol{B}\|_2\|\zeta\|_2\,\mathrm{d}\tau \\
&\leqslant \alpha\|\varepsilon(0)\|_2\exp(-w_0t) + M_1\alpha\int_0^t \exp[-w_0(t-\tau)]\,\mathrm{d}\tau \\
&= \exp(-w_0t)\left\{\alpha\|\varepsilon(0)\|_2 + \frac{M_1\alpha}{w_0}[1-\exp(-w_0t)]\right\}
\end{aligned}
\tag{3-52}
$$

如上所示，只要 w_0 取足够大，就能够满足 $\lim\limits_{t\to\infty}\exp(-w_ct)=0$，则可以得到 $\lim\limits_{t\to\infty}\|\varepsilon(t)\|_2=0$。ESO 的估计误差收敛，即 ESO 可以有效地估计系统的状态及系统的扰动。

（2）线性自抗扰控制器的稳定性

假设控制器设计的目标是使系统的输出有效地跟踪给定的参考信号 v，其中参考信号的微分 $\dot{v}$、$\ddot{v}$ 是有界的，让 $[v_1, v_2, v_3]^{\mathrm{T}}=[v_1, v_2, v_3]$，$e_i=v_i-x_i$，$i=1,2$，则控制律可以得到：

$$
\begin{aligned}
u &= (u_0-z_3)/b \\
&= (k_pe_1+k_de_2+\ddot{v}-z_3)/b \\
&= [k_p(v_1-z_1)+k_d(v_2-z_2)+\ddot{v}-z_3]/b \\
&= [k_p(v_1-x_1+x_1-z_1)+k_d(v_2-x_2+x_2-z_2)-(x_3-x_3+z_3)+\ddot{v}]/b \\
&= [k_p(e_1-\varepsilon_1)+k_d(e_2-\varepsilon_2)-(x_3-\varepsilon_3)+\ddot{v}]/b
\end{aligned}
\tag{3-53}
$$

补偿后的闭环系统可以表示如下：

$$
\begin{aligned}
\dot{e}_1 &= \dot{v}_1-\dot{x}_1=v_2-x_2=e_2 \\
\dot{e}_2 &= \dot{v}_2-\dot{x}_2=v_3-(x_3+b_0u) \\
&= v_3-[x_3+k_p(e_1-\varepsilon_1)+k_d(e_2-\varepsilon_2)-(x_3-\varepsilon_3)+\ddot{v}] \\
&= -k_p(e_1-\varepsilon_1)-k_d(e_2-\varepsilon_2)-\varepsilon_3
\end{aligned}
\tag{3-54}
$$

让 $e=[e_1,e_2]^{\mathrm{T}}$，则式（3-54）可以重写为

$$
\dot{e}(t)=\boldsymbol{A}_{\mathrm{e}}e(t)+\boldsymbol{A}_{\varepsilon}\varepsilon(t) \tag{3-55}
$$

式中：

$$
\boldsymbol{A}_{\mathrm{e}}=\begin{bmatrix}0 & 1\\ -k_p & -k_d\end{bmatrix},\ \boldsymbol{A}_{\varepsilon}=\begin{bmatrix}0 & 0 & 0\\ k_p & k_d & -1\end{bmatrix}
$$

定理 3-2：假设 ESO 的估计误差 $\lim\limits_{t\to\infty}\|\varepsilon(t)\|_2=0$，那么一定存在一个可调的控制器参数 $w_c>0$ 和有限的时间 $t\geqslant T>0$，使得 $\lim\limits_{t\to\infty}\|e(t)\|_2=0$，即闭环控制系统稳定。

证明：矩阵 $\boldsymbol{A}_{\mathrm{e}}$ 的特征多项式为

$$|\lambda \boldsymbol{I}_2 - \boldsymbol{A}_{\mathrm{e}}| = \begin{vmatrix} \lambda & -1 \\ k_{\mathrm{p}} & \lambda - k_{\mathrm{d}} \end{vmatrix} = \lambda^2 - k_{\mathrm{d}}\lambda + k_{\mathrm{p}} = (\lambda - w_{\mathrm{c}})^2 \tag{3-56}$$

由式（3-56）可知，矩阵 $\boldsymbol{A}_{\mathrm{e}}$ 特征值均为 $-w_{\mathrm{c}}$，那么存在一个非奇异矩阵 $\boldsymbol{T}$ 满足 $\boldsymbol{A}_{\mathrm{e}} = \boldsymbol{T}\bar{\boldsymbol{J}}\boldsymbol{T}^{-1}$，其中矩阵 $\bar{\boldsymbol{J}}$ 为矩阵 $\boldsymbol{A}_{\mathrm{e}}$ 的 Jordan 标准型，且其对角线上的元素均为 $-w_{\mathrm{c}}$。则可得如下公式：

$$\exp(\boldsymbol{A}_{\mathrm{e}}t) = \boldsymbol{T}\exp(\bar{\boldsymbol{J}}t)\boldsymbol{T}^{-1} \tag{3-57}$$

根据矩阵范数的相容性及矩阵 m_∞- 范数的定义可知，存在一个正数 $\bar{\alpha}$ 满足：

$$\|\exp(\boldsymbol{A}_{\mathrm{e}}t)\|_{m_\infty} \leqslant 3\|\boldsymbol{T}\|_{m_\infty}\|\boldsymbol{T}^{-1}\|_{m_\infty}\exp(-w_{\mathrm{c}}t) = \bar{\alpha}\exp(-w_{\mathrm{c}}t) \tag{3-58}$$

求解式（3-58）可得：

$$\varepsilon(t) = \exp(\boldsymbol{A}_{\varepsilon}t)\varepsilon(0) + \int_0^t \exp[\boldsymbol{A}_{\varepsilon}(t-\tau)]\boldsymbol{A}_{\mathrm{e}}e(t)\mathrm{d}\tau \tag{3-59}$$

根据矩阵 m_∞- 范数与向量 2- 范数的相容性可得：

$$\begin{aligned}
\|\varepsilon(t)\|_2 &\leqslant \|\exp(\boldsymbol{A}_{\varepsilon}t)\varepsilon(0)\|_2 + \left\|\int_0^t \exp[\boldsymbol{A}_{\varepsilon}(t-\tau)]\boldsymbol{A}_{\mathrm{e}}e(t)\mathrm{d}\tau\right\|_2 \\
&\leqslant \|\exp(\boldsymbol{A}_{\varepsilon}t)\|_{\mathrm{F}}\|\varepsilon(0)\|_2 + \int_0^t \|\exp[\boldsymbol{A}_{\varepsilon}(t-\tau)]\|_{\mathrm{F}}\|\boldsymbol{A}_{\mathrm{e}}\|_2\|e(t)\|_2\,\mathrm{d}\tau \\
&\leqslant \bar{\alpha}\|\varepsilon(0)\|_2\exp(-w_{\mathrm{c}}t) + \bar{\alpha}\|\boldsymbol{A}_{\mathrm{e}}\|_2\|e(t)\|_2\int_0^t \exp[-w_{\mathrm{c}}(t-\tau)]\,\mathrm{d}\tau \\
&= \bar{\alpha}\|\varepsilon(0)\|_2\exp(-w_{\mathrm{c}}t) + \bar{\alpha}\|\boldsymbol{A}_{\mathrm{e}}\|_2\|e(t)\|_2\exp(-w_{\mathrm{c}}t)[1-\exp(-w_{\mathrm{c}}t)]
\end{aligned} \tag{3-60}$$

如上所示，因为 $\lim\limits_{t\to\infty}\exp(-w_{\mathrm{c}}t) = 0$ 和 $\lim\limits_{t\to\infty}\|\varepsilon(t)\|_2 = 0$，则可得到 $\lim\limits_{t\to\infty}\|e(t)\|_2 = 0$。闭环控制系统的输出与参考信息之间误差是收敛的，即所设计的控制参数可以保证闭环系统稳定。

3.2.4.2 车辆理想的转向特性

大量理论研究和实践表明，对于驾驶员而言，在具有适当不足转向特性的线性区域内运行的车辆具有较好的操纵稳定性并且更易于控制。因此，线性二自由度车辆的转向特性常常被作为车辆的理想转向特性。

从图 3-7 中可以得到汽车质心处侧向加速度满足如下公式：

$$a_y = \dot{v}_y + v_x w_{\mathrm{r}} = v_x(\dot{\beta} + w_{\mathrm{r}}) \tag{3-61}$$

将式（3-60）带入式（3-20）并进行适当的变换，可以得到二自由度车辆模型的状态方程：

$$\begin{bmatrix} \dot{\beta} \\ \dot{w}_{\mathrm{r}} \end{bmatrix} = \begin{bmatrix} a_{11} & a_{12} \\ a_{21} & a_{22} \end{bmatrix}\begin{bmatrix} \beta \\ w_{\mathrm{r}} \end{bmatrix} + \begin{bmatrix} b_1 \\ b_2 \end{bmatrix}\delta_{\mathrm{f}} \tag{3-62}$$

式中：

$$a_{11}=-\frac{C_{\mathrm{f}}+C_{\mathrm{r}}}{mv_x}\qquad a_{12}=-\frac{L_{\mathrm{f}}C_{\mathrm{f}}-L_{\mathrm{r}}C_{\mathrm{r}}}{mv_x{}^2}-1$$

$$a_{21}=-\frac{L_{\mathrm{f}}C_{\mathrm{f}}-L_{\mathrm{r}}C_{\mathrm{r}}}{I_z}\qquad a_{22}=-\frac{L_{\mathrm{f}}^2C_{\mathrm{f}}+L_{\mathrm{r}}^2C_{\mathrm{r}}}{I_zv_x}$$

$$b_1=\frac{C_{\mathrm{f}}}{mv_x}\qquad b_2=\frac{L_{\mathrm{f}}C_{\mathrm{f}}}{I_z}\qquad L=L_{\mathrm{f}}+L_{\mathrm{r}}$$

由式（3-62）可以推导出车辆稳态时的横摆角速度如下：

$$w_{\mathrm{r}}^0=\frac{v_x/L}{1+Kv_x^2}\delta_{\mathrm{f}} \tag{3-63}$$

车辆在不同路面附着条件下行驶时的侧向加速度必须满足轮胎最大附着力的限制，即：

$$|a_y|\leqslant\mu g \tag{3-64}$$

式中，μ 为路面的附着系数。

其中稳态时汽车侧向加速度可以近似表示为

$$a_y\approx w_{\mathrm{r}}v_x \tag{3-65}$$

由上可以得到理想横摆角速度表示如下：

$$w_{\mathrm{r}}^{\mathrm{d}}=\min\left\{\left|\frac{v_x/L}{1+Kv_x^2}\delta_{\mathrm{f}}\right|,\quad\left|\frac{\mu g}{v_x}\right|\right\}\mathrm{sgn}(\delta_{\mathrm{f}}) \tag{3-66}$$

相关文献指出，当车辆的侧向加速度满足 $0.5\mu g<a_y<0.75\mu g$ 时，轮胎的侧向力接近附着极限，车辆将有失稳的趋势；此时，通过主动转向控制可以保证汽车的稳定性；当车辆的侧向加速度 $a_y>0.75\mu g$ 时，车辆进入失稳区域，容易发生侧滑而导致失稳，此时汽车很难再通过主动转向控制恢复到稳定状态，因此，这里对理想的横摆角进行如下修正：

$$w_{\mathrm{r}}^{\mathrm{d}}=\min\left\{\left|\frac{v_x/L}{1+Kv_x^2}\delta_{\mathrm{f}}\right|,\quad\left|\frac{0.75\mu g}{v_x}\right|\right\}\mathrm{sgn}(\delta_{\mathrm{f}}) \tag{3-67}$$

同理，根据式（3-63）可以得到稳态时质心侧偏角如下：

$$\beta^0=\delta_{\mathrm{f}}\frac{L_{\mathrm{r}}/L+mL_{\mathrm{f}}v_x{}^2/(L^2C_{\mathrm{r}})}{1+Kv_x^2} \tag{3-68}$$

式（3-68）中的质心侧偏角没有考虑到轮胎受到最大附着力的限制，这里选取经验值对理想的质心侧偏角进行修正：

$$\beta^{\mathrm{d}}=\min\left\{\left|\delta_{\mathrm{f}}\frac{L_{\mathrm{r}}/L+mL_{\mathrm{f}}v_x^2/(L^2C_{\mathrm{r}})}{1+Kv_x^2}\right|,\quad\left|\arctan(0.02\mu g)\right|\right\}\mathrm{sgn}(\delta_{\mathrm{f}}) \tag{3-69}$$

3.2.4.3　基于横摆角速度反馈的主动转向控制器设计

车辆质心侧偏角是车速与期望行驶轨迹之间的夹角，其反映了转向过程中车辆行驶轨迹的偏离情况，而横摆角速度则是反映转向过程中车辆的横摆角变化的速度；当车辆轮胎运行在线性区域时，车辆质心侧偏角通常较小（接近零），此时可以用横摆角速度来表示车辆的运行状态。基于横摆角速度反馈的车辆横摆稳定性控制的目的就是通过控制前轮转角确保车辆实际的横摆角速度跟踪理想的横摆角速度，这样驾驶员就可以根据常规工况下的驾驶经验来预测车辆的运动从而做出适当的响应，提高行车的安全性。

基于横摆角速度反馈的车辆横摆稳定性控制系统的总体控制框架如图 3-33 所示。系统根据当前驾驶员的输入和车辆状态给出理想的横摆角速度，由跟踪微分器来安排期望信号的跟踪值及其微分信号，线性扩张状态观测器使用系统的输入和输出信息来实时估计系统的状态和总扰动，误差状态反馈律则使用跟踪微分器和线性扩张态观测器之间的输出误差来实现反馈控制，以提高控制器的鲁棒性。

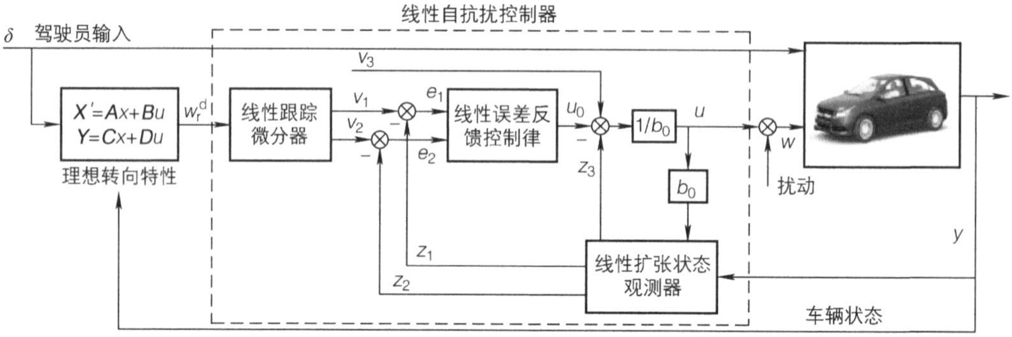

图 3-33 基于横摆角速度反馈的车辆横摆稳定性控制框架

这里，对式（3-62）进行拉普拉斯变换，并消去质心侧偏角，可以得到横摆角速度与前轮转角之间的传递函数为

$$\frac{w_{\mathrm{r}}(s)}{\delta_{\mathrm{f}}(s)}=\frac{b_2 s+b_1 a_{21}-b_2 a_{11}}{s^2-(a_{11}+a_{22})s+a_{11}a_{22}-a_{21}a_{12}} \tag{3-70}$$

对式（3-70）执行拉普拉斯反变换后，可以得到：

$$\ddot{w}_{\mathrm{r}}=-(a_{11}+a_{22})\dot{w}_{\mathrm{r}}+(a_{11}a_{22}-a_{21}a_{12})w_{\mathrm{r}}+b_2\dot{\delta}_{\mathrm{f}}+(b_1 a_{21}-b_2 a_{11})\delta_{\mathrm{f}} \tag{3-71}$$

式（3-71）可以重写为

$$\ddot{w}_{\mathrm{r}}=f[w_{\mathrm{r}},\dot{w}_{\mathrm{r}},\dot{\delta}_{\mathrm{f}},w(t)]+b\delta_{\mathrm{f}} \tag{3-72}$$

式中，$f[w_{\mathrm{r}},\dot{w}_{\mathrm{r}},\dot{\delta}_{\mathrm{f}},w(t)]=-(a_{11}+a_{22})\dot{w}_{\mathrm{r}}+(a_{11}a_{22}-a_{21}a_{12})w_{\mathrm{r}}+b_2\dot{\delta}_{\mathrm{f}}+w(t)$，简写为 f，为有界时变函数代表着系统总扰动；$w(t)$ 为系统未建模动态和外部扰动，$b=b_1 a_{21}-b_2 a_{11}$。

假设 f 可微，且 $h=\dot{f}$，这里将 f 作为新的状态变量进行扩张，那么式（3-62）可扩张成如下控制系统：

$$\begin{cases}\dot{x}_1=x_2\\ \dot{x}_2=x_3+b\delta_{\mathrm{f}}\\ \dot{x}_3=h\\ y=x_1\end{cases} \tag{3-73}$$

式中，$x_1=w_r$，$x_2=\dot{w}_r$，$x_3=f[\dot{w}_r,w_r,\dot{\delta}_f,w(t)]$，$h$ 未知但有界。对这个扩张系统构建如下状态观测器：

$$\begin{cases} e_1=z_1-y \\ \dot{z}_1=z_2-\beta_{01}e_1 \\ \dot{z}_2=z_3-\beta_{02}e_1+b\delta_f \\ \dot{z}_3=-\beta_{03}e_1 \end{cases} \tag{3-74}$$

式中，e_1 为状态 x_1 的估计误差；z_1、z_2、z_3 为状态 x_1、x_2、x_3 的估计值。适当选择参数 $\beta_{01}=3w_0$，$\beta_{02}=3w_0^2$，$\beta_{03}=w_0^3$，其中 w_0 为观测器带宽，系统就可以较准确地估计系统式（3-73）的状态变量和被扩张的状态 f。根据自抗扰控制理论设计系统的跟踪微分器，对期望的横摆角速度安排过渡过程。那么，线性误差反馈律可设计如下：

$$u=\frac{k_p(v_1-z_1)+k_d(v_2-z_2)+v_3-z_3}{b} \tag{3-75}$$

通过适当选择参数 $k_d=2w_c$，$k_p=w_c^2$，其中 w_c 为控制器带宽，系统就可以很好地跟踪期望的横摆角速度。

3.2.4.4　仿真试验验证

为了验证所设计的控制器的有效性，使用 CarSim 和 Matlab/Simulink 联合仿真环境来模拟和分析典型工况下控制器的控制性能。仿真中采用了 CarSim 自带的车辆模型（C-Class Hatchback）和驾驶员模型，仿真周期为 0.001s，仿真中所使用的车辆参数见表 3-3。

表 3-3　车辆参数

车辆参数	数值
车身质量 m/kg	1412
横摆转动惯量 I_z/kg·m^2	1523
前轴到车辆质心处距离 L_f/m	1.015
后轴到车辆质心处距离 L_r/m	1.895
前轴等效侧偏刚度 C_f/（N/rad）	2×66900
后轴等效侧偏刚度 C_r/（N/rad）	2×62700

（1）仿真工况 1：正弦延迟工况

正弦延迟工况属于开环控制工况，其转向盘转角的输入如图 3-34 所示。转向盘转角输入是在周期为 1.4s 的正弦波的基础上，当到达第二个峰值时，增加了 500ms 的保持段，仿真过程中，测试路面的附着条件良好，μ=0.85，车速为 100km/h。

仿真结果如图 3-34 所示。从图中可以看出，无控制车辆存在明显的转向不足，而基于横摆角速度反馈控制下的车辆可以自动地补偿转向不足，更好地跟踪期望的横摆角速度，提高了车辆的稳定性。同时，基于线性自抗扰控制的横摆稳定性控制可以有效地控制横摆角速度的响应速度，使其很好地跟踪期望的值，有效地抑制了超调，并且将质心侧偏角保持在较小的范围内（$|\beta|<3°$）。

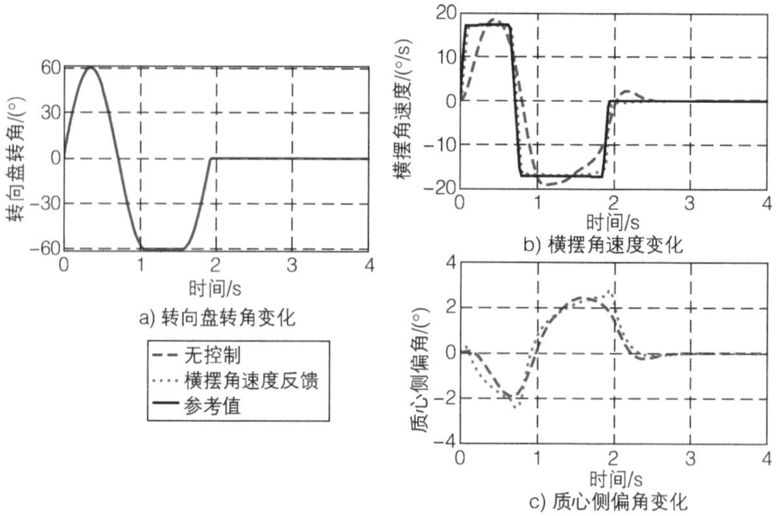

图 3-34 正弦延迟工况仿真结果

（2）仿真工况 2：高附着路面双移线工况

仿真试验中采用 CarSim 中自带的双移线路径设置和驾驶员模型，测试路面的附着条件良好，μ=0.85，纵向车速为 100km/h。

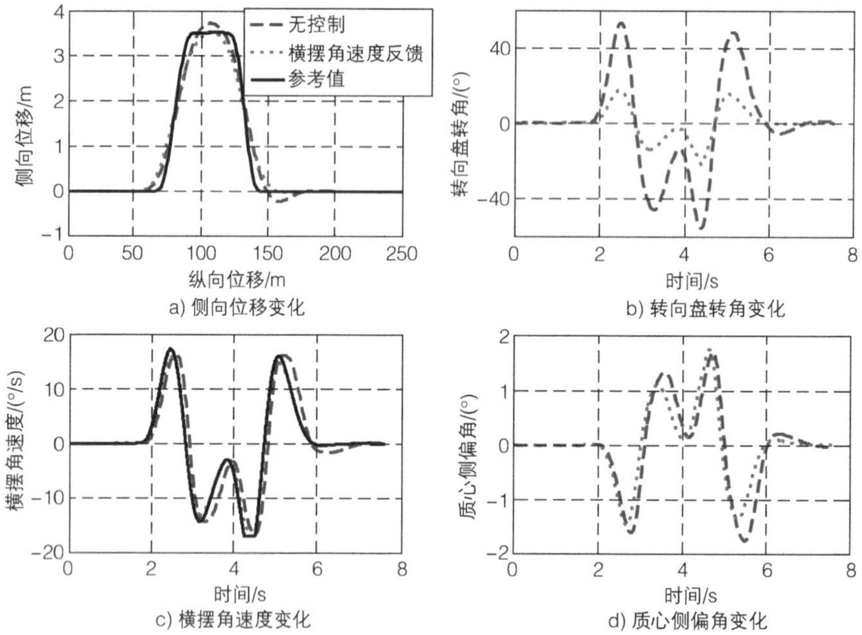

图 3-35 高附着路面双移线工况仿真结果

仿真结果如图 3-35 所示。从图中可以看出，基于横摆角速度反馈控制下的车辆的路径跟踪性能得到了提升；驾驶员输入的汽车转向盘转角操作幅度相比于无控制车辆要大大减小，有效地降低了驾驶员的驾驶负担，具有更好的操纵性；同时，与无控制的车辆相比，横摆角速度反馈控制下的车辆的横摆角速度可以更好地跟踪期望的横摆角速度，并且保持

较小的质心侧偏角（$|\beta|<2°$），在一定程度上降低了横摆角度和质心侧偏角的幅值，有效地提高了车辆的稳定性和安全性。

（3）仿真工况 3：低附着路面双移线工况

仿真试验中采用 CarSim 中自带的双移线路径设置和驾驶员模型，测试路面的附着条件不佳，$\mu=0.4$，纵向车速为 100km/h。

仿真结果如图 3-36 所示。由于路面附着条件较不佳，无控制车辆在大角度转向时，轮胎侧向力出现了饱和，车辆路径出现了较大的偏移；基于横摆角速度反馈控制下的车辆通过补偿由于质心侧偏角影响引起的偏差，使车辆基本上沿着参考路径行驶，并有效地降低了横摆角速度和质心侧偏角的幅值，改善了车辆行驶的稳定性。

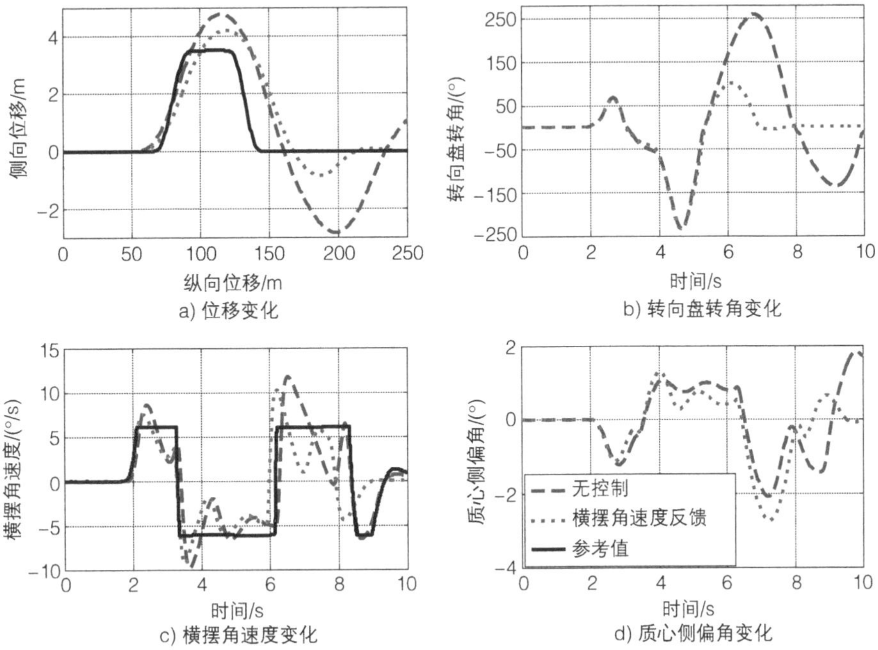

a) 位移变化　b) 转向盘转角变化　c) 横摆角速度变化　d) 质心侧偏角变化

图 3-36　低附着路面双移线工况仿真结果

（4）仿真工况 4：侧向风扰动工况

该工况是模拟车辆在常规路面（路面附着系数为 0.85）直线行驶时，突然受到垂直侧向风的干扰时车辆的运行情况。这里假设驾驶员没有对侧向风干扰进行响应，完全由主动转向功能完成车辆稳定性控制。图 3-37 所示为车辆在侧向风扰动工况下的仿真结果，车辆行驶 1s 后，侧向风以 90km/h 的风速垂直吹向车身，持续 1.5s。

仿真结果如图 3-37 所示。从图中可以看出，在侧向风的影响下，车辆发生了侧向偏移；与无控制的车辆相比，基于横摆角控制下的车辆通过补偿前轮转角使横摆角速度响应接近于 0，并且控制侧偏角保持在非常小的范围内（$|\beta| < 0.2°$），有效地降低了质心侧偏角和横摆角速度的幅值，同时减小了侧向位移偏差，一定程度上提高了车辆的稳定性和安全性。

从上述几种典型的驾驶工况仿真结果可以看出：基于线性自抗扰的横摆角速度反馈控制可以在一定程度上改善车辆的操作性能，并提高车辆的横摆稳定性。然而，由于行驶工况复杂多变，仅靠横摆角速度作为反馈是不够的，特别是在紧急转向的情况下（如高速紧急转向或者低附着路面大角度转向），车辆具有较大的质心侧偏角，这对汽车的稳定性有很大的影响。如果此时不对其加以控制，汽车质心侧偏角会持续增加。当轮胎侧向力出现饱和时，驾驶员将失去通过转向盘来改变汽车横摆力矩的能力。针对这一问题，本章将提出基于横摆角速度与质心侧偏角综合反馈的自抗扰主动转向控制。

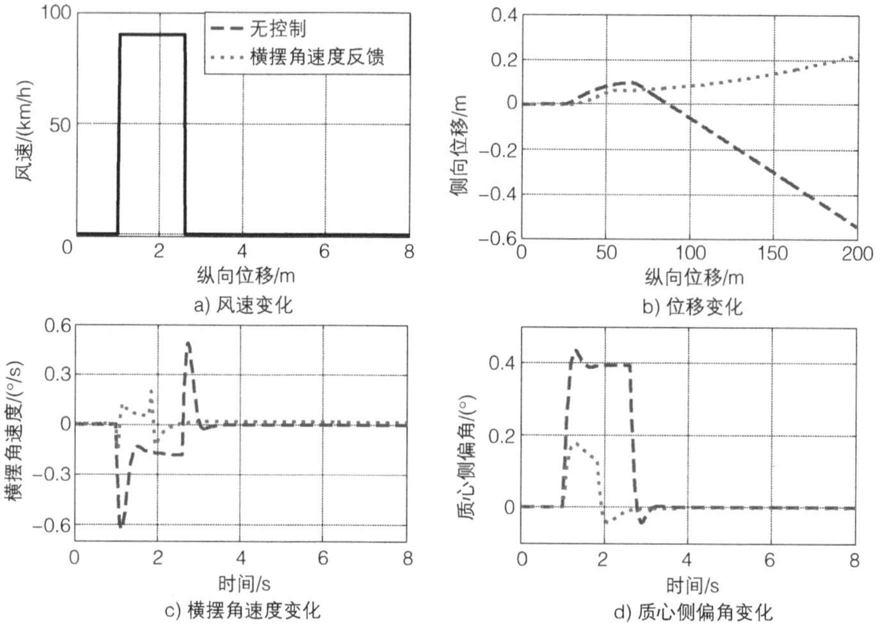

a) 风速变化　b) 位移变化　c) 横摆角速度变化　d) 质心侧偏角变化

图 3-37　侧向风扰动工况仿真结果

3.3 线控转向系统路感模拟及回正控制

转向盘作为一个重要的感观部件，在汽车 - 驾驶员 - 路面之间传递信息。转向盘反馈给驾驶员的路感是转向系统中的一个最重要的组成部分，它包含了汽车载荷、轮胎气压、轮胎与地面附着状态等信息，使汽车的运动状态与驾驶员的手力有一种对应关系，这种关系用路感来描述，同时也是评价汽车操纵稳定性优劣的主要指标之一。

线控转向系统取消了转向盘和转向车轮之间的机械连接，路感无法直接反馈给驾驶员，这从驾驶安全性角度考虑是绝对不允许的。针对这个问题，线控转向系统的转向盘总成中包含有路感模拟电机，可以产生转向盘反馈力矩模拟路感。本节在分析传统转向系统汽车路感产生机理的基础上根据不同工况下对路感的需求，介绍了几种典型的路感控制策略并进行了仿真验证。

3.3.1 路感的产生机理及评价

3.3.1.1 路感产生机理分析

路感可以理解为驾驶员通过汽车转向系感受到的来自路面、轮胎的反馈，是汽车的运动状态与转向盘力矩的一种对应关系。这种力矩的反馈主要来自回正力矩和摩擦力矩。回正力矩一般定义为作用在转向轮上绕主销的力矩，主要包括路面对车轮产生的反作用力、转向车轮定位产生的力矩和前轮与转向系统的惯性力矩。回正力矩主要与前轮的受力状态有关，而前轮的受力又与汽车的运动状态和路面附着条件存在对应关系，因此通常把总的回正力矩除以转向系统传动比得到的力矩对应为路感。

除了回正力矩之外，驾驶员还需要克服主销的摩擦阻力矩、转向器的摩擦力矩、各个球头的摩擦力矩、原地转向时轮胎与地面的摩擦力矩等。摩擦力矩可以看作是阻碍驾驶员获得清晰路感的一种“噪声”。理论上摩擦力矩越小，驾驶员获得的路感越清晰，但是传统转向系统的摩擦力矩也不是越小越好，因为当摩擦力矩过小时，会导致转向系统的逆效率过高，导致汽车行驶在不平路面时会对转向盘造成冲击，影响驾驶舒适性。本节为了有针对性地对路感进行模拟，忽略摩擦力矩的影响，采用目前常用的路感定义，即将路感对应为总的回正力矩除以转向系统传动比。

3.3.1.2　路感特性评价分析

路感随着汽车运动状况而变化的规律称为路感特性，汽车转向系应该具有良好的路感特性，才能很好地起到控制汽车与反馈信息的作用。路感特性的评价目前并不成熟，但是转向轻便性与转向盘中间位置区域的操纵性能可以较好地评价路感特性。

转向轻便性是转向系统的最基本要求，驾驶员应该能够轻松舒适地达到其转向目标，我国汽车行业标准 QC/T 480—1999《汽车操纵稳定性指标限值与评价方法》中，采用了转向盘平均操舵力和最大操舵力两项指标来评价转向轻便性。

转向盘中间位置区域的操纵性是评价路感特性的另一个重要因素。转向盘中间位置区域的操纵性包含移线操作时的感觉和为精确跟随线路进行必要的转向调整时的感觉。通过转向盘转矩与侧向加速度关系曲线可对转向盘中间位置区域性能进行评价。图 3-38 所示为转向盘转矩与侧向加速度关系曲线。

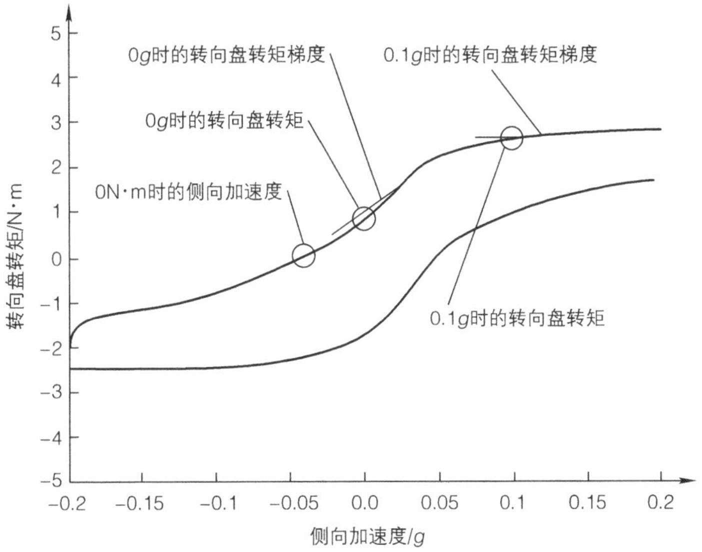

图 3-38　转向盘转矩与侧向加速度关系

1）转向盘转矩为 0N · m 时的汽车侧向加速度：描述汽车的回正性能，转向盘转矩为 0N · m 时的加速度越小表明汽车的回正性能越好，但是受到汽车阻尼与响应滞后的影响，这个评价指标不宜过大也不宜过小。

2）侧向加速度为 0*g* 时的转向盘转矩：描述转向系统的干摩擦，但是也受到系统阻尼和汽车响应相位滞后的影响。

3）侧向加速度为 0*g* 时的转向盘转矩梯度：侧向加速度为 0*g* 时转向盘转矩随汽车侧向加速度的变化率，是路感的评价指标。它主要受到主销几何参数与转向传动比的影响。在装有助力的转向系统中，也与助力系统的刚度、阻尼和摩擦等有关。

4）侧向加速度为 0.1*g* 时的转向盘转矩：主要描述汽车刚离开直线行驶状况时的路感。

5）侧向加速度为 0.1*g* 时的转向盘转矩梯度：0.1*g* 侧向加速度时转向盘转矩随汽车侧向加速度的变化率，描述转向盘转向转矩的大小。

3.3.1.3 路感特性评价分析

转向系统的设计首先应该保证转向过程的轻便性，减轻驾驶员的操纵负担，但是路感过小会使驾驶员丧失对道路的感觉从而引发车辆不稳定，路感过强又会使驾驶员转向吃力增加转向负担。在不同的车速和不同的转向盘转角下，转向系统应兼顾转向的操纵轻便性和稳定性，并且根据车辆的行驶状态主动对车辆进行稳定性控制；同时转向系统还应该能够抑制车辆高速时的回正超调和振荡的趋势，提高车辆的直线行驶能力。

路感反映在驾驶员的手上表现为转向盘给驾驶员的反作用力，所以通常也将路感称为转向盘力。不同的行驶工况下，对转向系提供的转向盘力的要求是不一样的。在低车速、低侧向加速度行驶工况下，汽车应具有适度的转向盘力与转向盘总回转角，还应具有良好的回正性能；在高车速、转向盘小转角、低侧向加速度范围内，汽车应具有良好的横摆角速度频率特性、直线行驶能力；汽车还应具有良好的路感特性，特别是在小侧向加速度范围内（0～0.1*g*），应有恰当的转向盘力随汽车侧向加速度的变化率，此值相当于转向盘中间位置操纵稳定性试验中的转向盘转矩梯度。驾驶员应该能够方便、清晰地判断转向盘的中间位置，转向系还应该能够适度地隔断路面不平整的干扰。大部分研究人员认为转向盘力最好与侧向加速度有线性关系，就是转向盘力对侧向加速度的梯度，如图 3-39 的曲线 a 所示。对于图 3-39 中的曲线 b，大侧向加速度时，转向盘力增长过快，驾驶员会感到转向盘力过于沉重。曲线 d 中，在大侧向加速度的时候，转向盘力有所下降，会使驾驶员有转向力消失的感觉，这是很危险的，一般装有动力转向器的转向盘力特性如曲线 c 所示。

3.3.2 模拟助力转向系统转向盘转矩控制策略

目前认为路感反馈特性比较好的是电动助力转向系统，大部分的家用轿车都安装有助力转向系统以达到转向轻便性的目的。助力转向系统中转向盘转矩和助力转矩之间的关系称为转向系统的助力特性。转向轻便性、高速行驶稳定性以及路感反馈特性都与助力特性密切相关。助力转向系统的助力特性可分为三类：直线型助力特性、折线型助力特性和曲线型助力

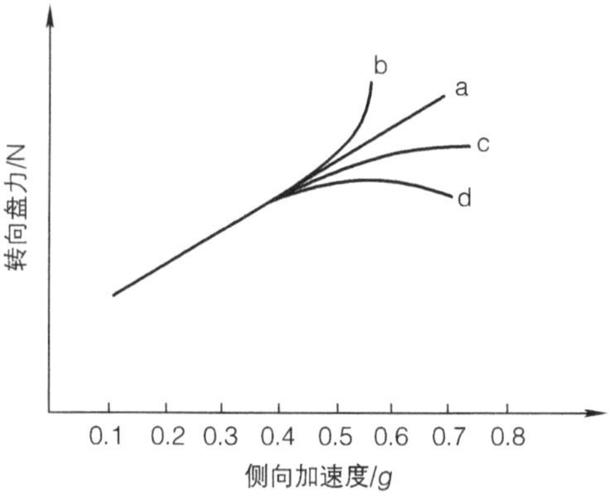

图 3-39 转向盘力与侧向加速度关系曲线图

特性。现在应用比较多的是直线型助力特性曲线，该种助力特性曲线的形式比较简单，需要确定的关键参数少，而且基本可以满足应用需求。

助力转矩设为 T_{ass}，T_{sw} 为驾驶员输入的转向盘转矩，两参数满足如下关系式：

$$T_{ass} = k_{ass}(T_{sw} - T_{sw\_0}) \tag{3-76}$$

式中，k_{ass} 为助力系数；T_{sw_0} 为刚开始助力时的转向盘转矩，为简化算法，这里取 T_{sw_0}=0 路感的强弱通常用路感强度来表示，路感强度 E 指的是转向负载转矩增加单位值时对应的转向盘转矩的变化量：

$$E = k_f \frac{dT_{sw}}{dT_M} \tag{3-77}$$

式中，k_f 为摩擦阻力对路感的影响因数。

由力学原理得到转向负载 T_M、助力转矩 T_{ass} 和转向盘转矩 T_{sw} 之间的关系为

$$dT_M = dT_{ass} + dT_{sw} \tag{3-78}$$

将式（3-78）代入式（3-77）中，可得

$$E = k_f \frac{dT_{sw}}{dT_M} = k_f \frac{dT_{sw}}{dT_{ass} + dT_{sw}} = k_f \frac{1}{k_{ass} + 1} \tag{3-79}$$

由式（3-79）可以看出，当助力系数 k_{ass} 为定值时，路感的大小是不变的，为了获得较好的转向路感，转向盘转矩应该随着车速的变化而改变。原地转向或低速转向时，要求转向盘转矩小一些以增加转向轻便性；高速转向时转向盘转矩相对较大一些，提高汽车稳定性。

根据相关文献，有动力转向时驾驶员作用在转向盘上切向力的最大值应该在 20 ~ 50N 之间，这里初步设定转向盘上的最大切向力 F_{sw_max} 为 26N。那么根据设计要求有助力转向时，可以计算出驾驶员作用在转向盘上的最大转向盘转矩 T_{sw_max} 为

$$T_{sw\_max} = F_{sw\_max} R_{sw} = 26 \times 0.18 = 4.68\text{N} \cdot \text{m} \tag{3-80}$$

对线控转向系统模型进行仿真，不采用助力获得的原地转向的最大转向盘转矩为 T_{max} = 30.88N · m，此时需要提供的助力为 26.2N · m，那么可以得到最大助力系数为

$$k_{ass} = \frac{T_{max} - T_{sw\_max}}{T_{sw\_max}} = 5.6 \tag{3-81}$$

助力特性的设计原则为：在合理范围内减轻驾驶员用于转向时的转向盘转矩，同时给驾驶员一定的路感保障行驶安全。驾驶员在原地或中低速转向时作用在转向盘上的转矩应尽量小，以减轻转向负担；汽车高速行驶时为确保驾驶员对路面、轮胎以及汽车状态的感知，转向盘转矩不宜过小。因此助力特性应随着车速的增大而减小，即相同的转向阻力下，随着车速的增大，转向盘转矩是增大的，能够提供给驾驶员清晰的路感，保证汽车高速转向的操纵稳定性；同时为了保证路面反馈的真实性，不同车速下随着转向阻力的增加，转向盘转矩都是增加的。综合考虑汽车低速转向的轻便性、高速转向的稳定性以及路感反馈

的真实性三个方面，对助力特性进行设计，得到不同车速下的助力特性曲线如图 3-40 所示。

由图 3-40 可以看出，助力特性曲线的斜率随着车速的增大而逐渐减小，这表明低速转向时系统提供较大的助力减小驾驶员的转向负担，随着速度的增大，提供的助力逐渐变小。驾驶员在高速行驶时能够清晰感受到道路的情况和汽车的运行状况，能够对突发事件做出及时的反应，提高转向稳定性。在同一车速下，助力特性曲线的斜率保持不变，转向盘转矩随着转向负载转矩的增大而增大，使驾驶员更好地感受到路面与汽车的反馈。当助力转矩增大到一定数值时，不再随着转向盘转矩的增大而增大，此时处于助力的饱和区，同样地，当转向助力转矩减小到一定的数值时也不再减小。

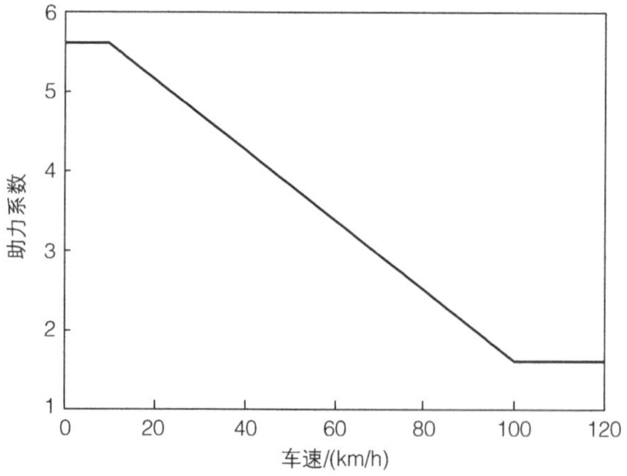

图 3-40　助力特性曲线斜率随车速变化关系

线控转向系统与助力转向系统是有区别的，线控转向系统没有转向盘系统与转向执行机构之间的机械连接，转向盘系统的电机是模拟路感的；而助力转向系统的转向盘与转向前轮之间有机械结构，转向盘系统的电机是作助力转向用的。简单地说，线控转向的路感电机是增加驾驶员手力的，而助力转向系统的电机是减轻驾驶员手力的。所设计的路感就是模拟助力转向系统中的转向盘转矩，即将助力转向系统中的转向盘转矩作为线控转向系统中路感电机的目标转矩进行控制，那么可以得到：

$$T_{\mathrm{M}} = T_{\mathrm{ass}} + T_{\mathrm{sw}} = (1 + k_{\mathrm{ass}})T_{\mathrm{sw}} \tag{3-82}$$

即路感电机的目标转矩见式（3-83），其中负载转矩 T_{M} 由轮胎模型中的回正转矩获得：

$$T_{\mathrm{sw}} = \frac{T_{\mathrm{M}}}{1 + k_{\mathrm{ass}}} \tag{3-83}$$

因此，得到的线控转向系统路感模拟控制策略流程图如图 3-41 所示。

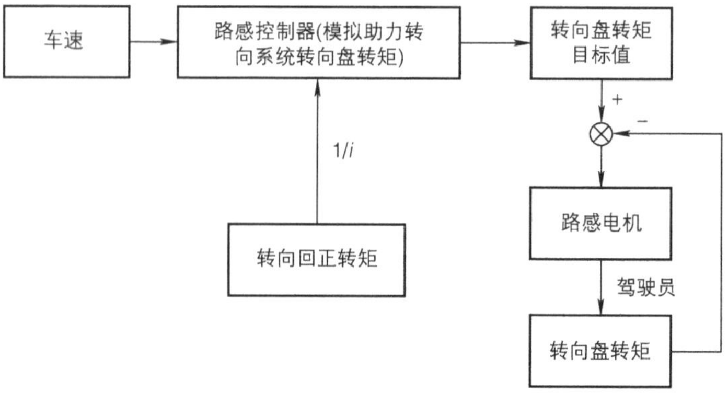

图 3-41　模拟助力转向系统转向盘转矩控制流程图

3.3.3 基于模糊控制的路感模拟控制策略

参考助力转向系统转向盘转矩模拟的路感只考虑了车速的影响，但是转向盘转角也是影响路感的一个重要因素，需要加以考虑。传统转向系统中，转向盘转角值越大，反馈给驾驶员的路感越强，驾驶员转向越吃力；而转向盘转角较小时，转向系统的摩擦力矩将会掩盖道路的反馈，影响路感的真实性。

路感模拟的基本原则为：汽车行驶过程中驾驶员能够清晰地感受到路面与汽车的状态，实现转向的轻便性和操纵稳定性。因此在低速或者泊车状态，应以转向的操纵轻便性为主，尤其是在低速或原地大转向盘转角工况下，应该将驾驶员手上感受到的转向盘转矩设计得小一些，以节省驾驶员的体力；在汽车高速行驶时应以转向稳定性为主要原则，小转向盘转角工况下，将转向盘转矩设计得大一些以提醒驾驶员车辆已经偏离了直线行驶；在高速大转向盘转角转向时，转向盘转矩应设计得相对大一些，避免转向过度酿成交通事故，提高汽车高速转向的操纵稳定性。

车辆实际运行时，工况是非常复杂的，输入和输出都是不可预见的，比起传统的控制技术，模糊控制方法对于解决这类问题有着比较好的效果。

本节设计了基于模糊逻辑控制的路感模拟控制策略，模糊控制器是一个两输入单输出的推理系统，如图 3-42 所示，两个输入变量分别是汽车的车速 v_x 和转向盘转角 θ_{sw}，输出变量是转向盘转矩系数 k_{T_sw}，即路感系数，模糊推理系统可以表示为

$$k_{T\_sw} = f_{fuzzy}(v_x, \theta_{sw}) \tag{3-84}$$

车速 v_x 的基本论域为 [0，120]，量化因子 k_v = 1/20，论域 X = {0，1，2，3，4，5，6}，语言变量为 {NB，NM，NS，0，PS，PM，PB}。隶属度函数取常用的三角函数分布，如图 3-43 所示。

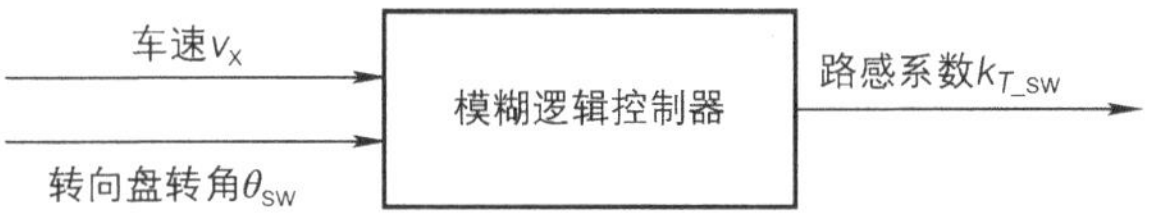

图 3-42 模糊逻辑控制器输入参数

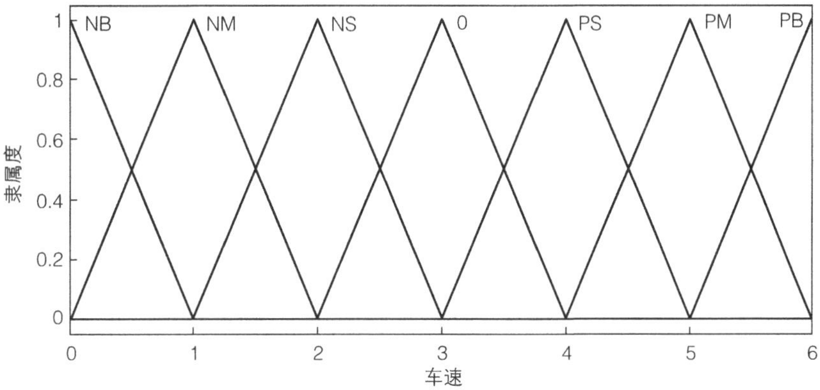

图 3-43 车速隶属度函数

转向盘转角 θ_{sw} 的基本论域为 [−360，360]，量化因子 $k_{\theta\_sw}=1/120$，论域 $X=\{-3，-2，-1，0，1，2，3\}$，语言变量为{NB，NM，NS，0，PS，PM，PB}。隶属度函数取三角函数分布，如图 3-44 所示。

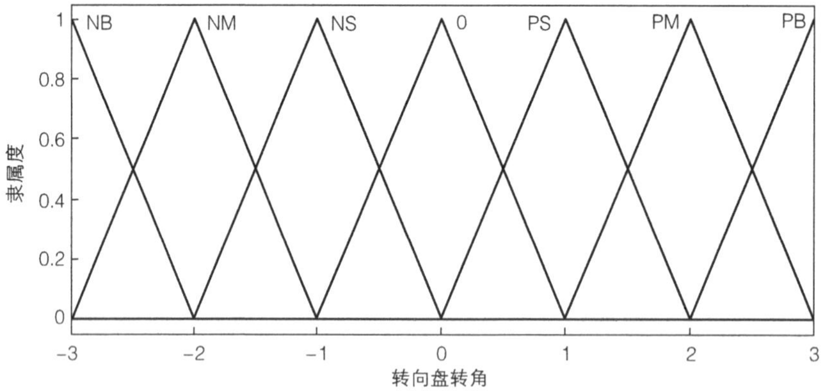

图 3-44　转向盘转角隶属度函数

将路感系数定义为

$$T_{sw}=k_{T\_sw}T_M \tag{3-85}$$

在 3.3.2 节中，汽车原地转向时的最大转向盘转矩 T_{sw_max}，而 $T_M=30.88\text{N}\cdot\text{m}$，因此定义 k_{T_sw} 的最大值为 0.15，同时为了保证一定的路感令 $T_{sw\_min}=1\text{N}\cdot\text{m}$，那么路感系数 k_{T_sw} 的基本论域设计为 [0.03，0.15]，比例因子 $k_{kT\_sw}=1$，论域 $Z=\{0.03，0.05，0.07，0.09，0.11，0.13，0.15\}$，语言变量为{NB，NM，NS，0，PS，PM，PB}。隶属度函数取三角函数分布，如图 3-45 所示。

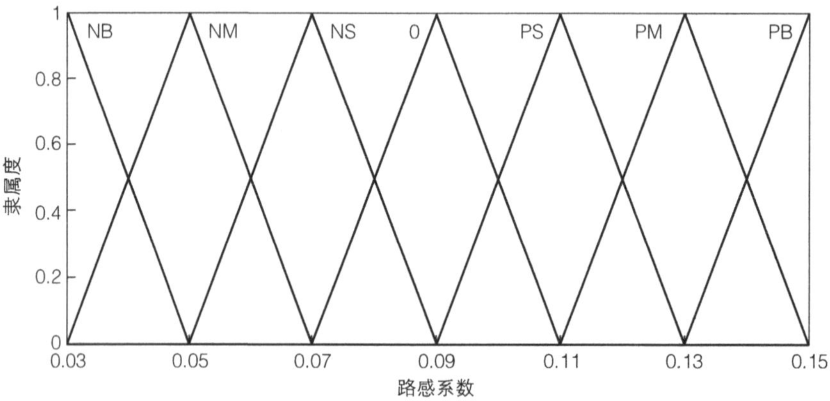

图 3-45　路感系数隶属度函数

基于驾驶员经验可以总结出线控转向系统的模糊推理规则：低车速运行或者是泊车转向大转向盘转角时，对汽车的转向轻便性要求较高，希望驾驶员能够更省力一些，而对于稳定性要求排在其次，因此设定的转向盘转矩小一些，以降低驾驶员转向负担，使转向更为省力；低车速运行或泊车转向时，小转向盘转角比起大转向盘转角，驾驶员不需要费力就可以达到转向目的，因此此时的转向盘转矩可以相对大转向盘转角转向时大一些；高速小转向盘转角转向时，对车辆的稳定性要求较高，设计选用较大的转向盘转矩，以提醒驾驶员车辆已经偏离了直线行驶；高速大转向盘转角转向时，对车辆的稳定性要求较高，此时很多情况下为紧急避障，此时的转向盘转矩应比同转角低速时的大，避免过度转向，提高汽车操纵稳定性，保证驾驶安全。由此建立了 49 条模糊规则，见表 3-4。

表 3-4　模糊控制规则表

θ_{sw}	v_x						
	NB	NM	NS	0	PS	PM	PB
NB	NB	NM	NS	0	PS	PM	PB
NM	NM	NS	0	PS	PM	PM	PB
NS	NS	0	PS	PS	PM	PM	PB
0	0	PS	PS	PM	PM	PB	PB
PS	NS	0	PS	PS	PM	PM	PB
PM	NM	NS	0	PS	PM	PM	PB
PB	NB	NM	NS	0	PS	PM	PB

模糊推理得到的量是模糊量，用于实际控制时要进行解模糊判决，将其转化为一个精确的控制量，即在一个输出范围内找到一个被认为最具有代表性、可直接驱动控制装置的确切输出控制值。目前常用的方法有最大隶属度法、最大准则法、重心法等，重心解模糊化方法是目前在模糊控制中应用最广泛的一种方法，这里即采用重心法解模糊化。经过解模糊运算可以得到路感系数 k_{T_sw} 随车速 v_x 以及转向盘转角 θ_{sw} 变化的关系，如图 3-46 所示。

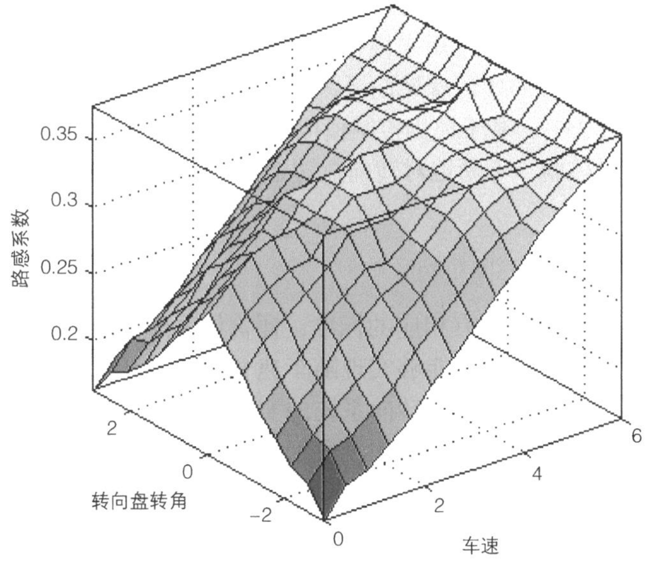

图 3-46　路感系数曲面图

基于模糊控制的线控转向系统路感模拟控制策略流程图如图 3-47 所示。

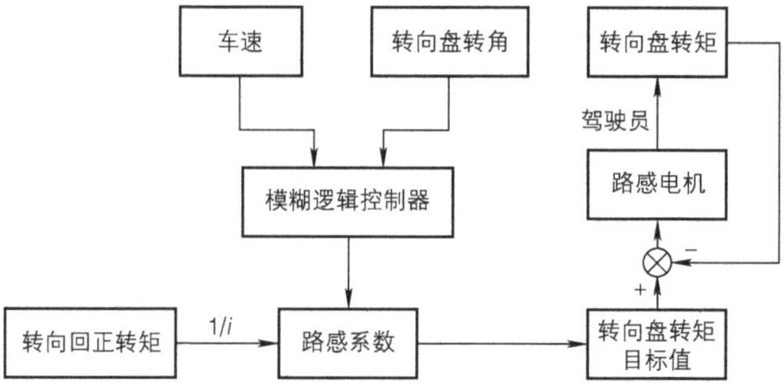

图 3-47　基于模糊控制的转向盘力矩控制流程图

3.3.4　基于驾驶员偏好的路感模拟控制策略

目前线控转向系统的路感模拟控制技术主要有两种思路：第一种是路感电机模拟传统转向系统的转向盘转矩，驾驶员感觉的手力与传统转向系统近似，线控转向系统模拟出的路感驾驶员更容易适应；第二种思路考虑了车身状态参数与路感的关系，可以在不同的汽车工况下设计出令驾驶员更舒适的路感。本节将两种思路进行综合，提出一种基于驾驶员偏好的路感模拟控制策略，将模拟的助力转向系统转向盘转矩和基于模糊逻辑控制的转向盘转矩进行综合，用比例系数确定两种路感所占的比例，得到最终的路感见式（3-86）。

$$T_{sw} = k_{sw}T_{sw\_ass} + (1-k_{sw})T_{sw\_fuz} \tag{3-86}$$

式中，T_{sw} 为最终的转向盘转矩；k_{sw} 为转向盘转矩比例系数；T_{sw_ass} 为模拟电动助力转向系统转向盘转矩值；T_{sw_fuz} 为基于模糊控制逻辑模拟的转向盘转矩值。

对于不同偏好的驾驶员，可以通过修改转向盘转矩比例系数 k_{sw} 满足其要求。例如驾驶员甲比较喜欢传统的助力转向系统的路感，此时可令 k_{sw}=1，线控转向系统转向盘转矩将按照传统的助力转向系统的转向盘转矩来模拟；驾驶员乙更倾向于新鲜的、舒适的、轻便的路感，但是又希望手上还有一些传统转向系统的感觉，此时可令 k_{sw} = 0.25，即传统助力的转向系统转向盘转矩占 25%，基于模糊控制模拟的转向盘转矩占 75%。

通过驾驶员的驾驶体验，不断地对转向盘转矩比例系数 k_{sw} 进行调整，可设计出令不同驾驶员满意的路感。

3.3.5　路感控制策略仿真试验验证

由于目前对路感的评价还没有相应的标准，评价体系还不成熟，一般认为路感反馈特性比较好的是电动助力转向系统，能够实现随车速变化调节转向助力。本节的原地转向仿真和双纽线工况仿真中，将装有助力转向系统的实车的转向盘输入转角作为仿真模型的输入，并将仿真的数据与实车数据进行对比。根据助力转向系统的助力特性曲线模拟线控转向系统的转向盘力矩，以及根据模糊控制策略模拟线控转向系统转向盘转矩，验证两种路感模拟控制策略的效果；将转向盘转矩比例系数 k_{sw} 设为 0.25 进行仿真，验证基于驾驶员偏好的路感模拟控制策略的有效性。

1. 原地转向仿真工况

原地转向时，将装有助力转向系统实车的转向盘转角输入数据作为仿真时转向盘转角输入，转向盘转角接近正弦输入，最大幅值约为 100°，同时令车速输入为 0，此仿真主要考察汽车原地转向的轻便性。结果如图 3-48 所示，原地转向轻便性指标见表 3-5。

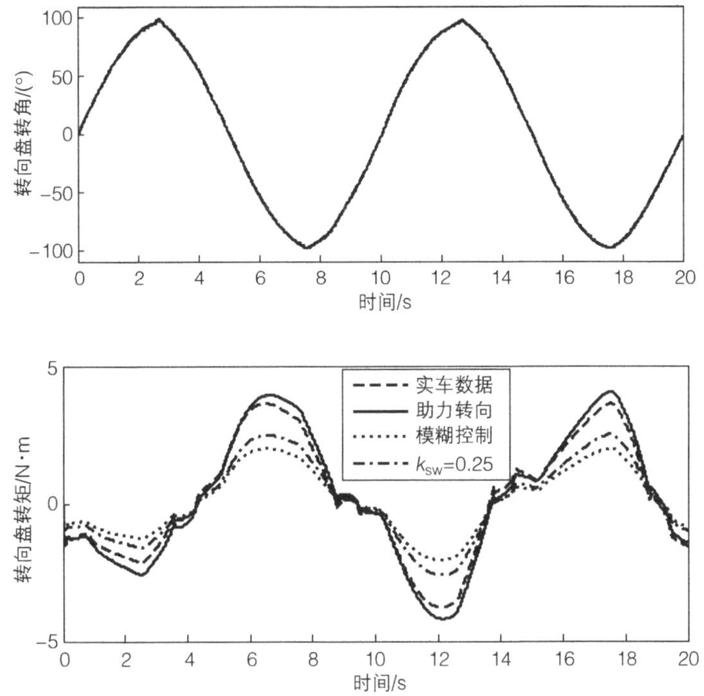

图 3-48　原地转向试验工况仿真结果

表 3-5　原地转向仿真工况评价指标

转向指标	转向系统			
	助力转向式	模糊控制式	k_{sw} = 0.25	实车数据
转向盘转矩平均值 /N · m	1.9636	1.0059	1.2453	1.9103
转向盘转矩最大值 /N · m	4.1883	2.0621	2.5937	3.8241
转向盘平均操舵力 /N	10.9089	5.5882	6.9183	10.6128
转向盘最大操舵力 /N	23.2683	11.4562	14.4094	21.245

由图 3-48 和表 3-5 可以看出，模拟助力转向系统的转向盘转矩仿真数值与实际原地转向时的转向盘转矩值非常接近，证明了采用模拟助力转向系统转向盘转矩的路感控制策略是有效的，能够提供给驾驶员熟悉的手感；采用模糊控制式的转向盘转矩比采用助力转向式的转向盘转矩更小，说明在转向操作中采用模糊控制策略模拟转向盘转矩的方法可以有效地提高转向时的轻便性，在停车转向时减轻驾驶员的负担；基于驾驶员偏好设计的转向盘转矩比例系数 k_{sw} = 0.25 时，转向盘转矩与模糊控制式的转向盘转矩近似，但是手感上要稍重一些，在提高汽车转向轻便性的同时保持了一些助力转向的感觉。

2. 双纽线工况

双纽线工况参照 GB/T 6323—2014 标准，试验时驾驶员操纵转向盘使汽车以 10km/h 的车速沿着双纽线道路绕行一周。转向盘输入转角采用实车双纽线试验数据。仿真结果如

图 3-49 所示，转向仿真评价指标见表 3-6。

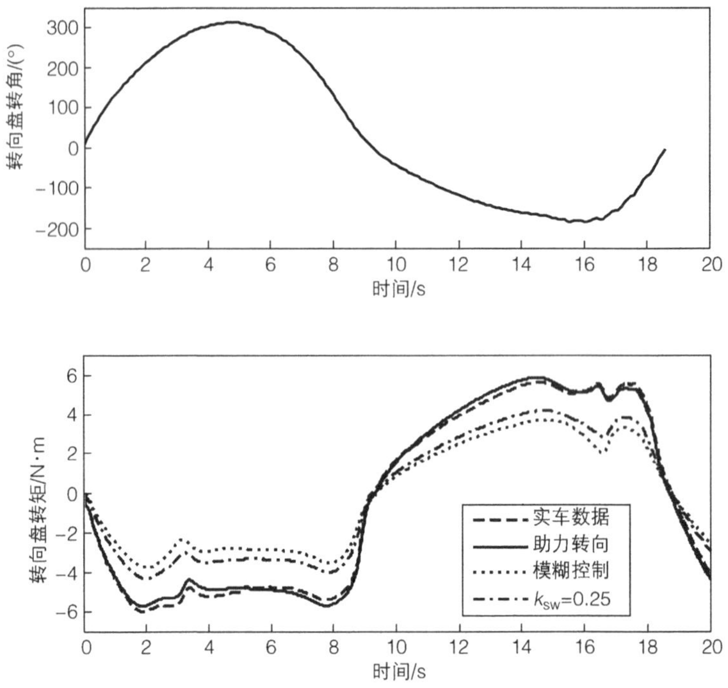

图 3-49　双纽线工况仿真结果

表 3-6　双纽线仿真工况评价指标

转向指标	转向系统			
	助力转向式	模糊控制式	k_{sw}=0.25	实车数据
转向盘转矩平均值 /N · m	4.252	2.5096	2.9452	4.2436
转向盘转矩最大值 /N · m	5.8316	3.7861	4.2975	5.8591
转向盘平均操舵力 /N	23.622	13.942	16.3622	23.5756
转向盘最大操舵力 /N	32.398	21.034	23.8749	32.5506

双纽线试验考察了汽车低速大转角的转向轻便性，图 3-49 中采用模拟助力转向式的转向盘转矩和实车的转向盘转矩数值是一致的，线控转向系统利用助力转向特性模拟路感可以让驾驶员更容易适应，转向操作更得心应手。图 3-49 和表 3-6 的结果表明采用助力转向特性模拟的转向盘转矩和采用模糊控制策略的转向盘力矩均可以减小驾驶员的转向手力，并且采用模糊控制策略模拟的路感比采用助力转向特性模拟的路感轻便，由于转向盘转矩比例系数 k_{sw} 采用 0.25，因此基于驾驶员偏好设计的路感与模糊控制式的路感更为接近。双纽线工况仿真结果与原地转向仿真结果是一致的，验证了控制策略的有效性。

3. 转向盘中间区域转向

选取转向盘中间区域转向工况进行仿真，考察汽车高速小转向盘转角时的路感。试验车速为 100km/h，周期约为 5s，最大侧向加速度为 0.2g，转向盘转角输入采用正弦曲线。试验在无风、水平路段上进行。

由图 3-50a 可以看出，在高速小转向盘转角工况下，采用模糊控制策略模拟的转向盘转矩比采用助力特性曲线模拟的转向盘转矩稍微大一些，但是差距并不很大，因此既可以增强驾驶员的路感又不会使驾驶员感到转向沉重，基于驾驶员偏好设计的路感介于两者之间，大小与采用模糊控制策略模拟的转向盘转矩近似，同样可以在高速时提示驾驶员汽车已经偏离了直线行驶，提高高速转向稳定性。图 3-50b 为转向盘转矩与侧向加速度的关系曲线图，由此可以得到表 3-7 中的各个评价指标。

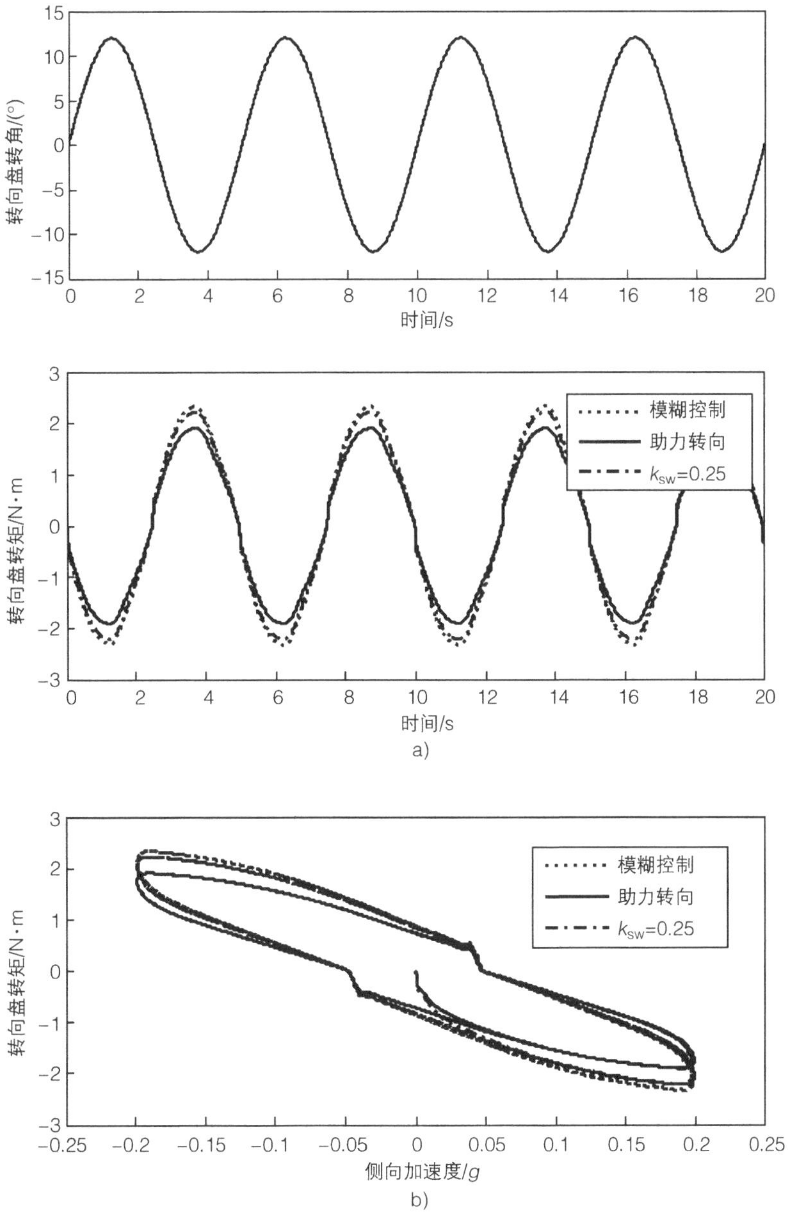

图 3-50　转向盘中间区域转向工况仿真结果

表 3-7　转向盘中间区域转向工况评价指标

转向指标	转向系统		
	助力转向式	模糊控制式	k_{sw}=0.25
转向盘转矩为 0 时的侧向加速度 /g	0.047	0.042	0.0436
侧向加速度为 0g 时的转向盘转矩 /N·m	0.773	0.75	0.7583
侧向加速度为 0g 时的转向盘转矩梯度 /（N·m/g）	32.304	35.203	34.956
侧向加速度为 0.1g 时的转向盘转矩 /N·m	1.554	1.879	1.843
侧向加速度为 0.1g 时的转向盘转矩梯度 /（N·m/g）	15.721	16.486	16.245

根据表 3-7 中的数据对比可以得到：在高速转向盘中间区域转向工况下，模拟助力转向系统的转向盘转矩和采用模糊控制策略模拟转向盘转矩以及基于驾驶员偏好设计的转向盘转矩。三者的各项指标是基本接近的，说明汽车在高速行驶时，助力转向式的路感和模糊控制式的路感以及基于驾驶员偏好设计的路感是基本一致的，均可以为驾驶员提供清晰的路感，提高高速转向稳定性。

3.3.6　线控转向系统回正控制策略

汽车在行驶过程中偶然遇到外界干扰而偏离预期的行驶方向时，转向轮可以自动恢复到中间位置保证方向的稳定性，在转向盘端驾驶员会受到使得转向盘会回到中位置的转矩，该转矩就是转向回正转矩，当车辆行驶在不同车速、路况下由于自身结构损失和地面反馈摩擦力的因素，导致车辆会出现高速回正超调，低速回正不足的现象。针对这一问题本节介绍基于滑模变结构算法的回正控制策略。

3.3.6.1　滑模变结构控制

滑膜控制是一种变结构控制，其具有变结构控制的不连续性，与其他控制的不同点是其控制系统的“结构”不固定，可以在动态过程中根据系统的状态参数有目的的改变，迫使系统沿着特定的状态轨迹运动。根据滑模变结构控制的定义及控制原理，考虑系统的状态方程为

$$\dot{x} = f(x) \qquad x \in R^n \tag{3-87}$$

需要确定切换函数 $s(x)$，迫使运动点趋向切换面 $s=0$ 附近区域，如果在此区域内的所有点都是终止点，即最终趋向于切换面的点，如图 3-51 所示，则该区域称为“滑动模态区”，简称“滑模区”。

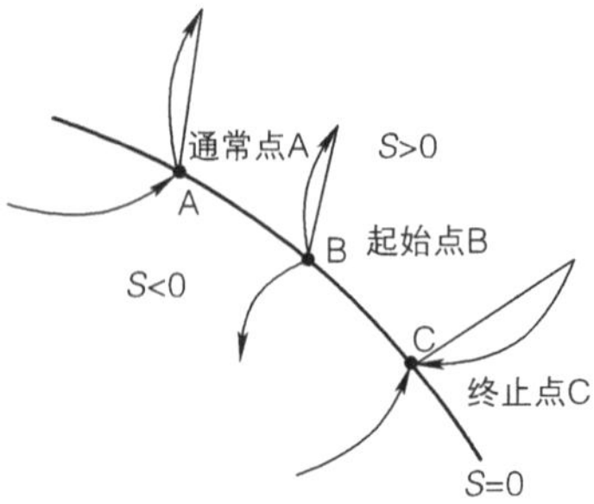

图 3-51　切换面上的三种点的特性

当系统运动点处于滑模区，运动到达切换面 $s=0$ 附近时，必有局部到达条件：

$$\lim_{s\to 0^+}\dot{s}\leqslant 0 及 \lim_{s\to 0^-}\dot{s}\geqslant 0 \tag{3-88}$$

或者

$$\lim_{s\to 0^+}\dot{s}\leqslant 0\leqslant \lim_{s\to 0^-}\dot{s} \tag{3-89}$$

将局部到达条件扩展可得全局到达条件：

$$\lim_{s\to 0} s\dot{s}\leqslant 0 \tag{3-90}$$

相应地，构造 Lyapunov（李雅普诺夫）到达条件：

$$\begin{cases} V=\dfrac{1}{2}s^2 \\ \dot{V}=s\cdot\dot{s}\leqslant 0 \end{cases} \tag{3-91}$$

在切换面邻域内 V 正定，$\dot{V}$ 半负定，且不恒为 0，系统将在有限时间内渐进稳定于切换面 $s=0$。

滑膜回正控制器的设计步骤如下：

1）设计切换函数 $s(x)$，使得滑动模态渐进稳定且具有较好的动态品质。

2）求取控制函数

$$u=\begin{cases} u^+(x) & s(x)>0 \\ u^-(x) & s(x)<0 \end{cases} \qquad u^+(x)\neq u^-(x) \tag{3-92}$$

3）构造 Lyapunov 函数，对控制器的滑动模态进行存在及可达性分析。

3.3.6.2　滑模回正控制器设计

线控转向系统是一个非线性系统，模型复杂，负载变化时系统的参数变化较为明显、对系统的干扰较多。本节根据系统的特性选用对参数变化及扰动不灵敏、响应快速的滑模变结构控制，设计滑模控制器完成回正控制。

根据上节介绍的滑模变结构控制步骤选取转向盘实际转角与理想转角的误差值及其变化率为输入量，以路感电机输出的机械力矩作为控制信号进行控制。对线控转向系统转向盘系统进行动力学分析，假设力和力矩都已转化到转向轴上，且数值不受转向系统影响，忽略摩擦力等不确定因素，转向盘端的动力学方程公式（3-1）可以改写为

$$J_{sw}\ddot{\theta}_{sw}+B_{sw}\dot{\theta}=T_{sw}-u \tag{3-93}$$

式中，u 为滑模控制信号，$u=T_d$。

滑模函数设计为

$$s(t)=ce(t)+\dot{e}(t) \tag{3-94}$$

式中，c 必须满足 Hurwitz 条件，即 $c>0$。

选取参考转角为 0°，$\theta_c(t)$ 为实际转角，则跟踪误差为 $e(t)=-\theta_c(t)$，则

$$s(t)=-c\theta_c-\dot{\theta}_c \tag{3-95}$$

$$\dot{s}(t) = -c\dot{\theta}_c - \ddot{\theta}_c \tag{3-96}$$

从式（3-93）可以得到

$$\ddot{\theta}_{sw} = \frac{1}{J_{sw}}(T_{sw} - u - B_{sw}\dot{\theta}) \tag{3-97}$$

进一步推导得

$$\dot{s}(t) = -c\dot{\theta}_c - \frac{1}{J_{sw}}(T_{sw} - u - B_{sw}\dot{\theta}_c) \tag{3-98}$$

滑模运动包括趋近和滑模这两个运动过程，趋近运动为 $s \to 0$ 的过程。滑模可达性条件仅保证运动点可以在有限时间内到达切换面，对于怎样达到切换面，运动的轨迹没有做限制，因此这里采用指数趋近的轨迹方式使运动点到达切换面，即

$$\dot{s} = -\varepsilon \operatorname{sgn}(s) - ks \tag{3-99}$$

将式（3-97）代入式（3-98）中，得到

$$-c\dot{\theta}_c - \frac{1}{J_{sw}}(T_{sw} - b - u - B_{sw}\dot{\theta}_c) = -\varepsilon \operatorname{sgn}(s) - ks \qquad \varepsilon>0, k>0 \tag{3-100}$$

即滑模控制函数为

$$u = T_{sw} - B_{sw}\dot{\theta}_c - J_{sw}(-c\dot{\theta}_c + \varepsilon \operatorname{sgn}(s) + ks) \tag{3-101}$$

将式（3-101）代入式（3-100）中得

$$\dot{s}(t) = \frac{1}{J_{sw}}[-\varepsilon \operatorname{sgn}(s) - ks] \tag{3-102}$$

根据 Lyapunov（李雅普诺夫）函数的到达条件得到式（3-103），其值是负半定证明所设计的滑模控制算法正确。

$$s\dot{s}(t) = \frac{1}{J_{sw}}(-\varepsilon|s| - ks^2) = \frac{1}{J_{sw}}(-\frac{k}{2}V - \varepsilon|s|) \leqslant -\frac{k}{2J_{sw}}V < 0 \tag{3-103}$$

滑模控制回正原理图如图 3-52 所示，驾驶员转动转向盘，将实际转角信息发送给控制器，经过滑模控制算法后得到路感电机期望转矩，通过路感电机控制器后控制电机输出响应转矩，滑模控制函数采用式（3-80），取 $\varepsilon = 2$、$k = 12$、$c = 5$。

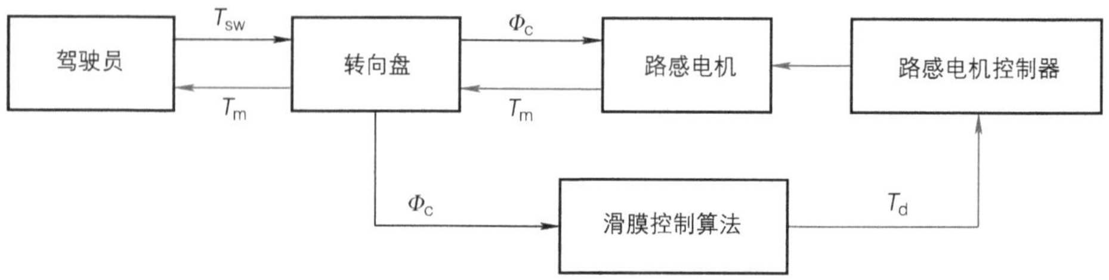

图 3-52　滑模控制回正原理框图

3.3.6.3　仿真试验验证

给转向盘一个 2.35N · m 的恒定转矩输出，3s 后松开转向盘，得到回正过程中转向盘转角和控制信号回正转矩随时间的变化曲线如图 3-53 所示。

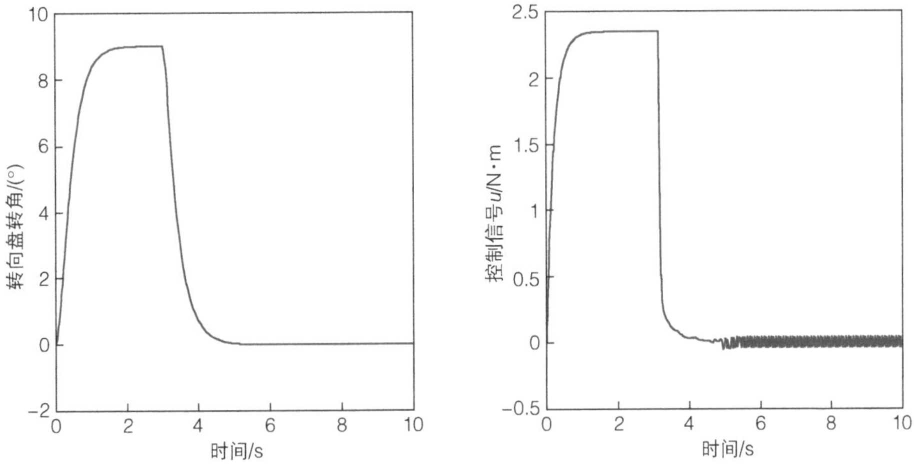

a) 转向盘转角　　b) 控制信号回正转矩

图 3-53　给定 2.35N · m 输出下的回证工况试验结果

仿真结果显示，阶跃调整时间为 2s，无角度残余，控制效果良好，但在稳态时控制信号发生抖动现象，影响控制性能，损害设备，必须消除或减少这种抖动。

运用滑模变结构算法进行回正控制时，算法对系统参数变化不灵敏。这使滑模控制与常规控制方法相比鲁棒性更好。但这种鲁棒性是通过控制量的高频抖动来实现的。在本系统中运动点到达切换面时，其速度有限大，系统时间、空间开关的滞后性和系统惯性使运动点在切换面附近来回穿越，形成了抖振。抖振不仅影响回正控制精确性，使转向盘抖动影响驾驶员“手感”，而且转向盘抖动使发送给转向执行总成的角度发生抖动，转向系统跟随后可能造成车辆抖动失控。

目前减弱抖振成熟的方法有准滑动模态方法、连续函数近似法和建立干扰观测器法等。这里在结合实际台架的基础上，采用饱和函数 sat（s）替换掉理想滑动模态中的符号函数 sgn（s）来削弱抖振。

$$\mathrm{sat}(s)=\begin{cases}1 & s>\Delta \\ ks & |s|\leqslant\Delta \quad k=1/\Delta \\ -1 & s<-\Delta\end{cases} \tag{3-104}$$

式中，Δ 为“边界层”，该函数的控制原理是在边界层外，采用切换控制，而在边界层内，采用线性化反馈控制。经过多次试验，取边界层 Δ = 0.2 ；改进后的滑模控制角度及回正力矩控制信号随时间变化如图 3-54 所示。

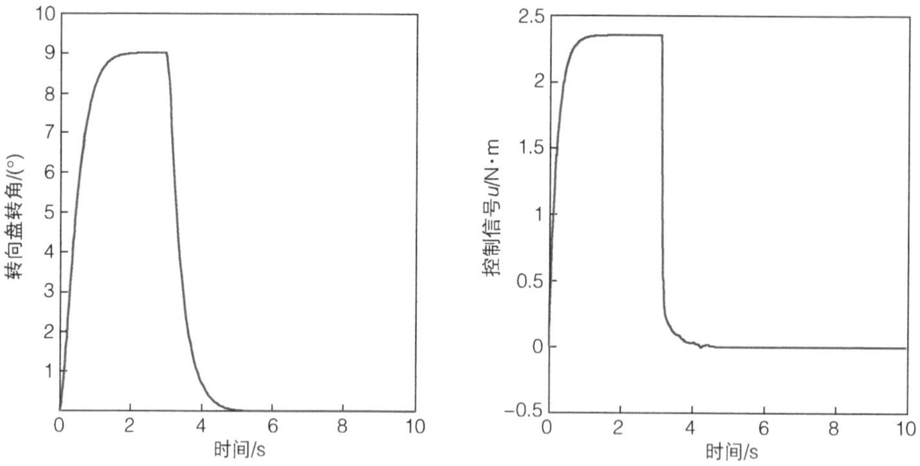

a) 转向盘转角　　b) 控制信号回正转矩

图 3-54　改进策略后转向盘回正试验结果

从图中可以看出，系统阶跃响应时间为 2s，无角度残余。从传统控制信号来看，使用饱和函数明显改善了信号的抖振问题，提高了系统的稳定性。

第4章 智能底盘多系统协同控制技术

智能底盘多系统协同控制能够有效地消除各子系统冲突，扩大底盘操纵稳定的性能边界，提高行驶功能安全，是智能底盘控制发展的重要方向。本章将主要从底盘纵横向协同控制入手，面向路径跟踪场景，分别介绍转向工况下电驱 / 制动系统协同控制方法、路径跟踪工况线控转向 / 制动系统协调控制方法。通过对底盘纵横向多子系统的协同，优化底盘路径跟踪效果，提升智能底盘纵横向协同效果。

4.1 转向与电驱 / 制动系统协调控制方法

本节针对转向工况下机电驱 / 制动系统协调控制展开研究。在转向工况下，通过对前轮转角和驱制动系统进行协调控制，可在高附着路面上提升车辆操纵性能，优化车辆路径跟踪效果；同时可在低附路面上提升车辆稳定性，保证行车安全。

4.1.1 基于滚动时域滑模控制的机电驱 / 制动系统协调控制算法

转向工况协调控制算法设计有以下两个难点：①车辆转向工况下轮胎横向力非线性特性、转向系统和驱制动系统约束均会对车辆车身姿态控制效果产生影响，控制算法设计难以统一考虑以上因素，造成控制参数选取困难；②由于车辆横向运动状态需要基于车辆质心横向位置和质心横摆角度两个变量进行描述，因此转向工况协调控制算法须适用于多输入多输出系统。为解决以上问题，提升车辆在低附行驶路面上转向工况的安全性，充分利用轮胎附着力，有必要对转向系统和驱制动系统协调控制算法进行深入研究，提出适用于多输入多输出系统且能够直接考虑系统约束和跟踪误差动态特性的协调控制算法，提升转向工况下车辆的控制效果。

4.1.1.1 车辆横向动力学模型

本节所研究的车辆构型为分布式电驱动车辆，车辆及其电驱制动系统参数见表 4-1。转向工况下通过转向系统产生的轮胎横向力和作用于车辆质心位置处的横摆力矩实现对车身姿态的控制。其中质心横摆力偶矩通过后轴两侧分布式电机进行驱动和制动转矩协调控制实现。

表 4-1 车辆及其电驱制动系统参数

项目	参数	数值	单位
电机	峰值功率	25	kW
	最大转矩	100	N · m
电池	电压	326	V
	容量	66	A · h

（续）

项目	参数	数值	单位
车辆	整备质量	1360	kg
	轴距	2.50	m
	风阻系数	0.32	—
	轮胎半径	0.295	m
	传动比	7.881	—

建立图 3-7 所示的 2 自由度车辆横向动力学模型，分别根据横向力和质心处转矩平衡方程，建立全局坐标系下车辆横向动力学方程表示为

$$\begin{cases}\dot{Y}=v_y+v_x\psi\\ \dot{v}_y=\dfrac{F_{y\mathrm{f}}+F_{y\mathrm{r}}}{m}-v_x\dot{\psi}\\ \dot{\psi}=\dot{\psi}\\ \ddot{\psi}=\dfrac{F_{y\mathrm{f}}L_{\mathrm{f}}-F_{y\mathrm{r}}L_{\mathrm{r}}+M_z}{I_z}\end{cases} \tag{4-1}$$

式中，I_z 为车辆与地面垂直方向的转动惯量；M_z 为车辆质心处横摆力矩。

该模型精度取决于轮胎横向力模型的精度，目前工程中普遍采用Pacejka魔术轮胎模型，即

$$F_y=\mu F_z\sin(C_i\mathrm{actan}(B_i\alpha_i)),i=\mathrm{f},\mathrm{r} \tag{4-2}$$

式中，μ 为路面附着系统；F_z 为轮胎垂向力；B_i 和 C_i 均为需要更加具体轮胎确定的参数。通过试验数据可以对 Pacejka 魔术轮胎模型式（4-2）中 B_i 和 C_i 进行拟合，得到高精度轮胎横向力模型，但该模型非线性程度高，不适用于控制设计阶段使用。为此提出面向控制器设计的轮胎模型，需要利用分段线性拟合的方法对上述魔术轮胎模型进行简化。在一定路面附着 μ 和轮胎垂向力 F_z 下，用以下分段仿射模型对轮胎横向力进行拟合：

$$F_{y,*}=\begin{cases}K_{*,2}\alpha_{\mathrm{f}}+b_{*,2} & \alpha_*\leqslant-\alpha_{*\_\mathrm{the1}}\\ K_{*,1} & \alpha_{*\_\mathrm{the1}}<\alpha_*<\alpha_{*\_\mathrm{the2}}\\ K_{*,3}\alpha_{\mathrm{f}}+b_{*,3} & \alpha_{*\_\mathrm{the2}}\leqslant\alpha_*\end{cases}\quad(*=\mathrm{f},\mathrm{r}) \tag{4-3}$$

式中，$K_{*,1}$、$K_{*,2}$、$K_{*,3}$、$b_{*,2}$ 和 $b_{*,3}$ 分别为需要确定的拟合系数；α_{*_the1} 和 α_{*_the2} 分别为分段仿射模型中模式分界所对应的门限值。以附着系数为 0.8、垂向力为 4000N 为例，轮胎侧向力分段仿射模型拟合效果如图 4-1 所示。在图 4-1 中分别利用三段线性方程对非线性曲线进行拟合，分段仿射模型中模式越多，所得到的横向力拟合精度越高。但模型模式增多会使得后续滚动时域滑模控制优化问题计算量呈指数级增长，因此需要在模型精度和模型复杂度之间进行平衡。

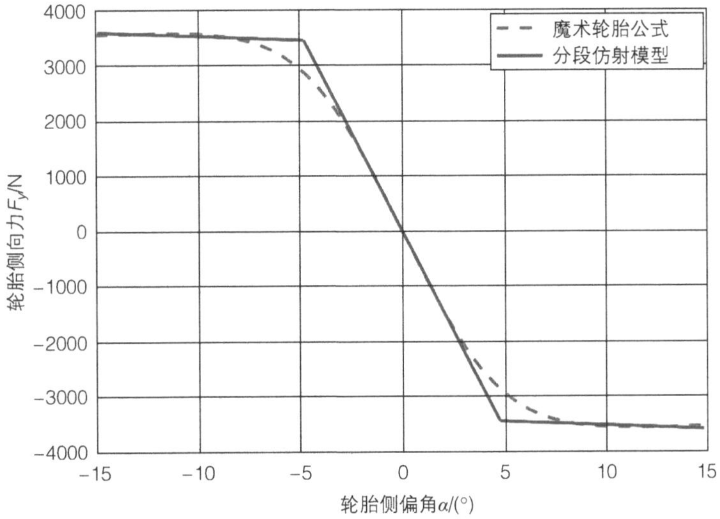

图 4-1　分段仿射线性模型对魔术轮胎模型的拟合结果

将式（4-3）代入式（4-1），得到转向工况分段仿射车辆横向动力学模型：

$$\begin{cases}\dot{Y}=v_y+v_x\psi\\ \dot{v}_y=\dfrac{K_{\mathrm{f},i}+K_{\mathrm{r},j}}{mv_x}v_y+(\dfrac{K_{\mathrm{f},i}L_{\mathrm{f}}-K_{\mathrm{r},j}L_{\mathrm{r}}}{mv_x}-v_x)\dot{\psi}-\dfrac{K_{\mathrm{f},i}}{m}\delta+\dfrac{b_{\mathrm{f},i}+b_{\mathrm{r},j}}{m}\\ \dot{\psi}=\dot{\psi}\\ \ddot{\psi}=\dfrac{K_{\mathrm{f},i}L_{\mathrm{f}}-K_{\mathrm{r},j}L_{\mathrm{r}}}{I_zv_x}v_y+(1+\dfrac{K_{\mathrm{f},i}L_{\mathrm{f}}^2+K_{\mathrm{r},j}L_{\mathrm{r}}^2}{I_zv_x})\dot{\psi}-\dfrac{K_{\mathrm{f},i}L_{\mathrm{f}}}{I_z}\delta+\dfrac{1}{I_z}M_z+\dfrac{b_{\mathrm{f},i}L_{\mathrm{f}}-b_{\mathrm{r},j}L_{\mathrm{r}}}{I_z}\end{cases}\tag{4-4}$$

$$(i=1,2,3\qquad j=1,2,3)$$

式中，K_{f}、K_{r}、b_{f}、b_{r} 均为关于轮胎侧偏角 α_{f} 和 α_{r} 的分段仿射函数。在式（4-4）中，系统输入分别为前轮转角输入 δ 和质心横摆力矩 M_z，其中横摆力矩是通过后轮轮胎纵向力实现的，因此与前轮转向所产生的轮胎横向力不存在耦合关系。当车辆只有前轮转向控制、无横摆力矩干预时，只需在式（4-4）中令 $M_z=0$，即可得到单一转向控制下车辆横向动力学模型。

由于控制算法设计需要基于离散动力学方程，因此对式（4-4）进行离散化。此处采用欧拉离散法，这样可以保证离散后系统输出 - 输入相对阶数与原有连续系统相同。系统离散化后的状态空间方程可以表示为

$$\boldsymbol{x}_{k+1}=\boldsymbol{A}_{ij}\boldsymbol{x}_k+\boldsymbol{B}_{ij}\boldsymbol{u}_k+\boldsymbol{f}_{ij}\ (i=1,2,3\quad j=1,2,3)\tag{4-5}$$

式中，$\boldsymbol{x}_k=\begin{bmatrix}Y_k & v_{y,k} & \psi_k & \dot{\psi}_k\end{bmatrix}^{\mathrm{T}}$，$\boldsymbol{u}_k=\begin{bmatrix}\delta_k & M_{z,k}\end{bmatrix}^{\mathrm{T}}$，

$$\boldsymbol{A}_{ij}=\begin{bmatrix} 1 & T_s & T_s v_x & 0 \\ 0 & 1+\dfrac{K_{f,i}+K_{r,j}}{m v_x}T_s & 0 & \left(\dfrac{K_{f,i}l_f-K_{r,j}l_r}{m v_x}-v_x\right)T_s \\ 0 & 0 & 1 & T_s \\ 0 & \dfrac{K_{f,i}L_f-K_{r,j}L_r}{I_z v_x}T_s & 0 & 1+\dfrac{K_{f,i}L_f^2+K_{r,j}L_r^2}{I_z v_x}T_s \end{bmatrix}(i=1,2,3\quad j=1,2,3) \tag{4-6}$$

$$\boldsymbol{B}_{ij}=\begin{bmatrix} 0 & 0 \\ -\dfrac{K_{f,i}}{m}T_s & 0 \\ 0 & 0 \\ -\dfrac{K_{f,i}L_f}{I_z}T_s & \dfrac{1}{I_z}T_s \end{bmatrix}(i=1,2,3\qquad j=1,2,3) \tag{4-7}$$

$$\boldsymbol{f}_{ij}=\begin{bmatrix} 0 \\ \dfrac{b_{f,i}+b_{r,j}}{m}T_s \\ 0 \\ \dfrac{b_{f,i}L_f-b_{r,j}L_r}{I_z}T_s \end{bmatrix}(i=1,2,3\qquad j=1,2,3) \tag{4-8}$$

当车辆仅具有转向控制、无横摆力矩干预时，系统输入为 $u_k=\delta_k$，输入矩阵 $\boldsymbol{B}_{ij}$ 如式（4-9）所示，系统状态变量 $\boldsymbol{x}_k$、状态矩阵 $\boldsymbol{A}_{ij}$ 和仿射项 $\boldsymbol{f}_{ij}$ 与式（4-5）中相同。

$$\boldsymbol{B}_{ij}=\begin{bmatrix} 0 \\ -\dfrac{K_{f,i}}{m}T_s \\ 0 \\ -\dfrac{K_{f,i}L_f}{I_z}T_s \end{bmatrix}(i=1,2,3\quad j=1,2,3) \tag{4-9}$$

式中，T_s 为系统采样周期，根据实际整车控制器采样频率以及车身姿态控制算法控制需求，本节取 $T_s=50\text{ms}$。根据轮胎横向力模型 [式（4-2）] 对式（4-5）中的模型参数进行了标定，并利用实车测试数据对车辆横向动力学模型 [式（4-5）] 的精度进行了验证，实车测试数据和模型仿真结果对比如图 4-2 所示。其中图 4-2a 为驾驶员转向盘转向指令，图 4-2b 为相同转向盘指令下轮胎转向回正力矩值，图 4-2c 为车辆质心侧偏角对比值，图 4-2d 为横摆角速度对比值。在相同转向盘转角输入下，模型计算得到的车辆状态与实测车辆数据吻合度较高，满足控制算法设计对模型精度的要求。

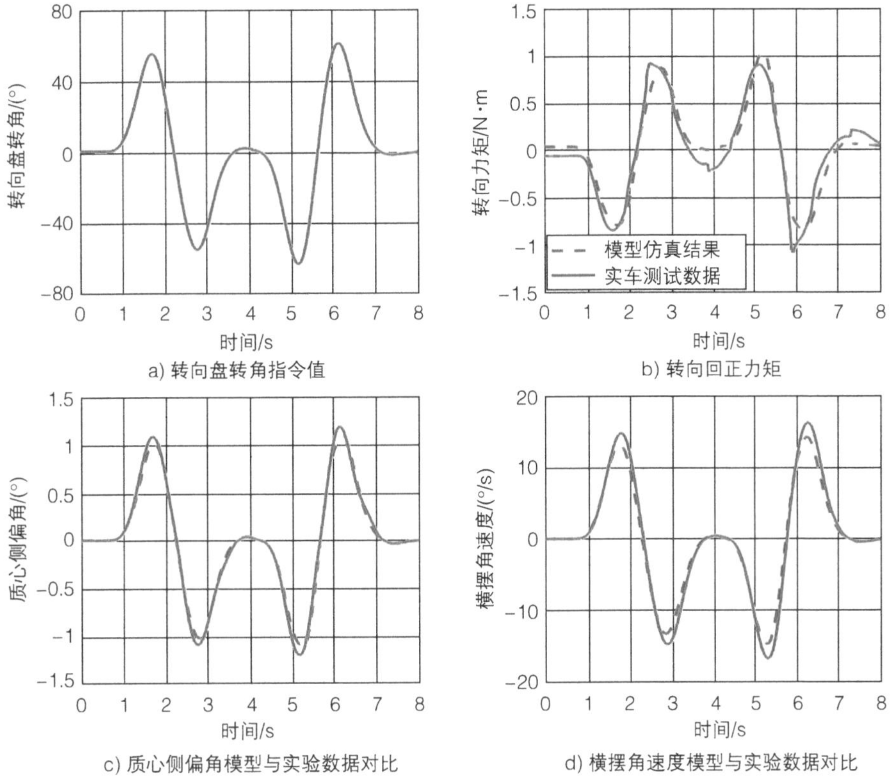

图 4-2　车辆横向动力学模型精度验证

4.1.1.2　基于无味卡尔曼滤波的车辆状态观测算法

本节所讨论的转向工况机电驱制动系统协调控制的问题控制框架如图 4-3 所示。基于式（4-5）设计的协调控制算法，需要当前时刻 kT_s 车辆状态信息 x_k，目标车辆上装配的惯性测量传感器可以直接获得车辆横摆角速度 $\dot{\psi}$ 信息，难以直接获取车辆其余状态信息，因此需要设计车辆状态的观测算法。本节基于车辆横向动力学方程 [式（4-5）] 和车辆横摆角速度 $\dot{\psi}$ 信息对其余车辆状态变量进行观测。在设计观测算法前，首先对系统可观性进行判断。在系统处于不同模式下，利用线性定常系统可观性判据验证式（4-10）是否成立，其中 $\boldsymbol{C}=[0\ 0\ 0\ 1]$。

$$\operatorname{rank}\left(\begin{bmatrix} \boldsymbol{C} \\ \boldsymbol{CA} \\ \boldsymbol{CA}^2 \\ \boldsymbol{CA}^3 \end{bmatrix}\right) == 4 \tag{4-10}$$

容易验证在不同模式下系统式（4-5）均可控。由于系统属于分段仿射系统，卡尔曼滤波（Kalman Filter，KF）和扩展卡尔曼滤波方法（Extended Kalman Filter，EKF）难以对系统在状态切换处的状态概率分布进行精确预测，因此状态观测精度难以保证，故这里采用适用于非线性系统状态观测的无味卡尔曼滤波方法（Unscented Kalman Filter，UKF）设计状态观测器。相比 EKF 对非线性系统在工作点附件进行一阶近似，UKF 未对系统进行任何近似，而是利用无味变换（Unscented Transformation，UT）原理对系统状态概率分布进行非线性映射。因此对于非线性系统，UKF 具有更高的观测精度。需要说明的是，无味变换适用于分段仿射系统，因此可以直接应用于式（4-5）。基于横摆角速度信息和车辆横向动力学方程，设计如下无味卡尔曼滤波算法对车辆横向位置、侧向速度和横摆角度进行观测。

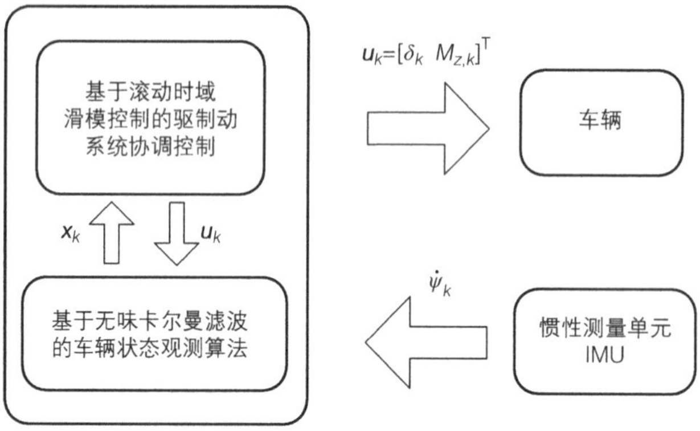

图 4-3 转向工况机电驱制动系统协调控制框架

车辆状态观测算法：

（1）观测算法初始化

$$\hat{\boldsymbol{x}}_0 = E\left[\boldsymbol{x}_0\right] \tag{4-11}$$

$$\boldsymbol{P}_0 = E\left[(\boldsymbol{x}_0 - \hat{\boldsymbol{x}}_0)(\boldsymbol{x}_0 - \hat{\boldsymbol{x}}_0)^{\mathrm{T}}\right] \tag{4-12}$$

$$\hat{\boldsymbol{x}}_0^a = E\left[\boldsymbol{x}^a\right] = \left[\hat{\boldsymbol{x}}_0^{\mathrm{T}} \quad \boldsymbol{0} \quad \boldsymbol{0}\right]^{\mathrm{T}} \tag{4-13}$$

$$\boldsymbol{P}_0^a = E\left[(\boldsymbol{x}_0^a - \hat{\boldsymbol{x}}_0)(\boldsymbol{x}_0^a - \hat{\boldsymbol{x}}_0)^{\mathrm{T}}\right] = \begin{bmatrix} \boldsymbol{P}_0 & \boldsymbol{0} & \boldsymbol{0} \\ \boldsymbol{0} & \boldsymbol{P}_v & \boldsymbol{0} \\ \boldsymbol{0} & \boldsymbol{0} & \boldsymbol{P}_n \end{bmatrix} \tag{4-14}$$

（2）计算特征采样点

对于 $k \in \{1, 2, \cdots, \infty\}$

$$\boldsymbol{\chi}_{k-1}^a = \left[\hat{\boldsymbol{x}}_{k-1}^a \quad \hat{\boldsymbol{x}}_{k-1}^a \pm \sqrt{(L+\lambda)\boldsymbol{P}_{k-1}^a}\right] \tag{4-15}$$

（3）更新系统状态和协方差

$$\boldsymbol{\chi}_{k|k-1}^x = F\left[\boldsymbol{\chi}_{k-1}^x, \boldsymbol{\chi}_{k-1}^v\right] \tag{4-16}$$

$$\hat{\boldsymbol{x}}_k^- = \sum_{i=0}^{2L} W_i^{(\mathrm{m})} \boldsymbol{\chi}_{i,k|k-1}^x \tag{4-17}$$

$$P_k^- = \sum_{i=0}^{2L} W_i^{(c)}[\chi_{i,k|k-1}^x - \hat{x}_k^-][\chi_{i,k|k-1}^x - \hat{x}_k^-]^T \tag{4-18}$$

$$y_{k|k-1} = H\left[\chi_{k|k-1}^x, \chi_{k-1}^n\right] \tag{4-19}$$

$$\hat{y}_k^- = \sum_{i=0}^{2L} W_i^{(m)} y_{i,k|k-1}^x \tag{4-20}$$

式中，F 为系统状态方程，即式（4-5）；H 为系统输出方程，即矩阵 [0 0 0 1]。

（4）更新系统测量值

$$P_{\tilde{y}_k,\tilde{y}_k} = \sum_{i=0}^{2L} W_i^{(c)}[y_{i,k|k-1} - \hat{y}_k^-][y_{i,k|k-1} - \hat{y}_k^-]^T \tag{4-21}$$

$$P_{x_k,y_k} = \sum_{i=0}^{2L} W_i^{(c)}[\chi_{i,k|k-1}^x - \hat{x}_k^-][y_{i,k|k-1} - \hat{y}_k^-]^T \tag{4-22}$$

$$K = P_{x_k,y_k} P_{\tilde{y}_k,\tilde{y}_k}^{-1} \tag{4-23}$$

$$\hat{x}_k = \hat{x}_k^- + K(y_k - \hat{y}_k^-) \tag{4-24}$$

$$P_k = P_k^- - K P_{\tilde{y}_k,\tilde{y}_k} K^T \tag{4-25}$$

式中，$E[]$ 为期望值函数；$x^a = [x_0^T \quad v^T \quad n^T]^T$；$v$ 为系统过程噪声；n 为系统测量噪声；P_v 和 P_n 分别为系统过程噪声协方差和系统测量噪声协方差；W_i 为权重系数，通过下式确定：

$$W_0^{(m)} = \lambda/(L+\lambda) \tag{4-26}$$

$$W_0^{(c)} = \lambda/(L+\lambda)+(1-\alpha^2+\beta) \tag{4-27}$$

$$W_i^{(m)} = W_i^{(m)} = 1/[2(L+\lambda)] \quad i = 1,2,\cdots,2L \tag{4-28}$$

式中，$\lambda = (\alpha^2-1)L$，L 是系统状态的维数；假设系统状态为高斯概率分布，取 β=2。

4.1.1.3 基于滚动时域滑模控制的转向控制算法

为解决转向工况下轮胎横向力所引发的系统非线性以及执行机构饱和导致车辆失稳的问题，目前研究中均采用以下两类控制算法：①以滑模控制为代表的非线性控制算法；②以模型预测控制为代表的优化控制算法。然而传统非线性控制算法难以考虑系统约束，优化控制算法则难以直接包含系统跟踪误差的动态特性，从而造成控制参数选择困难的问题。为提出既能在控制算法设计过程中直接考虑系统状态和性能指标约束，同时也能简化控制算法参数选取的转向工况协调控制算法，本节首先将滚动时域滑模控制算法由单输入单输出系统推广至多输入多输出系统，在此基础上将滚动时域滑模控制算法应用于转向工况协调控制算法设计中。

针对多输入多输出分段仿射系统进行控制算法研究：

$$\begin{cases} \boldsymbol{x}_{k+1} = \boldsymbol{A}_{j_k}\boldsymbol{x}_k + \boldsymbol{B}_{j_k}\boldsymbol{u}_k + \boldsymbol{f}_{j_k} \\ \boldsymbol{y}_k = \boldsymbol{C}_{j_k}\boldsymbol{x}_k \end{cases} \quad \boldsymbol{x}_k \in \boldsymbol{\Omega}_{j_k} \tag{4-29}$$

式中，系统状态向量满足约束$\boldsymbol{x} \in \mathcal{X} \subseteq \mathbb{R}^n$；输入向量满足约束$\boldsymbol{u} \in \mathcal{U} \subseteq \mathbb{R}^s$；系统输出$\boldsymbol{y} \in \mathbb{R}^m$，$\boldsymbol{\Omega}_{j_k}$为系统状态空间$\mathcal{X}$中的凸多面体。当采样时刻为$kT_s$时，系统处于模式$j_k \in \mathcal{P}$，对应的系统矩阵分别为$\boldsymbol{A}_{j_k} \in \mathbb{R}^{n\times n}$、$\boldsymbol{B}_{j_k} \in \mathbb{R}^{n\times s}$、$\boldsymbol{f}_{j_k} \in \mathbb{R}^n$和$\boldsymbol{C}_{j_k} \in \mathbb{R}^{m\times n}$。$\mathcal{P} := \{1,2,\cdots,p\}$表示系统不同模式的集合，$p$为系统模式的数量。当式（4-29）被用于预测系统状态时，在采样时刻kT_s，系统真实的状态量、输入量和输出量分别定义为$x(k)$、$u(k)$和$y(k)$。

假设系统在kT_s时刻处于j_k模式，对多输入多输出系统的第i个输出变量设计输出误差理想动态$\delta^i_{j_k}(\varepsilon^i_{k,j_k},\cdots,\varepsilon^i_{k+d_i,j_k})$，$i=1,\cdots,m$，其中$\varepsilon$为系统实际输出与目标输出的差值。利用微分算子$\boldsymbol{D}_{j_k}(\cdot)$定义多输入多输出系统滑模面：

$$\boldsymbol{D}_{j_k}(\boldsymbol{\varepsilon}) = \begin{bmatrix} \delta^1_{j_k}(\varepsilon^1_{k,j_k},\ldots,\varepsilon^1_{k+d_1,j_k}) \\ \ldots \\ \delta^m_{j_k}(\varepsilon^m_{k,j_k},\ldots,\varepsilon^m_{k+d_m,j_k}) \end{bmatrix} \tag{4-30}$$

式中，方程$\boldsymbol{D}_{j_k}(\boldsymbol{\varepsilon})_k=0$是关于跟踪误差$\varepsilon$的渐进稳定动态面，即$\boldsymbol{D}_{j_k}(\boldsymbol{\varepsilon})_k=0\forall k \Rightarrow \lim_{k\to\infty}\varepsilon = 0$。同时$\delta^i_{j_k}$的输出 - 输入相对阶为 1，即$\delta^i_{j_k}$的阶数等于相应输出通道相对阶数减一。

基于以上讨论，可以将滑模面定义为如下形式：

$$\boldsymbol{s}_{k,j_k} = \boldsymbol{D}_{j_k}(\boldsymbol{\varepsilon}) \qquad \boldsymbol{x}_k \in \boldsymbol{\Omega}_{j_k} \tag{4-31}$$

为解决系统约束导致的稳定性问题，定义包含系统未来N步滑模变量的向量$\boldsymbol{S}_{k+1}$，

$$\boldsymbol{S}_{k+1} = [\boldsymbol{s}_{k+1,j_{k+1}} \quad \boldsymbol{s}_{k+2,j_{k+2}} \quad \ldots \quad \boldsymbol{s}_{k+N,j_{k+N}}]^{\mathrm{T}} \tag{4-32}$$

与之相应的定义包含未来N步系统状态变量和输入变量的向量$\boldsymbol{X}_k$和$\boldsymbol{U}_k$，其中$\bar{N}_{j_k} = N + d_{j_k}$：

$$\boldsymbol{X}_k = [\boldsymbol{x}_k \quad \boldsymbol{x}_{k+1} \quad \ldots \quad \boldsymbol{x}_{k+\bar{N}_{j_k}}]^{\mathrm{T}} \tag{4-33}$$

$$\boldsymbol{U}_k = [\boldsymbol{u}_k \quad \boldsymbol{u}_{k+1} \quad \ldots \quad \boldsymbol{u}_{k+\bar{N}_{j_k}-1}]^{\mathrm{T}} \tag{4-34}$$

基于以上变量，可以定义多输入多输出系统滚动时域滑模控制优化问题。在采样时刻kT_s，通过求解优化问题可以得到包含系统未来N步的状态序列$\boldsymbol{X}^*_k$和输入序列$\boldsymbol{U}^*_k$。针对多输入多输出分段仿射系统的滚动时域滑模控制优化问题定义为

$$
\begin{aligned}
&\min_{\boldsymbol{X}_k,\boldsymbol{U}_k} \quad \left\|\boldsymbol{W}\boldsymbol{S}_{k+1}\right\|_F^2 \\
\text{s.t.} \quad & \boldsymbol{s}_{k,j_k}=\boldsymbol{D}_{j_k}(\boldsymbol{\varepsilon}_{k,j_k}), \quad i=k,\cdots,k+N-1 \\
& \boldsymbol{\varepsilon}_{i+1,j_{i+1}}=\boldsymbol{y}_{i+1}-\boldsymbol{y}_{i+1}^{\text{des}}, \quad i=k,\cdots,k+\bar{N}_{j_k} \\
& \boldsymbol{x}_{i+1}=\boldsymbol{A}_{j_i}\boldsymbol{x}_i+\boldsymbol{B}_{j_i}\boldsymbol{u}_i+\boldsymbol{f}_{j_i}, \quad i=k,\cdots,k+\bar{N}_{j_k} \\
& \boldsymbol{y}_{i+1}=\boldsymbol{C}_{j_i}\boldsymbol{x}_i, \quad i=k,\cdots,k+\bar{N}_{j_k} \\
& \boldsymbol{x}_i\in\boldsymbol{X}, \quad \boldsymbol{u}_i\in\boldsymbol{U}, \quad i=k,\cdots,k+\bar{N}_{j_k} \\
& \boldsymbol{x}_k=\boldsymbol{x}(k)
\end{aligned}
\tag{4-35}
$$

根据模型预测控制的工作原理，kT_s 时刻的控制律为 $u(k)=u_k^*$，即优化问题求解得到的控制序列 $\boldsymbol{U}_k^*$ 的第一个元素。在下一采样时刻，根据系统状态求解相同的优化问题。需要说明的是，与单输入单输出系统不同，多输入多输出系统优化目标函数采用弗罗贝尼乌斯（Frobenius）范数进行度量。矩阵 $\boldsymbol{W}$ 为对角矩阵，用于平衡各个不同输出量所对应滑模面在整体优化函数中所占的权重比例，其中矩阵对角线元素可以根据实际需要进行调整。

基于以上多输入多输出滚动时域滑模控制算法，设计转向工况下机电驱制动系统协调控制算法。这里为对比单一转向系统控制和转向与驱制动力协调控制下对车辆操纵稳定性的影响，设计了两种不同控制算法。首先设计基于多输入多输出系统滚动时域滑模控制的转向控制算法。

在车辆转向工况下，选取式（4-4）中全局坐标系下车辆横向位置 Y 和横摆角 ψ 作为描述系统运动的状态量。根据滑模面设计要求，由于车辆位置 Y 的输出 - 输入相对阶数为 2，因此设计如下一阶滑模面：

$$
s_{k,j_k}^{Y}=(Y_{k+1}-Y_{k+1}^{\text{des}})-\alpha_Y(Y_k-Y_k^{\text{des}}) \tag{4-36}
$$

同理，由于横摆角 ψ 的输出 - 输入相对阶数同样为 2，设计如下一阶滑模面：

$$
s_{k,j_k}^{\psi}=(\psi_{k+1}-\psi_{k+1}^{\text{des}})-\alpha_\psi(\psi_k-\psi_k^{\text{des}}) \tag{4-37}
$$

基于式（4-36）和式（4-37），定义如下滚动时域滑模控制优化问题：

$$
\begin{aligned}
&\min_{X_k,U_k} \quad \left\|\boldsymbol{M}\boldsymbol{S}_{k+1}\right\|_F^2 \\
\text{s.t.} \quad & \boldsymbol{s}_{i+1,j_{i+1}}=\mathrm{D}_{j_{i+1}}(\boldsymbol{\varepsilon}_{i+1,j_{i+1}}) \quad i=k,\cdots,k+N-1, \quad j_i\in\{1,2,\cdots,9\} \\
& \boldsymbol{x}_{i+1}=\boldsymbol{A}_{j_i}\boldsymbol{x}_i+\boldsymbol{B}_{j_i}u_i+\boldsymbol{f}_{j_i}, \quad i=k,\cdots,k+N_{j_i} \\
& \boldsymbol{y}_{i+1}=\boldsymbol{C}_{j_i}\boldsymbol{x}_i, \quad i=k,\cdots,k+N_{j_i} \\
& |\delta_i|\leqslant\delta_{\max}, \quad i=k,\cdots,k+N_{j_i} \\
& |\Delta\delta_i|\leqslant\Delta\delta_{\max}, \quad i=k,\cdots,k+N_{j_i}
\end{aligned}
\tag{4-38}
$$

式中，$\boldsymbol{X}_k=[x_k\ x_{k+1}\cdots\ x_{k+N+1}]^{\mathrm{T}}$ 和 $\boldsymbol{U}_k=[u_k\ u_{k+1}\cdots\ u_{k+N+1}]^{\mathrm{T}}$ 为需要求解的优化变量，优化的目标函

数可以保证对车辆目标横向位置和横摆角度的跟踪误差最小；δ_k 为车辆前轮转角指令值；矩阵 $\boldsymbol{M}$ 为权重矩阵，用来平衡对横向位移 Y 和横摆角 ψ 跟踪的权重；系统输入矩阵 $\boldsymbol{B}$ 采用式（4-9）的形式。在优化问题中考虑了转向系统最大转角约束和转角速度变化率约束。

4.1.1.4 基于滚动时域滑模控制的机电驱制动系统协调控制算法

本节基于多输入多输出滚动时域滑模控制设计转向系统与车辆驱制动系统协调控制算法。通过协调控制前轮转角 δ_k 和由分布式电机驱制动产生的质心横摆力矩 M_z，提升车辆横向位移 Y 和横摆角 ψ 对目标值的跟踪效果，进而优化车辆转向工况的操纵稳定性。

基于车辆横向动力学方程式（4-5），选取与 4.1.1.3 小节相同的滑模面，即式（4-36）和式（4-37），定义如下滚动时域滑模控制优化问题：

$$
\begin{aligned}
&\min_{\boldsymbol{X}_k,\boldsymbol{U}_k} \quad \left\|\boldsymbol{M}\boldsymbol{S}_{k+1}\right\|_F^2 \\
\text{s.t.}\quad & \boldsymbol{s}_{i+1,j_{i+1}} = \boldsymbol{D}_{j_{i+1}}(\boldsymbol{\varepsilon}_{i+1,j_{i+1}}) \quad i=k,\cdots,k+N-1, \quad j_i\in\{1,2,\cdots,9\} \\
& \boldsymbol{x}_{i+1} = \boldsymbol{A}_{j_i}\boldsymbol{x}_i + \boldsymbol{B}_{j_i}\boldsymbol{u}_i + \boldsymbol{f}_{j_i}, \quad i=k,\cdots,k+N_{j_i} \\
& \boldsymbol{y}_{i+1} = \boldsymbol{C}_{j_i}\boldsymbol{x}_i, \quad i=k,\cdots,k+N_{j_i} \\
& |\delta_i| \leqslant \delta_{\max}, \quad i=k,\cdots,k+N_{j_i} \\
& |\Delta\delta_i| \leqslant \Delta\delta_{\max}, \quad i=k,\cdots,k+N_{j_i} \\
& |M_{z,i}| \leqslant M_{z,\max}, \quad i=k,\cdots,k+N_{j_i} \\
& |\Delta M_{z,i}| \leqslant \Delta M_{z,\max}, \quad i=k,\cdots,k+N_{j_i}
\end{aligned}
\tag{4-39}
$$

式中，$\boldsymbol{X}_k=[x_k\ x_{k+1}\cdots x_{k+N+1}]^{\mathrm{T}}$ 和 $\boldsymbol{U}_k=[u_k\ u_{k+1}\cdots u_{k+N+1}]^{\mathrm{T}}$ 为需要求解的优化变量；δ_k 为车辆前轮转角指令值；M_z 为横摆力矩指令值。系统输入矩阵 $\boldsymbol{B}$ 采用式（4-7）的形式。与式（4-38）中优化问题不同的是，式（4-39）在系统约束中考虑了横摆力矩最大值和变化速率，其中横摆力矩最大值约束与路面附着系数有关，通过调节该约束数值可以保证车辆低附路面上的稳定性。

由于质心横摆力矩 M_z 通过后轴分布式电机驱制动产生，因此在假设轮胎不发生滑转或抱死的情况下，分布式电机转矩指令值分别为

$$
T_{\mathrm{m,lr}} = -\frac{M_{z,k}r_{\mathrm{w}}}{b_{\mathrm{r}}} \tag{4-40}
$$

$$
T_{\mathrm{m,rr}} = \frac{M_{z,k}r_{\mathrm{w}}}{b_{\mathrm{r}}} \tag{4-41}
$$

式中，$T_{\mathrm{m,lr}}$ 和 $T_{\mathrm{m,rr}}$ 分别为左后轮和右后轮电机转矩命令值；r_{w} 为后轮轮胎半径；b_{r} 为后轴轮距。需要说明的是，在利用轮胎纵向力进行车身姿态干预时须保证轮胎滑移率处于线性区间，由于在式（4-5）中直接考虑滑移率动力学特性会导致系统非线性程度增加，造成控制算法设计和求解困难。因此这里采用在优化问题 [（式（4-38）和式（4-39）] 中限制横摆力偶矩大小的方式对轮胎滑移率进行间接限制。

4.1.2　仿真试验验证

4.1.2.1　仿真情景设置

为验证所设计协调控制算法的有效性，分别对单独基于转向控制和转向系统与驱制动系统协调控制算法进行了仿真分析。仿真工况选用 ISO 3888 中所规定的双移线工况。测试分别在高附着路面 μ = 0.8 和低附着路面 μ = 0.3 上进行。其中高附着路面着重测试车辆操纵性能的改善情况，低附着路面着重测试车辆的稳定性。测试过程中车辆的纵向速度 v_x = 47km/h。

本节所设计控制算法在 MATLAB/Simulink 中运行，高精度车辆动力学模型在 Carsim 中运行。车辆构型和参数与第 4.1.1.1 节相同。在离线仿真阶段，所设计的转向工况协调控制算法中优化问题采用 Yalmip 语言编写，选用 Gurobi 求解器对混合整数二次型优化问题（mixed-integer quadratic programming）进行求解。控制算法运行平台为 Windows 操作系统，处理器为 Intel® Core™ i5-4210U 1.70 GHz，内存为 4GB。

首先对转向算法和转向与驱制动系统协调控制算法的控制效果进行对比。在此基础上，分析所设计的控制算法对模型参数的不确定性和传感器噪声干扰的鲁棒性。

4.1.2.2　不同控制算法对比分析

控制算法的控制目标是通过协调控制转向系统和分布式电驱动系统，实现对理想双移线轨迹的跟踪，从而提升在高附路面上车辆操纵性和低附路面上车辆稳定性。在单一转向系统控制下，车辆在高附路面下的理想路径跟踪效果仿真结果如图 4-4 所示，转角指令值仿真结果如图 4-5 所示。

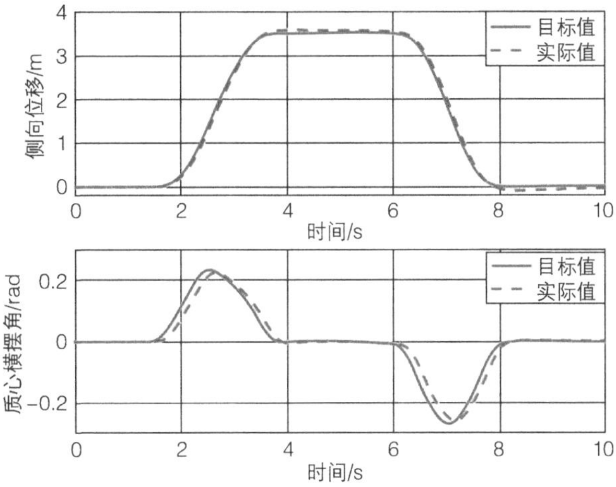

图 4-4　单一转向系统控制下高附路面路径跟踪控制效果仿真结果

由图 4-4 可以看出，在高附路面上单纯利用转向系统可以实现对横向位移和质心横摆角的理想跟踪。此时由于轮胎横向力裕度较大，通过横向力对车身姿态进行调节不会造成横向力饱和进而导致车身失稳。同时由图 4-5 可以看出，由于滚动时域滑模控制在控制算法设计过程中直接考虑了系统跟踪误差的动态变化，当系统状态未到达目标滑模面时，控制指令在不违反转向系统最大转角和转角变化率等物理系统约束的前提下，尽可能快速地使系统收敛至目标滑模面，此时控制指令变化较为剧烈（如图 4-5 中 6.5 ~ 7.5s 之间）；当系统状态达到目标滑模面后，控制指令平滑，系统状态保持在目标滑模面上滑动（如图 4-5 中 4 ~ 6s），跟踪误差收敛至零。

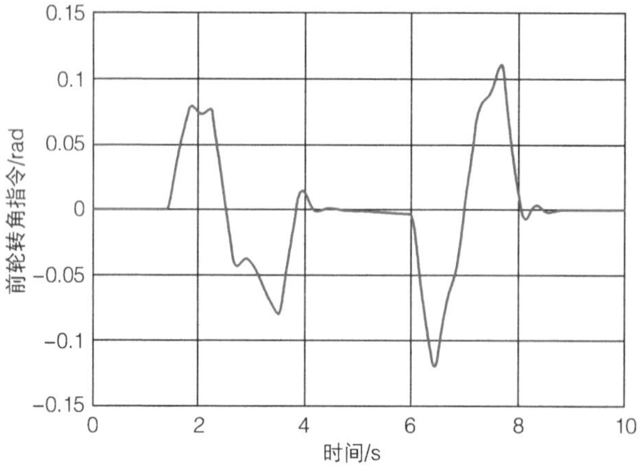

图 4-5　单一转向系统控制下高附路面前轮转角指令值仿真结果

在单一转向系统控制下，车辆在低附路面下的理想路径跟踪效果仿真结果如图 4-6 所示，转角指令值如图 4-7 所示。由图 4-6 可以看出，与高附路面相比，在低附路面上车辆路径跟踪效果明显下降。在 8 ~ 10s 时间区间内，车辆驶出预定路径范围，出现失稳趋势。与此同时，质心横摆角在 8.5s 左右出现明显超调，无法跟踪目标横摆角，车身姿态与目标值偏差较大。出现以上车辆失稳趋势的原因在于，在低附路面上，轮胎可利用的横向力裕度较高附时显著减小，因此仅通过转向系统对横向力实施控制从而干预车身姿态已不足以实现车辆稳定性控制。由图 4-7 可以看出，前轮转角在 2s 和 6 ~ 8s 时已达到饱和状态。由于在滚动时域滑模控制优化问题 [式（4-38）] 中已考虑了转角指令最大值的约束（$\delta = rad_{max}$），因此控制指令不会违反该约束。正因为该约束的存在，保证了转角控制指令没有继续增加，从而保证车辆未出现完全失稳的状况。上述低附仿真结果说明，为保证车辆行驶安全性，有必要在低附路面上研究转向系统与驱制动系统协调控制算法。

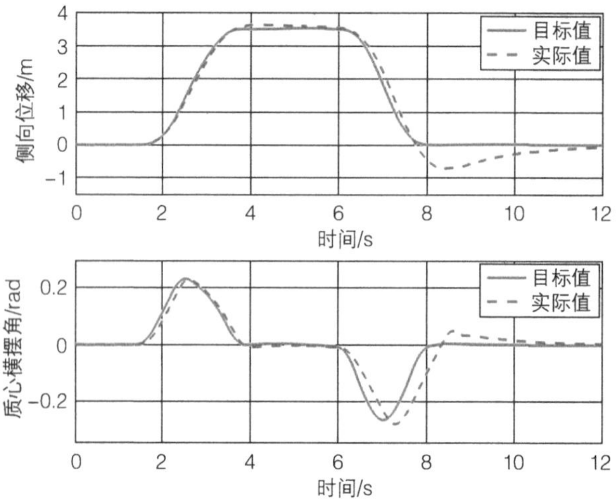

图 4-6　单一转向系统控制下低附路面路径跟踪控制效果仿真结果

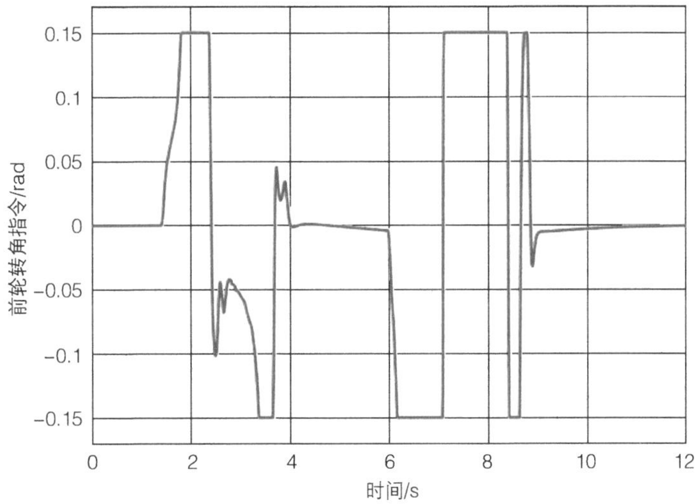

图 4-7　单一转向系统控制下低附路面前轮转角指令值仿真结果

在转向系统和分布式电驱动系统协调控制下，车辆在低附路面下的理想路径跟踪效果仿真结果如图 4-8 所示，转向系统和分布式电驱制动系统协调控制效果如图 4-9 所示。与单一转向系统控制相比，横向位移和质心横摆角跟踪效果均有显著提升。原因在于，通过后轴分布式电机驱制动协调控制，在车辆质心处可以产生横摆力矩，该横摆力矩是通过轮胎纵向力产生的，因此降低了前轴横向力负担。由图 4-9 可以看出，前轮转角指令值与图 4-7 相比有了明显下降，前轮转角未出现饱和状态。同时，横摆力矩的幅值约束（$|\Delta M_{z,i}| \leqslant \Delta M_{z,\max}$）保证了车轮纵向方向不发生抱死或打滑。需要说明的是，分布式电驱制动系统的介入降低了转向系统的负担，由于车轮横向力饱和是导致转向过程中失稳的主要原因，因此通过协调控制转向系统和分布式电驱制动系统可以提高车辆稳定裕度。

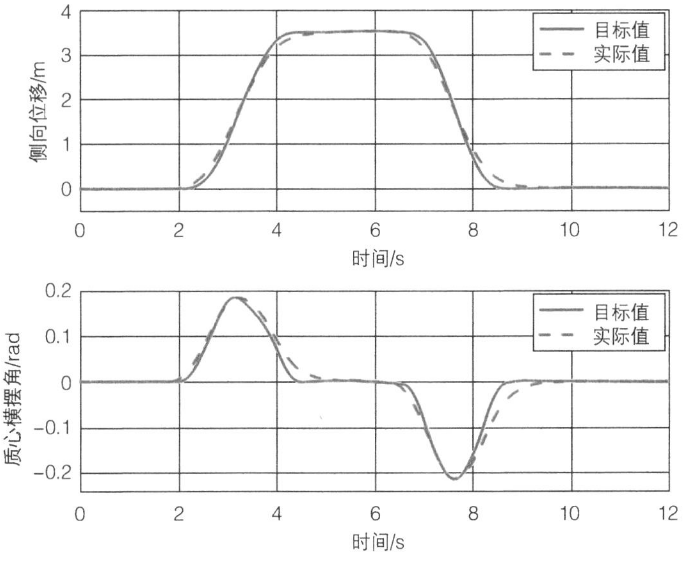

图 4-8　转向系统和分布式电驱制动系统协调控制下低附路面路径跟踪控制效果仿真结果

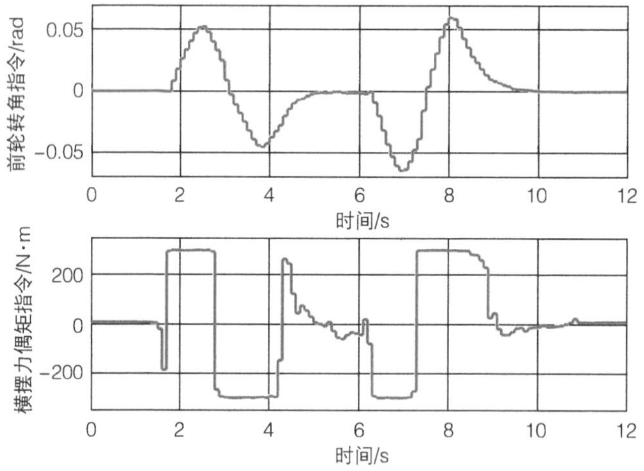

图 4-9　转向系统和分布式电驱制动系统协调控制效果仿真结果

4.1.2.3　滚动时域滑模控制算法鲁棒性分析

在实际工程中，由于控制器设计时所使用模型与真实被控对象的误差和外界干扰等因素，会导致所设计控制算法控制效果下降甚至导致系统失稳。本节以单一转向系统控制车辆操纵稳定性为例，在高附路面上分别分析模型参数误差和传感器噪声对滚动时域滑模控制算法效果产生的影响。

本节所设计的机电驱制动系统协调控制算法均基于系统动力学模型式（4-5），其中前、后轴的侧偏刚度系数 K_f 和 K_r 难以准确获取。因此要求所设计的控制算法对侧偏刚度的鲁棒性较强。本节通过增大和减小控制器设计所使用模型中的侧偏刚度数值，分析侧偏刚度对最终控制算法的影响效果。控制算法动力学模型中侧偏刚度大于真实值时前轮转角指令和车身姿态控制效果仿真结果分别如图 4-10 和图 4-11 所示。其中，“误差 +100%”表示控制器中所使用的模型侧偏刚度较真实侧偏刚度大 100%；同理定义“误差 −50%”，表示控制器中所使用的模型侧偏刚度较真实侧偏刚度小 50%。

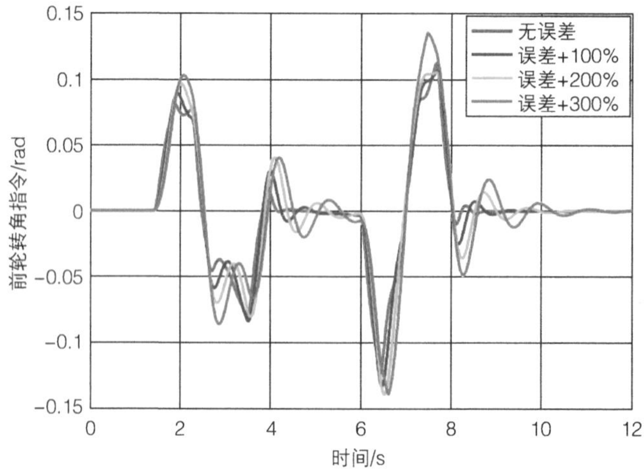

图 4-10　控制算法动力学模型中侧偏刚度大于真实值时前轮转角指令仿真结果

首先分析模型中侧偏刚度大于真实值的情况。由图 4-10 可以看出，与无侧偏刚度相比，存在模型侧偏刚度误差的控制算法所计算的控制指令存在振荡，且振荡的幅值和衰减时间均随着误差的增大而增大。与此同时，由图 4-11 可知，控制指令的振荡导致车身横向位移和横摆角跟踪效果的恶化。造成控制指令振荡的原因分析如下：由于控制器所使用的模型中侧偏刚度大于真实值，因此为跟随目标横向位移，通过求解优化问题 [式（4-38）] 所得到的控制指令要小于真实系统所需要的转向角。即当真实系统状态与目标状态相同时，控制器所施加的转向角大于真实车辆所需要的转向角。因此，当下一时刻真实系统状态反馈给控制器时，控制器根据实际状态与目标状态的差值减小转角指令，但实际转向系统仍存在一定滞后，从而导致指令出现振荡。需要特别说明的是，该种情形与车辆不足转向特性相似，对稳定性影响不大。

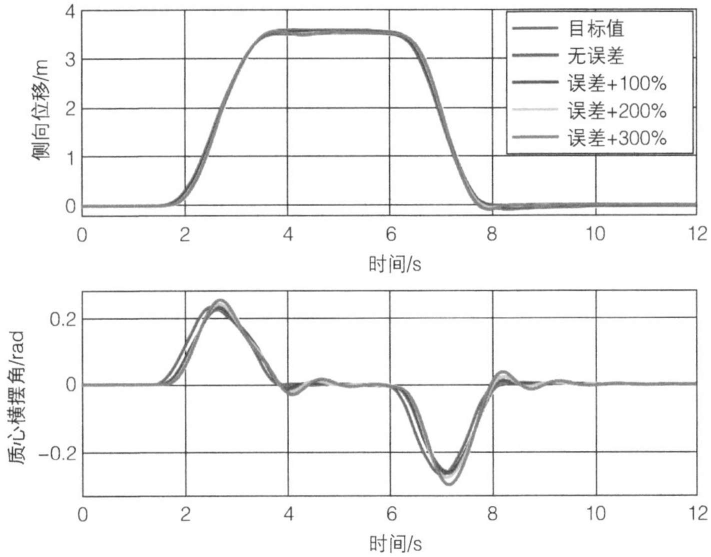

图 4-11 控制算法动力学模型中侧偏刚度大于真实值时车身姿态控制效果仿真结果

接下来分析模型中侧偏刚度小于真实值的情况。控制算法动力学模型中侧偏刚度小于真实值时前轮转角指令仿真结果如图 4-12 所示。由图 4-12 可以看出，与无侧偏刚度误差相比，当误差超过一定范围时，控制算法所计算的控制指令出现严重振荡，控制系统失稳。控制算法动力学模型中侧偏刚度小于真实值时车身姿态控制效果仿真结果如图 4-13 所示，控制指令的振荡不仅会导致车身横向位移和横摆角跟踪效果的恶化，同时也会损坏控制器硬件和执行机构。造成控制指令失稳的原因如下：由于控制器所使用的模型中侧偏刚度小于真实值，因此为跟随目标横向位移，通过求解优化问题 [式（4-38）] 所得到的控制指令要大于真实系统所需要的转向角。当该误差超过一定范围时，车辆当前时刻所施加的转角指令远远大于真实系统需求值，因此，在下一时刻控制器需要反向施加控制对车辆姿态进行补偿，由此导致控制指令失稳。需要特别说明的是，该种情形与车辆过度转向特性相似，对稳定性影响极大。

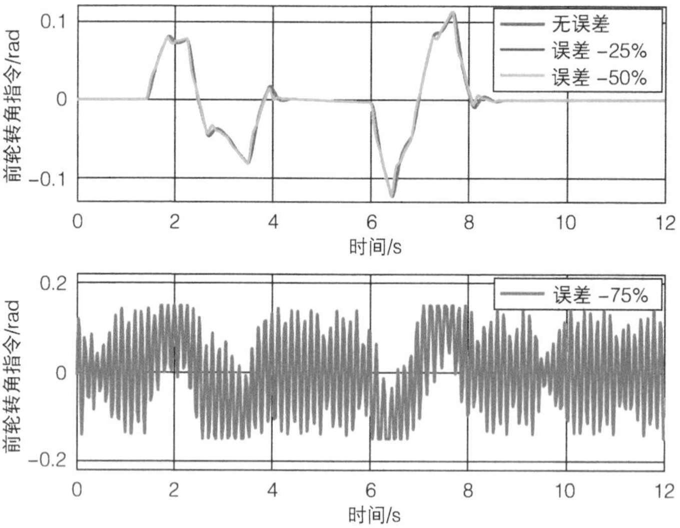

图 4-12　控制算法动力学模型中侧偏刚度小于真实值时前轮转角指令仿真结果

通过以上分析可知，当模型辨识过程中难以得到轮胎侧偏刚度时，选取大于真实值的轮胎侧偏刚度系数虽然会导致控制车辆操纵性能下降，但可保证控制器的稳定性。

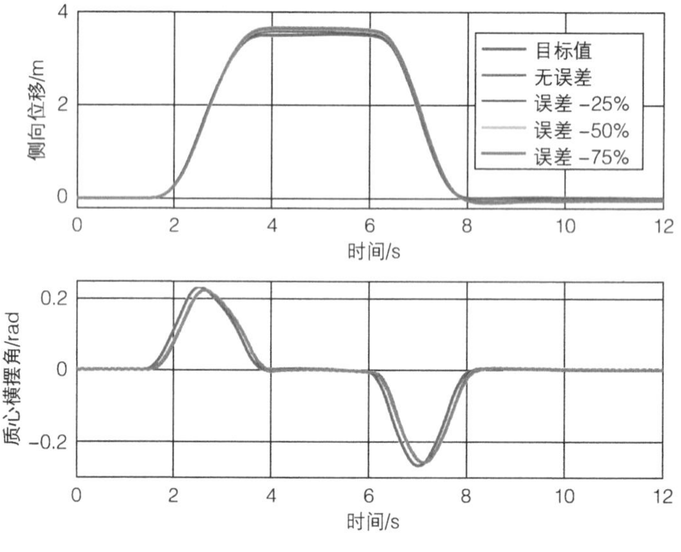

图 4-13　控制算法动力学模型中侧偏刚度小于真实值时车身姿态控制效果仿真结果

在实际工程中传感器噪声也会对控制效果产生巨大影响，甚至导致控制系统失稳。本节所研究目标车辆装配有惯性测量传感器（IMU），可以获得车辆横摆角速度信息，但传感器信息中存在高频噪声。

根据第 4.1.1 节中的车辆协调控制算法框架，首先需要根据车辆横摆角速度 $\dot{\psi}$ 信息对车辆侧向位移、车辆侧向速度和车辆横摆角状态量进行观测，将观测得到的车辆状态量作为控制算法的输入，求解优化问题最终得到转向系统和驱制动系统的控制律。为验证所设计无味卡尔曼滤波观测算法有效性，需要对传感器噪声进行建模。假设传感器噪声为高斯分布白噪声，信噪比 SNR = 40dB，该信噪比与真实横摆角速度传感器信噪比相当。仿真中对比了两种不同的控制情形：第一种为直接利用传感器信号作为控制算法输入进行控制；第二种为利用经过无味卡尔曼滤波器得到的信号作为控制算法输入进行控制。无味卡尔曼滤波器观测效果以及上述两种不同控制算法下控制效果仿真结果如图 4-14 ~ 图 4-16 所示。

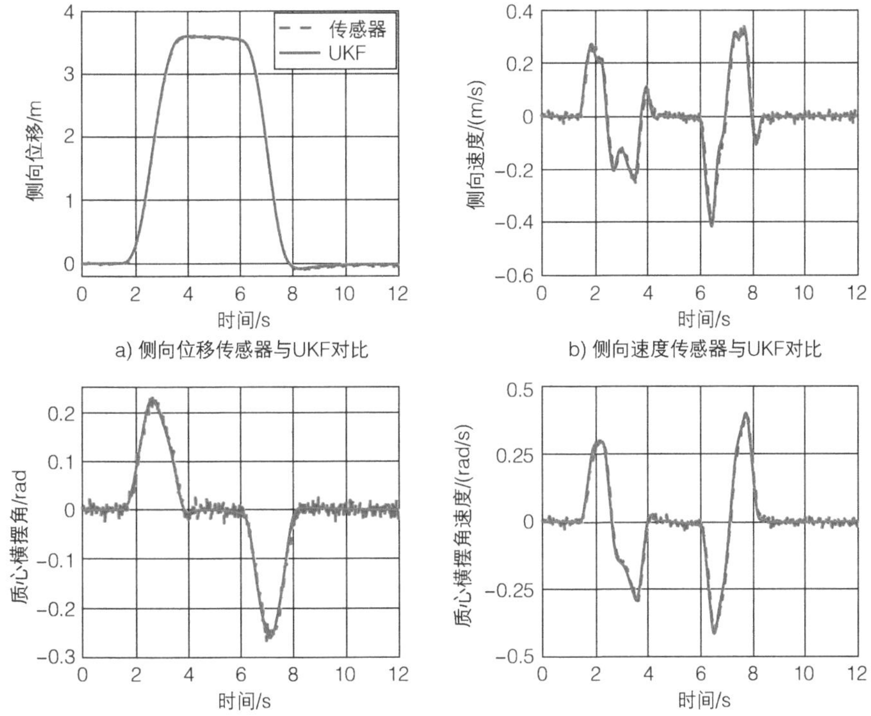

a) 侧向位移传感器与UKF对比　b) 侧向速度传感器与UKF对比

c) 质心横摆角传感器与UKF对比　d) 质心横摆角速度传感器与UKF对比

图 4-14　无味卡尔曼滤波器车辆状态观测效果仿真结果

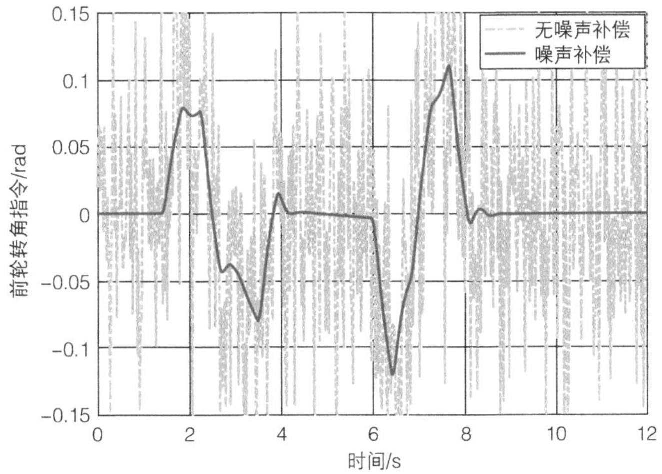

图 4-15　有无传感器噪声补偿下控制算法前轮转角指令仿真结果

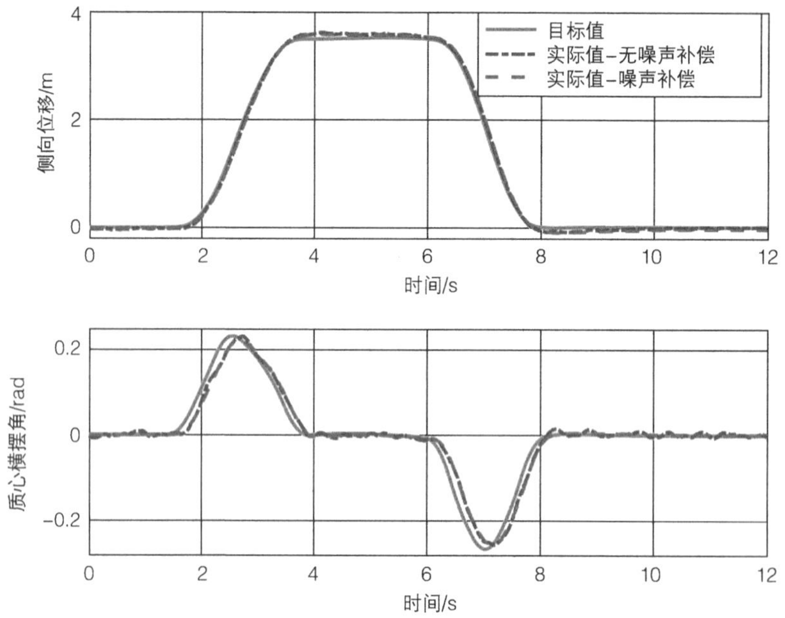

图 4-16　有无传感器噪声补偿下控制算法车辆姿态控制效果仿真结果

从图 4-14 可以看出，与传感器原始信号相比，经过无味卡尔曼滤波器处理的信号噪声显著减小，同时基于车辆横摆角速度信号完成了对车辆其余状态信息的重构，说明了所设计观测算法的有效性。由图 4-15 可以看出，由于传感器噪声的干扰，未经滤波器处理的状态变量信号直接用作控制算法输入会导致控制算法出现失稳的现象。相比之下，利用无味卡尔曼滤波器处理后信号作为控制输入可以显著改善控制律失稳的情况。由图 4-16 可以看出，在经过系统状态信号滤波处理后，车辆横向位置和横摆角度跟踪效果也得到了改善。上述仿真结果验证了图 4-3 所示的控制框架的可行性。

4.1.3　台架试验验证

4.1.3.1　台架试验方案

为进一步验证所设计协调控制算法的有效性，基于图 4-17 所示的电驱动 / 电制动动态负载模拟试验台进行了台架试验验证。上位机给定车辆控制指令；dSPACE 实时仿真平台运行控制算法、车辆动力学模型、转向系统模型及前轴电驱 / 电制动系统模型；后轴采用真实的电驱 / 电制动系统，实时仿真平台给定后轴电驱 / 电制动系统转矩命令，通过电驱 / 电制动系统控制器控制后轴电驱 / 电制动系统按照给定的转矩控制命令运行；采用两个测功机分别为左右侧驱 / 电制动电机进行加载，模拟道路负载情况。电驱 / 电制动系统控制器选用 Linux 操作系统，处理器为 Intel® Core™ i7-6770HQ 3.50GHz，内存为 4GB。采用 Julia 语言编写优化算法，选用 Gurobi 求解器对优化问题进行求解。台架试验工况与仿真中相同，分别验证高附着和低附着路面下转向系统和分布式电驱动系统协调控制算法的有效性。

本节所进行的台架试验有以下两个目的：①验证所设计协调控制算法对车辆操纵稳定性的改善效果和算法本身的实时性；②由于试验台目前尚不装配转向系统实物，因此转向系统依旧采用动力学模型替代，在 dSPACE 实时仿真平台上运行。电驱动 / 电制动动态负载模拟试验台可以模拟实际车辆上一个后轴驱动电机的工作状态，通过观察后轴轮胎是否出现抱死或打滑的现象，可以验证优化问题中横摆力矩约束数值选取的合理性。

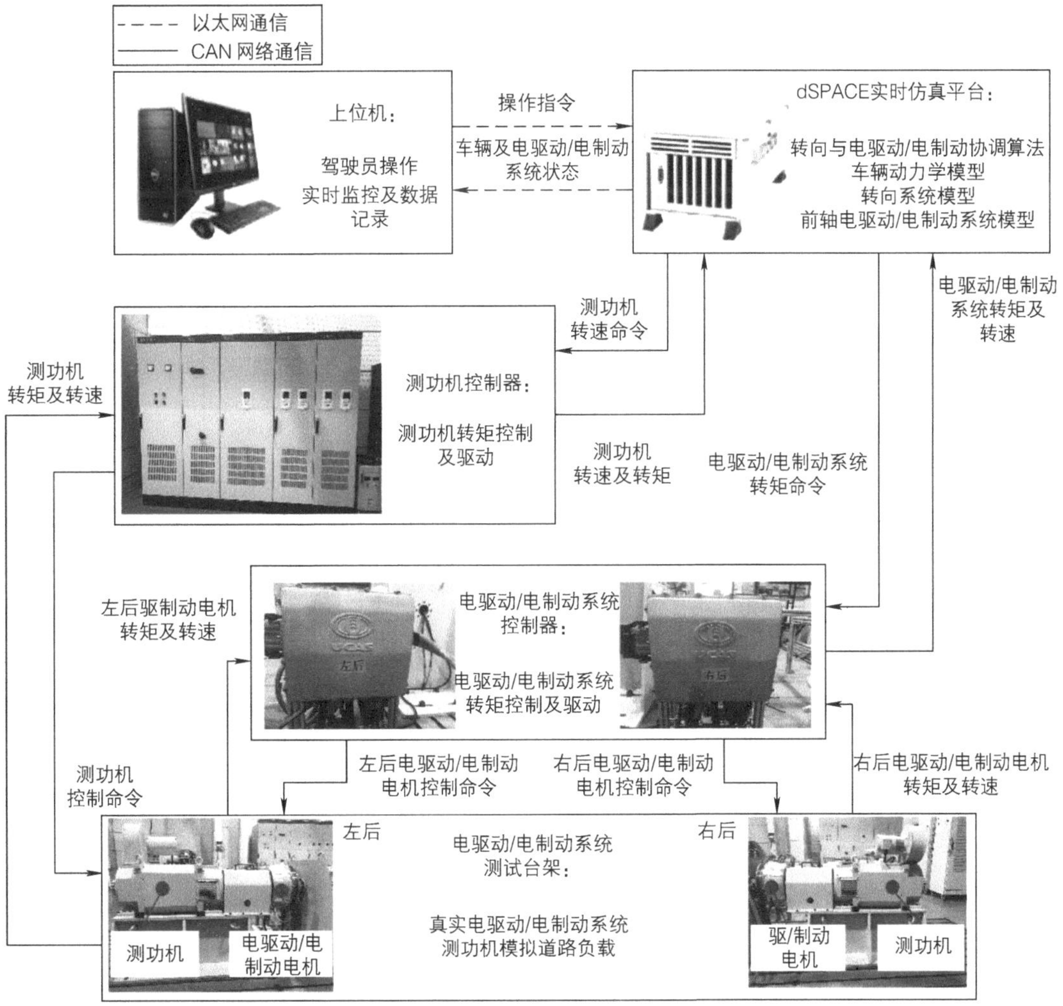

图 4-17 电驱动 / 电制动动态负载模拟试验台

4.1.3.2 控制算法台架试验验证与分析

高附路面上协调控制算法台架试验结果如图 4-18 ~ 图 4-21 所示。由图 4-18 可以看出，与仿真结果类似，在转向系统和分布式电驱动 / 电制动系统协调控制算法控制下，实际车辆轨迹平滑，侧向位移和横摆角均未出现超调现象，车辆侧向位移和质心横摆角均对目标值实现了良好的跟踪效果。

由图 4-19 可以看出，与单纯依靠转向系统提供横向力跟踪车身目标姿态的情形不同，在转向和电驱动 / 电制动系统协调控制算法的控制下，由于分布式电驱动系统对轮胎纵向力进行了干预，减轻了转向系统的负担，车辆前轮转角较图 4-5 有了明显减小。

图 4-20 反映了后轴分布式电机在进行横摆力矩干预时所对应车轮滑移率的变化情况。由于高附路面下轮胎附着力裕度较大，在后轴分布式电机进行纵向力干预时，车轮滑移率

依旧可以保持在线性区域范围内，未发生车轮抱死和打滑等失稳现象。该试验结果验证了优化问题式（4-39）中横摆力矩约束数值选取的可行性。

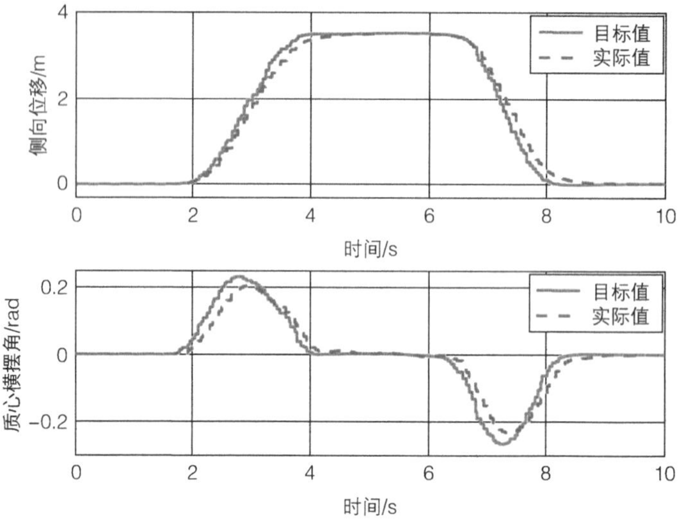

图 4-18　转向系统和电驱动 / 电制动系统协调控制下高附路面路径跟踪控制效果台架试验结果

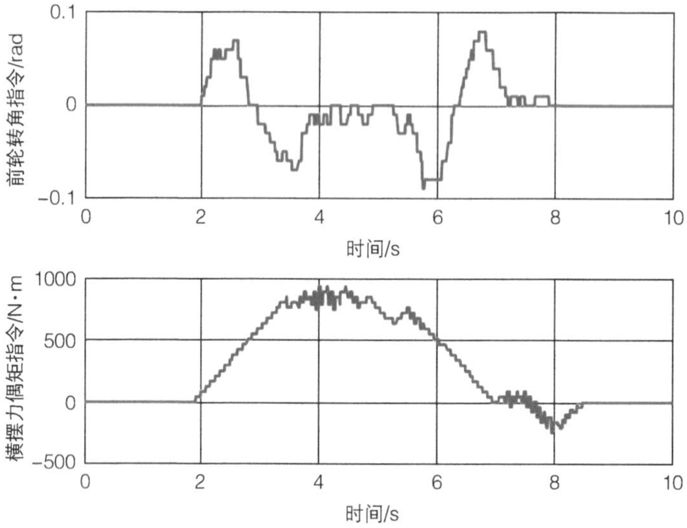

图 4-19　高附路面转向系统和电驱动 / 电制动系统协调控制效果台架试验结果

图 4-21 为台架试验过程中滚动时域优化问题式（4-39）的求解时间。由于控制指令的采样时间为 50ms，因此优化问题需要保证在 50ms 内求解完成。从图 4-21 可以看出，在整个台架试验过程中，仅有一个采样周期优化问题求解时间超过 50ms。当出现优化问题未求解完成的情况时，控制器采用上一时刻控制指令。由于车辆的惯量较大，同时在高附路面行驶轮胎可以提供充足的附着力保证车辆的稳定性，因此该周期未及时更新的控制指令未

对车辆操纵稳定性和整体目标跟踪效果造成影响，上述试验结果表明所设计的转向系统和电驱动 / 电制动系统系统控制算法满足实时性要求。

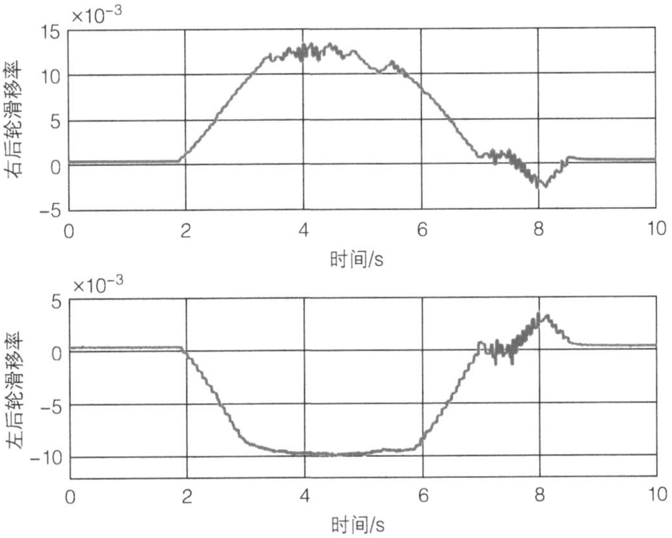

图 4-20　高附路面后轴纵向滑移率控制效果台架试验结果

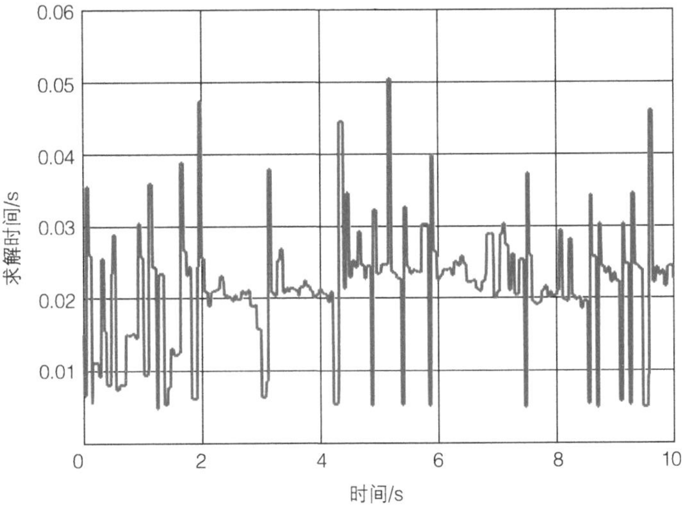

图 4-21　高附路面滚动时域优化问题求解时间台架试验结果

低附路面上协调控制算法台架试验结果如图 4-22 ~ 图 4-25 所示。由图 4-22 可见，在转向系统和分布式电驱动 / 电制动系统协调控制下，低附路面上车辆侧向位移和质心横摆角依然保持良好的跟踪效果，车辆行驶轨迹和质心横摆角未出现超调，保证了车辆在低附路面上的稳定性。

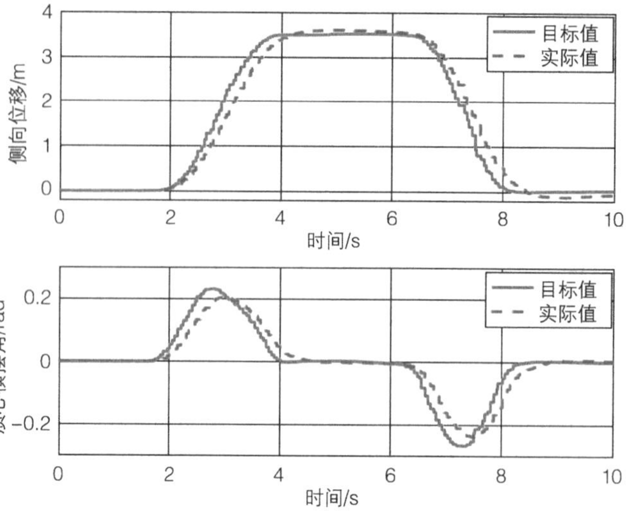

图 4-22 转向系统和电驱动 / 电制动系统协调控制下低附路面路径跟踪控制效果台架试验结果

图 4-23 中分别是在滚动时域滑模控制算法控制下，低附路面上车辆前轮转角指令和质心横摆力矩需求值。与仿真结果相同，前轮转角指令未出现类似单纯依靠转向系统对车身姿态进行调节时发生的饱和情况，保证了车辆不会因为前轮横向力饱和发生失稳的情况。质心横摆力矩在 3.8 ~ 4.8s 附近和 7 ~ 8s 附近出现了两次饱和情况。主要原因在于此时车辆转向角指令均处于零附近，即车辆处于直线行驶状态，但由于实际车身侧向位置和横摆角与目标值仍存在一定偏差，因此通过横摆力矩进行车身姿态干预，且干预量较大并出现饱和。但由于协调控制算法中施加了横摆力矩幅值约束，因此横摆力矩指令值未继续增加，以保证车辆低附路面下的稳定性。

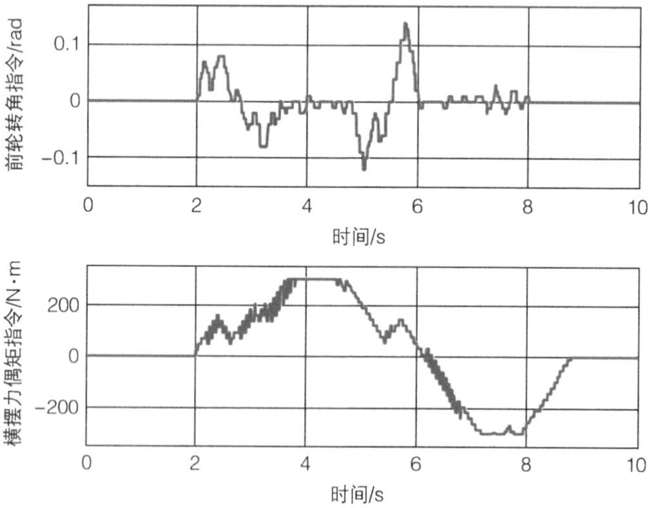

图 4-23 低附路面转向系统和电驱动 / 电制动系统协调控制效果台架试验结果

由图 4-24 可以看出，由于低附路面下轮胎附着力裕度较小，后轴分布式电机进行纵向力干预时滑移率峰值较高附路面的情形有所增加，但由于对横摆力偶矩最大值施加了约束，因此滑移率依然保持在线性区域范围内，未发生车轮抱死或打滑的失稳现象。由此也验证了优化问题式（4-39）中横摆力矩约束数值选取的合理性。

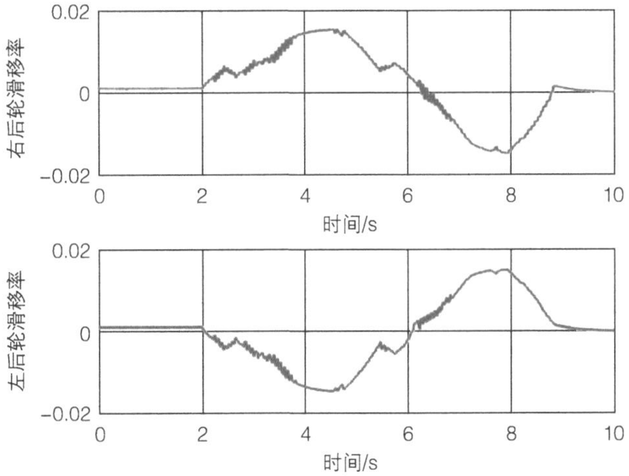

图 4-24　低附路面后轴纵向滑移率控制效果台架试验结果

图 4-25 为台架试验过程中滚动时域优化问题式（4-39）在每个采样周期内的求解时间。由于低附路面在优化问题求解过程中，系统动力学方程式（4-5）涉及更多的状态跳转，因此在实时性上相比与高附状态具有更大的挑战。从图 4-25 中可以看出在整个台架试验过程中，仅有一个采样周期优化问题求解时间超过 50ms，同样未对车辆操纵稳定性整体跟踪效果造成影响，因此所设计的控制算法满足实时性要求。

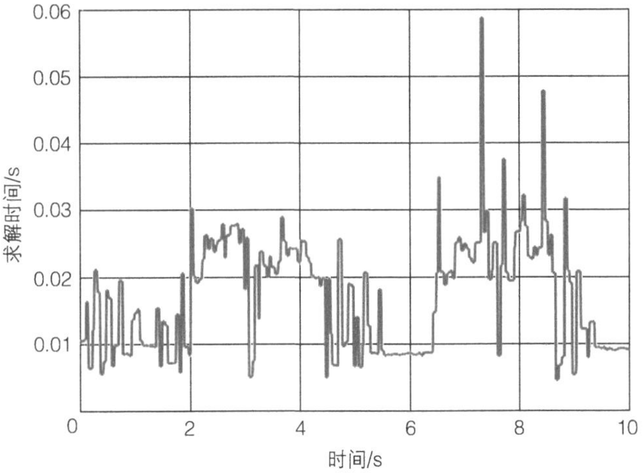

图 4-25　低附路面滚动时域优化问题求解时间台架试验结果

需要说明的是，在以上台架试验过程中，控制算法参数与仿真中保持一致，未进行额外调节和重新标定。能够直接将仿真中控制参数应用到实际控制中的原因在于滚动时域滑模控制中的参数仅对误差收敛速率产生影响，控制效果由优化问题目标函数和系统约束进行保证。因此滚动时域滑模控制为简化控制算法参数标定提供了一种可供参考的解决方案。

4.2 输入迟滞下路径跟踪过程转向和电驱 / 制动系统协调控制

由于转向系统固有的输入迟滞非线性易引入延时，导致控制系统振荡，容易引起系统失稳，严重恶化智能电动汽车路径跟踪性能。此外，复杂行车环境、参数不确定性、时变外部扰动及内部变量耦合等因素，要求智能电动汽车路径跟踪控制具备快速、精确的抗扰性能。鉴于以上问题，这里提出了能够精准补偿转向系统迟滞非线性、保证路径跟踪瞬态及稳态性能及具备精确抗扰性能的转向与电驱 / 制动系统协调控制方法。

4.2.1 包含输入迟滞非线性的车辆路径跟踪模型

以四轮独立驱动智能电动汽车为研究对象，其转向系统和电驱 / 制动系统整体结构如图 4-26 所示。转向执行机构包括线控转向系统及分布式电驱 / 制动系统，线控转向系统的转向电机经齿轮、齿条等传动机构，带动前轮转向 δ_f，进行主动转向干预。电驱 / 制动系统为四轮独立驱动构型，通过电驱 / 制动系统间转矩差动提供外部横摆力矩 ΔM_z；通过协调线控转向系统和电驱 / 制动系统进而实现智能电动汽车路径跟踪控制。

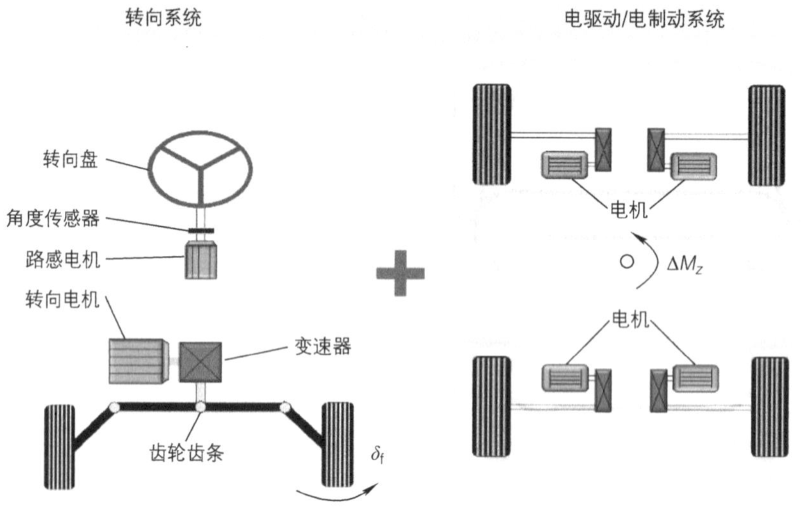

图 4-26 转向系统和电驱 / 制动系统整体结构

4.2.1.1 车辆路径跟踪控制模型

车辆运动学模型如图 4-27 所示。其中，$e_Y = Y - Y_d$ 是车辆侧向位移误差，Y 是车辆的实际侧向位移，Y_d 是车辆的参考侧向位移。$e_\varphi = \varphi - \varphi_d$ 是车辆的横摆角误差，φ 是车辆的实际横摆角，φ_d 是车辆的参考横摆角。v_x 和 v_y 分别是车辆的纵向速度及侧向速度。在车辆横摆角 e_φ 误差较小的情况下，车辆的路径跟踪控制模型可以描述如下：

$$\begin{cases} \dot{e}_Y = v_x e_\varphi + v_y \\ \dot{e}_\varphi = \gamma - \dot{\varphi}_d \end{cases} \tag{4-42}$$

智能电动汽车路径跟踪目标是让车辆跟踪理想的参考路径，同时尽可能减小车辆侧向位移误差 e_Y 及横摆角误差 e_φ。

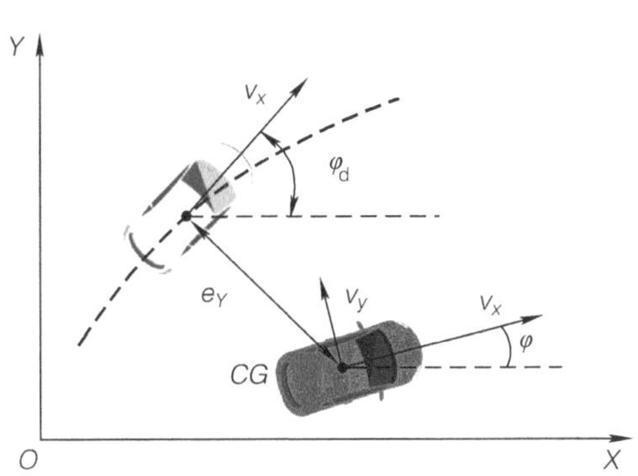

图 4-27　车辆运动学模型

4.2.1.2　车辆侧向动力学模型

本节主要围绕车辆的侧向运动控制展开讨论，因此采用简化的二自由度“自行车”模型可以满足控制器设计需求。简化的二自由度“自行车”车辆侧向动力学模型如图 4-28 所示，包括车辆的侧向及横摆动力学。其中，γ 是车辆的横摆角速度，δ_f 是车辆的前轮转角，F_{yf} 和 F_{yr} 分别是车辆前轮和后轮的侧向力，α_f 和 α_r 分别是车辆前轮和后轮的侧偏角。L_f 和 L_r 分别是前轴和后轴到车辆质心的距离。M_z 是外部横摆力矩，由四轮独立驱动电机提供，假设轮胎未发生滑移 / 转的情况，M_z 可表示如下：

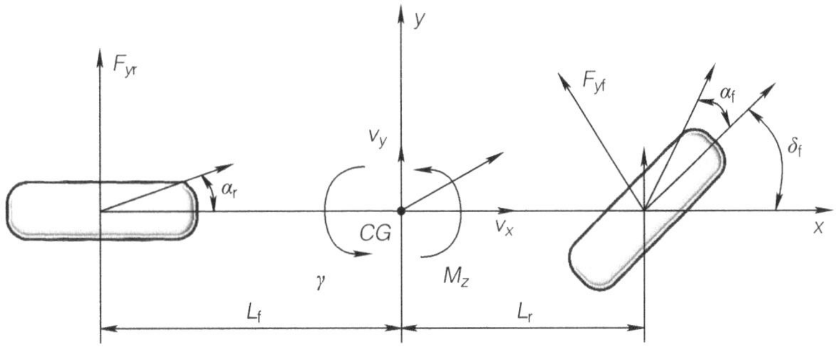

图 4-28　车辆侧向动力学模型

$$M_z=\sum_{j=1}^{2}\frac{GT_{Mj}}{r}\left[(-1)^j\frac{L_W}{2}\cos\delta_f+L_f\sin\delta_f\right]+\sum_{j=3}^{4}(-1)^j\frac{L_W G}{2r}T_{Mj} \tag{4-43}$$

式中，T_{Mj} 为电机转矩，$j=1$，2，3，4，分别代表“左前，右前，左后，右后”；L_W 为车辆轮距；G 为减速器速比。假设车辆径向速度保持恒定，二自由度车辆侧向动力学模型可描述如下：

$$\begin{cases}\dot{v}_y=\left(-v_x-\dfrac{L_fK_f-L_rK_r}{mv_x}\right)\gamma-\dfrac{K_f+K_r}{mv_x}v_y+\dfrac{K_f}{m}\delta_f\\ \dot{\gamma}=\dfrac{(L_f^2K_f+L_f^2K_r)}{-I_zv_x}\gamma+\dfrac{L_rK_r-L_fK_f}{I_zv_x}v_y+\dfrac{L_fK_f}{I_z}\delta_f+\dfrac{M_z}{I_z}\end{cases} \tag{4-44}$$

式中，K_f 和 K_r 分别为车辆前轮和后轮的侧偏刚度；m 为车身质量；I_z 为车辆的横摆转动惯量。

4.2.1.3 转向系统迟滞非线性模型

尽管一些高级传感装置能够直接测量前轮转角，但出于成本、复杂度及可靠性的考虑，应用仍十分受限，直接控制前轮转角很难实现。精确构建转向系统输入迟滞模型（即转向电机转角 δ_{SM} 和前轮转角 δ_f 间映射关系），是通过控制转向电机转角 δ_{SM} 实现高性能路径跟踪控制的基础。

转向电机经由齿轮、齿条等传动机构带动前轮实现转向操作。而转向系统齿轮、齿条传动机构常呈现“迟滞”非线性特征，如图 4-29 所示。前轮转角 δ_f 和转向电机转角 δ_{SM} 之间并非严格的线性关系，而是有记忆性的非线性。由于输入迟滞非线性的存在，车辆精确的路径跟踪控制变得困难。因此，有必要对转向系统输入迟滞非线性进行精确建模与处理，以提升车辆运动学控制性能。本小节采用经典的 Bouc-Wen 模型建立转向电机转角 δ_{SM} 与前轮转角 δ_f 间的精确数学关系：

$$\begin{cases}\delta_f = \iota_{SM}\delta_{SM} - h_{SM} \\ \dot{h}_{SM} = \alpha_{SM}\dot{\delta}_{SM} - \beta_{SM}\left|\dot{\delta}_{SM}\right| h_{SM}\left|h_{SM}\right|^{n_{SM}-1} - \lambda_{SM}\dot{\delta}_{SM}\left|h_{SM}\right|^{n_{SM}}\end{cases} \tag{4-45}$$

式中，δ_{SM} 为转向电机转角；h_{SM} 为迟滞非线性项；ι_{SM}、α_{SM}、β_{SM}、λ_{SM} 和 n_{SM} 为正常数。所采用的转向系统迟滞模型经过严格的实车数据验证。

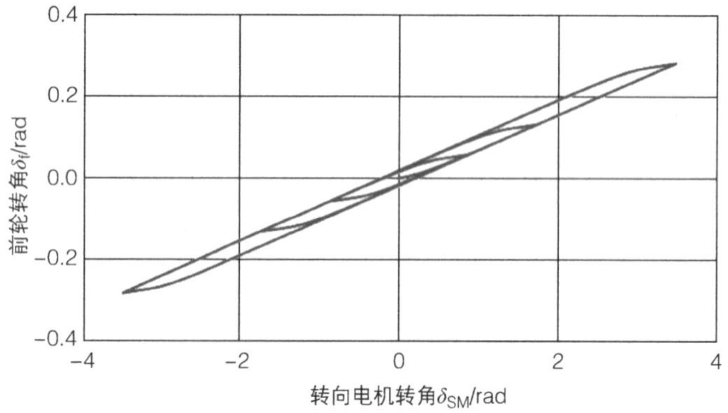

图 4-29 转向系统迟滞模型

根据以上车辆运动学、动力学及转向系统迟滞非线性模型，建立如下智能电动汽车侧向运动模型：

$$\begin{cases}\dot{\boldsymbol{\varepsilon}}_1 = \boldsymbol{\varepsilon}_2 \\ \dot{\boldsymbol{\varepsilon}}_2 = \boldsymbol{A}_1\boldsymbol{\varepsilon}_1 + \boldsymbol{A}_2\boldsymbol{\varepsilon}_2 + \boldsymbol{B}'\boldsymbol{u}' + \boldsymbol{H}_{SW} + \Delta\boldsymbol{d}'\end{cases} \tag{4-46}$$

式中，$\boldsymbol{\varepsilon}_1 = [\varepsilon_{11}\varepsilon_{12}]^T$；$\boldsymbol{\varepsilon}_2 = [\varepsilon_{21}\varepsilon_{22}]^T$；$\boldsymbol{u}' = [u_1{}' u_2{}']^T$；$\Delta\boldsymbol{d}' = [\Delta d' \ \Delta d']^T$。$\varepsilon_{11} = e_Y$，$\varepsilon_{12} = e_\varphi$，$\varepsilon_{21} = \dot{e}_Y$，$\varepsilon_{22} = \dot{e}_\varphi$。$u_1' = \delta_{SW}$ 是转向电机转角，$u_1' = M_z$ 是外部横摆力矩。$\boldsymbol{H}_{SW}$ 是由线控转向系统输入迟滞特性引起的非线性项，并且 $\boldsymbol{H}_{SW} = -[(K_f h_{SW})/M \ (L_f K_f h_{SW})/J_z]^T$。$\Delta\boldsymbol{d}'$ 表示系统的集总扰动项，$\boldsymbol{A}_1$、$\boldsymbol{A}_2$ 和 $\boldsymbol{B}'$ 是系统参数矩阵，表示如下：

$$
\boldsymbol{A}_1=\begin{bmatrix} 0 & \dfrac{K_f+K_r}{m} \\ 0 & \dfrac{L_f K_f - L_r K_r}{I_z} \end{bmatrix} \boldsymbol{A}_2=\begin{bmatrix} \dfrac{K_f+K_r}{-mv_x} & \dfrac{L_r K_r - L_f K_f}{mv_x} \\ \dfrac{L_r K_r - L_f K_f}{I_z v_x} & \dfrac{L_r^2 K_r + L_f^2 K_f}{-I_z v_x} \end{bmatrix}
$$

$$
\boldsymbol{B}'=\begin{bmatrix} \dfrac{K_f \iota_{SM}}{m} & 0 \\ \dfrac{L_f K_f \iota_{SM}}{I_z} & \dfrac{1}{I_z} \end{bmatrix} \tag{4-47}
$$

通过式（4-46）可以看出，转向系统输入迟滞非线性为系统引入非线性项 $\boldsymbol{H}_{SW}$。$\boldsymbol{H}_{SW}$ 的存在将对车辆侧向及横摆运动造成严重影响，使得精确的路径跟踪控制变得困难。因此首要任务是移除输入迟滞非线性的影响，进而将上述非线性系统转换为“无迟滞”的近似线性系统。

4.2.2　基于迟滞逆补偿 Funnel 滑模的转向和电驱 / 制动系统协调控制方法

基于迟滞逆补偿 Funnel 滑模的转向与电驱 / 制动系统协调控制方法，控制系统框图如图 4-30 所示。首先，为了保证车辆路径跟踪控制的瞬态及稳态性能，合理设计输出约束函数 φ_Y 和 φ_φ，对路径跟踪误差变量 e_Y 和 e_φ 进行误差转换，得到转换后的误差变量 ξ_1 和 ξ_2，并将其用于后续控制器设计。其次，根据系统的控制输入 δ_{fd} 和 M_z 以及系统输出 Y 和 ϕ，采用固定时间扩张状态观测器动态估计系统集总扰动 ε_3 并补偿，实现扰动观测误差的固定时间收敛，提升控制系统快速、精确的抗扰性能。然后，基于转换后的误差变量 ξ_1 和 ξ_2 及扰动估计值 $\hat{\varepsilon}_3$，设计了 Funnel 滑模控制的转向和电驱 / 制动系统协调控制方法，在线求解期望的前轮转角 δ_{fd} 及横摆力矩 M_z，确保路径跟踪误差快速、固定时间收敛性能。

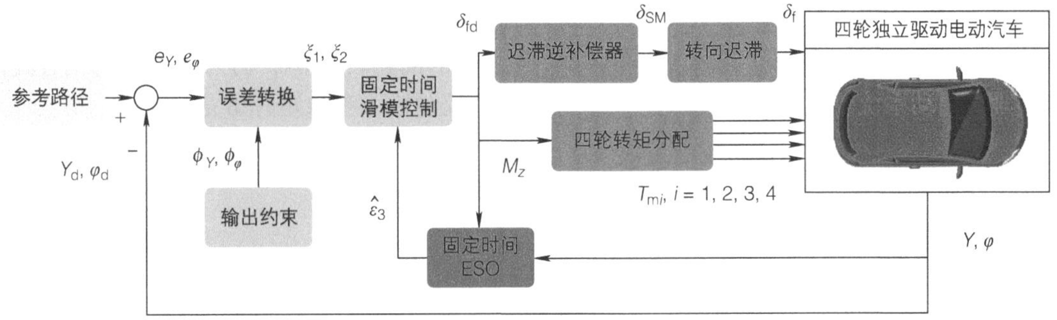

图 4-30　转向和电驱 / 制动系统协调控制框图

进一步，通过力矩分配将外部横摆力矩 M_z 转换为四轮电驱动 / 电制动系统转矩 T_{mi}，$i=1, 2, 3, 4$，通过迟滞逆补偿器求解转向电机转角 δ_{SW}，以消除转向系统迟滞非线性 $\boldsymbol{H}_{SW}$ 的影响。

4.2.2.1　基于 Bouc-Wen 模型的迟滞逆补偿器

为了有效抑制转向系统输入迟滞非线性对车辆路径跟踪控制的影响，采用基于 Bouc-Wen 模型的迟滞逆补偿器对输入迟滞非线性进行补偿，将其近似转换为“无迟滞”线性系统，如图 4-31 所示。基于 Bouc-Wen 模型的迟滞逆补偿器设计如下：

$$\delta_{SM}=\frac{1}{\iota_{SM}}(\delta_{fd}+h_{SM}) \tag{4-48}$$

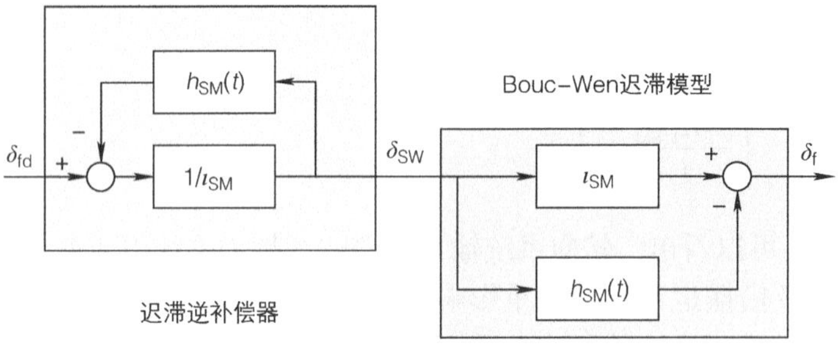

图 4-31　基于 Bouc-Wen 模型的转向迟滞逆补偿器

根据式（4-48）及图 4-31 可知，通过引入迟滞逆补偿器求解转向电机转角命令，可使线控转向系统呈现出近似线性特征，Bouc-Wen 迟滞模型不确定部分视作扰动项，则 $\delta_f \to \delta_{fd}+\Delta\delta_{fd}$。$\delta_{fd}$ 为期望的前轮转角。至此，通过基于 Bouc-Wen 模型的迟滞逆补偿器，将含有迟滞非线性的线控转向系统简化为含扰动项的近似线性系统。

通过迟滞逆补偿器，车辆侧向运动系统 [式（4-46）] 可转换为如下线性形式：

$$\begin{cases}\dot{\boldsymbol{\varepsilon}}_1=\boldsymbol{\varepsilon}_2\\ \dot{\boldsymbol{\varepsilon}}_2=\boldsymbol{A}_1\boldsymbol{\varepsilon}_1+\boldsymbol{A}_2\boldsymbol{\varepsilon}_2+\boldsymbol{Bu}+\Delta\boldsymbol{d}\end{cases} \tag{4-49}$$

式中，$\boldsymbol{u}=[u_1u_2]^T=[\delta_{fd}M_z]^T$，转向系统迟滞模型不确定部分考虑为扰动项 $\Delta\boldsymbol{d}=\Delta\boldsymbol{d}'+[\delta_{fd},0]^T$。将线性模型 [式（4-49）] 用于车辆路径跟踪控制器设计，实时求解车辆的期望前轮转角 δ_{fd} 及期望横摆力矩 M_z；进一步地将期望前轮转角 δ_{fd} 经过迟滞逆补偿器，计算转向电机转角命令 δ_{SM}，通过控制转向电机转角 δ_{SM} 进而给定期望的前轮转角 δ_f；另外，通过优化分配四轮电驱 / 制动系统驱制动转矩，给定横摆力矩 M_z。控制输入参数矩阵 $\boldsymbol{B}$ 表示如下：

$$\boldsymbol{B}=\begin{bmatrix}\dfrac{K_f}{m} & 0\\ \dfrac{L_fK_f}{I_z} & \dfrac{1}{I_z}\end{bmatrix} \tag{4-50}$$

4.2.2.2　固定时间扩张状态观测器

复杂的驾驶工况、参数不确定性、时变外部干扰及内部变量耦合等因素，严重影响车辆的路径跟踪性能。为提升现有线性观测器的响应快速性，增强控制系统抵抗复杂扰动的能力，采用固定时间扩张状态观测器估计车辆侧向和横摆运动系统的集总扰动并补偿，进而实现快速、精确的抗扰性能。

假设：对于系统（4-49），系统集总扰动项及其一阶导数项 $\Delta\boldsymbol{d}$ 有界，并且满足：

$$|\Delta d_i|\leqslant\bar{D}_i,\ |\Delta\dot{d}_i|\leqslant\bar{H}_i\quad(i=1,2) \tag{4-51}$$

式中，$\bar{D}_i, \bar{H}_i > 0,\ i=1,2$ 为正常数，定义一个新的状态变量 $\varepsilon_3 = \Delta\boldsymbol{d}$，系统式（4-49）可进一步表示为

$$\begin{cases}\dot{\boldsymbol{\varepsilon}}_1 = \boldsymbol{\varepsilon}_2 \\ \dot{\boldsymbol{\varepsilon}}_2 = \boldsymbol{A}_1\boldsymbol{\varepsilon}_1 + \boldsymbol{A}_2\boldsymbol{\varepsilon}_2 + \boldsymbol{Bu} + \boldsymbol{\varepsilon}_3 \\ \dot{\boldsymbol{\varepsilon}}_3 = \boldsymbol{h}_{\mathrm{d}}(t)\end{cases} \tag{4-52}$$

若假设条件满足，为实现对系统式（4-52）快速、精确的状态及扰动观测，设计固定时间扩张状态观测器如下：

$$\begin{cases}\dot{\hat{\boldsymbol{\varepsilon}}}_1 = \kappa_{XO1}\boldsymbol{\Theta}(\alpha_{XO1},\tilde{\boldsymbol{\varepsilon}}_1)+\kappa_{XO2}\boldsymbol{\Theta}(\beta_{XO1},\tilde{\boldsymbol{\varepsilon}}_1)+\hat{\boldsymbol{\varepsilon}}_2 \\ \dot{\hat{\boldsymbol{\varepsilon}}}_2 = \kappa_{XO3}\boldsymbol{\Theta}(\alpha_{XO2},\tilde{\boldsymbol{\varepsilon}}_1)+\kappa_{XO4}\boldsymbol{\Theta}(\beta_{XO2},\tilde{\boldsymbol{\varepsilon}}_1)+\boldsymbol{A}_1\boldsymbol{\varepsilon}_1+\boldsymbol{A}_2\boldsymbol{\varepsilon}_2+\boldsymbol{Bu}+\hat{\boldsymbol{\varepsilon}}_3 \\ \dot{\hat{\boldsymbol{\varepsilon}}}_3 = \kappa_{XO5}\boldsymbol{\Theta}(\alpha_{XO3},\tilde{\boldsymbol{\varepsilon}}_1)+\kappa_{XO6}\boldsymbol{\Theta}(\beta_{XO3},\tilde{\boldsymbol{\varepsilon}}_1)+\hat{\lambda}\boldsymbol{\Theta}(0,\tilde{\boldsymbol{\varepsilon}}_1)\end{cases} \tag{4-53}$$

式中，$\hat{\boldsymbol{\varepsilon}}_1$、$\hat{\boldsymbol{\varepsilon}}_2$ 和 $\hat{\boldsymbol{\varepsilon}}_3$ 分别为系统状态变量 $\boldsymbol{\varepsilon}_1$、$\boldsymbol{\varepsilon}_2$ 和 $\boldsymbol{\varepsilon}_3$ 的估计值；$\tilde{\boldsymbol{\varepsilon}}_1 = \boldsymbol{\varepsilon}_1 - \tilde{\boldsymbol{\varepsilon}}_1$ 为 $\boldsymbol{\varepsilon}_1$ 的估计误差；$\boldsymbol{K}_{XOj}$ 为正常数，$j=1, 2, 3, 4, 5, 6$；$\boldsymbol{\alpha}_{XOj} \in (0\ 1)$，$j=1, 2, 3$，且 $\boldsymbol{\alpha}_{XOj}=j(\boldsymbol{\alpha}_{XO}-1)+1$，$\boldsymbol{\alpha}_{XO} \in (0\ 1)$，为正常数；$\boldsymbol{\beta}_{XOi}>1$，$i=1, 2, 3$，且 $\boldsymbol{\beta}_{XOj}=j(\boldsymbol{\beta}_{XO}-1)+1$，$\boldsymbol{\beta}_{XO}>1$ 为正常数；$\lambda>0$ 为正常数；非线性函数 $\boldsymbol{\Theta}(\alpha_{XOj},\tilde{\boldsymbol{\varepsilon}}_1)=\left[\Theta(\alpha_{XOj},\tilde{\varepsilon}_{11})\quad \Theta(\alpha_{XOj},\tilde{\varepsilon}_{12})\right]^{\mathrm{T}}$，$\Theta(\alpha_{XOj},\tilde{\varepsilon}_{11})=|\tilde{\varepsilon}_{11}|^{\alpha_{XOj}}\operatorname{sgn}(\tilde{\varepsilon}_{11})$；$\operatorname{sgn}(\cdot)$ 是符号函数。

根据系统式（4-52）及固定时间扩张状态观测器式（4-53），得到如下系统状态及扰动观测误差方程：

$$\begin{cases}\dot{\tilde{\boldsymbol{\varepsilon}}}_1 = -\kappa_{XO1}\boldsymbol{\Theta}(\alpha_{XO1},\tilde{\boldsymbol{\varepsilon}}_1)-\kappa_{XO2}\boldsymbol{\Theta}(\beta_{XO1},\tilde{\boldsymbol{\varepsilon}}_1)+\tilde{\boldsymbol{\varepsilon}}_2 \\ \dot{\tilde{\boldsymbol{\varepsilon}}}_2 = -\kappa_{XO3}\boldsymbol{\Theta}(\alpha_{XO2},\tilde{\boldsymbol{\varepsilon}}_1)-\kappa_{XO4}\boldsymbol{\Theta}(\beta_{XO2},\tilde{\boldsymbol{\varepsilon}}_1)+\tilde{\boldsymbol{\varepsilon}}_3 \\ \dot{\tilde{\boldsymbol{\varepsilon}}}_3 = -\kappa_{XO5}\boldsymbol{\Theta}(\alpha_{XO3},\tilde{\boldsymbol{\varepsilon}}_1)-\kappa_{XO6}\boldsymbol{\Theta}(\beta_{XO3},\tilde{\boldsymbol{\varepsilon}}_1)-\hat{\lambda}\boldsymbol{\Theta}\left(0,\tilde{\boldsymbol{\varepsilon}}_1\right)+\boldsymbol{h}_{\mathrm{d}}(t)\end{cases} \tag{4-54}$$

式中，$\tilde{\boldsymbol{\varepsilon}}_2 = \boldsymbol{\varepsilon}_2 - \hat{\boldsymbol{\varepsilon}}_2$ 和 $\tilde{\boldsymbol{\varepsilon}}_3 = \boldsymbol{\varepsilon}_3 - \hat{\boldsymbol{\varepsilon}}_3$ 分别为 $\boldsymbol{\varepsilon}_2$ 和 $\boldsymbol{\varepsilon}_3$ 的观测误差。

4.2.2.3　Funnel 滑模控制器

车辆路径跟踪瞬态（超调、收敛速率）及稳态性能（稳态误差）也是路径跟踪控制系统的又一核心问题，严重影响车辆的驾乘舒适性及行车安全性，特别是紧急避撞工况。为避免传统预设性能控制的奇异问题，同时实现路径跟踪误差的快速、固定时间收敛，结合 Funnel 控制和固定时间滑模控制的优势，本节设计了基于 Funnel 滑模控制的转向和电驱 / 制动系统协调控制算法。该方法将 Funnel 性能函数融入控制器设计，进而保证车辆路径跟踪控制的瞬态及稳态性能；另一方面利用固定时间滑模控制实现控制误差的固定时间收敛性能，进而实现快速、精确的路径跟踪控制。

首先，为实现规定性能的车辆路径跟踪控制，对路径跟踪误差 $\boldsymbol{\varepsilon}_{11}$ 和 $\boldsymbol{\varepsilon}_{12}$ 进行如下的误差变换：

$$\xi_1=\frac{\varepsilon_{11}}{\phi_Y(t)-|\varepsilon_{11}|}$$
$$\xi_2=\frac{\varepsilon_{12}}{\phi_\varphi(t)-|\varepsilon_{12}|} \tag{4-55}$$

式中，ξ_1 和 ξ_2 为转换后的 Funnel 误差变量；$\phi_Y(t)$ 和 $\phi_\varphi(t)$ 为 Funnel 性能函数，定义如下：

$$\phi_Y(t)=(\phi_{Y0}-\phi_{Y\infty})\exp(-C_{\phi_Y}t)+\phi_{Y\infty}$$
$$\phi_\varphi(t)=(\phi_{\varphi0}-\phi_{\varphi\infty})\exp(-C_{\phi_\varphi}t)+\phi_{\varphi\infty} \tag{4-56}$$

式中，ϕ_{Y0}、$\phi_{Y\infty}$和 C_{ϕ_Y} 分别为 Funnel 函数 $\phi_Y(t)$ 的初值、终值及收敛速率；ϕ_{φ_0}、ϕ_{φ_∞} 和 C_{ϕ_φ} 分别为 Funnel 函数 $\phi_\varphi(t)$ 的初值、终值及收敛速率；ϕ_{i_0}、ϕ_{i_∞} 和 $C_{\phi_i},i=Y,\varphi$ 为给定车辆路径跟踪控制容许的瞬态及稳态误差边界。转换后的 Funnel 误差变量 $\boldsymbol{\xi}=[\xi_1 \quad \xi_2]^{\mathrm{T}}$ 的一阶导数项可表示如下：

$$\dot{\boldsymbol{\xi}}(t)=\boldsymbol{\Xi}(\boldsymbol{\varepsilon}_2-\boldsymbol{\chi}\boldsymbol{\varepsilon}_1) \tag{4-57}$$

式中，$\boldsymbol{\Xi}=\mathrm{diag}\{\Xi_1,\Xi_2\}$，$\boldsymbol{\chi}=\mathrm{diag}\{\chi_1,\chi_2\}$，$\Xi_1=\phi_Y/(\phi_Y-|\varepsilon_{11}|)^2$，$\Xi_2=\phi_\varphi/(\phi_\varphi-|\varepsilon_{12}|)^2$，$\chi_1=\dot{\phi}_Y/\phi_Y$ 和 $\chi_2=\dot{\phi}_\varphi/\phi_\varphi$。进一步地，Funnel 误差变量 $\boldsymbol{\xi}$ 的二阶导数项可表示为

$$\begin{aligned}\ddot{\boldsymbol{\xi}}(t)&=\dot{\boldsymbol{\Xi}}(\boldsymbol{\varepsilon}_2-\boldsymbol{\chi}\boldsymbol{\varepsilon}_1)+\boldsymbol{\Xi}(\dot{\boldsymbol{\varepsilon}}_2-\dot{\boldsymbol{\chi}}\boldsymbol{\varepsilon}_1-\boldsymbol{\chi}\dot{\boldsymbol{\varepsilon}}_1)\\&=\boldsymbol{\Xi}(\boldsymbol{A}_1\boldsymbol{\varepsilon}_1+\boldsymbol{A}_2\boldsymbol{\varepsilon}_2+\boldsymbol{B}\boldsymbol{u}+\boldsymbol{\varepsilon}_3)+\boldsymbol{\Omega}\end{aligned} \tag{4-58}$$

式中，$\dot{\boldsymbol{\Xi}}=\mathrm{diag}\{\dot{\Xi}_1 \quad \dot{\Xi}_2\}$，$\dot{\boldsymbol{\chi}}=\mathrm{diag}\{\dot{\chi}_1 \quad \dot{\chi}_2\}$，$\boldsymbol{\Omega}=\dot{\boldsymbol{\Xi}}(\boldsymbol{\varepsilon}_2-\boldsymbol{\chi}\boldsymbol{\varepsilon}_1)-\boldsymbol{\Xi}(\dot{\boldsymbol{\chi}}\boldsymbol{\varepsilon}_1+\boldsymbol{\chi}\dot{\boldsymbol{\varepsilon}}_1)$。

通过上述误差变换，将路径跟踪误差 $\boldsymbol{\varepsilon}_1$ 转化为 Funnel 误差变量 $\boldsymbol{\xi}$，并将其用于后续控制器设计中，可以有效保证路径跟踪控制系统的瞬态及稳态性能。下面，详细论述了 Funnel 滑模控制的设计过程。基于转换后的 Funnel 误差变量 $\boldsymbol{\xi}$，首先定义固定时间滑模面如下：

$$\boldsymbol{S}_{XS}=\boldsymbol{K}_{XS}(\boldsymbol{\xi})\boldsymbol{\xi}+\mathbf{sig}^{\beta_{XS}}(\dot{\boldsymbol{\xi}}) \tag{4-59}$$

式中，$\boldsymbol{S}_{XS}=[S_{XS1}, \quad S_{XS2}]^{\mathrm{T}}$；$\boldsymbol{K}_{XS}(\boldsymbol{\xi})=\mathrm{diag}\{K_{XS1}(\xi_1),K_{XS2}(\xi_2)\}$；$K_{XSi}(\xi_i)=\left(K_{XSa}|\xi_i|^{p_{XS}-1/(\Gamma_{XS}\beta_{XS})}+K_{XSb}|\xi_i|^{q_{XS}-1/(\Gamma_{XS}\beta_{XS})}\right)^{\Gamma_{XS}\beta_{XS}}$；$\mathbf{sig}^{\beta_{XS}}(\dot{\boldsymbol{\xi}})=[\mathrm{sig}^{\beta_{XS}}(\dot{\xi}_1), \quad \mathrm{sig}^{\beta_{XS}}(\dot{\xi}_2)]^{\mathrm{T}}$，其中 $\mathrm{sig}^{\beta_{XS}}(\dot{\xi}_i)=\mathrm{sgn}(\dot{\xi}_i)\cdot|\dot{\xi}_i|^{\beta_{XS}}$；$K_{XSa}, K_{XSb}>0$ 均是正常数；$\Gamma_{XS}>1$，$\beta_{XS}>1$；p_{XS} 和 q_{XS} 是正常数，满足 $q_{XS}\Gamma_{XS}>1$ 和 $1/\beta_{XS}<p_{XS}\Gamma_{XS}<1$。采用的滑模变量式（4-59）能够实现误差变量 $\boldsymbol{\xi}$ 沿 $\boldsymbol{S}_{XS}=0$ 固定时间收敛，可以有效提升滑模态控制误差的收敛速率。

为避免滑模控制律中存在奇异问题，定义如下非线性函数：

$$\Psi(x)=\begin{cases}\sin[(\pi x^2)/(2\tau^2)], 当|x|<\tau \\ 1 \qquad\qquad\qquad\quad ,当|x|\geqslant\tau\end{cases} \tag{4-60}$$

式中，$\tau>0$ 为小的切换常数；结合扰动观测值 $\hat{\varepsilon}_3$，设计 Funnel 滑模控制律如下：

$$\begin{aligned}\boldsymbol{u}=&\frac{1}{\boldsymbol{B}}\left(-\boldsymbol{A}_1\varepsilon_1-\boldsymbol{A}_2\varepsilon_2-\hat{\varepsilon}_3-\frac{1}{\boldsymbol{\Xi}}\boldsymbol{\Omega}\right)-\frac{1}{\boldsymbol{B\Xi}\beta_{XS}}[\bar{\boldsymbol{K}}_{XS}(\xi)+\boldsymbol{K}_{XS}(\xi)]\mathbf{sig}^{2-\beta_{XS}}(\dot{\xi})-\\&\frac{1}{\boldsymbol{B\Xi}\beta_{XS}}\mathrm{diag}\left\{\Psi\left(\left|\dot{\xi}\right|^{\beta_{XS}-1}\right)\right\}\cdot\mathrm{diag}\left\{\left|\dot{\xi}\right|^{1-\beta_{XS}}\right\}\cdot\\&\mathrm{sig}^{\beta_{XC3}}[k_{XC1}\mathrm{sig}^{\beta_{XC1}}(\boldsymbol{S}_{XS})+k_{XC2}\mathrm{sig}^{\beta_{XC2}}(\boldsymbol{S}_{XS})]-\\&\frac{1}{\boldsymbol{B\Xi}}k_{XC3}\mathrm{sgn}(\boldsymbol{S}_{XS})\end{aligned} \tag{4-61}$$

式中，$\beta_{XC3}>1$，$\beta_{XC1}\beta_{XC3}<1$ 和 $\beta_{XC2}\beta_{XC3}>1$；k_{XC1}、k_{XC2} 和 k_{XC3} 均为正常数。$\bar{\boldsymbol{K}}_{XS}(\xi)=\mathrm{diag}\left\{\bar{K}_{XS1}(\xi),\bar{K}_{XS2}(\xi)\right\}$，$\bar{K}_{XSi}(\xi), i=1,2$ 可表示如下：

$$\begin{aligned}\bar{K}_{XSi}(\xi)=&\Gamma_{XS1}\beta_{XS}\left(K_{XSa}\left|\xi_i\right|^{p_{XS}-1/(\Gamma_{XS}\beta_{XS})}+K_{XSb}\left|\xi_i\right|^{q_{XS}-1/(\Gamma_{XS}\beta_{XS})}\right)^{\Gamma_{XS}\beta_{XS}-1}\cdot\\&\left\{K_{XSa}(p_{XS}-1/(\Gamma_{XS}\beta_{XS}))\left|\xi_i\right|^{(p_{XS}-1/(\Gamma_{XS}\beta_{XS}))}+\right.\\&\left.K_{XSb}\left(q_{XS}-1/(\Gamma_{XS}\beta_{XS})\right)\left|\xi_i\right|^{(q_{XS}-1/(\Gamma_{XS}\beta_{XS}))}\right\}\end{aligned} \tag{4-62}$$

4.2.2.4　稳定性分析

1. 固定时间扩张状态观测器收敛性能分析

定理 4-1： 对于车辆侧向运动系统式（4-52），满足假设（4-1）。设计观测器[式（4-53）]，若观测器增益使得如下矩阵 $\boldsymbol{P}_{XO1}$，$\boldsymbol{P}_{XO2}$ 成为赫尔维茨矩阵。则状态观测误差 $\tilde{\varepsilon}_1$、$\tilde{\varepsilon}_2$、$\tilde{\varepsilon}_3$ 在固限时间 $\boldsymbol{T}_{X0}$ 内收敛至零。

$$\boldsymbol{P}_{XO1}=\begin{bmatrix}-\kappa_{XO1} & 1 & 0\\-\kappa_{XO3} & 0 & 1\\-\kappa_{XO5} & 0 & 0\end{bmatrix}, \boldsymbol{P}_{XO2}=\begin{bmatrix}-\kappa_{XO2} & 1 & 0\\-\kappa_{XO4} & 0 & 1\\-\kappa_{XO6} & 0 & 0\end{bmatrix} \tag{4-63}$$

证明： 观测器的收敛性证明分为两步展开。第一步，当状态观测误差 $\tilde{\varepsilon}_1$ 较大时，扰动观测 $\hat{\varepsilon}_3$ 主要依靠 $-\kappa_{XO5}\boldsymbol{\Theta}(\alpha_{XO3},\tilde{\varepsilon}_1)-\kappa_{XO6}\boldsymbol{\Theta}(\beta_{XO3},\tilde{\varepsilon}_1)$ 完成，$-\hat{\lambda}\boldsymbol{\Theta}\left(0,\tilde{\varepsilon}_1\right)$ 贡献较小。因此误差系统[式（4-54）]的收敛性能可以通过以下误差系统近似分析：

$$\begin{cases}\dot{\tilde{\varepsilon}}_1=-\kappa_{XO1}\boldsymbol{\Theta}(\alpha_{XO1},\tilde{\varepsilon}_1)-\kappa_{XO2}\boldsymbol{\Theta}(\beta_{XO1},\tilde{\varepsilon}_1)+\tilde{\varepsilon}_2\\\dot{\tilde{\varepsilon}}_2=-\kappa_{XO3}\boldsymbol{\Theta}(\alpha_{XO2},\tilde{\varepsilon}_1)-\kappa_{XO4}\boldsymbol{\Theta}(\beta_{XO2},\tilde{\varepsilon}_1)+\tilde{\varepsilon}_3\\\dot{\tilde{\varepsilon}}_3=-\kappa_{XO5}\boldsymbol{\Theta}(\alpha_{XO3},\tilde{\varepsilon}_1)-\kappa_{XO6}\boldsymbol{\Theta}(\beta_{XO3},\tilde{\varepsilon}_1)+\boldsymbol{h}_{\mathrm{d}}(t)\end{cases} \tag{4-64}$$

根据定理 4-1 可知，若观测器增益满足式（4-63），系统式（4-64）的误差变量 $\tilde{\varepsilon}_1$、$\tilde{\varepsilon}_2$、$\tilde{\varepsilon}_3$ 能够在固定时间 T_{X0} 内收敛到零，即 $\lim\limits_{t\to\infty T_{XO1}}\tilde{\varepsilon}_i=0,\ i=1,2,3$。

第二步，一旦观测误差收敛至零 $\tilde{\boldsymbol{\varepsilon}}_i = 0(i=1,2,3)$ ，则观测误差将保持在零值 $\tilde{\boldsymbol{\varepsilon}}_i = 0(i=1,2,3),\ t \geqslant T_{XO1}$ 。此时，扰动观测误差 $\tilde{\boldsymbol{\varepsilon}}_3$ 满足以下方程：

$$\dot{\tilde{\boldsymbol{\varepsilon}}}_3 = -\hat{\lambda}\mathrm{sgn}(\tilde{\boldsymbol{\varepsilon}}_1) + \boldsymbol{h}_{\mathrm{d}}(t) = 0,\ 当\ t > T_{XO1} \tag{4-65}$$

在实际应用中，受限于采样步长、集总扰动 $\boldsymbol{h}_{\mathrm{d}}(t)$ 等因素的影响，扰动观测误差 $\tilde{\boldsymbol{\varepsilon}}_3$ 难以一直维持在零值，而是收敛至边界为 $\bar{\varepsilon}_3$ 的小邻域内，则扰动观测误差 $\tilde{\boldsymbol{\varepsilon}}_3$ 在时间 $T_{\bar{\varepsilon}_3}$ 内收敛至零值，$T_{\bar{\varepsilon}_3}$ 表示如下：

$$T_{\bar{\varepsilon}_3} = \frac{\bar{\varepsilon}_3}{\hat{\lambda} - \max\left\{\bar{H}_1, \bar{H}_2\right\}} \tag{4-66}$$

综上，设计的固定时间扩张状态观测器将在 $T_{XO} = T_{XO1} + T_{\bar{\varepsilon}_3}$ 内收敛至零。

2. 控制系统稳定性分析

定理 4-2：对于车辆侧向运动系统 [式（4-52）]，满足假设式（4-1）且误差初值 $e_i(0)$，$i = Y,\ \varphi$ 满足 $|e_i(0)| < \varphi_i$，$i = Y,\ \varphi$。观测器 [式（4-53）] 及控制律 [式（4-61）] 可使转换后的误差 ξ 在固定时间 T_{XSC} 收敛至原点；跟踪误差 $\boldsymbol{\varepsilon}_1$ 严格限制在规定的 Funnel 误差边界 [式（4-56）] 内，同时在固定时间 T_{XSC} 收敛至原点。时间常数 $T_{XSC} \leqslant T'_{XC}+T_{XS}$。

证明：取 Lyapunov 函数 $V_{XS} = \boldsymbol{S}_{XS}^{\mathrm{T}}\boldsymbol{S}_{XS}/2$，$V_{XS}$ 的一阶导数表示如下：

$$\begin{aligned}
\dot{V}_{XS} &= \boldsymbol{S}_{XS}^{\mathrm{T}}\dot{\boldsymbol{S}}_{XS} = \boldsymbol{S}_{XS}{}^{\mathrm{T}}\left[\bar{\boldsymbol{K}}_{XS}(\xi)\dot{\xi} + \boldsymbol{K}_{XS}(\xi)\dot{\xi} + \beta_{XS}\mathrm{diag}\left\{\left|\dot{\xi}\right|^{\beta_{XS}-1}\right\}\ddot{\xi}\right] \\
&= \beta_{XS}\boldsymbol{S}_{XS}^{\mathrm{T}}\mathrm{diag}\left\{\left|\dot{\xi}\right|^{\beta_{XS}-1}\right\}\cdot\left[\boldsymbol{\Xi}(\boldsymbol{A}_1\boldsymbol{\varepsilon}_1 + \boldsymbol{A}_2\boldsymbol{\varepsilon}_2 + \boldsymbol{B}\boldsymbol{u} + \boldsymbol{\varepsilon}_3) + \boldsymbol{\Omega}\right] + \\
&\quad \boldsymbol{S}_{XS}^{\mathrm{T}}\left[(\bar{\boldsymbol{K}}_{XS}(\xi)\dot{\xi} + \boldsymbol{K}_{XS}(\xi)\dot{\xi}\right]
\end{aligned} \tag{4-67}$$

将控制输入 $\boldsymbol{u}$（4-61）代入式（4-67），可得：

$$\begin{aligned}
\dot{V}_{XS} &= -\boldsymbol{S}_{XS}^{\mathrm{T}}\mathrm{diag}\left\{\Psi\left(\left|\dot{\xi}\right|^{\beta_{XS}-1}\right)\right\}\cdot\mathrm{sig}^{\beta_{XC3}}\left[k_{XC1}\mathrm{sig}^{\beta_{XC1}}(\boldsymbol{S}_{XS}) + k_{XC2}\mathrm{sig}^{\beta_{XC2}}(\boldsymbol{S}_{XS})\right] - \\
&\quad \beta_{XS}\boldsymbol{S}_{XS}^{\mathrm{T}}\mathrm{diag}\left\{\left|\dot{\xi}\right|^{\beta_{XS}-1}\right\}\cdot\left[k_{XC3}\mathrm{sgn}(\boldsymbol{S}_{XS}) - \boldsymbol{\Xi}\tilde{\boldsymbol{\varepsilon}}_3\right] \\
&\leqslant -\sum_{i=1}^{2}\left\{k_{XC1}\Psi^{1/\beta_{XC3}}\left(\left|\dot{\xi}_i\right|^{\beta_{XS}-1}\right)\left|S_{XSi}\right|^{\beta_{XC1}+1/\beta_{XC3}} + k_{XC2}\Psi^{1/\beta_{XC3}}\left(\left|\dot{\xi}_i\right|^{\beta_{XS}-1}\right)\left|S_{XSi}\right|^{\beta_{XC2}+1/\beta_{XC3}}\right\}^{\beta_{XC3}} - \\
&\quad \beta_{XS}\sum_{i=1}^{2}\left[\left|\dot{\xi}_i\right|^{\beta_{XS}-1}\left|S_{XSi}\right|\left(k_{XC3} - \left|\Xi_i\right|\cdot\left|\tilde{\varepsilon}_{3i}\right|\right)\right]
\end{aligned} \tag{4-68}$$

合理选取控制增益 k_{XC3}，使其满足 $k_{XC3} \geqslant \max\left\{\left|\Xi_i\right|\cdot\left|\tilde{\varepsilon}_{3i}\right|\right\}$ ，则式（4-68）可表示为

$$
\begin{aligned}
\dot{V}_{XS} \leqslant & -\sum_{i=1}^{2}\left\{k_{XC1}\Psi^{1/\beta_{XC3}}\left(\left|\dot{\xi}_i\right|^{\beta_{XS}-1}\right)\left|S_{XSi}\right|^{\beta_{XC1}+1/\beta_{XC3}}+\right. \\
& \left.k_{XC2}\Psi^{1/\beta_{XC3}}\left(\left|\dot{\xi}_i\right|^{\beta_{XS}-1}\right)\left|S_{XSi}\right|^{\beta_{XC2}+1/\beta_{XC3}}\right\}^{\beta_{XC3}} \leqslant \\
& -2^{1-\beta_{XC3}}\cdot\left\{k_{XC1}\min\left[\Psi^{1/\beta_{XC3}}\left(\left|\dot{\xi}_i\right|^{\beta_{XS}-1}\right)\right]\sum_{i=1}^{2}\left(\left|S_{XSi}\right|^{2}\right)^{(1+\beta_{XC1}\beta_{XC3})/(2\beta_{XC3})}+\right. \\
& \left.\left(k_{XC2}\min\left[\Psi^{1/\beta_{XC3}}\left(\left|\dot{\xi}_i\right|^{\beta_{XS}-1}\right)\right]\sum_{i=1}^{2}\left(\left|S_{XSi}\right|^{2}\right)^{(1+\beta_{XC2}\beta_{XC3})/(2\beta_{XC3})}\right\}^{\beta_{XC3}} \leqslant \\
& -2^{1-\beta_{XC3}}\left\{k_{XC4}V^{(1+\beta_{XC1}\beta_{XC3})/(2\beta_{XC3})}+k_{XC5}V^{(1+\beta_{XC2}\beta_{XC3})/(2\beta_{XC3})}\right\}^{\beta_{XC3}}
\end{aligned}
\tag{4-69}
$$

式中，$k_{XC4}=2^{(1+\beta_{XC1}\beta_{XC3})/(2\beta_{XC3})}k_{XC1}\min(\Psi^{1/\beta_{XC3}})(|\xi_i|^{\beta_{XS}-1})$；$k_{XC5}=2^{(1+\beta_{XC2}\beta_{XC3})/(2\beta_{XC3})}\ k_{XC2}\min(\Psi^{1/\beta_{XC3}}(|\xi_i|^{\beta_{XS}-1}))$。根据函数 $\Psi(x)$ 的定义，将系统分为以下两区域：

$$
\begin{aligned}
\Lambda_{\text{rea}1} &= \left\{\left(\xi_i,\dot{\xi}_i\right)\left|\left|\dot{\xi}_i\right|^{\beta_{XS}} \geqslant \tau, \forall i=1,2\right.\right\} \\
\Lambda_{\text{rea}2} &= \left\{\left(\xi_i,\dot{\xi}_i\right)\left|\left|\dot{\xi}_i\right|^{\beta_{XS}} < \tau, \forall i=1,2\right.\right\}
\end{aligned}
\tag{4-70}
$$

若系统状态 $(\xi_i,\dot{\xi}_i)$ 位于区域 $\Lambda_{\text{rea}1}$ 中，则 $\Psi\left(\left|\dot{\xi}_i\right|^{\beta_{XS}-1}\right)=1$。此时，$k_{XC4}=2^{(1+\beta_{XC1}\beta_{XC3})/(2\beta_{XC3})}k_{XC1}$ 和 $k_{XC5}=2^{(1+\beta_{XC2}\beta_{XC3})/(2\beta_{XC3})}k_{XC2}$。式（4-69）可以简化为如下形式：

$$
\begin{aligned}
\dot{V}_{XS} \leqslant -2^{1-\beta_{XC3}}\Big\{ & 2^{(1+\beta_{XC1}\beta_{XC3})/(2\beta_{XC3})}k_{XC1}V^{(1+\beta_{XC1}\beta_{XC3})/(2\beta_{XC3})}+ \\
& 2^{(1+\beta_{XC2}\beta_{XC3})/(2\beta_{XC3})}k_{XC2}V^{(1+\beta_{XC2}\beta_{XC3})/(2\beta_{XC3})}\Big\}^{\beta_{XC3}}
\end{aligned}
\tag{4-71}
$$

系统将在固定时间 T'_{XC1} 内到达滑模面 $\boldsymbol{S}_{XS}=0$，$i=1$，2。

$$
\begin{aligned}
T'_{XC1} = & \frac{2}{2^{(1+\beta_{XC1}\beta_{XC3})/2}2^{1-\beta_{XC3}}k_{XC1}{}^{\beta_{XC3}}(1-\beta_{XC1}\beta_{XC3})}+ \\
& \frac{2}{2^{(1+\beta_{XC2}\beta_{XC3})/2}2^{1-\beta_{XC3}}k_{XC2}{}^{\beta_{XC3}}(\beta_{XC2}\beta_{XC3}-1)}
\end{aligned}
\tag{4-72}
$$

另外，当系统状态位于区域 $\Lambda_{\text{rea}2}$ 时，Funnel 误差变量 $\boldsymbol{\xi}(t)$ 的二阶导数 $\ddot{\boldsymbol{\xi}}(t)$ 可表示为

$$
\begin{aligned}
\ddot{\boldsymbol{\xi}}(t) = & -\frac{1}{\beta_{XS}}\left[\bar{\boldsymbol{K}}_{XS}(\boldsymbol{\xi})+\boldsymbol{K}_{XS}(\boldsymbol{\xi})\right]\text{sig}^{2-\beta_{XS}}(\dot{\boldsymbol{\xi}})- \\
& \frac{1}{\beta_{XS}}\text{diag}\left\{\Psi(\dot{\boldsymbol{\xi}})^{\beta_{XS}-1}\right\}\cdot\text{diag}\left\{\left|\dot{\boldsymbol{\xi}}\right|^{1-\beta_{XS}}\right\}\cdot \\
& \text{sig}^{\beta_{XC3}}\left(k_{XC1}\text{sig}^{\beta_{XC1}}(\boldsymbol{S}_{XS})+k_{XC2}\text{sig}^{\beta_{XC2}}(\boldsymbol{S}_{XS})\right)- \\
& \left(k_{XC3}\text{sgn}(\boldsymbol{S}_{XS})-\boldsymbol{\Xi}\tilde{\boldsymbol{\varepsilon}}_3\right)
\end{aligned}
\tag{4-73}
$$

当 $\dot{\xi}_i \to 0$，$i=1,2$ 时，式（4-73）可写为 $\ddot{\xi}_i(t)=-\left[k_{XC3}\mathrm{sgn}(S_{XSi})-\Xi_i\tilde{\varepsilon}_{3i}\right]$。可以看出：$S_{XSi}>0$ 时，$\ddot{\xi}_i(t)<0$；$S_{XSi}<0$ 时，$\ddot{\xi}_i(t)>0$。系统状态最终将离开该区域 $\Lambda_{\mathrm{rea}2}$，所需时间 $T'_{XC2} \leqslant \left(\tau^{1/(\beta_{XS}-1)}\right)\Big/\left(k_{XS3}-(\Xi_i\tilde{\varepsilon}_{3i})_{\max}\right)$。综上分析，系统最终将在固定时间 $T'_{XC}=T'_{XC1}+T'_{XC2}$ 达到滑模面 $\boldsymbol{S}_{XS}=0$。

进一步地，沿着滑模面 $\boldsymbol{S}_{XS}=0$，转换后的 Funnel 误差变量可以表示为 $\xi_i=-\mathrm{sig}^{\Gamma XS}(K_{XSa}/\xi_i/^{p_{XS}})+K_{XSb}/\xi_i/^{q_{XS}}$，$i=1$，2。令 $y_i=|\xi_i|^{1-p_{XS}\Gamma_{XS}}$，$i=1$，2，则可以得到微分方程 $\dot{y}_i=-(1-p_{XS}\Gamma_{XS})\ (K_{XSa}+K_{XSb}y_i^{(q_{XS}-p_{XS})/(1-p_{XS}\Gamma_{XS})\Gamma_{XS}})$；求解该微分方程，得到收敛时间常数 $T_{XS}=1/[K_{XS1}{}^{\Gamma_{XS}}(1-p_{XS}\Gamma_{XS})]+1/[K_{XS2}{}^{\Gamma_{XS}}(q_{XS}\Gamma_{XS}-1)]$。因此，Funnel 误差变量 $\xi(t)$ 最终在固定时间 $T_{XSC}=T'_{XC}+T_{XS}$ 内收敛至原点。

4.2.3 仿真试验验证

本小节对所设计的基于迟滞逆补偿 Funnel 滑模（FFXSMC+HIC）的转向和电驱 / 制动系统协调控制方法进行仿真分析并讨论。仿真基于 MATLAB 和商用软件 CarSim 联合仿真平台开展，在 MATLAB 中运行控制算法，CarSim 提供高精度车辆动力学模型，仿真车辆侧向动力学关键参数见表 4-2。仿真工况选取典型双移线工况；初始阶段，设置 −0.5m 的侧向位移误差及 0.087rad 的横摆角误差，以验证不同控制算法的瞬态响应性能。考虑转向系统及电驱 / 制动系统实际的物理约束，仿真期间将前轮转角 δ_{f} 数值限制在 [−0.26rad，0.26rad] 以内；同时将横摆力矩 M_z 限制在 [−3kN · m，3kN · m] 以内。仿真期间，FFXSMC + HIC 关键参数设置如下：观测器参数 $\alpha_{X0}=0.75$，$\beta_{X0}=1.25$，$K_{X01}=K_{X02}=50$，$K_{X03}=K_{X04}=80$，$K_{X05}=K_{X06}=150$；Funnel 性能函数参数 $\varphi_{Y0}=0.7$，$\varphi_{Y\infty}=0.1$，$C_{\phi Y}=1.5$，$\varphi_{\phi 0}=0.165$，$\varphi_{\phi\infty}=0.015$ 和 $C_{\phi Y}=1.5$；Funnel 滑模控制参数 $K_{XSa}=K_{XSb}=1.5$，$p_{XS}=0.4$，$q_{XS}=0.7$，$\Gamma_{XS}=2$，$\beta_{XS}=5/3$，$K_{XC1}=K_{XC2}=6$，$K_{XC3}=0.1$，$\beta_{XC1}=1/3$，$\beta_{XC2}=3/4$，$\beta_{XC3}=2$，$\tau=0.1$。进一步地，采用快速终端滑模控制（FTSMC）和基于迟滞逆补偿的快速终端滑模控制（FTSMC+HIC）作对比分析。

表 4-2 仿真车辆侧向动力学关键参数

参数	数值	参数	数值
整车质量	1500kg	轮距	1.5m
横摆运动惯量	2360kg/m^2	前轮侧偏刚度	140kN · m/rad
前轮至质心的距离	1.2m	后轮侧偏刚度	140kN · m/rad
后轮至质心的距离	1.6m	—	—

4.2.3.1 高附路面不同控制算法路径跟踪控制仿真分析

高附路面（路面附着系数为 0.8），车辆初始纵向速度 90km/h。高附路面不同控制算法下车辆路径跟踪仿真结果如图 4-32 所示。其中，图 4-32a 和图 4-32c 分别表示车辆路径跟踪及横摆角跟踪控制效果；图 4-32b 和图 4-32d 分别表示车辆路径跟踪过程侧向位移误差及横摆角跟踪误差；图 4-32e 和图 4-32f 分别表示转角输入及外部横摆力矩输入。

通过图 4-32a 和 4-32c 可知，高附路面，FTSMC、FTSMC+HIC 和本节提出的 FFXSMC+HIC 方法均能实现有效的的路径跟踪及横摆角跟踪控制。其中，相比 FTSMC 和

FTSMC+HIC，本节提出的方法具有更快的瞬态响应速率，如图 4-32a 及图 4-32c 所示，在纵向位移 0 ~ 20m 期间，FFXSMC+HIC 能够更快地跟踪参考路径及参考横摆角；另外，提出的方法具有更高的稳态路径跟踪精度，如图 4-32a 所示，在纵向位移 50 ~ 80m 期间及图 4-32c 所示纵向位移 32 ~ 48m 期间，FFXSMC+HIC 能够更精确地跟踪参考路径及参考横摆角。如图 4-32b 所示，在路径跟踪误差方面，FTSMC 控制下车辆的侧向位移误差幅值最大，FTSMC+HIC 次之，而本节提出的 FFXSMC+HIC 方法不仅具有最快的误差收敛速率，同时侧向位移跟踪误差幅值保持在最低水平。

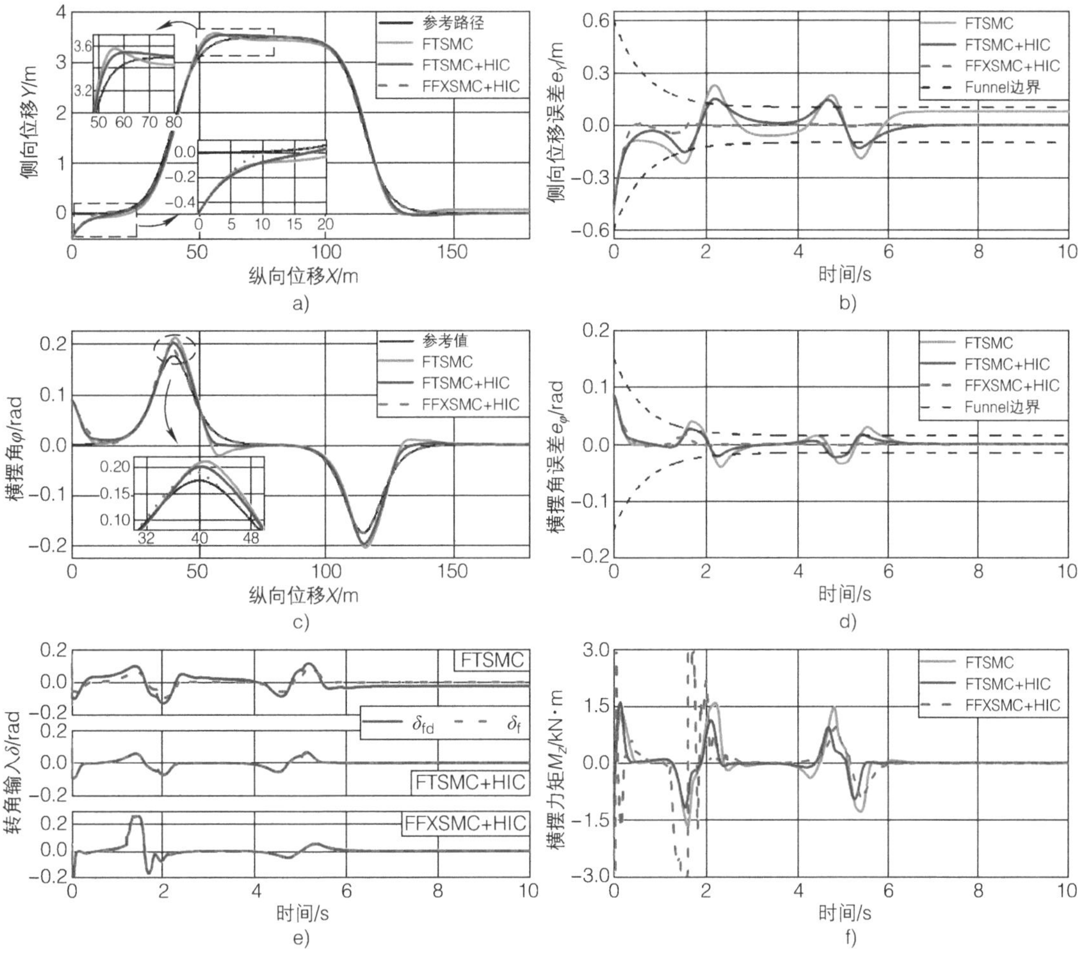

图 4-32　高附路面不同控制算法下路径跟踪控制仿真结果

在前两种算法的控制下车辆侧向位移误差均超过了规定的 Funnel 误差边界，控制性能难以满足规定的性能要求，而提出的 FFXSMC + HIC 方法可将侧向位移误差严格限制在规定的误差边界内，实现理想的瞬态及稳态路径跟踪性能。在横摆角跟踪误差方面也可以得到相似的结论，如图 4-32d 所示。呈现以上路径跟踪结果的根本原因在于：FTSMC 未考虑输入迟滞非线性；FTSMC + HIC 采用迟滞逆补偿器消除输入迟滞非线性的影响，但其有限时间收敛性能依赖系统初始误差，并且难以保证车辆路径跟踪控制的瞬态及稳态性能；而提出的 FFXSMC + HIC 方法在补偿输入迟滞非线性的基础上，将 Funnel 误差变量融入固定时间滑模控制器设计，不仅能够实现规定性能的路径跟踪控制，同时路径跟踪误差固定时间收敛，有效提升了车辆路径跟踪控制的响应快速性。

通过图 4-32e 可知，由于未补偿转向系统输入迟滞非线性，FTSMC 控制下实际前轮转角 δ_f 与期望前轮转角 δ_{fd} 存在一定的偏差，这将严重影响车辆路径跟踪性能；相对而言，FTSMC+HIC 及 FFXSMC+HIC 在迟滞逆补偿下，车辆实际前轮转角 δ_f 与期望前轮转角 δ_{fd} 基本一致。

为量化比较 FTSMC、FTSMC+HIC 及提出的 FFXSMC+HIC 方法的路径跟踪性能，采用侧向位移误差均方根值及横摆角误差均方根值作量化评价指标，高附路面不同控制算法路径跟踪误差见表 4-3。FTSMC、FTSMC+HIC 及 FFXSMC+HIC 控制下侧向位移误差均方根值分别为 0.117m、0.0901m 及 0.0561m；通过补偿输入迟滞非线性，FTSMC+HIC 较 FTSMC 侧向位移误差均方根值降低 23%；进一步地，将 Funnel 误差变量融入滑模控制设计中，本节提出的 FFXSMC+HIC 方法相比 FTSMC 侧向位移误差均方根值降低 52.1%，车辆路径跟踪精度得到有效提升。FTSMC、FTSMC+HIC 及 FFXSMC+HIC 控制下横摆角误差均方根值分别为 0.0185rad、0.0142rad 及 0.0112rad，FTSMC+HIC 和提出的 FFXSMC+HIC 方法相比 FTSMC 误差分别降低 23.2% 和 39.5%。

表 4-3　高附路面不同控制算法路径跟踪误差

控制算法	侧向位移误差均方根值	横摆角误差均方根值
FTSMC	0.117m	0.0185rad
FTSMC + HIC	0.0901m	0.0142rad
FFXSMC + HIC	0.0561m	0.0112rad

4.2.3.2　低附路面不同控制算法路径跟踪控制仿真分析

低附路面（路面附着系数为 0.4），纵向初始速度 70km/h，车辆路径跟踪的仿真结果如图 4-33 所示。通过图 4-33a 和图 4-33c 可知，低附路面，设计的 FFXSMC + HIC 方法仍能够实现精确地路径跟踪控制，相较 FTSMC 和 FTSMC + HIC，具备更快的瞬态响应速度及更高的稳态跟踪精度。另外，在车辆路径跟踪误差方面（图 4-33b 和图 4-33d），FTSMC 和 FTSMC + HIC 控制下车辆的侧向位移误差及横摆角误差均超过了规定的误差边界，其中 FTSMC 未补偿转向系统输入迟滞非线性，侧向位移误差最大；而设计的 FFXSMC + HIC 方法不仅能够保证侧向位移误差及横摆角误差保持在给定的 Funnel 误差边界内，同时侧向位移及横摆角跟踪误差能够更快地收敛到零。

在低附路面，不同控制算法车辆路径跟踪误差见表 4-4。FTSMC、FTSMC + HIC 及 FFXSMC + HIC 控制下侧向位移误差均方根值分别为 0.134m、0.0948m 及 0.06m；补偿输入迟滞非线性使得 FTSMC + HIC 相比 FTSMC 在侧向位移误差均方根值上减小 29.3%；提出的 FFXSMC + HIC 方法相比 FTSMC 在侧向位移误差均方根值方面降低 55.2%；FTSMC、FTSMC + HIC 及 FFXSMC + HIC 控制下车辆的横摆角误差均方根值分别为 0.02rad、0.0154rad 及 0.0119rad，FTSMC + HIC 和提出的 FFXSMC + HI 方法相比 FTSMC 误差分别降低 23% 和 40.5%。车辆在低附路面的路径跟踪性能及操纵性能显著提升。

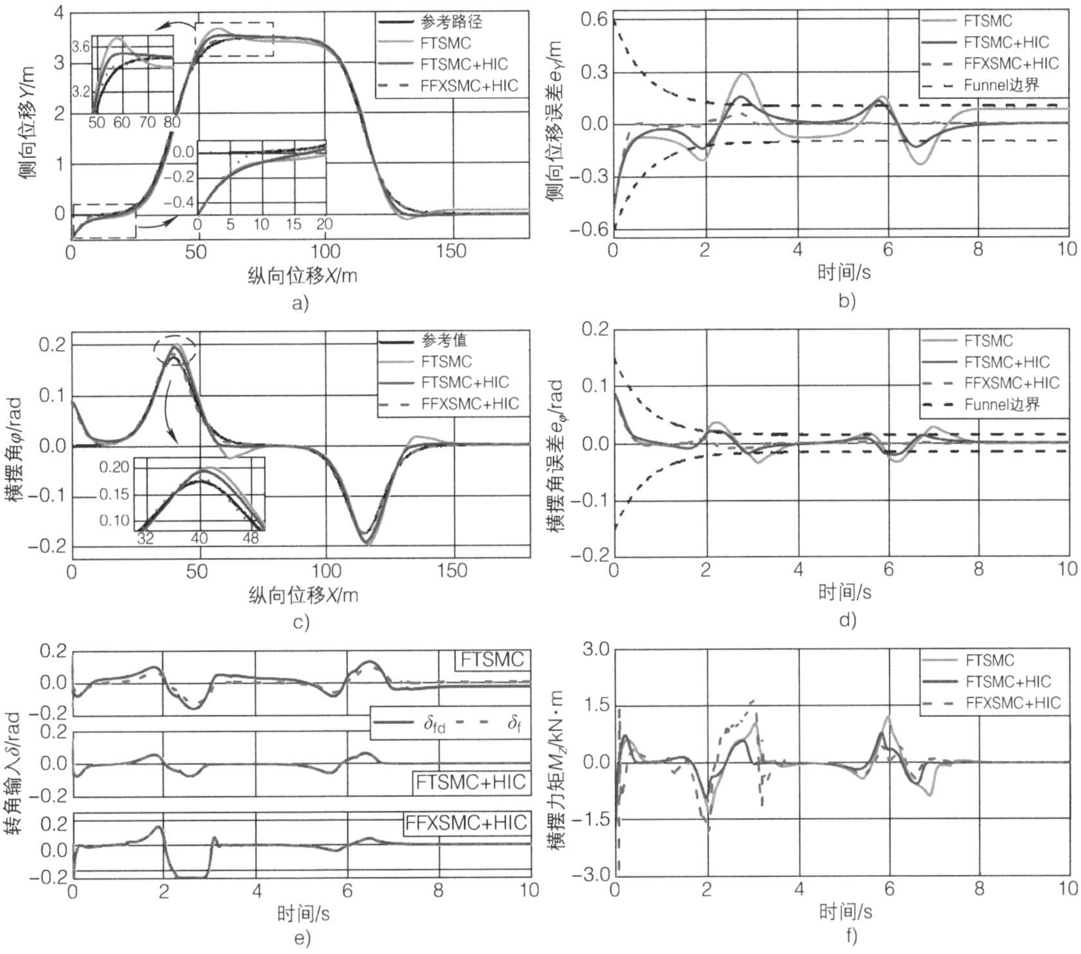

图 4-33　低附路面路径跟踪控制仿真结果

表 4-4　低附路面不同控制算法路径跟踪误差

控制算法	侧向位移误差均方根值	横摆角误差均方根值
FTSMC	0.134m	0.02rad
FTSMC+HIC	0.0948m	0.0154rad
FFXSMC+HIC	0.06m	0.0119rad

4.2.3.3　参数不确定性下路径跟踪控制仿真分析

参数不确定性是影响车辆路径跟踪控制的关键因素。其中，轮胎侧偏刚度是车辆参数不确定性的重要的来源（如路面附着条件变化及轮胎磨损等因素使得轮胎侧偏刚度动态变化）。本小节重点讨论轮胎侧偏刚度不确定性对路径跟踪控制的影响，路面条件为高附路面（附着系数为 0.8），初始纵向车速 70km/h。仿真结果如图 4-34 所示。通过图 4-34a 和图 4-34c 可知，提出的方法在不同的轮胎侧偏刚度不确定性下均可实现理想的路径跟踪效果，并且车辆的侧向位移和横摆角几乎重合。一方面，这是由于固定时间扩张状态观测器实时估计系统集总扰动并补偿，能够实现快速的扰动观测与抵抗，使车辆系统免受轮胎侧偏刚度不确定性的影响；另一方面，在车辆具备足够的路径跟踪能力时，采用了 Funnel 误差转换约束系统输出行为，可以在轮胎侧偏刚度不确定条件下实现规定性能的路径跟踪，车辆侧向位移和横摆角趋于一致。由图 4-34b 和图 4-34d 可知，车辆的侧向位移误差及横摆角误差均能够有效约束在给定的误差边界内。当轮胎侧偏刚度减小时，车辆侧向位移误差及横摆角误差均有升高的趋势。由图 4-34e 可知，轮胎侧偏刚度较小时，为实现规定的路径跟踪性能，实际前轮转角较大；特别的，当轮胎侧偏刚度不确定性为 −50% 时，实际前轮转角则趋于最大转角边界。

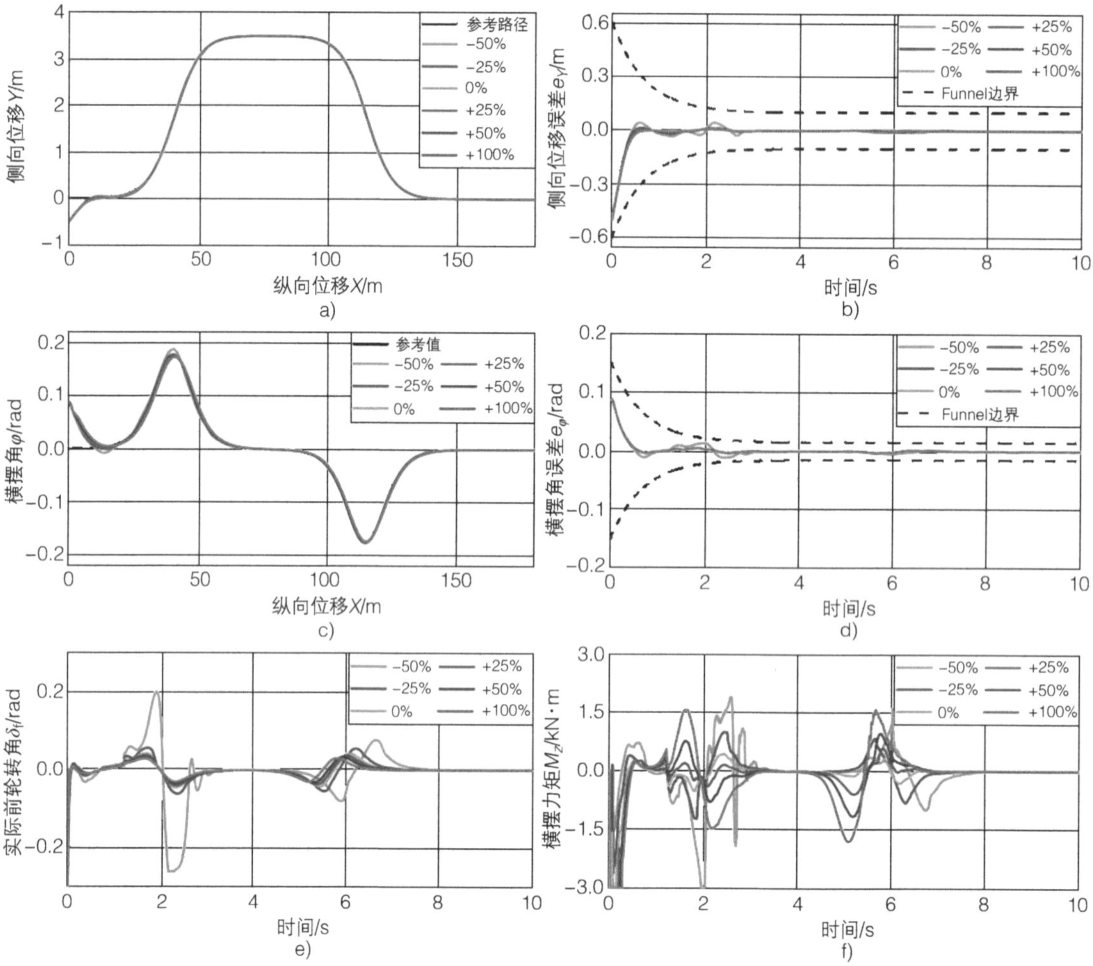

图 4-34　侧偏刚度不确定下路径跟踪控制仿真结果

综上论述，FFXSMC+HIC 方法具备极强的抗扰性能，受轮胎侧偏刚度不确定性影响小；同时在车辆具备足够的路径跟踪能力下，可以实现规定性能的路径跟踪。

4.2.4　台架试验验证

4.2.4.1　台架试验方案

为验证设计 FFXSMC+HIC 控制算法的可行性，采用与 4.1.3 小节中一致的台架试验方案。台架测试工况与仿真工况保持一致；另外，车辆路径跟踪初始误差、纵向车速及控制输入幅值限制等均与仿真保持一致。

受限于实际测试条件，试验基于电驱 / 制动系统展开，转向系统采用模型替代。因此，试验期间，车辆侧向位移响应与仿真基本一致；实际电驱动 / 电制动系统的介入，使得车辆横摆角控制性能与仿真结果略有差异。考虑实际电驱 / 制动系统有限的转矩响应，试验期间将横摆角对应 Funnel 性能函数 $\varphi_{\varphi}(t)$ 的稳态误差数值调大至 $\varphi_{\varphi\infty}(t)=0.025\text{rad}$。

4.2.4.2　高附路面不同控制算法路径跟踪控制台架试验

高附路面（附着系数 0.8），初始纵向车速 90km/h。高附路面路径跟踪台架试验结果如图 4-35 所示。通过图 4-35a 和 c 可知：相比 FTSMC 及 FTSMC+HIC，设计的方法具备更快的响应速度，车辆侧向位移和横摆角能够更快地跟踪参考值；另外，设计的方法具有更高的稳态跟踪精度。通过图 4-35b 和 d 台架试验结果可知：提出的 FFXSMC+HIC 方法可将车辆侧向位移误差及横摆角误差严格约束在给定的误差边界内；而 FTSMC 及 FTSMC+HIC 均难以满足规定的路径跟踪性能要求。

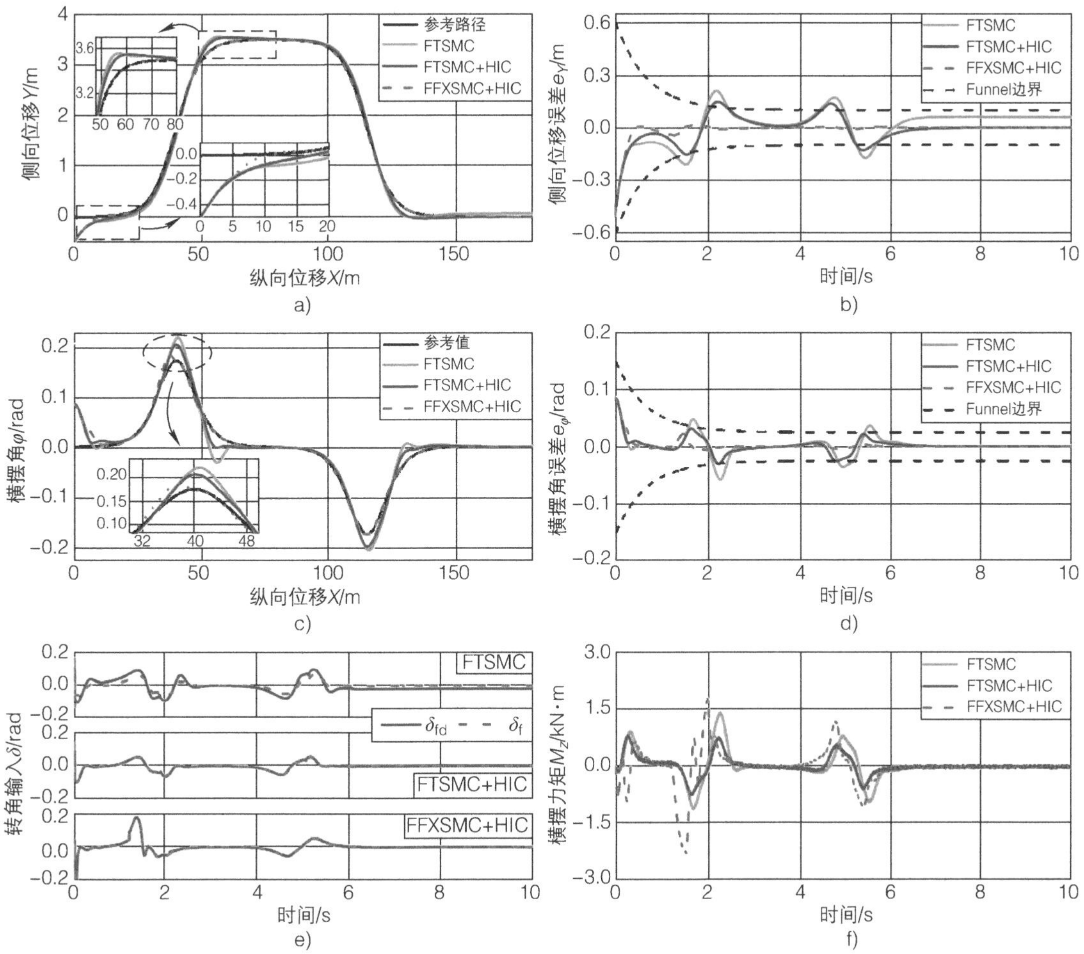

图 4-35　高附路面路径跟踪控制台架试验结果

在高附路面，不同控制算法车辆路径跟踪量化误差试验结果见表 4-5。FTSMC、FTSMC + HIC 和提出的 FFXSMC + HIC 方法下车辆侧向位移误差均方根值分别为 0.111m、0.0895m 和

0.0559m；相比 FTSMC，FTSMC + HIC 和 FFXSMC + HIC 在侧向位移误差均方根值方面分别降低 19.3% 和 49.7%。另外，FTSMC、FTSMC + HIC 和提出的 FFXSMC + HIC 方法下车辆横摆角误差均方根值分别为 0.0196rad、0.0147rad 和 0.0117rad；相比 FTSMC，FTSMC+HIC 和 FFXSMC+HIC 在横摆角误差均方根值方面分别减小 25% 和 40.3%。

表 4-5　高附路面不同控制算法路径跟踪量化误差试验结果

控制算法	侧向位移误差均方根值	横摆角误差均方根值
FTSMC	0.111m	0.0196rad
FTSMC + HIC	0.0895m	0.0147rad
FFXSMC + HIC	0.0559m	0.0117rad

4.2.4.3　低附路面不同控制算法路径跟踪控制台架试验

在低附路面（附着系数 0.4），初始纵向车速为 70km/h。此时车辆路径跟踪台架试验结果如图 4-36 所示。由图 4-36a 和 c 的台架试验结果可知：FTSMC 控制下车辆路径跟踪及横摆角跟踪精度明显差于 FTSMC + HIC，转向系统输入迟滞非线性对路径跟踪控制的影响更为显著；而设计的 FFXSMC + HIC 仍然能够实现精确的路径跟踪控制，跟踪精度优于 FTSMC 及 FTSMC + HIC。根据图 4-36b 和 d 所示的台架试验结果可知：在跟踪误差方面，FTSMC 控制下车辆的侧向位移及横摆角误差幅值最大，FTSMC + HIC 次之，设计的 FFXSMC + HIC 可将跟踪误差控制在最低水平，并且瞬态误差收敛速度最快；另外，FTSMC 和 FTSMC + HIC 控制下车辆侧向位移及横摆角跟踪误差均超过了规定的误差边界，而本节提出的 FFXSMC + HIC 可以实现规定性能的路径跟踪，侧向位移误差及横摆角误差严格限制在规定的 Funnel 误差边界内。

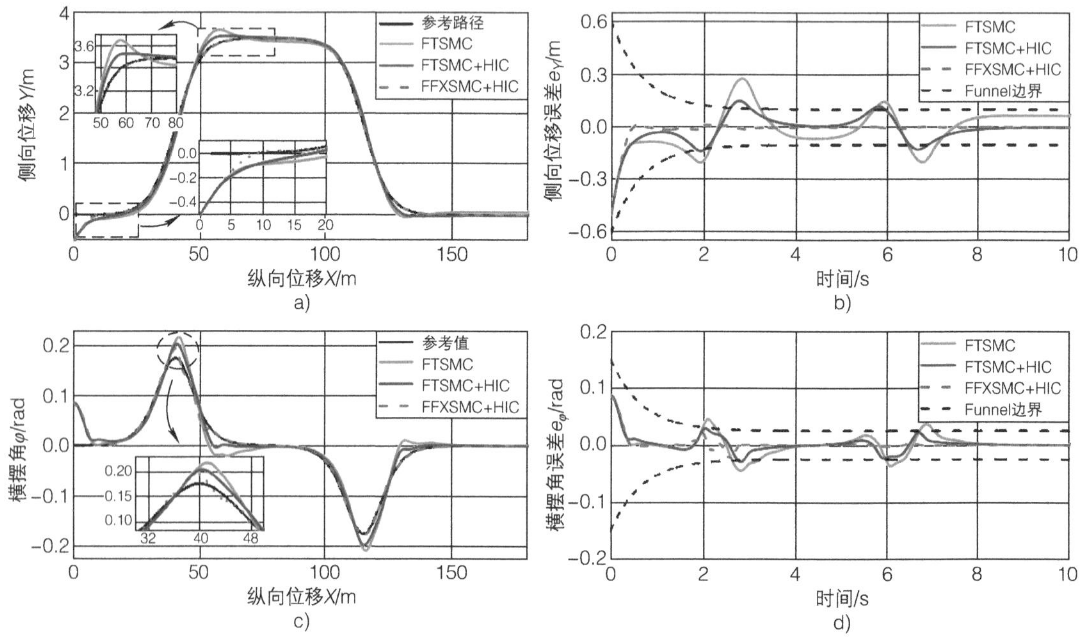

图 4-36　低附路面路径跟踪控制台架试验结果

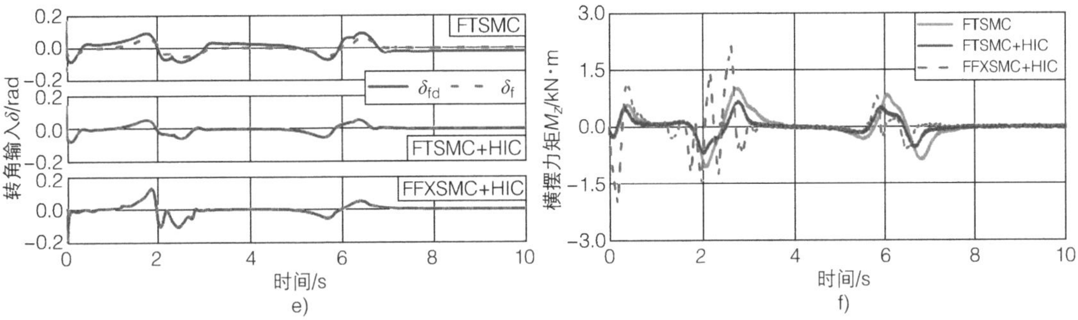

图 4-36　低附路面路径跟踪控制台架试验结果（续）

在低附路面，不同控制算法车辆路径跟踪误差试验结果见表 4-6。FTSMC、FTSMC + HIC 和提出 FFXSMC + HIC 方法下车辆侧向位移误差均方根值分别为 0.127m、0.0929m 和 0.0595m；与 FTSMC 相比，FTSMC + HIC 和 FFXSMC + HIC 在侧向位移误差均方根值方面分别降低 26.9% 和 53.1%。另外，FTSMC、FTSMC + HIC 和提出的 FFXSMC + HIC 方法下车辆横摆角误差均方根值分别为 0.022rad、0.0164rad 和 0.0135rad；相比 FTSMC，FTSMC + HIC 和 FFXSMC + HIC 在横摆角误差均方根值方面分别减小 25.5% 和 38.6%。

表 4-6　低附路面不同控制算法路径跟踪误差台架试验结果

控制算法	侧向位移误差均方根值	横摆角误差均方根值
FTSMC	0.127m	0.022rad
FTSMC + HIC	0.0929m	0.0164rad
FFXSMC + HIC	0.0595m	0.0135rad

4.2.4.4　参数不确定性下路径跟踪控制台架试验

在台架试验期间，在模型中梯度设置轮胎侧偏刚度不确定性，进而验证提出方法抵抗参数不确定性的鲁棒性。高附路面（附着系数 0.8），纵向初始车速 70km/h，台架试验结果如图 4-37 所示。

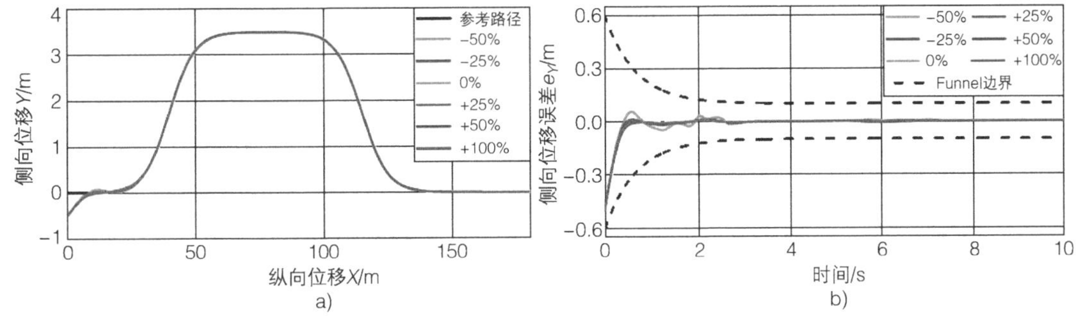

图 4-37　侧偏刚度不确定下路径跟踪控制台架试验结果

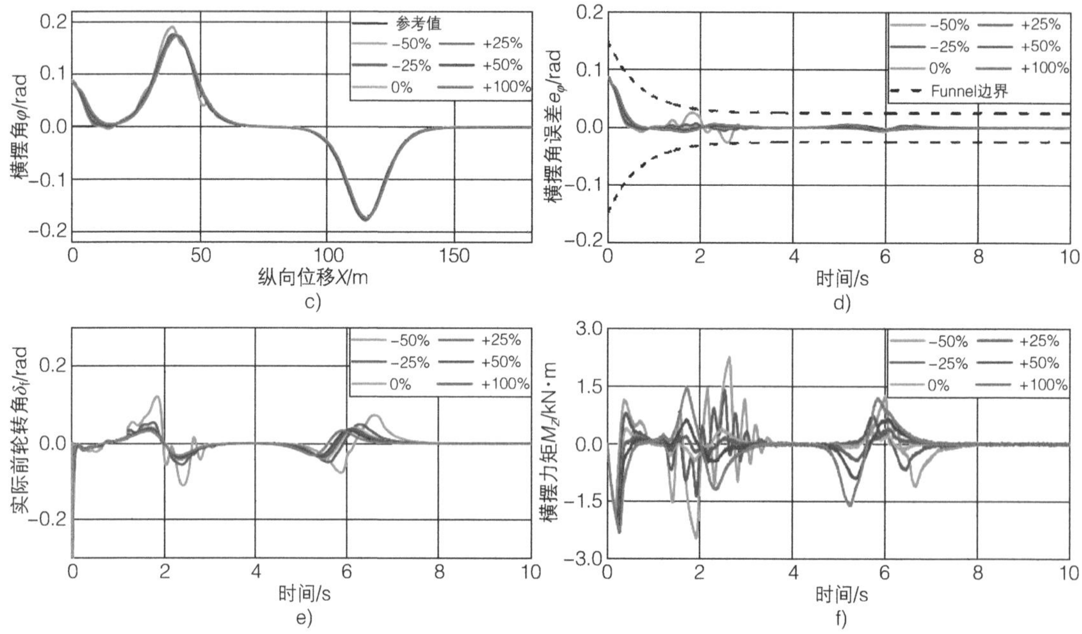

图 4-37　侧偏刚度不确定下路径跟踪控制台架试验结果（续）

根据图 4-37a 和 c 所示的台架试验结果可知，提出的 FFXSMC + HIC 方法在轮胎侧偏刚度存在较大不确定性时，仍然能够实现精确的路径跟踪控制，路径跟踪性能及横摆角跟踪性能受轮胎侧偏刚度影响小。通过图 4-37b 和 d 的台架试验结果可知，仅设计的 FFXSMC + HIC 方法能够将车辆侧向位移误差及横摆角误差限制在给定的边界内，实现规定性能的车辆路径跟踪。

4.3 路径跟踪工况线控转向 / 制动系统协调控制方法

路径跟踪控制是智能电动汽车的关键技术之一，也是线控底盘控制执行的基本任务。路径跟踪控制通常可通过线控转向系统的主动转向技术实现。考虑到线控制动系统可通过四轮差动制动的方式作用于车辆横摆动力学控制，进而影响车辆横向运动学状态，最终辅助车辆实现路径跟踪，因此，这里提出的具备制动冗余功能的能量回馈式线控制动系统与线控转向系统构成了智能电动汽车底盘控制系统。该系统在紧急避障、车道保持、自动换道、自动超车等行驶工况下，具有更高的运行安全性。

车辆系统一般具有复杂非线性、参数不确定性等扰动，影响车辆运动控制精度。当线控转向系统出现故障时，主动转向执行器输出能力受限，前轮（转向轮）转向角无法达到转向期望值，严重影响路径跟踪控制性能，威胁车辆运动控制安全。另外，用于辅助路径跟踪控制所需的附加横摆力矩需要合理地分配在四轮电液驱制动转矩上，否则容易导致车轮滑动（驱动防滑、制动防抱死）等失稳现象，进一步恶化路径跟踪控制效果。针对以上问题，本书提出一种面向线控转向失效场景下路径跟踪工况的转向制动协调控制方法，对于提升智能电动汽车的行驶安全性、减少道路交通事故等方面具有重要意义。

4.3.1　具备制动 / 转向冗余系统的智能电动汽车路径跟踪建模

能量回馈式线控制动系统与线控转向系统的组合进一步提高了车辆底盘系统的执行器冗余性和功能安全水平。线控转向系统具有主动转向功能，可以直接控制车辆平面运动。能量回馈式线控制动系统以四轮差动的方式产生一个附加横摆力矩，可以间接控制车辆的横摆和横向运动状态。

转向和电驱 / 制动系统协调控制框图如图 4-38 所示，当线控转向系统发生故障导致转向执行器输出性能衰退或受限时，可由能量回馈式线控制动系统作为转向安全备份进行协调控制实现路径跟踪。因此，通过线控转向与线控制动的协调控制，能够提高智能电动汽车在失效或极端工况下的路径跟踪能力。

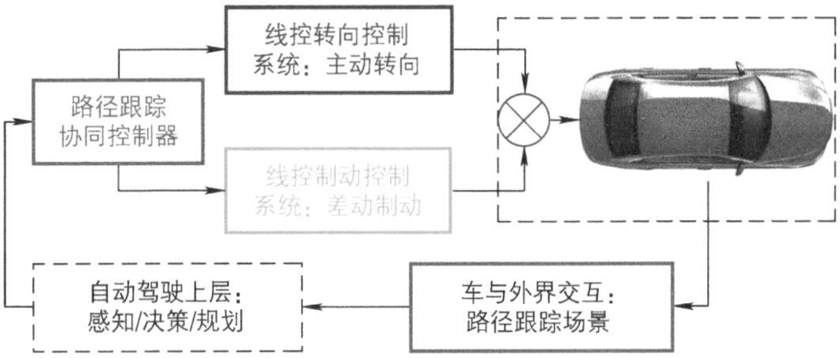

图 4-38　转向和电驱 / 制动系统协调控制框图

由此可见，需要针对智能电动汽车路径跟踪工况在转向故障失效场景下的转向 / 制动协调控制方法进行深入研究。

4.3.1.1　智能电动汽车平面运动学模型

根据车辆平面运动学理论，建立了智能电动汽车平面运动坐标系。车辆在路径跟踪过程中的运动学关系如图 4-27 所示。

根据车辆平面运动学关系（地面坐标系与车辆坐标系变换关系）和路径跟踪过程的横摆角误差的小范围假设，仅考虑车辆横摆运动和横向运动两个自由度，车辆路径跟踪控制模型见式（4-42）。

车辆的横摆角速度期望值 $\dot{\psi}_{\mathrm{d}}$ 由纵向车速 v_x 和参考路径的曲率 ρ 决定，即有如下关系：

$$\dot{\psi}_{\mathrm{d}} = \rho v_x \tag{4-74}$$

车辆路径跟踪的控制任务是通过设计一种合理的车辆运动控制器获得转向和制动的控制命令，使得路径跟踪误差能够渐进且全局稳定地收敛至零，并且保证车辆四轮转矩合理分配，避免出现车轮滑动失稳。

4.3.1.2　智能电动汽车平面动力学模型

车辆动力学模型需要考虑车辆所受外力、自身惯量以及复杂非线性因素的影响。相比运动学模型，动力学模型对车辆实际运动状态的描述更准确。在小角度转向和线性侧偏刚度的前提下，假设车辆运动控制不涉及车辆横摆、侧倾等动力学稳定性问题。考虑到用于控制设计的模型复杂度不宜过高，二自由度车辆动力学模型足以准确描述路径跟踪工况的车辆运动状态，且计算效率较高。车辆平面动力学建模如图 4-39 所示，采用经典“自行车”

模型描述智能电动汽车的平面动力学。

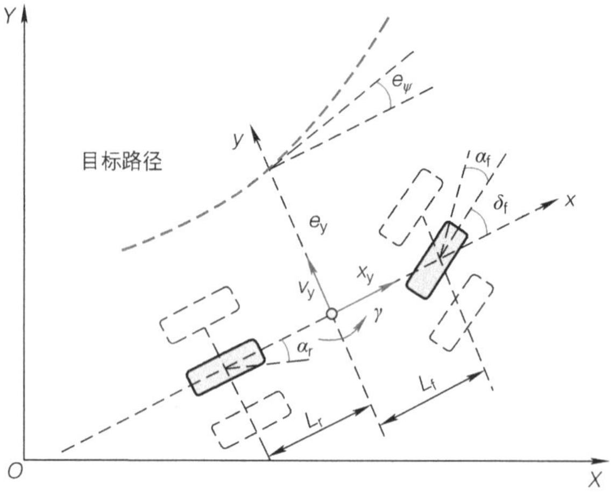

图 4-39　车辆平面动力学建模

选择车辆横向运动和横摆运动进行研究，二自由度车辆平面动力学模型表示如下：

$$\begin{cases} \dot{v}_y = \left(-v_x - \dfrac{L_f K_f - L_r K_r}{m v_x}\right)\gamma - \dfrac{K_f + K_r}{m v_x} v_y + \dfrac{K_f}{m}\delta_f \\ \dot{\gamma} = \dfrac{\left(L_f^2 K_f + L_r^2 K_r\right)}{-I_z v_x}\gamma + \dfrac{L_r K_r - L_f K_f}{I_z v_x} v_y + \dfrac{L_f K_f}{I_z}\delta_f + \dfrac{M_z}{I_z} \end{cases} \tag{4-75}$$

式中，δ_f 为车辆前轮转角；M_z 为车辆附加横摆力矩，由四轮差动作用给出；K_f、K_r 为车辆前后车轮的等效侧偏刚度；L_f、L_r 为车辆质心到前后轴的距离；m、I_z 为车辆整备质量和绕垂向坐标轴的转动惯量。

横摆力矩 M_z 由所提出的能量回馈式线控制动系统作用在四轮的驱动 / 制动转矩产生。假设四轮未发生明显滑动，轮胎力仍处于线性区，那么车辆所受的附加横摆力矩可表示为

$$M_z = \sum_{i=1}^{2} F_{x,i1}\left[(-1)^i \frac{W_b}{2}\cos\delta_f + L_f \sin\delta_f\right] + \sum_{i=1}^{2}(-1)^i \frac{W_b}{2} F_{x,i2} \tag{4-76}$$

式中，$F_{x,ij}$ 为四轮纵向力，下标 i、j 取 1、2 时分别表示左、右及前、后；W_b 为车辆的轮距。

4.3.1.3　线控转向执行器输出特性模型

这里假设在路径跟踪控制过程中线控转向系统出现故障，导致正常转向功能失效，转向执行器性能衰退。为简化转向失效输出特性的建模，这里将转向失效性能衰退表征为对称型输出饱和模型，即当上述故障发生后，线控转向系统的实际输出转角只能限制在某一较小的幅值范围内，即使路径跟踪控制器发出较大的转角命令时，线控制动系统也无能力实现期望的前轮转向效果。需要注意的是，线控转向执行器的“输出”是车辆的“输入”，因此，下文针对车辆系统的“转向输入饱和”对于线控转向系统则是指输出饱和。

线控转向失效输出饱和约束模型表示为：

$$u_\delta\left(\delta_{\mathrm{f,cmd}}\right)=\begin{cases}\bar{u}_{\delta,\max}, & 当\delta_{\mathrm{f,cmd}}>\bar{u}_{\delta,\max}\\ \delta_{\mathrm{f,cmd}}, & 当\bar{u}_{\delta,\min}\leqslant\delta_{\mathrm{f,cmd}}\leqslant\bar{u}_{\delta,\max}\\ \bar{u}_{\delta,\min}, & 当\delta_{\mathrm{f,cmd}}<\bar{u}_{\delta,\min}\end{cases} \tag{4-77}$$

式中，u_δ 为线控转向系统实际前轮输出转角；$\delta_{\mathrm{f,cmd}}$ 为路径跟踪控制器对线控转向系统的转向角命令值；$u_{\delta,\min}$、$u_{\delta,\max}$ 为线控转向系统失效输出饱和特性的前轮转角上下限值。线控转向系统在故障发生后性能衰退的其他影响（如转向迟滞、时延等非线性因素）统一考虑在车辆系统集总扰动的建模中。

4.3.1.4　车辆系统集总扰动模型

在路径跟踪控制问题中，车辆系统的扰动因素对路径跟踪控制性能产生不利影响。具体而言，扰动因素主要包括以下几方面：

1）车辆系统模型结构不确定性扰动，如车辆运动过程中的环境横向风和路面不平度的影响等。

2）车辆系统模型参数不确定性扰动，如轮胎侧偏刚度、路面附着系数的参数摄动和时变特性等。

3）线控转向、制动控制系统无法理想地达到路径跟踪控制器发出的转向、制动命令的期望效果。

因此，这里将上述车辆系统内外扰动因素综合考虑，统一建模为车辆集总扰动变量，并作用于车辆路径跟踪模型的转向控制输入（前轮转向角）和制动控制输入（附加横摆力矩）。

定义路径跟踪误差状态向量及其一阶时间导数：

$$\begin{cases}\boldsymbol{z}_1=[z_{11}\quad z_{12}]^{\mathrm{T}}=[e_Y\quad e_\varphi]^{\mathrm{T}}\\ \boldsymbol{z}_2=[z_{21}\quad z_{22}]^{\mathrm{T}}=[\dot{e}_Y\quad \dot{e}_\varphi]^{\mathrm{T}}\end{cases} \tag{4-78}$$

联合路径跟踪运动学模型（4-42）和车辆动力学模型（4-78），并考虑车辆系统集总扰动变量，可得用于车辆路径跟踪控制器设计的车辆系统运动跟踪误差状态的微分方程：

$$\begin{cases}\dot{\boldsymbol{z}}_1=\boldsymbol{z}_2\\ \dot{\boldsymbol{z}}_2=\boldsymbol{A}_1\boldsymbol{z}_1+\boldsymbol{A}_2\boldsymbol{z}_2+\boldsymbol{B}\boldsymbol{u}+\boldsymbol{\chi}_{\mathrm{d}}\end{cases} \tag{4-79}$$

式中，$\boldsymbol{A}_1$、$\boldsymbol{A}_2$ 为系统状态转移系数矩阵；$\boldsymbol{B}$ 为系统输入系数矩阵；$\boldsymbol{\chi}_{\mathrm{d}}$ 为车辆系统集总扰动矩阵。各个矩阵参数的具体形式如下：

$$\boldsymbol{A}_1=\begin{bmatrix}0 & \dfrac{K_{\mathrm{f}}+K_{\mathrm{r}}}{m}\\ 0 & \dfrac{L_{\mathrm{f}}K_{\mathrm{f}}-L_{\mathrm{r}}K_{\mathrm{r}}}{I_z}\end{bmatrix} \tag{4-80}$$

$$\boldsymbol{A}_2=\begin{bmatrix}\dfrac{K_{\mathrm{f}}+K_{\mathrm{r}}}{-mv_x} & \dfrac{L_{\mathrm{r}}K_{\mathrm{r}}-L_{\mathrm{f}}K_{\mathrm{f}}}{mv_x}\\ \dfrac{L_{\mathrm{r}}K_{\mathrm{r}}-L_{\mathrm{f}}K_{\mathrm{f}}}{I_zv_x} & \dfrac{L_{\mathrm{r}}^2K_{\mathrm{r}}+L_{\mathrm{f}}^2K_{\mathrm{f}}}{-I_zv_x}\end{bmatrix} \tag{4-81}$$

$$\boldsymbol{B}=\begin{bmatrix}\dfrac{K_{\mathrm{f}}}{m} & 0\\ \dfrac{L_{\mathrm{f}}K_{\mathrm{f}}}{I_z} & \dfrac{1}{I_z}\end{bmatrix} \tag{4-82}$$

$$\boldsymbol{\chi}_{\mathrm{d}}=[\chi_{\delta}\quad \chi_{\mathrm{M}}]^{\mathrm{T}} \tag{4-83}$$

式中，χ_{δ}、χ_{M} 为车辆系统集总扰动变量等效作用于转向输入和附加横摆力矩输入两个方面的分量，需要通过设计扰动状态观测器进行估计并进行补偿处理。

4.3.2 基于输入饱和预设性能滑模控制的转向制动协调控制方法

针对以上所述的智能电动汽车路径跟踪控制问题，这里提出了一种基于输入饱和预设性能滑模控制的转向制动协调控制方法，其原理如图 4-40 所示。

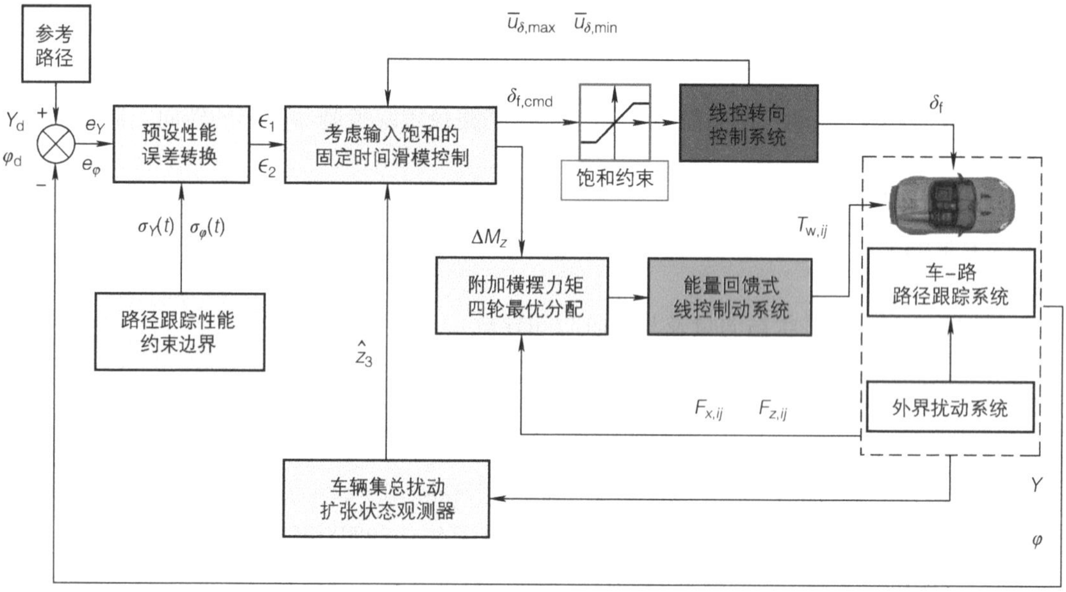

图 4-40 基于输入饱和预设性能滑模控制方法框架

智能电动汽车的感知规划层给出路径跟踪参考路径，结合车辆实际反馈的横向位移和横摆角信号得出路径跟踪状态误差，通过预设性能控制理论进行误差变换，将实际跟踪误差变换为一种可以考虑性能约束条件的“虚拟的”误差变量，并用于路径跟踪控制算法设计。

针对车辆系统的集总扰动，设计一种扩张状态观测器以实时估计当前动力学系统的不确定扰动变量，并在设计路径跟踪控制算法之前通过非线性模型补偿的方式消除集总扰动的影响。

在此基础上，设计一种考虑输入饱和约束条件的非奇异固定时间终端滑模控制算法，基于该控制算法的路径跟踪控制器给出线控转向系统的控制律（前轮转向角的期望值）和能量回馈式线控制动系统的控制律（附加横摆力矩的期望值），并用于当转向失效输出饱和时，实现车辆路径跟踪状态误差能够满足性能约束条件并且能够在有限时间内收敛至零，从而保障路径跟踪控制的快速响应能力、控制精密性及鲁棒性。

线控转向 / 制动系统在接收到整车控制器（VCU）发送的两种控制律命令之后进行底层执行器控制。由于能量回馈式线控制动系统具有电液冗余复合制动的特点，同时考虑附加横摆力矩需求的合理分配，为了防止车轮滑动失稳，本书提出了一种四轮转矩最优分配算法。

接下来分别介绍基于输入饱和预设性能滑模控制的转向制动协调控制方法各功能模块的设计过程。

4.3.2.1　车辆集总扰动观测器

为了估计路径跟踪工况车辆系统的集总扰动大小，本书采用一种固定时间扩张状态观测器（Fixed-time Extended State Observer，FTESO）作为扰动观测器。将车辆集总扰动变量定义为一个连续可微的扩张状态变量：

$$\begin{cases} z_3 = \boldsymbol{\chi}_{\mathrm{d}} \\ \dot{z}_3 = \boldsymbol{h}_{\mathrm{d}} \end{cases} \tag{4-84}$$

假设扰动变量的一阶导数的范数有界，

$$\left\| \dot{\boldsymbol{\chi}}_{\mathrm{d}} \right\| \leqslant H_{\mathrm{n}} < \Upsilon \tag{4-85}$$

式中，H_{n}、Υ 均为正值常数。那么，车辆路径跟踪控制模型（4-79）可改写为

$$\begin{cases} \dot{z}_1 = z_2 \\ \dot{z}_2 = \boldsymbol{A}_1 z_1 + \boldsymbol{A}_2 z_2 + \boldsymbol{B}\boldsymbol{u} + z_3 \\ \dot{z}_3 = \boldsymbol{h}_{\mathrm{d}} \end{cases} \tag{4-86}$$

基于以上条件，根据固定时间扩张状态观测器的原理设计车辆集总扰动观测器，具体形式为

$$\begin{cases} \dot{\hat{z}}_1 = \hat{z}_2 + \mu_1 \boldsymbol{\theta}\left(\alpha_{\mathrm{d1}}, \tilde{z}_1\right) + \nu_1\left(\beta_{\mathrm{d1}}, \tilde{z}_1\right) \\ \dot{\hat{z}}_2 = \boldsymbol{A}_1 z_1 + \boldsymbol{A}_2 z_2 + \boldsymbol{B}\boldsymbol{u} + \hat{z}_3 + \mu_2 \boldsymbol{\theta}\left(\alpha_{\mathrm{d2}}, \tilde{z}_1\right) + \nu_2 \boldsymbol{\theta}\left(\beta_{\mathrm{d2}}, \tilde{z}_1\right) \\ \dot{\hat{z}}_3 = \mu_3 \boldsymbol{\theta}\left(\alpha_{\mathrm{d3}}, \tilde{z}_1\right) + \nu_3 \boldsymbol{\theta}\left(\beta_{\mathrm{d3}}, \tilde{z}_1\right) + \Upsilon \operatorname{sgn}\left(\tilde{z}_1\right) \end{cases} \tag{4-87}$$

式中，μ_i、ν_i、$\alpha_{\mathrm{d}i}$、$\beta_{\mathrm{d}i}$，$i = 1, 2, 3$ 均为正值常数。

$$\begin{cases} \boldsymbol{\theta}(\alpha_{\mathrm{d1}}, \tilde{z}_1) = \left[\boldsymbol{\theta}(\alpha_{\mathrm{d1}}, \tilde{z}_1) \quad \boldsymbol{\theta}(\alpha_{\mathrm{d1}}, \tilde{z}_1)\right]^{\mathrm{T}} \\ \boldsymbol{\theta}(\beta_{\mathrm{d1}}, \tilde{z}_1) = \left[\boldsymbol{\theta}(\beta_{\mathrm{d1}}, \tilde{z}_1) \quad \boldsymbol{\theta}(\beta_{\mathrm{d1}}, \tilde{z}_1)\right]^{\mathrm{T}} \end{cases} \tag{4-88}$$

$$\begin{cases} \boldsymbol{\theta}(\alpha_{\mathrm{d1}}, \tilde{z}_1) = \left|\tilde{z}_{11}\right|^{\alpha_{\mathrm{d1}}} \operatorname{sgn}(\tilde{z}_{11}) \\ \boldsymbol{\theta}(\beta_{\mathrm{d1}}, \tilde{z}_1) = \left|\tilde{z}_{11}\right|^{\beta_{\mathrm{d1}}} \operatorname{sgn}(\tilde{z}_{11}) \end{cases} \tag{4-89}$$

联合车辆路径跟踪控制模型（4-86）及扰动观测器（4-87），可得路径跟踪集总扰动状态估计的误差微分方程：

$$\begin{cases}\dot{\tilde{z}}_1=\hat{z}_2+\mu_1\boldsymbol{\theta}\left(\alpha_{\mathrm{d}1},\tilde{z}_1\right)+\nu_1\boldsymbol{\theta}\left(\beta_{\mathrm{d}1},\tilde{z}_1\right)\\ \dot{\tilde{z}}_2=\boldsymbol{A}_1z_1+\boldsymbol{A}_2z_2+\boldsymbol{Bu}+\hat{z}_3+\mu_2\boldsymbol{\theta}\left(\alpha_{\mathrm{d}2},\tilde{z}_1\right)+\nu_2\boldsymbol{\theta}\left(\beta_{\mathrm{d}2},\tilde{z}_1\right)\\ \dot{\tilde{z}}_3=\mu_3\boldsymbol{\theta}\left(\alpha_{\mathrm{d}3},\tilde{z}_1\right)+\nu_3\boldsymbol{\theta}\left(\beta_{\mathrm{d}3},\tilde{z}_1\right)+\varUpsilon\mathrm{sgn}\left(\tilde{z}_1\right)\end{cases} \tag{4-90}$$

式中，$\tilde{z}_1$、$\tilde{z}_2$、$\tilde{z}_3$为z_1、z_2、z_3状态估计误差：

$$\begin{cases}\tilde{z}_1=z_1-\hat{z}_1\\ \tilde{z}_2=z_2-\hat{z}_2\\ \tilde{z}_3=z_3-\hat{z}_3\end{cases} \tag{4-91}$$

以上误差微分方程用于集总扰动观测器的收敛性证明。

4.3.2.2 输入饱和预设性能滑模控制器

本节基于预设性能控制、固定时间滑模控制方法、输入饱和约束处理以及上述车辆集总扰动观测结果，设计智能电动汽车路径跟踪控制器的核心控制算法部分。

首先，预设性能边界函数定义为：

$$\begin{cases}\sigma_Y(t)=(\sigma_{Y0}-\sigma_{Y\infty})\exp(-C_{\sigma_Y}t)+\sigma_{Y\infty}\\ \sigma_\varphi(t)=(\sigma_{\varphi0}-\sigma_{\varphi\infty})\exp(-C_{\sigma_\varphi}t)+\sigma_{\varphi\infty}\end{cases} \tag{4-92}$$

式中，σ_{Y0}、$\sigma_{Y\infty}$、C_{σ_Y}分别为横向位移误差的预设性能边界函数的初始值、稳态值和收敛速率；$\sigma_{\varphi0}$、$\sigma_{\varphi\infty}$、σ_φ分别为横摆角误差的预设性能边界函数的初始值、稳态值和收敛速率。

为了实现路径跟踪控制系统性能约束到无约束空间的转换，需要对实际跟踪误差进行误差转换。将转换后的误差变量定义为路径跟踪虚拟误差向量：

$$\boldsymbol{\epsilon}=[\epsilon_1\quad\epsilon_2]^{\mathrm{T}} \tag{4-93}$$

误差转换过程表示为：

$$\begin{cases}\epsilon_1=\dfrac{z_{11}}{\sigma_Y(t)-|z_{11}|}\\ \epsilon_2=\dfrac{z_{12}}{\sigma_\varphi(t)-|z_{12}|}\end{cases} \tag{4-94}$$

其一阶时间导数形式为

$$\dot{\boldsymbol{\epsilon}}(t)=\boldsymbol{\varXi}(z_2-\boldsymbol{\kappa}z_1) \tag{4-95}$$

式中，$\boldsymbol{\varXi}=\mathrm{diag}(\varXi_1,\varXi_2)$；$\kappa=\mathrm{diag}(\kappa_1,\kappa_2)$。具体计算形式为

$$\begin{cases}\xi_1=\sigma_Y/(\sigma_Y-|z_{11}|)^2\\ \xi_2=\sigma_\varphi/(\sigma_\varphi-|z_{12}|)^2\\ \kappa_1=\dot{\sigma}_Y/\sigma_Y\\ \kappa_2=\dot{\sigma}_\varphi/\sigma_\varphi\end{cases} \tag{4-96}$$

虚拟误差向量 ϵ 的二阶导数：

$$
\begin{aligned}
\ddot{\epsilon}(t) &= \dot{\boldsymbol{\Xi}}(\boldsymbol{z}_2-\boldsymbol{\kappa}\boldsymbol{z}_1)+\boldsymbol{\Xi}(\dot{\boldsymbol{z}}_2-\dot{\boldsymbol{\kappa}}\boldsymbol{z}_1-\boldsymbol{\kappa}\dot{\boldsymbol{z}}_1) \\
&= \boldsymbol{\Xi}(\boldsymbol{A}_1\boldsymbol{z}_1+\boldsymbol{A}_2\boldsymbol{z}_2+\boldsymbol{B}\boldsymbol{u}+\boldsymbol{z}_3)+\dot{\boldsymbol{\Xi}}(\boldsymbol{z}_2-\boldsymbol{\kappa}\boldsymbol{z}_1)-\boldsymbol{\Xi}(\dot{\boldsymbol{\kappa}}\boldsymbol{z}_1+\boldsymbol{\kappa}\dot{\boldsymbol{z}}_1)
\end{aligned} \tag{4-97}
$$

式中，$\dot{\boldsymbol{\Xi}}=\mathrm{diag}(\dot{\Xi}_1,\dot{\Xi}_2)$；$\dot{\boldsymbol{\kappa}}=\mathrm{diag}(\dot{\kappa}_1,\dot{\kappa}_2)$。

采用上述预设性能误差转换得到的路径跟踪虚拟误差变量，可有效约束路径跟踪状态的动态及稳态性能。在此基础上，基于固定时间滑模控制理论设计路径跟踪控制核心算法。

定义滑模变量为

$$
\boldsymbol{S}=[S_1 \quad S_2]^{\mathrm{T}} \tag{4-98}
$$

设计滑模面形式为

$$
\boldsymbol{S}=\boldsymbol{K}_S(\boldsymbol{\epsilon})\boldsymbol{\epsilon}+\mathrm{sig}^{\beta_S}(\dot{\boldsymbol{\epsilon}}) \tag{4-99}
$$

式中，

$$
\begin{cases}
\boldsymbol{K}_S(\boldsymbol{\epsilon})=\mathrm{diag}\{K_{S1}(\epsilon_1),K_{S2}(\epsilon_2)\} \\
K_{Si}(\epsilon_i)=\left(K_{Sa}|\epsilon_i|^{\frac{p_S-1}{\Gamma_S\beta_S}}+K_{Sb}|\epsilon_i|^{\frac{q_S-1}{\Gamma_S\beta_S}}\right)^{\Gamma_S\beta_S}, 当 i=1,2
\end{cases} \tag{4-100}
$$

$$
\begin{cases}
\mathrm{sig}^{\beta_S}(\dot{\boldsymbol{\xi}})=\left[\mathrm{sig}^{\beta_S}(\dot{\epsilon}_1), \quad \mathrm{sig}^{\beta_S}(\dot{\epsilon}_2)\right]^{\mathrm{T}} \\
\mathrm{sig}^{\beta_S}(\dot{\epsilon}_i)=\mathrm{sgn}(\dot{\epsilon}_i)\cdot|\dot{\epsilon}_i|^{\beta_S}
\end{cases} \tag{4-101}
$$

式中，K_{Sa}、K_{Sb}、p_S、q_S 均为正值常数；$\Gamma_S>1$；$\beta_S>1$。而且满足 $q_S\Gamma_S>1$ 以及 $1/\beta_S<p_S\Gamma_S<1$。

采用上述固定时间滑模面，可使车辆路径跟踪状态的虚拟误差向量沿着 $S=0$ 在固定时间内收敛。

考虑执行器输入饱和，车辆系统的实际控制输入 $v=\mathrm{sat}(\boldsymbol{u})$，其中 $\boldsymbol{u}$ 为理想的控制输入。为了避免滑模控制存在的奇异性问题，采用以下非线性函数对虚拟误差变量的一阶时间导数进行处理：

$$
\Psi(x)=\begin{cases}
\sin\left(\dfrac{\pi x^2}{2\tau^2}\right), 当|x|<\tau \\
1, 当|x|\geqslant\tau
\end{cases} \tag{4-102}
$$

式中，τ 为待设计的未知参数，为较小的正值；$\Psi(x)$ 为非负函数，当 τ 趋于零时，$\Psi(x)$ 趋于零。

为使虚拟误差变量在有限时间内收敛至所设计的滑模面，进而实现实际路径跟踪误差变量满足性能约束并稳定趋于零，结合第 4.3.2.1 节设计的车辆集总扰动状态观测器，最终设计得到基于预设性能滑模控制的路径跟踪控制算法：

$$
\boldsymbol{v}=\boldsymbol{v}_1+\boldsymbol{v}_2 \tag{4-103}
$$

式中，

$$
\begin{aligned}
\boldsymbol{v}_1 = & \frac{1}{\boldsymbol{B}}\left(-\boldsymbol{A}_1 z_1 - \boldsymbol{A}_2 z_2 - \hat{z}_3 - \frac{1}{\boldsymbol{\Xi}}\boldsymbol{\Omega}\right) - \\
& \frac{1}{\boldsymbol{B}\boldsymbol{\Xi}\beta_S}\left[\boldsymbol{G}_S(\boldsymbol{\varepsilon}) + \boldsymbol{K}_S(\boldsymbol{\varepsilon})\right]\mathrm{sig}^{2-\beta_S}(\dot{\boldsymbol{\varepsilon}})
\end{aligned} \tag{4-104}
$$

$$
\begin{aligned}
\boldsymbol{v}_2 = & -\frac{1}{\boldsymbol{B}\boldsymbol{\Xi}\beta_S}\mathrm{diag}\left\{\Psi\left(|\dot{\varepsilon}|^{\beta_S-1}\right)\right\}\mathrm{diag}\left\{|\dot{\varepsilon}|^{1-\beta_S}\right\}\mathrm{sig}^{\beta_{C3}}\left[k_{C1}\mathrm{sig}^{\beta_{C1}}(\boldsymbol{S}) + k_{C2}\mathrm{sig}^{\beta_{C2}}(\boldsymbol{S})\right] - \\
& \frac{1}{\boldsymbol{B}\boldsymbol{\Xi}}k_{C3}\,\mathrm{sgn}(\boldsymbol{S})
\end{aligned} \tag{4-105}
$$

式中，$\boldsymbol{\Omega}$、$\boldsymbol{G}_S(\boldsymbol{\varepsilon})$ 的形式为

$$
\begin{cases}
\boldsymbol{\Omega} = \dot{\boldsymbol{\Xi}}(z_2 - \kappa z_1) - \boldsymbol{\Xi}\left(\dot{\kappa} z_1 + \kappa \dot{z}_1\right) \\
\boldsymbol{G}_S(\boldsymbol{\varepsilon}) = \mathrm{diag}\left\{G_{S1}(\boldsymbol{\varepsilon}), G_{S2}(\boldsymbol{\varepsilon})\right\}, i = 1,2
\end{cases} \tag{4-106}
$$

式中，

$$
\begin{aligned}
G_{Si}(\boldsymbol{\varepsilon}) = & \Gamma_{S1}\beta_S\left(K_{Sa}\left|\varepsilon_i\right|^{p_S - 1/(\Gamma_S\beta_S)} + K_{Sb}\left|\varepsilon_i\right|^{q_S - 1/(\Gamma_S\beta_S)}\right)^{\Gamma_S\beta_S - 1}\cdot \\
& \left\{K_{Sa}\left[p_S - 1/(\Gamma_S\beta_S)\right]\left|\varepsilon_i\right|^{[p_S - 1/(\Gamma_S\beta_S)]} + \right. \\
& \left. K_{Sb}\left[q_S - 1/(\Gamma_S\beta_S)\right]\left|\varepsilon_i\right|^{[q_S - 1/(\Gamma_S\beta_S)]}\right\}
\end{aligned} \tag{4-107}
$$

另外，控制律 $\boldsymbol{v}$ 中的 K_{C1}、K_{C2}、K_{C3} 均为正值常数，$\beta_{C3} > 1$ 且满 $\beta_{C2}\beta_{C3} < 1$、$\beta_{C2}\beta_{C3} > 1$ 的条件。

根据上述路径跟踪控制律，得到转向失效的智能电动汽车路径跟踪工况的线控转向与线控制动的控制输入的命令值。

4.3.2.3 控制系统稳定性分析

为了保证所提出的控制方法的理论可靠性，以上车辆集总扰动观测器与输入饱和预设性能滑模控制器需要在控制理论上证明其稳定性或收敛性，下文分别给出证明过程。

（1）状态观测器收敛性分析

考虑估计误差变量 $\tilde{z}_1$、$\tilde{z}_2$、$\tilde{z}_3$ 及误差变量的微分方程，提取固定时间扩张状态观测器中的设计参数 α_{d1}、α_{d2}、α_{d3} 与 β_{d1}、β_{d2}、β_{d3}，构造参数矩阵如下：

$$
\begin{cases}
\boldsymbol{P}_{XO1} = \begin{bmatrix} -\alpha_{d1} & 1 & 0 \\ -\alpha_{d2} & 0 & 1 \\ -\alpha_{d3} & 0 & 0 \end{bmatrix} \\
\boldsymbol{P}_{XO2} = \begin{bmatrix} -\beta_{d1} & 1 & 0 \\ -\beta_{d2} & 0 & 1 \\ -\beta_{d3} & 0 & 0 \end{bmatrix}
\end{cases} \tag{4-108}
$$

选择合理的集总扰动观测器设计参数，使得以上参数矩阵 $\boldsymbol{P}_{XO1}$、$\boldsymbol{P}_{XO2}$ 均满足 Hurwitz 条件。

首先，证明如下误差系统能够在固定时间内收敛至零：

$$\begin{cases}\dot{\tilde{\boldsymbol{e}}}_1=\tilde{\boldsymbol{e}}_2-\mu_1\mathrm{sig}^{\alpha_1}(\tilde{\boldsymbol{e}}_1)-\varepsilon_1\mathrm{sig}^{\beta_1}(\tilde{\boldsymbol{e}}_1)\\ \dot{\tilde{\boldsymbol{e}}}_2=\tilde{\boldsymbol{e}}_3-\mu_2\mathrm{sig}^{\alpha_2}(\tilde{\boldsymbol{e}}_1)-\varepsilon_2\mathrm{sig}^{\beta_2}(\tilde{\boldsymbol{e}}_1)\\ \dot{\tilde{\boldsymbol{e}}}_3=\dot{\boldsymbol{\chi}}_{\mathrm{d}}-\mu_3\mathrm{sig}^{\alpha_3}(\tilde{\boldsymbol{e}}_1)-\varepsilon_3\mathrm{sig}^{\beta_3}(\tilde{\boldsymbol{e}}_1)\end{cases}\tag{4-109}$$

根据相关引理，估计误差系统式（4-86）可在规定（预先估计）时间内实现误差状态向量 $\tilde{\boldsymbol{e}}=[\tilde{e}_1,\ \tilde{e}_2,\ \tilde{e}_3]$ 收敛至 0。该规定时间满足如下条件：

$$T_{BBF}\leqslant\frac{\lambda_{\max^\rho}(\boldsymbol{P})}{r\rho}+\frac{1}{r_1\sigma\Upsilon^{\sigma}}\tag{4-110}$$

式中，

$$\begin{cases}\rho=1-\alpha\\ \sigma=\beta-1\\ r=\lambda_{\min}(\boldsymbol{Q})/\lambda_{\max}(\boldsymbol{P})\\ r_1=\lambda_{\min}\left(\boldsymbol{Q}_1\right)/\lambda_{\max}\end{cases}\tag{4-111}$$

式中，Y 为小于 $\lambda(P_1)_{\min}$ 的正值参数；$\boldsymbol{Q}_1$ 为对称正定矩阵；$\boldsymbol{P}_1$ 为对称正值矩阵，并满足以下关系：

$$\boldsymbol{P}_1\boldsymbol{A}_1+\boldsymbol{A}_1^{\mathrm{T}}\boldsymbol{P}_1=-\boldsymbol{Q}_1\tag{4-112}$$

因此，在观测误差变量收敛至零后，则需在后续时间里继续保持在原点。对于扩张扰动状态误差，存在有界时间 T_1，且满足如下条件：

$$\dot{\tilde{e}}_3=-Y\mathrm{sgn}(\tilde{e}_1)+\dot{\chi}=0,\text{当}t\geqslant T_1\tag{4-113}$$

上述车辆集总扰动观测器在实际车辆控制器 VCU 中需要离散化处理等原因，导致实际扰动状态观测误差不可能保持在原点，只能维持在零值上下某一满足实际观测精度的狭小区间内，剩余观测误差则由输入饱和预设性能滑模控制器予以反馈控制。

另外，为了减少固定时间扩张状态观测器的抖振效应，可将符号函数替换为双曲正切函数，从而提高车辆集总扰动观测器的稳定性。

（2）控制系统稳定性分析

路径跟踪控制系统的证明目标：对于设计的车辆集总扰动观测器、输入饱和预设性能滑模控制器以及车辆路径跟踪控制模型构成的控制系统，其路径跟踪误差状态应在规定的预设性能约束边界内，同时在固定的时间内收敛为零。

选取 Lyapunov 函数 V_S 的形式为

$$V_S=\frac{1}{2}\boldsymbol{S}^{\mathrm{T}}\boldsymbol{S}\tag{4-114}$$

其一阶导数推导形式为

$$
\begin{aligned}
\dot{V}_S &= \boldsymbol{S}^{\mathrm{T}}\left[\boldsymbol{G}_S(\epsilon)\dot{\epsilon}+\boldsymbol{K}_S(\epsilon)\dot{\epsilon}+\beta_S \mathrm{diag}\left\{|\dot{\epsilon}|^{\beta_S-1}\right\}\ddot{\epsilon}\right] \\
&= \beta_S \boldsymbol{S}^{\mathrm{T}}\mathrm{diag}\left\{|\dot{\epsilon}|^{\beta_S-1}\right\}\left[\boldsymbol{\Xi}(\boldsymbol{A}_1\boldsymbol{\varepsilon}_1+\boldsymbol{A}_2\boldsymbol{\varepsilon}_2+\boldsymbol{B}\boldsymbol{u}+\boldsymbol{\varepsilon}_3)+\boldsymbol{\Omega}\right]+ \\
&\quad \boldsymbol{S}^{\mathrm{T}}\left[\boldsymbol{G}_S(\epsilon)\dot{\epsilon}+\boldsymbol{K}_S(\epsilon)\dot{\epsilon}\right]
\end{aligned}
\tag{4-115}
$$

代入路径跟踪控制律 $\boldsymbol{v}$ 的表达式，上式变形为

$$
\begin{aligned}
\dot{V}_S &= -\boldsymbol{S}^{\mathrm{T}}\mathrm{diag}\left\{\Psi\left(|\dot{\epsilon}|^{\beta_S-1}\right)\right\}\cdot \mathrm{sig}^{\beta_{C3}}\begin{bmatrix} k_{C1}\mathrm{sig}^{\beta_{C1}}(\boldsymbol{S}) \\ +k_{C2}\mathrm{sig}^{\beta_{C2}}(\boldsymbol{S})\end{bmatrix}- \\
&\quad \beta_S \boldsymbol{S}_S^{\mathrm{T}}\mathrm{diag}\left\{|\dot{\epsilon}|^{\beta_S-1}\right\}\cdot\left[k_{C3}\mathrm{sgn}(\boldsymbol{S})-\boldsymbol{\Xi}\tilde{z}_{3i}\right] \\
&\leqslant -\sum_{i=1}^{2}\left\{k_{C1}\Psi^{1/\beta_{C3}}\left(\left|\dot{\epsilon}_i\right|^{\beta_S-1}\right)\left|S_i\right|^{\beta_{C1}+1/\beta_{C3}}+k_{C2}\Psi^{1/\beta_{C3}}\left(\left|\dot{\epsilon}_i\right|^{\beta_S-1}\right)\left|S_i\right|^{\beta_{C2}+1/\beta_{C3}}\right\}^{\beta_{C3}}- \\
&\quad \beta_S\sum_{i=1}^{2}\left(\left|\dot{\epsilon}_i\right|^{\beta_S-1}\left|S_i\right|\left(k_{C3}-\left|\Xi_i\right|\cdot\left|\tilde{z}_{3i}\right|\right)\right)
\end{aligned}
\tag{4-116}
$$

选取控制参数 k_{C3}，使之满足 $k_{C3}\geqslant\max\{|\Xi_i|\cdot|\tilde{z}_{3i}|\}$。则 Lyapunov 函数的一次导数 $\dot{V}_S$ 满足如下条件：

$$
\begin{aligned}
\dot{V}_S &\leqslant -\sum_{i=1}^{2}\left\{k_{C1}\Psi^{1/\beta_{C3}}\left(\left|\dot{\epsilon}_i\right|^{\beta_S-1}\right)\left|S_i\right|^{\beta_{C1}+1/\beta_{C3}}+k_{C2}\Psi^{1/\beta_{C3}}\left(\left|\dot{\epsilon}_i\right|^{\beta_S-1}\right)\left|S_i\right|^{\beta_{C2}+1/\beta_{C3}}\right\}^{\beta_{C3}} \\
&\leqslant -2^{1-\beta_{C3}}\left\{k_{C1}\min\left[\Psi^{1/\beta_{C3}}\left(\left|\dot{\epsilon}_i\right|^{\beta_S-1}\right)\right]\sum_{i=1}^{2}\left(\left|S_i\right|^2\right)^{(1+\beta_{C1}\beta_{C3})/(2\beta_{C3})}+\right. \\
&\quad \left. k_{C2}\min\left[\Psi^{1/\beta_{C3}}\left(\left|\dot{\epsilon}_i\right|^{\beta_S-1}\right)\right]\sum_{i=1}^{2}\left(\left|S_i\right|^2\right)^{(1+\beta_{C2}\beta_{C3})/(2\beta_{C3})}\right\}^{\beta_{C3}} \\
&\leqslant -2^{1-\beta_{C3}}\left\{k_{C4}V^{(1+\beta_{C1}\beta_{C3})/(2\beta_{C3})}+k_{C5}V^{(1+\beta_{C2}\beta_{C3})/(2\beta_{C3})}\right\}^{\beta_{C3}}
\end{aligned}
\tag{4-117}
$$

式中，

$$
\begin{cases}
k_{C4}=2^{(1+\beta_{C1}\beta_{C3})/(2\beta_{C3})}k_{C1}\min\left(\Psi^{1/\beta_{C3}}\left(\left|\dot{\epsilon}_i\right|^{\beta_S-1}\right)\right) \\
k_{C5}=2^{(1+\beta_{C2}\beta_{C3})/(2\beta_{C3})}k_{C2}\min\left(\Psi^{1/\beta_{C3}}\left(\left|\dot{\epsilon}_i\right|^{\beta_S-1}\right)\right)
\end{cases}
\tag{4-118}
$$

根据函数 $\Psi(x)$ 的定义，将系统分为以下两个误差状态空间：

$$
\begin{cases}
\Lambda_{\mathrm{a}1}=\left\{\left(\epsilon_i,\dot{\epsilon}_i\right)\|\dot{\epsilon}_i|^{\beta_S}\geqslant\tau,\forall i=1,2\right\} \\
\Lambda_{\mathrm{a}2}=\left\{\left(\epsilon_i,\dot{\epsilon}_i\right)\|\dot{\epsilon}_i|^{\beta_S}<\tau,\forall i=1,2\right\}
\end{cases}
\tag{4-119}
$$

当误差状态处于空间 a1 中，$\Psi\left(|\dot{\xi}_i|^{\beta_S^{-1}}\right)=1$，取 $k_{C4}=2^{(1+\beta_{C1}\beta_{C3})/(2\beta_{C3})}k_{C1}$，取 $k_{C5}=2^{(1+\beta_{C2}\beta_{C3})/(2\beta_{C3})}k_{C2}$，此时，Lyapunov 函数的一阶导数 $\dot{V}_S$ 化简为

$$\dot{V}_S \leqslant -2^{1-\beta_{C3}}\left\{2^{(1+\beta_{C1}\beta_{C3})/(2\beta_{C3})}k_{C1}V^{(1+\beta_{C}\beta_{C3})/(2\beta_{C3})}+2^{(1+\beta_{C2}\beta_{C3})/(2\beta_{C3})}k_{C2}V^{(1+\beta_{C2}\beta_{C3})/(2\beta_{C3})}\right\}^{\beta_{C3}} \tag{4-120}$$

当转向系统控制输入受到饱和约束，即 $v_1 = \bar{u}_{\delta,\min}$ 或 $v_1 = \bar{u}_{\delta,\max}$ 时，$\dot{V}_S$ 仍有上界，闭环控制系统跟踪误差可通过选择适当的控制参数稳定约束在原点的有界小范围邻域之内。另外，该控制系统将于时间 T'_{C1} 内到达滑模面：

$$T'_{C1} = \frac{2}{2^{(1+\beta_{C1}\beta_{C3})/2}2^{1-\beta_{C3}}k_{C1}\beta_{C3}(1-\beta_{C1}\beta_{C3})}+ \frac{2}{2^{(1+\beta_{C2}\beta_{C3})/2}2^{1-\beta_{C3}}k_{C2}^{\beta_{C3}}(\beta_{C2}\beta_{C3}-1)} \tag{4-121}$$

当控制系统的误差状态处于空间 a2 时，当虚拟误差变量的一阶导数 $\dot{\varepsilon}_i$ 趋于零时，满足以下条件：

$$\ddot{\epsilon}(t) = -\left[k_{C3}\operatorname{sgn}(S) - \varXi\tilde{z}_3\right] \tag{4-122}$$

由此可见，S_i 与 $\ddot{\epsilon}(t)$ 始终异号，即控制系统必将离开误差空间 $\varLambda_{a2}$，所需收敛时间 $T'_{C2} \leqslant (\tau^{1/(\beta_S-1)})/(k_{S3}-(\varXi_i\tilde{z}_{3i})_{\max})$，并最终在有限时间内到达滑模面。

当控制系统状态在滑模面上运动时，考虑虚拟误差变量 ϵ_i 的收敛性，定义中间变量 $\theta_i = |\xi_i|^{(1-p_S\varGamma_S)}$，$i=1, 2$，此时转换后的误差系统动力学表示为

$$\dot{\theta}_i = -(1-p_S\varGamma_S)\left(K_{Sa}+K_{Sb}\theta_i^{(q_S-p_S)/(1-p_S\varGamma_S)}\right)^{\varGamma_S} \tag{4-123}$$

该中间变量表示的误差系统将于有限时间 T_S 内收敛为零，换言之，车辆路径跟踪控制状态的虚拟误差变量和实际误差均收敛为零。

$$T_S = 1/\left[K_{S1}\varGamma_S\left(1-p_S\varGamma_S\right)\right]+1/\left[K_{S2}\varGamma_S\left(q_S\varGamma_S-1\right)\right] \tag{4-124}$$

综上所述，所提出的基于输入饱和预设性能的固定时间滑模控制方法具有控制系统稳定性和有限时间收敛性。

4.3.2.4 四轮电液驱制动转矩分配

车辆路径跟踪控制所需的附加横摆力矩需要通过四轮转矩分配与控制实现。定义车轮纵向力 $\boldsymbol{F}_x = [F_{x,11}F_{x,12}F_{x,21}F_{x,22}]^{\mathrm{T}}$ 优化分配的成本函数：

$$J = J_1 + J_2 \tag{4-125}$$

式中，J_1 为成本函数反映了四轮纵向力分配占比情况；J_2 为成本函数，反映了四轮纵向力产生的附加横摆力矩对其期望值的接近程度。具体形式为

$$\begin{cases} J_1 = \varpi\boldsymbol{F}_x^{\mathrm{T}}\boldsymbol{Q}\boldsymbol{F}_x \\ J_2 = (1-\varpi)(\boldsymbol{H}\boldsymbol{F}_x-\boldsymbol{M}_z)^{\mathrm{T}}(\boldsymbol{H}\boldsymbol{F}_x-\boldsymbol{M}_z) \end{cases} \tag{4-126}$$

式中，$\boldsymbol{Q}$ 为权重系数矩阵；$\boldsymbol{H}$ 为四轮纵向力增益矩阵；ϖ 为成本调节参数。

$$\begin{cases} \boldsymbol{Q} = \mathrm{diag}\left[q_{11} \quad q_{12} \quad q_{21} \quad q_{22}\right] \\ \boldsymbol{H} = \begin{bmatrix} -\dfrac{W_{\mathrm{b}}}{2}\cos\delta_{\mathrm{f}} + L_{\mathrm{f}}\sin\delta_{\mathrm{f}} & \dfrac{W_{\mathrm{b}}}{2}\cos\delta_{\mathrm{f}} + L_{\mathrm{f}}\sin\delta_{\mathrm{f}} \\ -\dfrac{W_{\mathrm{b}}}{2}\cos\delta_{\mathrm{f}} + L_{\mathrm{f}}\sin\delta_{\mathrm{f}} & \dfrac{W_{\mathrm{b}}}{2}\cos\delta_{\mathrm{f}} + L_{\mathrm{f}}\sin\delta_{\mathrm{f}} \end{bmatrix} \end{cases} \tag{4-127}$$

成本函数 J 对车轮纵向力向量 $\boldsymbol{F}_x$ 的一阶导数为

$$\begin{aligned} \frac{\partial J}{\partial \boldsymbol{F}_x} &= \varpi \boldsymbol{Q}\boldsymbol{F}_x + (1-\varpi)\boldsymbol{H}^{\mathrm{T}}\left(\boldsymbol{H}\boldsymbol{F}_x - \boldsymbol{M}_z\right) \\ &= \left[\varpi\boldsymbol{Q} + (1-\varpi)\boldsymbol{H}^{\mathrm{T}}\boldsymbol{H}\right]\boldsymbol{F}_x - \left(1-\varpi\right)\boldsymbol{H}^{\mathrm{T}}\boldsymbol{M}_z \end{aligned} \tag{4-128}$$

成本函数对车轮纵向力的二阶导数为：

$$\frac{\partial^2 J}{\partial^2 \boldsymbol{F}_x} = \varpi\boldsymbol{Q} + (1-\varpi)\boldsymbol{H}^{\mathrm{T}}\boldsymbol{H} \tag{4-129}$$

式中，$\boldsymbol{Q}$、$\boldsymbol{H}^{\mathrm{T}}\boldsymbol{H}$ 均大于零，因此式（4-129）大于零。根据极值条件：

$$\begin{cases} \dfrac{\partial J}{\partial \boldsymbol{F}_x} = 0 \\ \dfrac{\partial^2 J}{\partial^2 \boldsymbol{F}_x} > 0 \end{cases} \tag{4-130}$$

由此可得成本函数取最小值对应的车轮纵向力为

$$\boldsymbol{F}_x = \left[\varpi\boldsymbol{Q} + (1-\varpi)\boldsymbol{H}^{\mathrm{T}}\boldsymbol{H}\right]^{-1}\left(1-\varpi\right)\boldsymbol{H}^{\mathrm{T}}\boldsymbol{M}_z \tag{4-131}$$

为了防止轮胎纵向力进入强非线性轮胎力学特性区间，导致车轮运动趋向于制动抱死或驱动滑转，继而导致分布式电驱动系统（DIWD）或线控液压制动系统（REHB）对车轮动力学控制失稳，需要实现车轮纵向力的合理分配，即选择合适的分配系数矩阵，考虑采用一种简单的四轮垂向载荷的分配方法：

$$q_{ij} = \frac{Mg}{4F_{z,ij}}, 当 i = 1,2,\ j = 1,2 \tag{4-132}$$

在此基础上，根据车辆路径跟踪控制过程中的四轮纵向滑动率 $s_{x,ij}$（驱动 / 制动）对 q_{ij} 进行修正，得到实际使用的分配系数 $q_{\mathrm{act},ij}$：

$$q_{\mathrm{act},ij} = q_{ij}\tanh[\alpha_{\mathrm{s}}(s_{x0} - s_{x,ij})], 当 i = 1,2,\ j = 1,2 \tag{4-133}$$

式中，s_{x0} 为当前路面附着条件下的车轮滑动率监管值，用于限制车轮的最大输出转矩；α_{s} 为转矩裕度系数，用于约束大转矩输出时的转矩增速。

另外，需要考虑所提出的能量回馈式线控制动系统为一种电液冗余制动系统，具备制动冗余备份能力，为路径跟踪工况智能电动汽车的转向失效提供了更多一重的运动安全控制保障。

以上通过最优分配得到的四轮转矩命令值有正有负，即可通过轮毂电机回馈制动或 REHB 液压制动实现，因此需要进行以下处理：

1）电液驱制动控制执行优先级：驱动转矩仅能采用轮毂电机实现；制动转矩优先使用 REHB 的线性电磁阀制动系统，其次采用回馈转矩。

2）驱制动模式切换过程转矩平顺过渡：对于某一车轮，当电机驱动模式切换为液压制动模式时，为防止驱制动转矩同时作用于车轮而引发冲击，在电液驱制动模式切换发生时，设置电液转矩命令切换的死区时间。

综合以上路径跟踪控制方法设计工作，接下来通过软件仿真和硬件在环试验的方式验证所提出的控制方法，并给出结果分析与讨论。

4.3.3　仿真试验验证

为了验证所提出的转向制动协调控制方法在车辆路径跟踪问题中的有效性，首先选取高附、低附路面条件进行仿真分析。

智能电动汽车路径跟踪的期望状态由车辆横向位移和横摆角的参考值进行描述，二者均是车辆纵向位移的复合函数：

$$\begin{cases} Y_{\text{ref}} = \dfrac{d_{y_1}}{2}\left[1+\tanh(z_1)\right] - \dfrac{d_{y_2}}{2}\left[1+\tanh(z_2)\right] \\ \psi_{\text{ref}} = \arctan\left\{ d_{y_1}\left[\dfrac{1}{\cosh(z_1)}\right]^2\left(\dfrac{1.2}{d_{x_1}}\right) - d_{y_2}\left[\dfrac{1}{\cosh(z_2)}\right]^2\left(\dfrac{1.2}{d_{x_2}}\right)\right\} \end{cases} \tag{4-134}$$

式中，d_{y_1}、d_{y_2}、d_{x_1}、d_{x_2}、x_1、x_2 均为期望位姿函数的描述参数，这里 d_{y_1}、d_{y_2}、d_{x_1}、d_{x_2} 的取值分别为 25、25、3.76、3.76。其中间参数 z_1、z_2 的计算方式为

$$\begin{cases} z_1 = \dfrac{1}{10}(X-68)-1.2 \\ z_2 = \dfrac{1}{10}(X-133)-1.2 \end{cases} \tag{4-135}$$

智能电动汽车路径跟踪控制设计采用的关键模型参数见表 4-7。

表 4-7　智能电动汽车关键模型参数

符号	含义	数据
m	车辆整备质量	1500kg
I_Z	车辆 z 轴转动惯量	2360kg · m^2
W_b	同轴车轮的间距	1.5m
L_f	车辆质心至前轴的距离	1.2m
L_r	车辆质心至后轴的距离	1.6m
K_f	前轮的侧偏刚度	140kN/rad
K_r	后轮的侧偏刚度	140kN/rad

4.3.3.1 仿真设置条件

本节所设计的路径跟踪转向制动协调控制方法及线控转向 / 制动控制系统等执行层在 MATLAB/Simulink 中运行，车辆动力学模型在 CarSim 仿真软件中实现，二者进行离线联合仿真。

初始车速为 72km/h，高附与低附路面附着系数分别为 0.8、0.3，前轮转角正常范围为 ±0.26rad，高附与低附工况对应的附加横摆力矩限制范围分别为 ±3.0kN·m、±1.5kN·m，高附工况与低附工况对应的转向故障输入饱和约束幅值分别为 5.0°、5.0°。转向故障在 0s 时刻注入。

为了对比说明本研究提出的路径跟踪控制方法的控制性能，选择不考虑输入饱和约束的有限时间滑模控制（Fixed-time Sliding Mode Control, FTSMC）算法作为对照组进行对比分析。

4.3.3.2 高附路面不同控制算法路径跟踪控制仿真分析

图 4-41 和图 4-42 所示为两种控制方法的车辆路径跟踪运动状态（横向位移、横摆角）响应和跟踪误差情况。整体上两种控制方法均能实现状态误差最终收敛为零，但在路径跟踪过程中的动态性能有所差异。

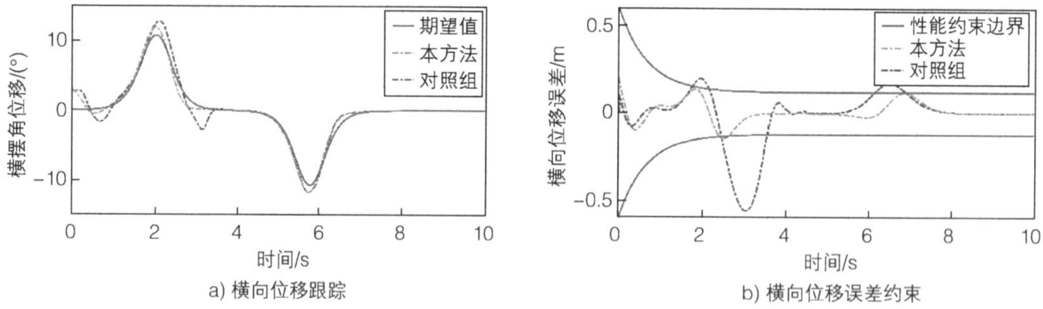

图 4-41 高附仿真工况横向位移响应和跟踪情况

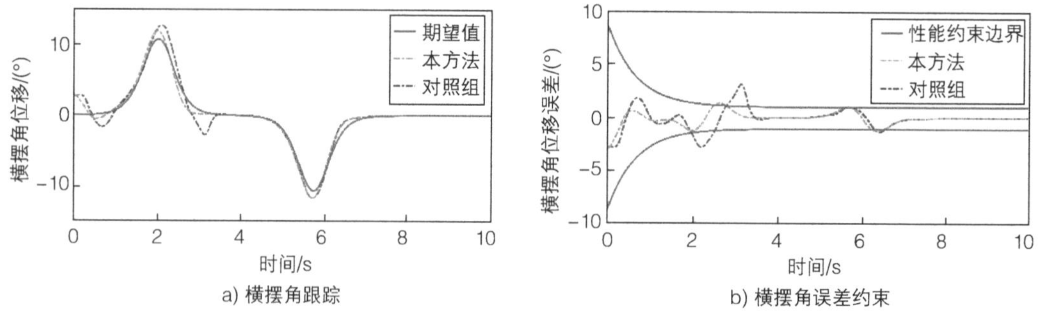

图 4-42 高附仿真工况横摆角响应和跟踪情况

在横向位移跟踪控制过程中，在 2.5s 附近，相比于固定时间滑模控制方法，所提出的输入饱和预设性能滑模控制的超调量明显较小；从状态误差来看，该方法得到的状态误差始终保持在预设性能边界约束范围 0.18m 和 1.2° 内，而固定时间滑模控制方法则严重超出了性能边界。在横摆角跟踪控制过程中，在纵向位置为 0.35s、1.95s、2.6s 和 5.8s 附近，所提出的方法在横摆角跟踪误差上明显较小；跟踪误差的表现与横向位移基本一致。

高附仿真工况控制输入如图 4-43 所示，由图可知，在发生转向故障后，线控转向系统输出约束在 ±5° 范围内。相比于传统固定时间滑模控制方法，本研究提出的控制方法考虑了转向失效输入饱和约束条件，在需要更大转角控制命令减小横向位移误差时，在当前路面附着条件的前提下，提供了更大的附加横摆力矩进行主动补偿。这也是本控制方法控制性能优于对照组的根本原因。

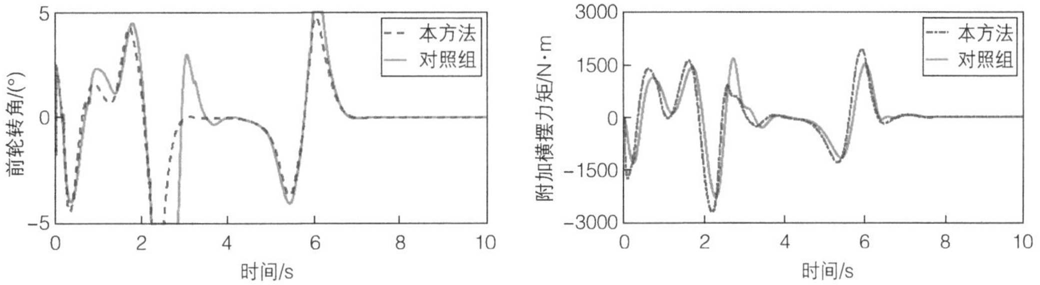

a) 转向角输入　　b) 附加横摆力矩输入

图 4-43　高附仿真工况控制输入

两种控制方法的路径跟踪性能指标为：横向位移的均方根误差、横摆角均方根误差。该方法两种指标值分别为 0.059m、0.631°。与对照组指标 0.112m、1.018° 相比，该方法两种路径跟踪误差的均方根值分别降低了 46.8% 和 38.1%。

4.3.3.3　低附路面不同控制算法路径跟踪控制仿真分析

图 4-44 和图 4-45 所示为两种控制方法的路径跟踪控制状态（横向位移、横摆角）响应和跟踪误差情况。整体上两种控制方法均能实现状态误差最终收敛为零，但在路径跟踪控制过程中动态性能有所差异。

在横向位移跟踪控制过程中，在 2.8s 附近，相比于固定时间滑模控制，所提出的输入饱和预设性能滑模控制的超调量明显较小；从跟踪误差来看，所提出的控制方法得到的横摆角误差仅在 6.8s 超出边界，但快速恢复至约束边界内，而固定时间滑模控制方法的横向位移和横摆角均严重超出了性能边界。同样地，在横摆角跟踪控制过程中，本书提出的方法在横摆角跟踪误差上明显较小；跟踪误差的表现与横向位移基本一致。

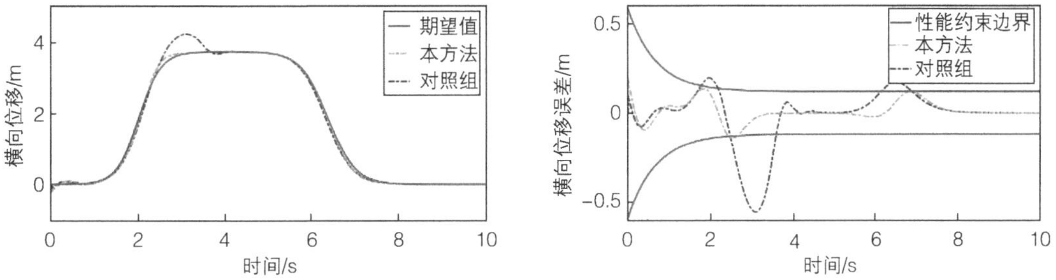

a) 横向位移跟踪　　b) 横向位移误差约束

图 4-44　低附仿真工况横向位移响应和跟踪误差情况

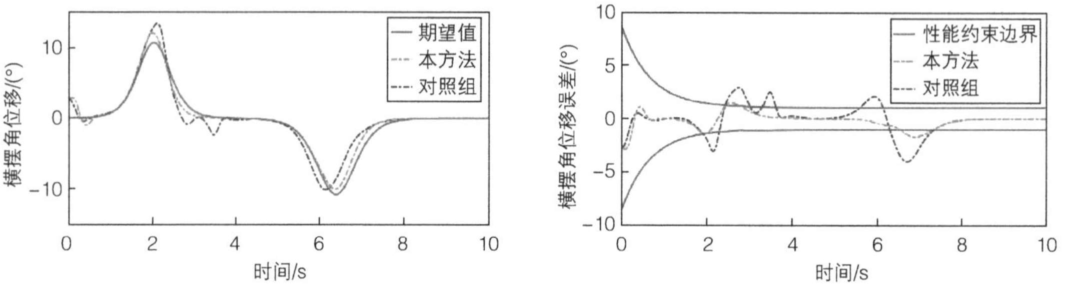

a) 横摆角跟踪　　b) 横摆角误差约束

图 4-45　低附仿真工况横摆角响应和跟踪误差情况

由图 4-46 可知，在发生转向故障后，线控转向系统输出约束在 ±7.5° 范围内。相比于传统固定时间滑模控制方法，该方法考虑了转向失效输入饱和约束条件，在需要更大转角控制命令减小横向位移误差时，提供了更大及更为平顺的附加横摆力矩进行补偿。需要注意的是，低附路面能够提供给四轮差动生成附加横摆力矩的最大值较为有限，此时车辆的转向和制动输出能力受到限制。为达到跟踪目标，该方法的转向角输入和附加横摆力矩输入相对较为平稳，不存在对照组中的高频振荡现象。

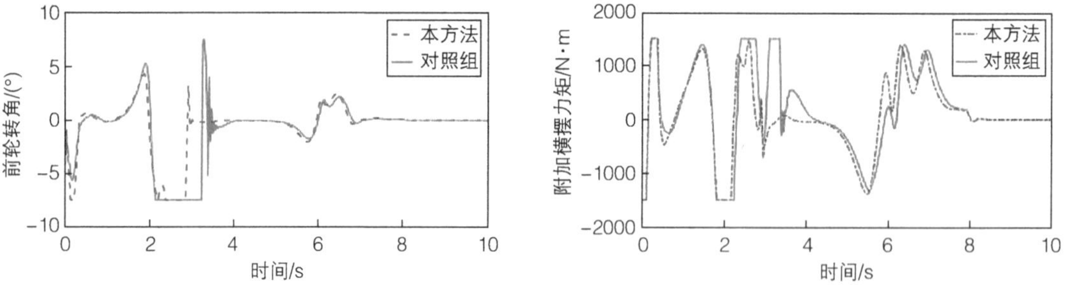

a) 转向角输入　　b) 附加横摆力矩

图 4-46　低附仿真工况控制输入

采用上述的横向位移的均方根误差、横摆角均方根误差作为路径跟踪控制性能评价指标。该方法两种指标值分别为 0.056m、0.752°。与对照组指标 0.156m、1.373° 相比，该方法两种路径跟踪误差的均方根值分别降低了 45.2%。

4.3.4　台架试验验证

为了进一步验证本研究提出的转向制动协调控制方法的有效性和实用性，结合 4.1.3 小节中试验台架进行硬件在环试验。硬件在环试验的路径跟踪工况设置条件（路面附着系数、参考路径、初始车速等）与仿真部分保持一致。联合硬件在环试验系统结构复杂、软、硬件设置条件严格，对于本研究控制方法的实证性具有重要影响，因此首先介绍硬件在环试验平台。

4.3.4.1　台架试验方案

硬件在环试验系统的方案原理和实物如图 4-47 所示。从功能上将试验系统划分为三大模块，包括上层路径跟踪控制算法模块、下层线控转向 / 制动系统控制执行模块、负载模拟模块。

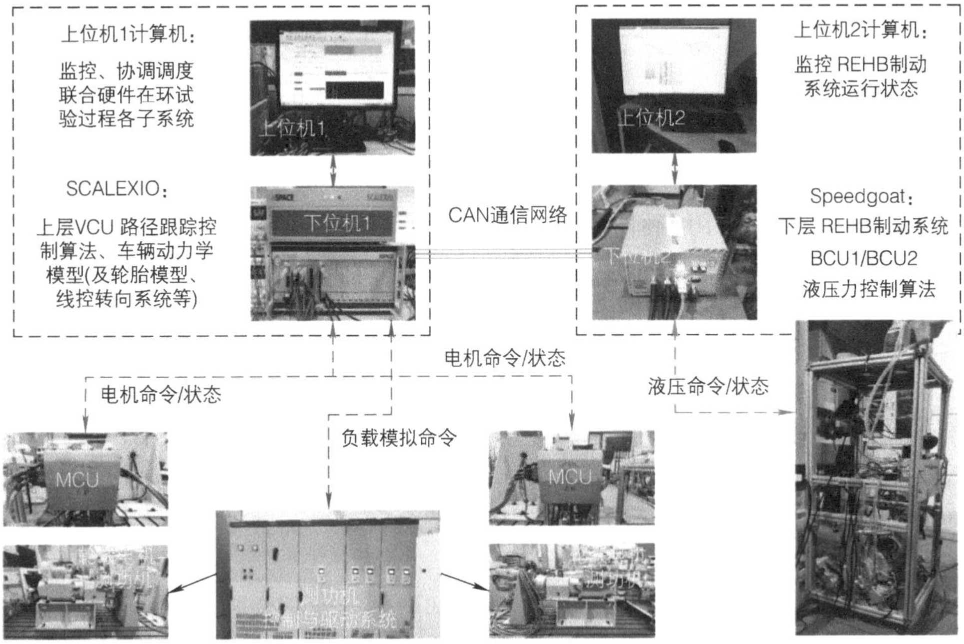

图 4-47　硬件在环试验系统的方案原理和实物

上层算法模块运行车辆路径跟踪控制算法，给出输入饱和约束后的转向盘转角命令和优化分配后的四轮电液驱制动转矩命令；负载模拟模块通过控制测功机输出转速或转矩模拟车辆与道路之间的相互作用；下层控制执行模块接收到上述控制命令，控制线控转向与制动系统给出实际响应；测功机模拟的路面负载和转向制动实际响应同时作用到车辆动力学模型，得到车辆运动状态的更新。上述过程最终形成路径跟踪控制闭环和测试闭环。

从实时系统的硬件层面上，硬件在环试验围绕 dSPACE SCALEXIO、Speedgoat 以及电机控制器 MCU、测功机控制器等实际电控单元展开。

在路径跟踪控制台架试验中，SCALEXIO 实时系统具有以下作用：

1）作为下位机，用作整车控制器 VCU 的原型控制器，上层路径跟踪控制算法在其中进行实时求解运算，将液压摩擦制动转矩需求发送给 REHB 制动系统的制动控制器 BCU（在 Speedgoat 中实时模拟），将电机驱动 / 回馈转矩需求发送给分布式电驱动系统 DIWD 的 MCU（见图 4-47 中轮毂电机控制器实物），BCU 和 MCU 负责实现车辆四轮的驱动、制动转矩命令。

2）与其配套的上位机，用作路径跟踪控制试验的总控制中心，协调调度各功能模块的实时测试步调，同时负责测功机负载模拟系统的实时监控、以及显示、处理试验数据结果。

3）作为高性能实时仿真平台，实时运行车辆系统非线性动力学模型，包括车辆模型、轮胎模型、线控转向控制系统模型等车辆仿真部分。

Speedgoat 实时系统具有以下作用：

1）作为下位机，模拟 REHB 制动系统的制动控制器 BCU1 和 BCU2，即线控液压制动系统的原型控制器。接收来自整车控制器 VCU 的液压制动需求，运行 REHB 制动系统的液压力控制算法。

2）与其配套的上位机，用于监控 REHB 制动系统的运行状态以及显示、处理试验数据结果。

SCALEXIO 实时系统、Speedgoat 实时系统以及各实际电控单元之间通过 CAN 总线协议通信，并保持与实际车载通信系统参数一致。

为了在保证试验结果能够客观模拟实车测试的结果，同时降低联合硬件在环试验台架测试系统的复杂性，本节中的硬件在环试验中的实际线控转向控制系统通过仿真模型代替。转向系统建模提取了最具代表性的转向迟滞非线性特性，采用 Bouc-Wen 模型进行表示，并采用实车线控转向系统的测试数据进行标定。

4.3.4.2 高附路面不同控制算法路径跟踪控制台架试验

图 4-48、图 4-49 所示为本研究提出的路径跟踪控制方法的车辆运动状态（横向位移、横摆角）响应和路径跟踪误差情况，整体结果说明了本研究提出的基于输入饱和预设性能滑模控制方法能够有效保证跟踪误差最终收敛为零，并且在初始条件（0s 时刻）具有偏差（0.18m、3°）的情况下表现出了算法的鲁棒性。

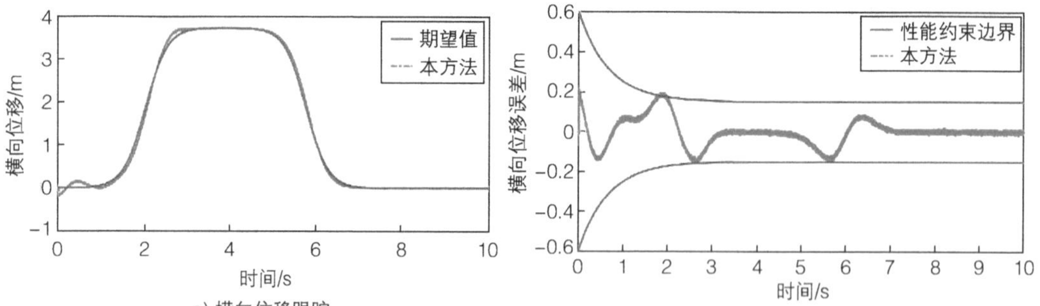

a) 横向位移跟踪　　b) 横向位移误差约束

图 4-48　高附试验工况横向位移跟踪响应和误差情况

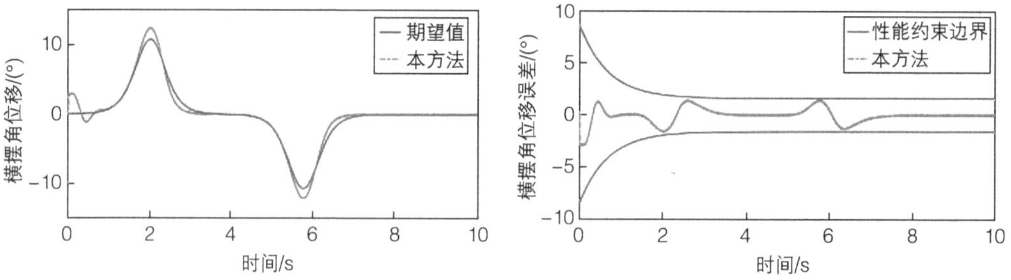

a) 横摆角跟踪　　b) 横摆角误差约束

图 4-49　高附试验工况横摆角跟踪响应和误差情况

在横向位移跟踪控制过程中，在 2.0s、2.35s 附近，所提出的输入饱和预设性能滑模控制误差逼近约束边界，但并未超出；从跟踪误差来看，该方法得到的状态误差始终保持在预设性能边界约束范围内，控制稳定性良好。在横摆角跟踪控制过程中，在纵向位置为

2.0s、5.8s 附近，所提出的方法在横摆角跟踪误差逼近边界，但并未超出；状态误差上的表现情况与横向位移基本一致。

相比于上文所述的高附路面仿真结果，台架试验具有更多的外界扰动因素，因此，在适当放大了横向位移误差和横摆角误差的性能约束边界的情况下，该方法保持了车辆路径跟踪控制系统的稳定性。另一方面也可以看出，该方法的有限时间收敛性保持良好表现。高附试验工况控制输入如图 4-50 所示，由图可知，在发生转向故障后，线控转向系统输出约束在 ±5° 范围内。一方面，高附路面能够提供足够的附加横摆力矩；另一方面，该方法考虑了转向输入饱和情况下的失效运行，进行了横摆力矩的补偿修正，并消除了滑模控制中的非奇异问题，前轮转角和附加横摆力矩的控制输入较为平稳，不存在高频抖振现象，符合实车控制需求。

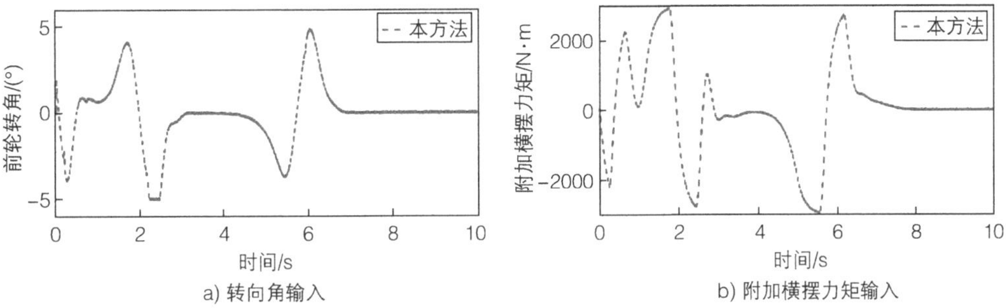

图 4-50　高附试验工况控制输入

高附试验工况车轮转矩响应如图 4-51 所示。由图可知，所提出的控制方法能够保证车辆前后轮滑动率较小，均处于轮胎特性线性区间内。由于四轮转矩分配结果大致对称，因此仅展示了“左前”“右后”两轮的轮毂电机与 REHB 的实际转矩响应结果，可以看出，电液驱制动转矩响应良好，同一时刻不同车轮具有不同的驱制动状态，转矩分配较为均衡，且驱制动模式切换平顺。

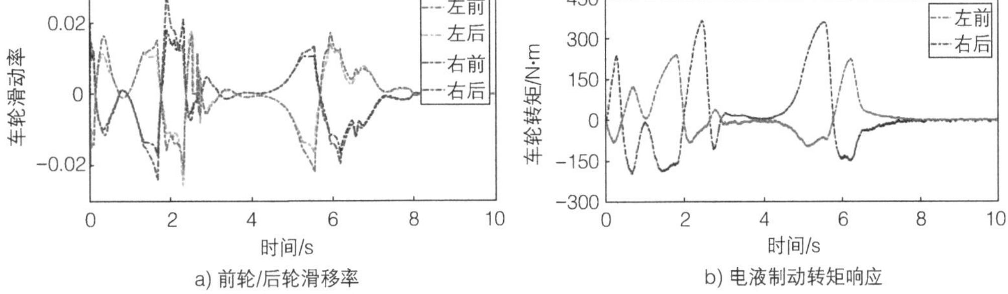

图 4-51　高附试验工况车轮转矩响应

高附路面硬件在环试验条件下的路径跟踪性能指标：横向位移的均方根误差 0.067m，横摆角均方根误差 0.707°。

4.3.4.3 低附路面不同控制算法路径跟踪控制台架试验

图 4-52、图 4-53 所示为该方法的路径跟踪控制状态（横向位移、横摆角）响应和跟踪误差情况，整体上实现了车辆运动稳定性控制，满足低附条件下的车辆路径跟踪控制精度需求。

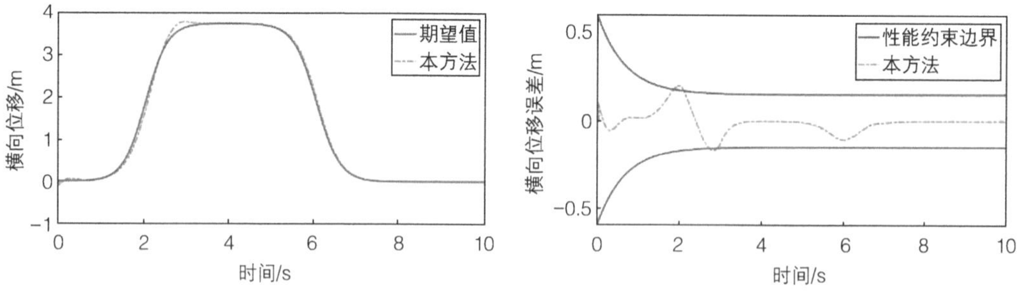

a) 横向位移跟踪　　b) 横向位移误差约束

图 4-52　低附试验工况横向位移跟踪响应和误差情况

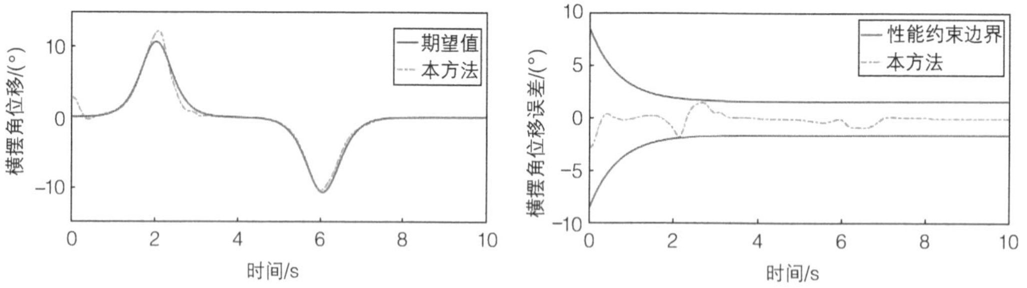

a) 横摆角跟踪　　b) 横摆角误差约束

图 4-53　低附试验工况横摆角跟踪响应和误差情况

在横向位移跟踪控制过程中，在 2.0s、2.8s 附近，横向位移偏差超出了性能约束边界，同时，横摆角误差也在 2.0s 逼近了约束边界，这是由于低附路面下转向能力和驱制动力均受限，且车辆动力学状态控制极易受到外界扰动（如真实的电驱动系统、REHB 系统等带来的扰动和误差）影响。但值得注意的是，在本控制方法的作用下，横摆角误差快速回降至误差边界 0.18m 内，控制系统重新恢复精密和稳定的控制性能。

低附试验工况控制输入如图 4-54 所示。由图可知，在发生转向故障后，线控转向系统输出约束在正负 7.5° 范围内。此时为了弥补横向位移误差，四轮差动产生的附加横摆力矩输入应尽量增大，但低附路面最大可提供的轮胎力有限，因此横摆力矩与前轮转角同时出现了饱和，这也是导致上图中横向位移超出约束的原因之一。

相比于高附情况，为了保证动态调节两种路径跟踪误差，低附试验中的横摆力矩输入形状波动更多，由于本控制方法中具有最优转矩分配策略，因此可将其分配至四轮转矩，降低单轮转矩控制负担，避免车轮滑动。

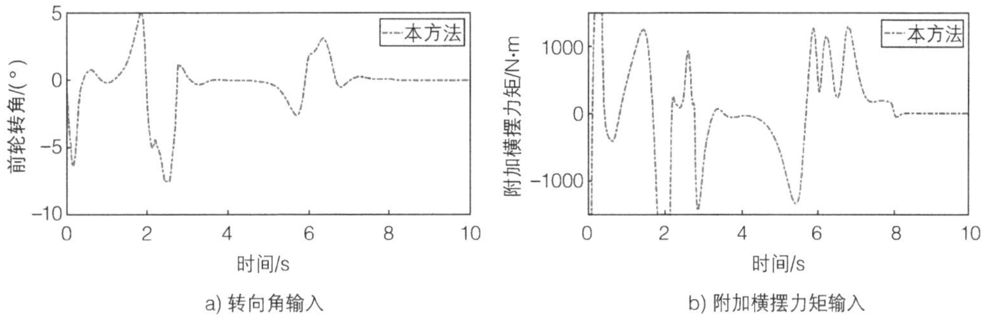

图 4-54　低附试验工况控制输入

低附试验工况车轮转矩响应如图 4-55 所示，由图可知，所提出的控制方法能够保证车辆前后轮滑动率较小，均处于轮胎特性线性区间内，因此即使在低附工况下也能保持路径跟踪控制系统的稳定性。同样，由于四轮转矩分配结果大致对称，因此仅展示了“左前”“右后”两轮的轮毂电机与 REHB 的实际转矩响应结果。可以看出，电液驱制动转矩响应良好，同一时刻不同车轮具有不同的驱制动状态，转矩分配较为均衡，且驱制动模式切换平顺。

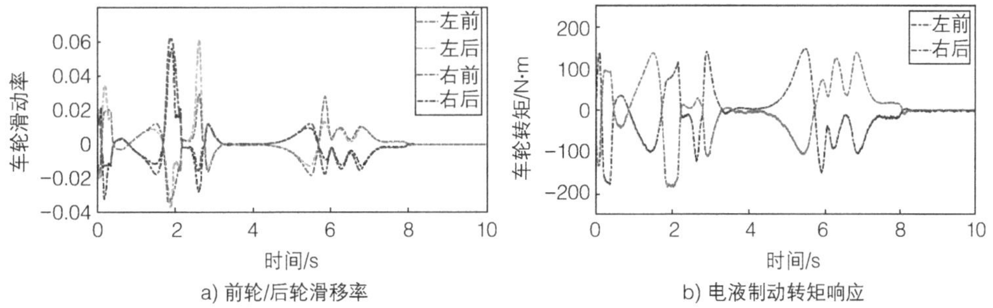

图 4-55　低附试验工况车轮转矩响应

低附路面硬件在环试验条件下的路径跟踪性能指标：横向位移与横摆角的均方根误差分别为 0.062m、0.566°，均满足实际车辆的路径跟踪控制误差要求。

第 5 章 智能底盘极限控制技术

目前，造成重大人员伤亡的交通事故主要发生在极限驾驶工况。如何借鉴专业车手驾驶技能，拓展底盘控制边界、改善极限工况下主动安全性能实现“极限工况不失控”，对降低交通事故发生率及事故损失具有重要意义。本章以智能电动底盘为研究对象，聚焦极限驾驶工况下智能电动底盘自主决策控制这一核心问题，围绕稳态漂移、瞬态漂移和 T 型碰撞等三种代表性较强的极限驾驶工况，逐一分析工程需求和系统特性，并进行自主决策控制方法的设计。

5.1 分布式四驱电动车辆的自主稳态漂移控制

稳态漂移是一种典型的极限驾驶工况，“稳态”是指车辆状态（包括车速、横摆角速度、质心侧偏角等）始终维持在固定的临界稳定平衡点附近，后轮附着达到饱和，从而实现车辆的定圆运动轨迹。目前稳态漂移研究主要以两轮驱动车辆作为研究对象，缺乏针对分布式四驱电动车辆的深入研究；此外，漂移过程中系统间的协调控制研究缺乏对子系统动态响应特性的深入考虑。分布式四驱电动车辆的驱动电机系统具有响应速度快和控制精度高的优势，相比于两轮驱动车辆，其车轮转矩分配更灵活，抓地力更强，侧偏角极限范围更大，为车辆自主稳态漂移控制提供了更好的操纵平台以及更大的可能性。然而，分布式四驱电动车辆的过驱动系统特性和多执行器异质动力学耦合特性也使得控制难度大幅提高。因此，开发研究分布式四驱电动汽车的自主稳态漂移控制技术具有重要的现实意义和巨大的挑战性。

本节针对分布式四驱电动车辆的自主稳态漂移控制问题，将介绍考虑执行器动态响应特性和外界扰动的过驱动系统稳态漂移的控制方法，解决系统临界失稳状态下可能导致的系统抖振、车身失稳等问题。

5.1.1 分布式四驱电动车辆非线性系统建模

本节将以分布式四驱电动智能汽车作为研究对象，研究车辆在稳态漂移工况下的动力学特性。建模过程中考虑分布式四驱电动车辆在极限驾驶工况下的过驱动系统特性、复杂非线性以及扰动不确定性的影响。

5.1.1.1 车辆动力学模型

本节采用了图 5-1 所示的双轨三自由度的车辆非线性动力学模型，分析稳态漂移工况下车身的纵向、横向及横摆运动。

车辆动力学方程表述如下：

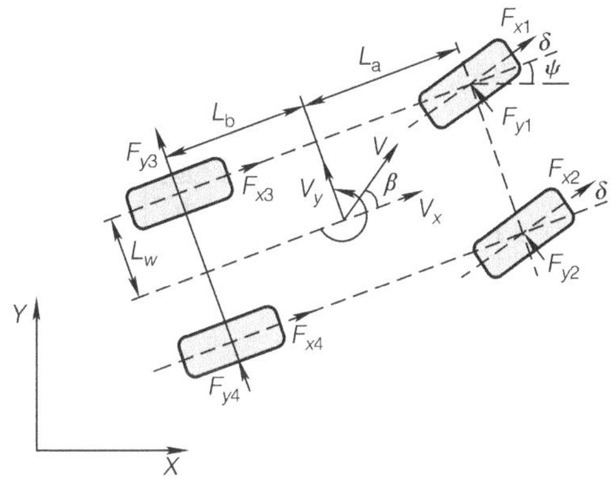

图 5-1　分布式四驱车辆动力学模型

$$m\dot{V}_x = m\dot{\psi}V_y - F_{\text{roll}} + F_{y1}(-\sin\delta) + F_{y2}(-\sin\delta) + F_{x1}\cos\delta + F_{x2}\cos\delta + F_{x3} + F_{x4} \tag{5-1}$$

$$m\dot{V}_y = -m\dot{\psi}V_x + F_{y1}\cos\delta + F_{y2}\cos\delta + F_{x1}\sin\delta + F_{x2}\sin\delta + F_{y3} + F_{y4} \tag{5-2}$$

$$\begin{aligned} I_z\ddot{\psi} = {} & F_{y1}(L_{\text{a}}\cos\delta + L_{\text{w}}\sin\delta) + F_{y3}(-L_{\text{b}}) + F_{y2}(L_{\text{a}}\cos\delta - L_{\text{w}}\sin\delta) + \\ & F_{y4}(-L_{\text{b}}) + F_{x1}(L_{\text{a}}\sin\delta - L_{\text{w}}\cos\delta) + F_{x3}(-L_{\text{w}}) + \\ & F_{x2}(L_{\text{a}}\sin\delta + L_{\text{w}}\cos\delta) + F_{x4}(L_{\text{w}}) \end{aligned} \tag{5-3}$$

式中，

$$V_x = V\cos\beta \tag{5-4}$$

$$V_y = V\sin\beta \tag{5-5}$$

式中，V_x 和 V_y 分别为车身坐标系下的纵向车速和横向车速；V 为总车速；β 为车辆的质心侧偏角；ψ 为车辆的横摆角；$\dot{\psi}$ 为车辆的横摆角速度；$\ddot{\psi}$ 为车辆的横摆角加速度；m 为整车质量；I_z 为车辆横摆转动惯量；δ 为前轮转角；L_{a} 和 L_{b} 分别为质心与前轴 / 后轴之间的直线距离；L_{w} 为半轮距；F_{xi} 和 F_{yi} 分别为车轮纵向及横向轮胎力，其中 $i = 1$，2，3，4 分别表示左前轮、右前轮、左后轮和右后轮，如图 5-1 所示。F_{roll} 为车辆的滚动阻力，表示为如下形式：

$$F_{\text{roll}} = fmg \tag{5-6}$$

式中，f 为滚动阻力系数；g 为重力加速度系数。联立方程，可以得到如下系统状态方程：

$$\begin{bmatrix} \dot{V}_x \\ \dot{V}_y \\ \ddot{\psi} \end{bmatrix} = \boldsymbol{F}(V_x, V_y, \dot{\psi}) + \boldsymbol{B}\begin{bmatrix} F_{y1} \\ F_{y2} \\ F_{y3} \\ F_{y4} \\ F_{x1} \\ F_{x2} \\ F_{x3} \\ F_{x4} \end{bmatrix} \tag{5-7}$$

式中，

$$\boldsymbol{F}(V_x,V_y,\dot{\psi})=\boldsymbol{T}(V_x,V_y,\dot{\psi})+\boldsymbol{d} \tag{5-8}$$

$$\boldsymbol{T}(V_x,V_y,\dot{\psi})=\begin{bmatrix} \dot{\psi}V_y-\dfrac{F_{\text{roll}}}{m} \\ -\dot{\psi}V_x \\ 0 \end{bmatrix} \tag{5-9}$$

式中，

$$\boldsymbol{d}=\begin{bmatrix} d_1 \\ d_2 \\ d_3 \end{bmatrix} \tag{5-10}$$

式中，$\boldsymbol{F}[V_x, V_y, \dot{\psi}]^{\mathrm{T}}$ 为包含系统不确定扰动项的状态量相关的非线性项，其包含的各物理量均可通过传感器获取或系统模型求解；$\boldsymbol{d}$ 为系统模型中由于外界干扰和参数误差导致的不确定项，该不确定项的各项数值的范围限制为 $|d_j|<d_{\mathrm{m}}$，$j=1, 2, 3$，其中 d_{m} 为不确定项绝对值的上限值。

根据系统状态方程 [式（5-7）] 可知，系统的状态变量 $[V_x, V_y, \psi]^{\mathrm{T}}$ 的维度为 3，控制输入 $[F_{y1}, F_{y2}, F_{y3}, F_{y4}, F_{x1}, F_{x2}, F_{x3}, F_{x4}]^{\mathrm{T}}$ 的维度为 8。由于系统的控制输入维数大于状态维数，因此分布式四驱电动车辆系统属于过驱动系统。基于模型的传统控制算法无法直接应用于过驱动系统实现控制输入求解，需要后续对系统进行转化。

5.1.1.2 轮胎动力学模型

在稳态漂移过程中，轮胎处于纵横向动力学高度耦合的非线性区域，附着状态高度饱和或接近饱和。本节采用纵滑 - 侧偏联合工况下的 Magic Formula 模型表征极限驾驶工况下的轮胎动力学特性。轮胎模型也必须能够准确描述轮胎力附着极限特性及其在稳态漂移过程中的剧烈变化。

Magic Formula 轮胎模型是一种基于大量试验数据建立的半经验模型，是目前公认的最为准确的轮胎模型，能够最大限度地反映出车轮动力学特性。在 Magic Formula 轮胎模型中，车辆各轮与地面间的合成摩擦系数为

$$\mu_i(s_i)=D_P\sin(C_P\arctan(B_P s_i)) \qquad i=1,2,3,4 \tag{5-11}$$

式中，B_P、C_P 和 D_P 均为 Magic Formula 模型参数，基于实际轮胎试验数据进行拟合得到的 B_P、C_P 和 D_P 的数值分别为 0.6、1.13 和 1.1；μ_i 为车辆各轮与地面间的合成摩擦系数；s_i（$i=1, 2, 3, 4$）表示左前轮、右前轮、左后轮和右后轮的复合滑移率，s_i 定义为

$$s_i=\sqrt{s_{xi}^2+s_{yi}^2} \tag{5-12}$$

式中，s_{xi} 和 s_{yi} 分别为各轮的纵向滑移率和横向滑移率，在制动工况和驱动工况下定义为

$$s_{xi}=\begin{cases} \dfrac{\omega_i R_{\mathrm{w}}\cos\alpha_i-v_{\mathrm{w}i}}{v_{\mathrm{w}i}} & \text{制动} \\ \dfrac{\omega_i R_{\mathrm{w}}\cos\alpha_i-v_{\mathrm{w}i}}{\omega_i R_{\mathrm{w}}\cos\alpha_i} & \text{驱动} \end{cases} \tag{5-13}$$

$$s_{yi}=\begin{cases}(1+s_{xi})\tan\alpha_i & \text{制动}\\ \tan\alpha_i & \text{驱动}\end{cases} \tag{5-14}$$

式中，R_{w} 为轮胎半径；ω_i 为各轮的转速；$v_{\mathrm{w}i}$ 为各轮与地面接触点的速度；α_i 为各轮的轮胎侧偏角。各轮的轮胎侧偏角 α_i（$i=1$，2，3，4）表示如下：

$$\begin{cases}\alpha_1=\arctan\left(\dfrac{V_y+L_{\mathrm{a}}\dot{\psi}}{V_x-L_{\mathrm{w}}\dot{\psi}}\right)-\delta\\ \alpha_2=\arctan\left(\dfrac{V_y+L_{\mathrm{a}}\dot{\psi}}{V_x+L_{\mathrm{w}}\dot{\psi}}\right)-\delta\\ \alpha_3=\arctan\left(\dfrac{V_y-L_{\mathrm{b}}\dot{\psi}}{V_x-L_{\mathrm{w}}\dot{\psi}}\right)\\ \alpha_4=\arctan\left(\dfrac{V_y-L_{\mathrm{b}}\dot{\psi}}{V_x+L_{\mathrm{w}}\dot{\psi}}\right)\end{cases} \tag{5-15}$$

最终，各个轮胎的纵向力和横向力表示为

$$\begin{cases}F_{xi}=-\dfrac{s_{xi}}{s_i}\mu_i F_{zi}\\ F_{yi}=-\dfrac{s_{yi}}{s_i}\mu_i F_{zi}\end{cases} \tag{5-16}$$

式中，F_{zi} 为各轮的垂直载荷，分别表示为

$$\begin{cases}F_{z1}=\dfrac{mgL_{\mathrm{b}}}{2L}-\dfrac{m\dot{V}_x h_{\mathrm{g}}}{2L}-\dfrac{m\dot{V}_y h_{\mathrm{g}}L_{\mathrm{b}}}{2L_{\mathrm{w}}L}\\ F_{z2}=\dfrac{mgL_{\mathrm{b}}}{2L}-\dfrac{m\dot{V}_x h_{\mathrm{g}}}{2L}+\dfrac{m\dot{V}_y h_{\mathrm{g}}L_{\mathrm{b}}}{2L_{\mathrm{w}}L}\\ F_{z3}=\dfrac{mgL_{\mathrm{a}}}{2L}+\dfrac{m\dot{V}_x h_{\mathrm{g}}}{2L}-\dfrac{m\dot{V}_y h_{\mathrm{g}}L_{\mathrm{a}}}{2L_{\mathrm{w}}L}\\ F_{z4}=\dfrac{mgL_{\mathrm{a}}}{2L}+\dfrac{m\dot{V}_x h_{\mathrm{g}}}{2L}+\dfrac{m\dot{V}_y h_{\mathrm{g}}L_{\mathrm{a}}}{2L_{\mathrm{w}}L}\end{cases} \tag{5-17}$$

式中，$L=L_{\mathrm{a}}+L_{\mathrm{b}}$ 为前后轴的总距离；h_{g} 为车辆的质心高度。

5.1.1.3　稳态漂移的平衡态设计

自主稳态漂移的目标是将车辆始终维持在固定的临界稳定平衡点附近。对系统状态进行求导并令其一阶导数为零，即可求解出稳态漂移平衡点的期望状态 $\dot{\boldsymbol{x}}_{\mathrm{d}}$，求解过程如下：

$$\dot{\boldsymbol{x}}_{\mathrm{d}}=\begin{bmatrix}\dot{V}_x^{\mathrm{eq}}\\ \dot{V}_y^{\mathrm{eq}}\\ \dot{\psi}^{\mathrm{eq}}\end{bmatrix}=\boldsymbol{F}(V_x^{\mathrm{eq}},V_y^{\mathrm{eq}},\dot{\psi}^{\mathrm{eq}})+\boldsymbol{B}(\delta^{\mathrm{eq}})\boldsymbol{u}^{\mathrm{eq}}=\begin{bmatrix}0\\0\\0\end{bmatrix} \tag{5-18}$$

式中，V_x^{eq}、V_y^{eq}、$\dot{\psi}^{\mathrm{eq}}$、δ^{eq} 和 $\boldsymbol{u}^{\mathrm{eq}}$ 分别表示漂移平衡态对应的车辆纵向车速、横向车速、横摆角速度、前轮转角以及控制输入向量。

车辆在稳态漂移状态下的运动轨迹是基本为固定半径的圆形，因此，车辆状态符合以下限制条件：

$$a^{\mathrm{eq}}=\frac{V^{\mathrm{eq}2}}{R_{\mathrm{d}}}\leqslant\mu_{\mathrm{d}}g \tag{5-19}$$

$$\dot{\psi}^{\mathrm{eq}}=\frac{V^{\mathrm{eq}}}{R_{\mathrm{d}}} \tag{5-20}$$

式中，

$$V^{\mathrm{eq}}=\sqrt{V_x^{\mathrm{eq}2}+V_y^{\mathrm{eq}2}} \tag{5-21}$$

式中，R_{d} 为参考漂移路径的半径；μ_{d} 为路面附着系数；V^{eq} 为漂移平衡态下的总车速；a^{eq} 为漂移平衡态下的车辆向心加速度，主要受到路面附着系数的限制，如不等式（5-19）所示。

由于系统的控制输入维数大于状态维数，属于过驱动系统，因此，漂移平衡态下的期望状态 $\boldsymbol{x}_{\mathrm{d}}=[V_x^{\mathrm{eq}},V_y^{\mathrm{eq}},\dot{\psi}^{\mathrm{eq}}]^{\mathrm{T}}$ 能够根据道路条件、轨迹限制自由配置。此外，漂移平衡态还受到车辆及轮胎动力学特性的限制。

5.1.2 自主稳态漂移的决策控制算法

5.1.2.1 自主稳态漂移的上层决策控制

在稳态漂移工况下，分布式四驱电动车辆是一个存在着复杂非线性特性的过驱动系统，制动、驱动、转向系统控制高度耦合，对车辆轨迹规划和运动控制算法提出了更高要求。本节针对分布式四驱电动车辆设计了一种由上层决策控制单元和下层分配跟踪单元构成的自主稳态漂移控制器，其控制框架如图 5-2 所示。本节将对控制器中的上层决策控制单元进行设计。上层决策控制单元包括最大无关基元控制通道解耦和积分式模糊滑模控制器两部分。首先通过最大无关基元控制通道解耦方法将过驱动系统转化为方形系统，便于求解控制输入；然后设计积分式模糊滑模控制器用于计算虚拟控制输入，使得系统维持在稳态漂移的临界稳定状态，消除了经典滑模中的趋近阶段，同时能够抑制外界扰动及参数不确定性诱发的控制系统抖振。

（1）最大无关基元控制通道解耦

非线性过驱动系统的一般性状态方程可以表示为

$$\dot{\boldsymbol{x}}=\boldsymbol{F}(\boldsymbol{x})+\boldsymbol{B}\boldsymbol{u} \tag{5-22}$$

式中，$\boldsymbol{x}=[x_1,x_2,\cdots,x_n]^{\mathrm{T}}\in\mathbb{R}^n$，为系统的状态变量；$\boldsymbol{u}=[u_1,u_2,\cdots,u_m]^{\mathrm{T}}\in\mathbb{R}^m$，为系统的控制输入；$\boldsymbol{F}(x)=[f_1,f_2,\cdots,f_n]^{\mathrm{T}}$ 为系统的非线性项。输入矩阵 $\boldsymbol{B}\in\mathbb{R}^{n\times m}$ 且 $\mathrm{rank}\boldsymbol{B}=n<m$，即系统的控制输入维数 m 大于状态维数 n。

由于过驱动系统的输入矩阵 $\boldsymbol{B}$ 不可逆，传统的控制器设计方法无法直接用于对其进行控制输入求解，而传统方法固定控制分配强制解耦，不具有通用性，因此这里设计了最大无关基元控制通道解耦方法。该方法将行满秩矩阵 $\boldsymbol{B}$ 转化为 n 阶非奇异矩阵，即将分布式四驱电动车辆的过驱动系统转化为标准的方形系统，从而便于后续求解控制输入。

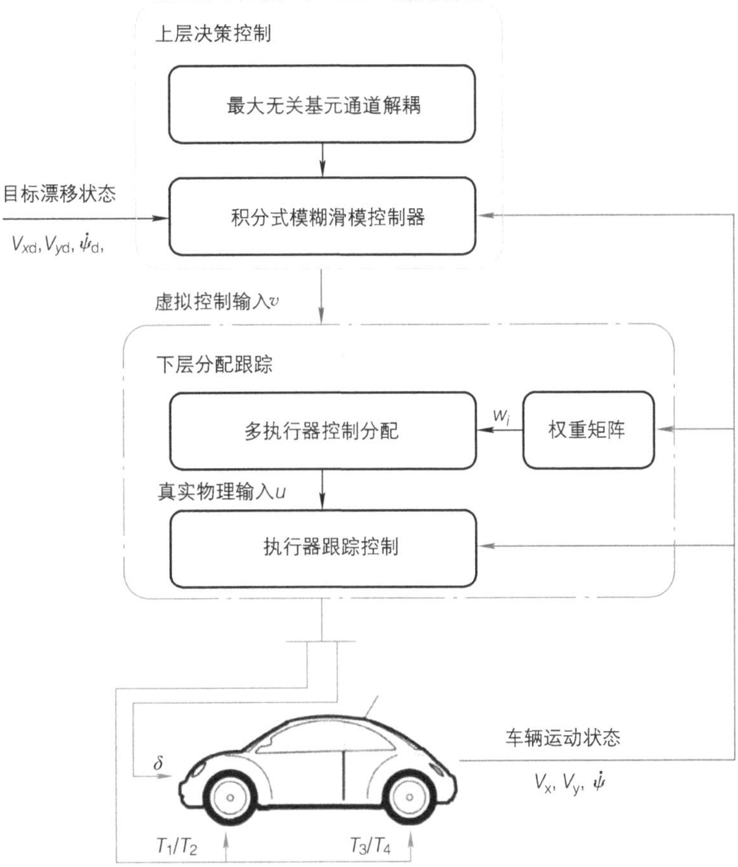

图 5-2　车辆自主稳态漂移控制框架

对于过驱动系统的行满秩输入矩阵 $\boldsymbol{B}$，必存在可逆转移矩阵 $\boldsymbol{H}\in\mathbb{R}^{m\times m}$，使得

$$\boldsymbol{K}=\boldsymbol{BH}=[\boldsymbol{K}_1\quad \boldsymbol{K}_2\quad \boldsymbol{K}_3\quad \cdots\quad \boldsymbol{K}_n]\in\mathbb{R}^{n\times m} \tag{5-23}$$

式中，$\boldsymbol{K}$ 由 n 个子矩阵 $\boldsymbol{K}_i\in\mathbb{R}^{n\times n_i}$ 组成，且满足 $\mathrm{rank}\boldsymbol{K}_i=1$。$\boldsymbol{K}_i$ 可以表示为

$$\boldsymbol{K}_i=[K_{i\_1}\quad K_{i\_2}\quad K_{i\_3}\quad \cdots\quad K_{i\_n_i}] \tag{5-24}$$

根据 $\boldsymbol{K}$ 和 $\boldsymbol{K}_i$ 间的关系可得

$$\sum_{i=1}^{n} n_i=m \tag{5-25}$$

下一小节将给出可逆转移矩阵 $\boldsymbol{H}$ 的存在性证明以及构造过程。

因此，输入矩阵 $\boldsymbol{B}$ 利用转移矩阵 $\boldsymbol{H}$ 实现了列向量的重组，使得 $\boldsymbol{B}$ 中线性相关的列向量分配到同一子矩阵 $\boldsymbol{K}_i$ 中。可令 $\boldsymbol{K}_i$ 的第一个列向量 K_{i_1} 作为其基元向量，则 $\boldsymbol{K}_i$ 进一步表示为

$$\boldsymbol{K}_i=K_{i\_1}[1\quad \beta_{i\_2}\quad \beta_{i\_3}\quad \cdots\quad \beta_{i\_n_i}]=K_{i\_1}\boldsymbol{\beta}_i \tag{5-26}$$

式中，

$$\beta_{i\_j}=\frac{K_{i\_j}}{K_{i\_1}},\qquad j=1,2,\cdots,n_i \tag{5-27}$$

$$\boldsymbol{\beta}_i=[1,\beta_{i\_2},\beta_{i\_3},\cdots,\beta_{i\_n_i}] \tag{5-28}$$

式中，β_{i_j} 为第 j 个列向量对基元向量 K_{i_1} 的比例系数。将式（5-26）代入式（5-24），$\boldsymbol{K}$ 可以进一步表示为

$$\boldsymbol{K}=\begin{bmatrix}K_{1\_1}\beta_1 & K_{2\_1}\beta_2 & \cdots & K_{n\_1}\beta_n\end{bmatrix}=\begin{bmatrix}K_{1\_1},K_{2\_1},\cdots,K_{n\_1}\end{bmatrix}\begin{bmatrix}\beta_1 & 0 & \cdots & 0\\ 0 & \beta_2 & \cdots & 0\\ \vdots & \vdots & & \vdots\\ 0 & 0 & 0 & \beta_n\end{bmatrix} \tag{5-29}$$

系统的控制输入向量 $\boldsymbol{u}$ 同样通过转移矩阵 $\boldsymbol{H}$ 变换得到：

$$\boldsymbol{u}'=\boldsymbol{H}^{-1}\boldsymbol{u}=\begin{bmatrix}u_1'\\ u_2'\\ \vdots\\ u_n'\end{bmatrix}\in\mathbb{R}^m \tag{5-30}$$

式中，$\boldsymbol{u}_i'=[u_{i\_1}',u_{i\_2}',\cdots,u_{i\_n_i}']^{\mathrm{T}}\in\mathbb{R}^{n_i}$，与 $\boldsymbol{K}_i$ 的维数一致。

结合式（5-29）和式（5-30），系统状态方程可转化为

$$\begin{aligned}\dot{\boldsymbol{x}}&=\boldsymbol{F}(\boldsymbol{x})+[K_{1\_1},K_{2\_1},\cdots,K_{n\_1}]\begin{bmatrix}\beta_1 & 0 & \cdots & 0\\ 0 & \beta_2 & \cdots & 0\\ \vdots & \vdots & & \vdots\\ 0 & 0 & 0 & \beta_n\end{bmatrix}\begin{bmatrix}u_1'\\ u_2'\\ \vdots\\ u_n'\end{bmatrix}\\ &=\boldsymbol{F}(\boldsymbol{x})+[K_{1\_1},K_{2\_1},\cdots,K_{n\_1}]\begin{bmatrix}\beta_1u_1'\\ \beta_2u_2'\\ \vdots\\ \beta_nu_n'\end{bmatrix}\end{aligned} \tag{5-31}$$

令：

$$\boldsymbol{K}'=[K_{1\_1},K_{2\_1},\cdots,K_{n\_1}] \tag{5-32}$$

$$\boldsymbol{\beta}_i\boldsymbol{u}_i'=[1,\beta_{i\_2},\beta_{i\_3},\cdots,\beta_{i\_n_i}]\begin{bmatrix}u_{i\_1}'\\ u_{i\_2}'\\ \vdots\\ u_{i\_n_i}'\end{bmatrix}=u_{i\_1}'+\beta_{i\_2}u_{i\_2}'+\cdots+\beta_{i\_n_i}u_{i\_n_i}'=v_i \tag{5-33}$$

上述转化过程通过提取输入矩阵 $\boldsymbol{B}$ 中的耦合信息，对基于转移矩阵 $\boldsymbol{H}$ 变换后的控制输

入变量 u'_{i_j} 重新进行线性组合，将具有相似控制效果的输入放入同一个控制通道 v_i 中。不同的控制通道 v_i 之间相互独立，实现了对系统控制输入的降维和解耦。

实际设计过程中，转移矩阵 $\boldsymbol{H}$ 有多重选择，因此控制通道的解耦重组方式并不是固定的。然而根据车辆动力学的实际作用效果进行分组，将具有相似控制效果的控制变量组合到同一控制通道是更加具有物理意义的。这里设计了以下重组方式：

$$\begin{bmatrix} \beta_1 & 0 & 0 \\ 0 & \beta_2 & 0 \\ 0 & 0 & \beta_3 \end{bmatrix} = \begin{bmatrix} 1 & 1 & 1 & 1 & 0 & 0 & 0 & 0 \\ 0 & 0 & 0 & 0 & 1 & 1 & 0 & 0 \\ 0 & 0 & 0 & 0 & 0 & 0 & 1 & 1 \end{bmatrix} \tag{5-34}$$

将式（5-34）代入式（5-29），能够得到 $\boldsymbol{K}' \in \mathbb{R}^{n\times n}$ 且 $\operatorname{rank}\boldsymbol{K}' = n$，即 $\boldsymbol{K}'$ 是一个 n 阶的非奇异矩阵。$\boldsymbol{K}'$ 满足以下关系：

$$\boldsymbol{B} = \boldsymbol{K}' \begin{bmatrix} \beta_1 & 0 & \cdots & 0 \\ 0 & \beta_2 & \cdots & 0 \\ \vdots & \vdots & & \vdots \\ 0 & 0 & 0 & \beta_n \end{bmatrix} \boldsymbol{H}^{-1} \tag{5-35}$$

令 $\boldsymbol{v} = [v_1 \quad v_2 \quad \dots \quad v_n]^{\mathrm{T}}$，则过驱动系统的状态方程最终转化为

$$\dot{\boldsymbol{x}} = \boldsymbol{F}(\boldsymbol{x}) + \boldsymbol{K}'\boldsymbol{v} \tag{5-36}$$

式中，$\boldsymbol{K}'$ 为系统控制通道重组后的得到的输入矩阵，是一个 n 阶满秩的方形矩阵；$\boldsymbol{v}$ 为系统的虚拟控制输入。针对式（5-7）中的分布式四驱电动车辆的过驱动系统，基于以上转化过程，最终 $\boldsymbol{K}'$ 和 $\boldsymbol{v}$ 具体表示为

$$\boldsymbol{K}' = \begin{bmatrix} \dfrac{\cos\delta}{m} & \dfrac{1}{m} & \dfrac{1}{m} \\ \dfrac{\sin\delta}{m} & 0 & 0 \\ \dfrac{L_{\mathrm{a}}\sin\delta + L_{\mathrm{w}}\cos\delta}{I_z} & \dfrac{-L_{\mathrm{w}}}{I_z} & \dfrac{L_{\mathrm{w}}}{I_z} \end{bmatrix} \tag{5-37}$$

$$\boldsymbol{v} = \begin{bmatrix} v_1 \\ v_2 \\ v_3 \end{bmatrix} = \begin{bmatrix} \dfrac{\cos\delta}{\sin\delta} & -\sin\delta & -\dfrac{\cos^2\delta}{\sin\delta} \\ \dfrac{\cos\delta}{\sin\delta} & 0 & -\dfrac{1}{\sin\delta} \\ \dfrac{1}{\sin\delta} & \dfrac{L_{\mathrm{a}}+L_{\mathrm{b}}}{2L_{\mathrm{w}}} & -\dfrac{L_{\mathrm{a}}+L_{\mathrm{b}}}{2L_{\mathrm{w}}} - \dfrac{\cos\delta}{\sin\delta} \\ \dfrac{1}{\sin\delta} & \dfrac{L_{\mathrm{a}}+L_{\mathrm{b}}}{2L_{\mathrm{w}}} & -\dfrac{L_{\mathrm{a}}+L_{\mathrm{b}}}{2L_{\mathrm{w}}} - \dfrac{\cos\delta}{\sin\delta} \\ 1 & \cos\delta & -\cos\delta \\ 1 & 0 & 0 \\ 0 & 1 & 0 \\ 0 & 0 & 1 \end{bmatrix} \begin{bmatrix} F_{y1} \\ F_{y2} \\ F_{y3} \\ F_{y4} \\ F_{x1} \\ F_{x2} \\ F_{x3} \\ F_{x4} \end{bmatrix} = \boldsymbol{T}_u \boldsymbol{u} \tag{5-38}$$

式中，$\boldsymbol{T}_u$ 表示实际控制输入 $\boldsymbol{u}$ 与虚拟控制输入 $\boldsymbol{v}$ 之间的转移矩阵。

针对以上系统转换过程，需要说明以下几点：

1）系统状态方程（5-36）表示的是一个控制通道解耦的标准方形系统，其输入矩阵 $\boldsymbol{K}'$ 是 n 阶满秩的方形矩阵。因此，可以采用经典非线性控制方法，直接求解系统（5-36）的虚拟控制输入 $\boldsymbol{v}$。

2）虚拟控制输入 $\boldsymbol{v}$ 的各控制通道 v_1、v_2 和 v_3 之间相互独立。因此，系统（5-36）是对系统（5-7）进行降维和解耦后的标准方形系统。V_i 无法保证与实际物理输入的一一对应，因此将其名命为虚拟控制输入。

3）u'_{i_j} 的比例系数 β_{i_j} 是可以自主选择的，只要线性组合整体保持不变，则其控制效果也保持不变。这也是过驱动系统控制的重要基础。

（2）转移矩阵 $\boldsymbol{H}$ 的存在性证明及构造过程

推论：对于行满秩矩阵 $\boldsymbol{B}\in\mathbb{R}^{n\times m}$ 且 $\operatorname{rank}\boldsymbol{B}=n<m$，必存在一个非奇异矩阵 $\boldsymbol{H}\in\mathbb{R}^{m\times m}$ 满足以下关系：

$$\boldsymbol{B}'=\boldsymbol{BH}=\boldsymbol{B}''\begin{bmatrix}1 & 1 & \cdots & 1 & 0 & 0 & \cdots & 0 & \cdots & 0 & 0 & \cdots & 0\\ 0 & 0 & \cdots & 0 & 1 & 1 & \cdots & 1 & \cdots & 0 & 0 & \cdots & 0\\ \vdots & \vdots & & \vdots & \vdots & \vdots & & \vdots & & \vdots & \vdots & & \vdots\\ 0 & 0 & \cdots & 0 & 0 & 0 & \cdots & 0 & \cdots & 1 & 1 & \cdots & 1\\ \multicolumn{4}{c}{\xrightarrow[n_1]{}} & \multicolumn{4}{c}{\xrightarrow[n_2]{}} & & \multicolumn{4}{c}{\xrightarrow[n_n]{}}\end{bmatrix} \tag{5-39}$$

式中，$\boldsymbol{B}''=[B'_{1\_1},B'_{2\_1},\cdots,B'_{n\_1}]\in\mathbb{R}^{n\times n}$ 由矩阵 $\boldsymbol{B}$ 的最大线性无关基元列向量组成，是 n 阶的非奇异矩阵。证明过程如下：

由于矩阵 $\boldsymbol{B}\in\mathbb{R}^{n\times m}$ 列不满秩，且 $\operatorname{rank}\boldsymbol{B}=n<m$，因此必然存在 n 列线性独立的向量 $B'_{i\_1}(i=1,\cdots,n)$，本书称之为基元向量，使得矩阵 $\boldsymbol{B}$ 的其他列向量能够表示为此 n 列基元向量的线性组合。此时，矩阵 $\boldsymbol{B}$ 可以分解为 $\boldsymbol{B}=\boldsymbol{B}''\boldsymbol{B}_{co}$，其中，

$$\boldsymbol{B}''=\left[B'_{1\_1},B'_{2\_1},\cdots,B'_{n\_1}\right] \tag{5-40}$$

$$\boldsymbol{B}_{co}=\begin{bmatrix}\zeta_{1\_1} & \zeta_{2\_1} & 1 & 0 & \zeta_{k\_1} & 0 & \zeta_{m\_1}\\ \zeta_{1\_2} & \zeta_{2\_2} & 0 & 1 & \zeta_{k\_2} & 0 & \zeta_{m\_2}\\ \vdots & \vdots & \vdots & \vdots & \vdots & \vdots & \vdots\\ \zeta_{1\_n} & \zeta_{2\_n} & 0 & 0 & \zeta_{k\_n} & 1 & \zeta_{m\_n}\\ & & \uparrow c_1 & \uparrow c_2 & & \uparrow c_n & \end{bmatrix}\in\mathbb{R}^{n\times m} \tag{5-41}$$

式中，$c_i(i=1,\cdots,n)$ 为 $\boldsymbol{B}''$ 中各基元向量对应在 $\boldsymbol{B}$ 中的原始位置；ζ_{k_i} 为矩阵 $\boldsymbol{B}$ 中第 k 列 B_k 对应的基元向量 B'_{i_1} 的线性组合系数，ζ_k 共有 $m-n$ 列，且 k 并非连续的。因此，B_k 可以表示为如下形式的各基元向量 B'_{i_1} 的线性组合：

$$\boldsymbol{B}_k=\zeta_{k\_1}B'_{1\_1}+\zeta_{k\_2}B'_{2\_1}+\cdots+\zeta_{k\_n}B'_{n\_1} \tag{5-42}$$

构造非奇异列变换矩阵 $\boldsymbol{L}_{t1} \in \mathbb{R}^{m\times m}$，从而将矩阵 $\boldsymbol{B}_{co}$ 的全部单位列向量移至左端构成单位矩阵，即

$$\boldsymbol{B}_{co}\boldsymbol{L}_{t1}=\begin{bmatrix} 1 & 0 & \dots & 0 & \zeta_{1\_1} & \zeta_{2\_1} & \cdots & \zeta_{m\_1} \\ 0 & 1 & \dots & 0 & \zeta_{1\_2} & \zeta_{2\_2} & \cdots & \zeta_{m\_2} \\ \vdots & \vdots & & \vdots & \vdots & \vdots & & \vdots \\ 0 & 0 & \dots & 1 & \zeta_{1\_n} & \zeta_{2\_n} & \dots & \zeta_{m\_n} \end{bmatrix}_{n\times m}=\begin{bmatrix} \boldsymbol{I}_{n\times n} & \begin{bmatrix} \zeta_{1\_1} & \zeta_{2\_1} & \cdots & \zeta_{m\_1} \\ \zeta_{1\_2} & \zeta_{2\_2} & \cdots & \zeta_{m\_2} \\ \vdots & \vdots & & \vdots \\ \zeta_{1\_n} & \zeta_{2\_n} & \dots & \zeta_{m\_n} \end{bmatrix}_{n\times(m-n)} \end{bmatrix} \tag{5-43}$$

由于线性组合系数 ζ_{k_j} 的下角标 k 是非连续的，为了避免对符号的误解，将之改写为连续的下角标，并表示为

$$\begin{bmatrix} \zeta_{1\_1} & \zeta_{2\_1} & \cdots & \zeta_{m\_1} \\ \zeta_{1\_2} & \zeta_{2\_2} & \cdots & \zeta_{m\_2} \\ \vdots & \vdots & & \vdots \\ \zeta_{1\_n} & \zeta_{2\_n} & \dots & \zeta_{m\_n} \end{bmatrix}_{n\times(m-n)}=\begin{bmatrix} \eta_{1\_1} & \eta_{2\_1} & \cdots & \eta_{(m-n)\_1} \\ \eta_{1\_2} & \eta_{2\_2} & \cdots & \eta_{(m-n)\_2} \\ \vdots & \vdots & & \vdots \\ \eta_{1\_n} & \eta_{2\_n} & \dots & \eta_{(m-n)\_n} \end{bmatrix}_{n\times(m-n)}=\boldsymbol{B}^{\dagger}{}_{n\times(m-n)} \tag{5-44}$$

此外，构造非奇异矩阵 $\boldsymbol{P} \in \mathbb{R}^{m\times m}$：

$$\boldsymbol{P}=\begin{bmatrix} \boldsymbol{I}_{n\times n} & \boldsymbol{Q}_{n\times(m-n)} \\ \boldsymbol{O}_{(m-n)\times n} & \boldsymbol{I}_{(m-n)\times(m-n)} \end{bmatrix}_{m\times m} \tag{5-45}$$

式中，矩阵 $\boldsymbol{Q}_{n\times(m-n)}$ 构造为

$$\boldsymbol{Q}_{n\times(m-n)}=-\boldsymbol{B}^{\dagger}{}_{n\times(m-n)}+[\varUpsilon_{q_1}\quad \varUpsilon_{q_2}\quad \cdots\quad \varUpsilon_{q_{m-n}}] \tag{5-46}$$

式中，$\varUpsilon_{q_i}$ 为第 q_i 行为 1 的单位列向量：

$$\varUpsilon_{q_i}=\begin{bmatrix} 0 \\ 0 \\ \vdots \\ 0 \\ 1 \\ 0 \\ \vdots \\ 0 \end{bmatrix}_{n\times 1} \tag{5-47}$$

由此可得，

$$\begin{aligned} \boldsymbol{B}_{co}\boldsymbol{L}_{t1}\boldsymbol{P} &= \begin{bmatrix} \boldsymbol{I}_{n\times n} & \boldsymbol{B}^{\dagger}{}_{n\times(m-n)} \end{bmatrix} \begin{bmatrix} \boldsymbol{I}_{n\times n} & \boldsymbol{Q}_{n\times(m-n)} \\ \boldsymbol{O}_{(m-n)\times n} & \boldsymbol{I}_{(m-n)\times(m-n)} \end{bmatrix}_{m\times m} \\ &= \begin{bmatrix} \boldsymbol{I}_{n\times n} & \begin{bmatrix} \varUpsilon_{q_1} & \varUpsilon_{q_2} & \cdots & \varUpsilon_{q_{m-n}} \end{bmatrix} \end{bmatrix} \end{aligned} \tag{5-48}$$

在此基础上，构造另一个初等列变换矩阵，将式（5-48）中相同的单位向量归置在一起，得到以下形式：

$$\boldsymbol{B}_{co}\boldsymbol{L}_{t1}\boldsymbol{P}\boldsymbol{L}_{t2}=\begin{bmatrix}1&1&\cdots&1&0&0&\cdots&0&\cdots&0&0&\cdots&0\\0&0&\cdots&0&1&1&\cdots&1&\cdots&0&0&\cdots&0\\\vdots&\vdots&&\vdots&\vdots&\vdots&&\vdots&&\vdots&\vdots&&\vdots\\0&0&\cdots&0&0&0&\cdots&0&\cdots&1&1&\cdots&1\\\multicolumn{4}{c}{\xrightarrow{\quad n_1\quad}}&\multicolumn{4}{c}{\xrightarrow{\quad n_2\quad}}&&\multicolumn{4}{c}{\xrightarrow{\quad n_n\quad}}\end{bmatrix} \tag{5-49}$$

将转移矩阵 $\boldsymbol{H}$ 构造为

$$\boldsymbol{H}=\boldsymbol{L}_{t1}\boldsymbol{P}\boldsymbol{L}_{t2}\in\mathbb{R}^{m\times m} \tag{5-50}$$

由于 $\boldsymbol{L}_{t1}$、$\boldsymbol{P}$ 和 $\boldsymbol{L}_{t2}$ 均为非奇异矩阵，因此 $\boldsymbol{H}$ 同样也为非奇异矩阵，推论得证。

5.1.2.2　积模糊滑模控制器设计

分布式四驱电动车辆的过驱动系统通过最大无关基元控制通道解耦方法能够转化得到标准方形系统。本节基于转化后的方形系统 [式（5-36）] 设计了积分式模糊滑模控制器（Fuzzy-Integral Sliding-Mode Control，FISMC），从而求得方形系统的虚拟控制输入 $\boldsymbol{v}$。

如图 5-3 所示，在经典滑模控制器的作用下，系统从初始位置到达最终稳定点需要经历两个阶段：①趋近阶段：系统从初始点出发，经过有限时间到达滑模面；②滑动阶段：由于滑模面的吸引性，系统状态到达滑模面后将在滑模面进行滑动，不再离开。在趋近阶段无法保证系统的稳定性与鲁棒性，常用的高增益反馈控制方法容易导致系统在向滑动面加速运动的过程中失去稳定性。滑动阶段在一定程度上能够保证系统的稳定性与鲁棒性，由于考虑了基于边界层的方法，导致系统控制精度和稳定性之间的权衡。

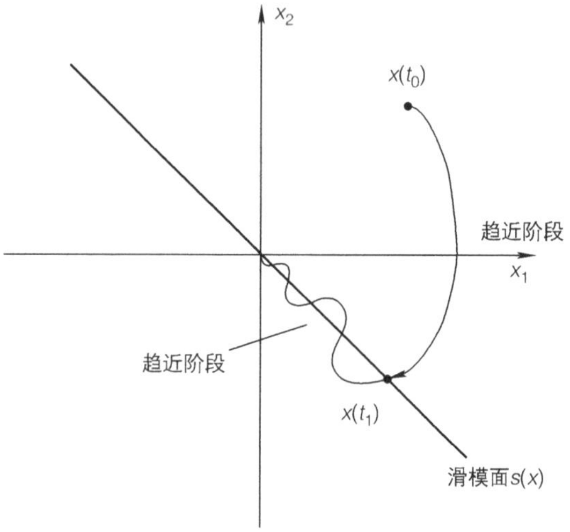

图 5-3　经典滑模控制器控制下系统运动相平面分析

为了在外界扰动及参数不确定条件下消除系统抖振现象的同时改善系统的控制性能，这里提出了将积分滑模控制与模糊控制相结合的 FISMC 控制器。通过采用模糊系统代替积分滑模算法的饱和函数，消除经典滑模控制中的趋近阶段的同时有效缓解了滑动阶段的抖振现象，提高了系统的鲁棒性，从而保证了系统在整个阶段的控制品质。

对于本节设计的积分式模糊滑模控制器，其虚拟控制输入 $\boldsymbol{v}$ 由两部分组成：

$$\boldsymbol{v}=\boldsymbol{v}_0+\boldsymbol{v}_1 \tag{5-51}$$

式中，$\boldsymbol{v}_0$ 为标称控制输入，在不考虑系统干扰及误差 $\boldsymbol{d}$ 的条件下能够满足系统跟踪期望状态 $\boldsymbol{x}_{\mathrm{d}}$；$\boldsymbol{v}_1$ 为鲁棒控制输入，从而保证系统在外界扰动及参数不确定条件下的稳定性和鲁棒性。

标称控制输入 $\boldsymbol{v}_0$ 设置为使系统跟踪理想轨迹的状态反馈控制率：

$$\boldsymbol{v}_0=(\boldsymbol{K}')^{-1}[-\boldsymbol{T}(\boldsymbol{x})+\boldsymbol{L}\boldsymbol{e}+\dot{\boldsymbol{x}}_{\mathrm{d}}] \tag{5-52}$$

式中，

$$\boldsymbol{T}(\boldsymbol{x})=\begin{bmatrix}\dot{\psi}V_y-\dfrac{F_{\mathrm{roll}}}{m}\\ -\dot{\psi}V_x\\ 0\end{bmatrix} \tag{5-53}$$

式中，$\boldsymbol{x}_{\mathrm{d}}$ 为 5.1.1.3 节中基于参考模型求得的车辆稳态漂移的期望状态值；$\boldsymbol{e}=\boldsymbol{x}_{\mathrm{d}}-\boldsymbol{x}$ 为系统状态偏差；$\boldsymbol{L}$ 为表示状态反馈的对角矩阵。

将 $\boldsymbol{v}_0$ 的表达式（5-52）代入状态方程（5-36）中并忽略系统扰动 $\boldsymbol{d}$，整理可得：

$$\dot{\boldsymbol{e}}+\boldsymbol{L}\boldsymbol{e}=0 \tag{5-54}$$

通过设计对角矩阵 $\boldsymbol{L}$，使式（5-54）为 Hurwitz 多项式，则能够保证在 $\boldsymbol{v}_0$ 的控制作用下，系统偏差 $\boldsymbol{e}$ 是渐进稳定的，且在有限时间内必收敛于 0。

将积分式模糊滑模控制器的滑模面 $\boldsymbol{s}$ 设置为

$$\boldsymbol{s}=\boldsymbol{s}_0+\boldsymbol{z} \tag{5-55}$$

$$\boldsymbol{s}_0=\boldsymbol{C}^{\mathrm{T}}\boldsymbol{x} \tag{5-56}$$

式中，$\boldsymbol{s}_0$ 为系统状态量 $\boldsymbol{x}$ 的线性组合，与传统滑模控制的滑模面设计思路一致；$\boldsymbol{C}^{\mathrm{T}}$ 为线性组合系数，且满足 $\boldsymbol{C}^{\mathrm{T}}\boldsymbol{K}'$ 为非奇异矩阵。这里令 $\boldsymbol{C}^{\mathrm{T}}=(\boldsymbol{K}')^{-1}$，其中 $\boldsymbol{K}'$ 的构建方法在 5.1.2.1 中进行了详细阐述。$\boldsymbol{z}$ 为积分滑模项，由下述方程间接得到：

$$\dot{\boldsymbol{z}}=-\frac{\partial \boldsymbol{s}_0}{\partial \boldsymbol{x}}[\boldsymbol{T}(\boldsymbol{x})+\boldsymbol{K}'\boldsymbol{v}_0] \tag{5-57}$$

$$\boldsymbol{z}(0)=-\boldsymbol{s}_0(\boldsymbol{x}(0)) \tag{5-58}$$

结合式（5-55）~ 式（5-58）可得：

$$\boldsymbol{s}(0)=\boldsymbol{s}_0(\boldsymbol{x}(0))+\boldsymbol{z}(0)=0 \tag{5-59}$$

式（5-59）说明如果滑模面的设计成立，则系统状态从初始时刻就会落在滑模面上，从而消除了经典滑模中的趋近阶段。对滑模面 $\boldsymbol{s}$ 进行时间求导并令其一阶导数为零，可以求得：

$$\dot{s}=\dot{s}_0+\dot{z}=\boldsymbol{C}^{\mathrm{T}}[\dot{\boldsymbol{x}}-\boldsymbol{T}(\boldsymbol{x})-\boldsymbol{K}'\boldsymbol{v}_0]=0 \tag{5-60}$$

由此可推导出系统处于滑模面上时的运动方程为

$$\dot{\boldsymbol{x}}=\boldsymbol{T}(\boldsymbol{x})+\boldsymbol{K}'\boldsymbol{v}_0 \tag{5-61}$$

该运动方程与标称控制输入 $\boldsymbol{v}_0$ 作用下的系统状态方程完全一致，保证了系统能够在 $\boldsymbol{v}_0$ 的控制下保持在滑模面上的运动。

为抑制滑模控制导致系统抖振，常采用边界层理论设计非线性鲁棒控制项 $\boldsymbol{v}_1$，表达式如下：

$$\boldsymbol{v}_1=-\boldsymbol{M}(\boldsymbol{x})\mathrm{sat}(s) \tag{5-62}$$

$$\mathrm{sat}(\boldsymbol{s})=\begin{cases}\dfrac{s}{\varepsilon}, & s<\varepsilon\\ \mathrm{sgn}s, & s\geqslant\varepsilon\end{cases} \tag{5-63}$$

式中，$\boldsymbol{M}(\boldsymbol{x})\in\mathbb{R}^n$ 为控制增益，且满足 $\boldsymbol{M}(\boldsymbol{x})>d$，其中 d 为模型不确定项；$\mathrm{sat}(\boldsymbol{s})$ 为饱和函数，$\varepsilon>0$ 为饱和区域的厚度。通过调节 ε 的大小，能够使系统性能在该固定边界层内实现相对最优。$\mathrm{sgn}\,s$ 为 s 的符号函数，表示为

$$\mathrm{sgn}\,s=\begin{cases}1 & 当s>0\\ 0 & 当s=0\\ -1 & 当s<0\end{cases} \tag{5-64}$$

然而当车辆处于高度失稳边界的漂移状态时，外界扰动及参数不确定性仍有可能诱发控制系统抖振。为了提高系统的控制性能及稳定性，本节将滑模控制算法中边界层的切换函数替换为模糊系统，模糊系统呈现出具有非线性斜坡的饱和函数特性，从而平滑控制信号。取 $g\boldsymbol{s}$ 和 $g\Delta\boldsymbol{s}$ 为模糊系统的输入变量，该模糊系统的输出 $\boldsymbol{v}_{\mathrm{FISMC}}$ 表示为

$$\boldsymbol{v}_{\mathrm{FISMC}}=\mathrm{FISMC}(g_1\boldsymbol{s},g_2\Delta\boldsymbol{s}) \tag{5-65}$$

式中，g_1 和 g_2 分别为滑模变量 $\boldsymbol{s}$ 及其变化量 $\Delta\boldsymbol{s}$ 的权重系数。

将模糊系统输入变量 $g\boldsymbol{s}$ 和 $g_1\Delta\boldsymbol{s}$ 划分为负（N）、零（Z）和正（P）3 类模糊集合，输出变量 $\boldsymbol{v}_{\mathrm{FISMC}}$ 划分为负大（NB）、负中（NM）、负小（NS）、零（ZE）、正小（PS）、正中（PM）和正大（PB）7 个模糊集合。该模糊系统将三角函数作为模糊隶属度函数，如图 5-4 所示。通过调节输入模糊集 Z 和输出模糊集 ZE 的范围，基于系统性能确定式（5-63）中饱和函数厚度 ε 的大小，这里设置为 $\varepsilon=0.75$。

这里采用 Mamdani 模糊模型，利用质心法对模糊规则的推理结果输出进行解模糊化。系统模糊规则见表 5-1。

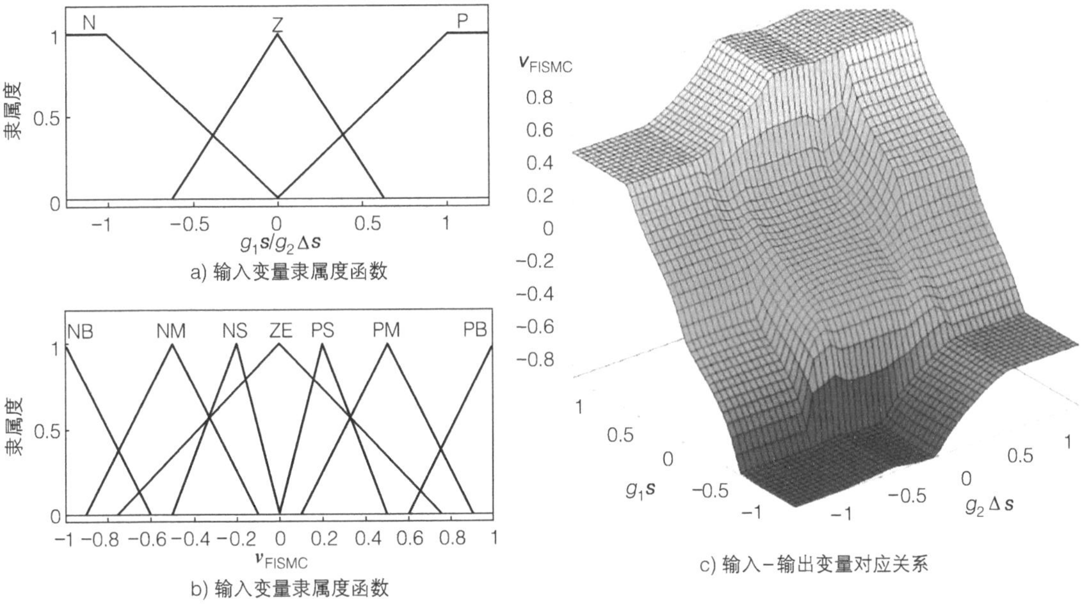

a) 输入变量隶属度函数

b) 输入变量隶属度函数

c) 输入–输出变量对应关系

图 5-4　模糊系统隶属度函数设置

表 5-1　系统模糊规则

$g_1\Delta s$	gs		
	N	Z	P
N	NB	NS	PM
Z	NB	ZE	PB
P	NM	PS	PB

将（5-51）中虚拟控制输入 $\boldsymbol{v}$ 的第二项鲁棒控制输入 $\boldsymbol{v}_1$ 设计为

$$\boldsymbol{v}_1 = -\boldsymbol{M}(\boldsymbol{x})\left|\boldsymbol{v}_{\text{FISMC}}\right|\operatorname{sgn}\boldsymbol{s} \tag{5-66}$$

基于模糊系统求得的 $\boldsymbol{v}_1$ 能够根据系统状态实时调整积分滑模控制律，从而增强了系统抗干扰能力。同时，模糊系统进一步平滑了控制信号，消除了滑模控制系统中固有的抖振现象。与常规模糊控制相比，该方法模糊规则的复杂程度大大降低，与积分滑模控制的结合也保证了模糊系统的动态响应性能及稳定性。

为分析系统稳定性，将李雅普诺夫函数 V 设置为

$$V = \frac{1}{2}\boldsymbol{s}^{\text{T}}\boldsymbol{s} \tag{5-67}$$

对 V 进行一阶求导，可得：

$$\begin{aligned}
\dot{V} &= \boldsymbol{s}^{\text{T}}\left(\frac{\partial \boldsymbol{s}_0}{\partial \boldsymbol{x}}\dot{\boldsymbol{x}} + \dot{\boldsymbol{z}}\right) = \boldsymbol{s}^{\text{T}}\left\{\frac{\partial \boldsymbol{s}_0}{\partial \boldsymbol{x}}\dot{\boldsymbol{x}} - \frac{\partial \boldsymbol{s}_0}{\partial \boldsymbol{x}}[\boldsymbol{T}(\boldsymbol{x}) + \boldsymbol{K}'\boldsymbol{v}_0]\right\} \\
&= \boldsymbol{s}^{\text{T}}\left\{\frac{\partial \boldsymbol{s}_0}{\partial \boldsymbol{x}}(\dot{\boldsymbol{x}} - \boldsymbol{T}(\boldsymbol{x}) + \boldsymbol{K}'\boldsymbol{v}_0)\right\} = \boldsymbol{s}^{\text{T}}\boldsymbol{C}^{\text{T}}(\boldsymbol{K}'\boldsymbol{v}_1 + \boldsymbol{d}) \\
&= -\boldsymbol{s}^{\text{T}}\boldsymbol{M}(\boldsymbol{x})\left|\boldsymbol{v}_{\text{FISMC}}\right|\operatorname{sgn}(\boldsymbol{s}) - \boldsymbol{s}^{\text{T}}\boldsymbol{C}^{\text{T}}\boldsymbol{d}
\end{aligned} \tag{5-68}$$

由图 5-4c 可知，$\boldsymbol{v}_{\text{FISMC}}$ 与 $\boldsymbol{s}$ 同正负，以此式（5-68）中的 $\dot{V}$ 可进一步表示为

$$\dot{V}=-\boldsymbol{s}^{\mathrm{T}}\boldsymbol{M}(x)\boldsymbol{v}_{\text{FISMC}}-\boldsymbol{s}^{\mathrm{T}}\boldsymbol{C}^{\mathrm{T}}\boldsymbol{d} \tag{5-69}$$

根据前文所述，

$$\boldsymbol{s}=\begin{bmatrix} s_1 \\ s_2 \\ s_3 \end{bmatrix} \tag{5-70}$$

$$\boldsymbol{v}_{\text{FISMC}}=\begin{bmatrix} v_{F1} \\ v_{F2} \\ v_{F3} \end{bmatrix} \tag{5-71}$$

$$\boldsymbol{M}(\boldsymbol{x})=\operatorname{diag}(M_1,M_2,M_3) \tag{5-72}$$

$$\boldsymbol{C}^{\mathrm{T}}=(\boldsymbol{K}')^{-1}=\begin{bmatrix} C_1 \\ C_2 \\ C_3 \end{bmatrix}=\begin{bmatrix} 0 & \dfrac{m}{\sin\delta} & 0 \\ \dfrac{m}{2} & \dfrac{mL_{\mathrm{a}}}{2L_{\mathrm{w}}} & \dfrac{-I_z}{2L_{\mathrm{w}}} \\ \dfrac{m}{2} & -\dfrac{mL_{\mathrm{a}}}{2L_{\mathrm{w}}}-\dfrac{m\cos\delta}{\sin\delta} & \dfrac{-I_z}{2L_{\mathrm{w}}} \end{bmatrix} \tag{5-73}$$

将式（5-70）~式（5-73）代入式（5-69），可得

$$\begin{aligned}\dot{\boldsymbol{V}}&=-\begin{bmatrix} s_1 \\ s_2 \\ s_3 \end{bmatrix}^{\mathrm{T}}\left(\operatorname{diag}(M_1,M_2,M_3)\begin{bmatrix} v_{F1} \\ v_{F2} \\ v_{F3} \end{bmatrix}-\begin{bmatrix} C_1 \\ C_2 \\ C_3 \end{bmatrix}d\right)\\&=-\begin{bmatrix} s_1v_{F1} \\ s_2v_{F2} \\ s_3v_{F3} \end{bmatrix}^{\mathrm{T}}\begin{bmatrix} M_1-\dfrac{C_1d}{v_{F1}} \\ M_2-\dfrac{C_2d}{v_{F2}} \\ M_3-\dfrac{C_3d}{v_{F3}} \end{bmatrix}\end{aligned} \tag{5-74}$$

由于 $\boldsymbol{v}_{\text{FISMC}}$ 与 $\boldsymbol{s}$ 同正负，则 $s_jv_{Fj}\geqslant 0(j=1,2,3)$。根据前文所述，模型的不确定项满足 $|d_j|<d_{\mathrm{m}}(j=1,2,3)$。通过设置控制增益 $\boldsymbol{M}(\boldsymbol{x})$ 的各元素 $M_j(j=1,2,3)$，使其满足 $M_j>C_jd/v_{Fj}$，将之代入式（5-74）可得

$$\dot{V}\leqslant 0 \tag{5-75}$$

设计积分式模糊滑模控制器求得系统的虚拟控制输入 $\boldsymbol{v}$ 后，采用基于约束优化的控制分配方法将虚拟控制输入 $\boldsymbol{v}$ 转化为实际物理输入 $\boldsymbol{u}$，即各轮的纵横向轮胎力；然后基于轮胎

逆模型和执行器控制系统，将四轮的纵横向轮胎力转化为驱制动系统的力矩及转向系统的转角。

进一步，通过复杂约束下多目标优化的在线控制分配方法将虚拟控制输入 $\boldsymbol{v}$ 转化为实际物理输入 $\boldsymbol{u}$。漂移状态下车辆处于临界失稳边界，驱动电机系统、制动系统、转向系统等执行系统的动态响应差异和动力学耦合特性对控制精度及响应速度有很大影响，如图 5-5 所示。因此，在控制分配过程中需要考虑多执行器异质动力学耦合问题。

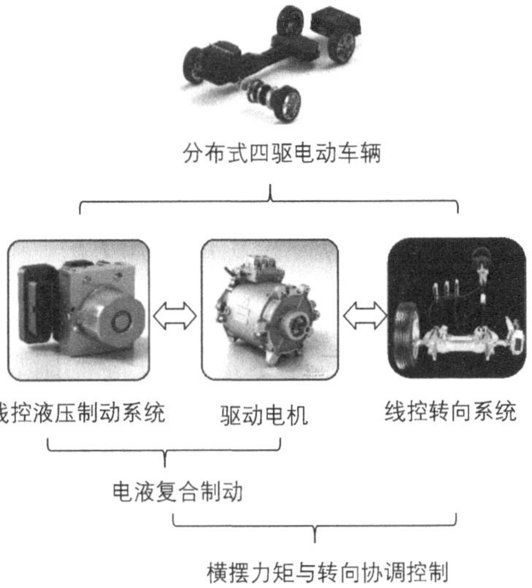

图 5-5　多执行器控制效果耦合关系

轮胎力优化分配的目标函数定义为

$$J = J_1 + J_2 = W_f \left[\frac{F_{y1}^2 + F_{x1}^2}{(\mu F_{z1})^2} + \frac{F_{y2}^2 + F_{x2}^2}{(\mu F_{z2})^2} \right] + \boldsymbol{W}_u (\boldsymbol{u} - \boldsymbol{u}_{k-1})_2^2 \tag{5-76}$$

式中，目标函数 J 由 J_1 和 J_2 两部分构成；J_1 为目标函数中考虑前轮附着利用率的惩罚项，同时由于车辆漂移过程中后轮达到附着极限，因此需要尽可能降低前轮的轮胎附着利用率，以增加前轮的控制余量，防止在突发状况下额外操作导致的车辆失稳；W_f 为 J_1 项的权重系数；J_2 为目标函数中考虑执行器动态特性的惩罚项，使得控制输入变化率最小的同时考虑执行机构及轮胎动力学的动态响应特性；$\boldsymbol{W}_u$ 为加权对角矩阵，用于确定各轮胎力的变化比例。

这里设置轮胎力的输出增量正比于各执行器产生轮胎力的带宽，使得上层控制命令快速变化时，高带宽执行器承担更大比例的输出控制，从而保证系统的动态响应性能。因此，将 $\boldsymbol{W}_u$ 的对角项设置为正比于各执行器产生轮胎力的带宽的倒数，即

$$\boldsymbol{W}_u = k_u \text{diag}\left(\frac{1}{f_1}, \frac{1}{f_2}, \cdots, \frac{1}{f_8} \right) \tag{5-77}$$

式中，k_u 为 J_2 的权重系数；$f_i \left(i = 1, 2, \cdots, 8 \right)$ 为产生各轮胎力对应的带宽，由执行系统和轮胎的动力学特性决定。

将驱动电机系统、制动系统和转向系统的动态特性近似简化为一阶系统，根据各系统

响应特性能够得到其时间常数。这里设定施加在轮胎上的纵向力 F_{xi} 都由电机系统产生，侧向力 F_{yi} 由转向系统提供，电机系统和转向系统的时间常数分别用 τ_m 和 τ_s 表示。同样令轮胎系统的纵横向时间常数分别为 τ_x 和 τ_y，通过合并执行系统和轮胎系统的时间常数，带宽 f_i 最终表示为

$$f_i=\begin{cases}\dfrac{1}{\tau_s+\tau_y}, & \text{当} i=1,2,3,4\\ \dfrac{1}{\tau_m+\tau_x}, & \text{当} i=5,6,7,8\end{cases} \tag{5-78}$$

该优化分配问题最重要的约束条件是消除虚拟控制输入 $\boldsymbol{v}$ 与下层实际控制输入 $\boldsymbol{u}$ 之间的误差，表示为

$$\boldsymbol{v}=\mathrm{diag}(\beta_1,\beta_2,\cdots,\beta_n)\boldsymbol{H}^{-1}\boldsymbol{u}=\boldsymbol{T}_u\boldsymbol{u} \tag{5-79}$$

此外，约束条件还需考虑车辆及轮胎的动力学特性。在稳态漂移状态下，车辆后轮附着达到饱和，其纵横向轮胎力 F_{xi} 和 F_{yi}（$i=3,4$）处于轮胎附着圆的极限，如图 5-6 所示，满足如下关系：

$$\sqrt{F_{xi}^2+F_{yi}^2}=\mu_i F_{zi},\quad i=3,4 \tag{5-80}$$

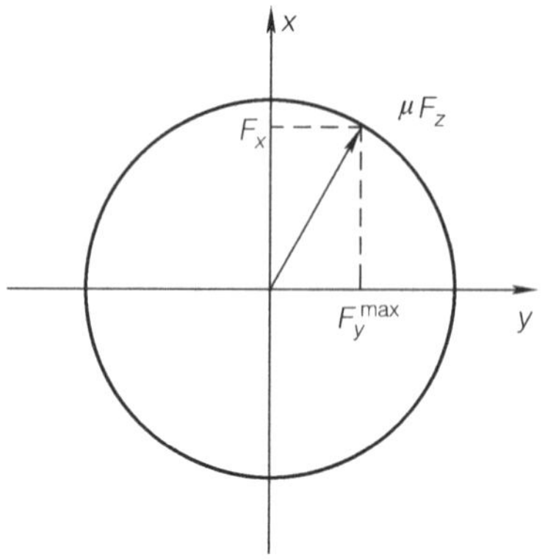

图 5-6　轮胎附着圆约束

对于车辆前轮，其纵横向轮胎力同样受到轮胎附着圆的约束，位于附着圆以内或其边界上，满足如下关系：

$$\sqrt{F_{xi}^2+F_{yi}^2}\leqslant\mu_i F_{zi},\quad i=1,2 \tag{5-81}$$

考虑到左右前轮侧向力的动力学约束和耦合关系，基于魔术公式可得侧向力只与轮胎侧偏角和侧偏刚度相关，则约束条件满足：

$$\frac{F_{y1}}{F_{y2}}=\frac{F_{z1}\sin(C_P\arctan(B_P\alpha_1))}{F_{z2}\sin(C_P\arctan(B_P\alpha_2))} \tag{5-82}$$

综上所述，整个基于约束优化的控制分配方法表示为

$$\min J = W_{\mathrm{f}}\left[\frac{F_{y1}^2+F_{x1}^2}{(\mu_i F_{z1})^2}+\frac{F_{y2}^2+F_{x2}^2}{(\mu_i F_{z2})^2}\right]+\boldsymbol{W}_{\mathrm{u}}(\boldsymbol{u}-\boldsymbol{u}_{k-1})_2^2 \tag{5-83}$$

$$\text{s.t.}\begin{cases} \boldsymbol{v}=\mathrm{diag}\left(\beta_1,\beta_2,\cdots,\beta_n\right)\boldsymbol{H}^{-1}u \\ \sqrt{{F_{xi}}^2+{F_{yi}}^2}\leqslant \mu_i F_{zi} \quad i=1,2 \\ \sqrt{{F_{xi}}^2+{F_{yi}}^2}=\mu_i F_{zi} \quad i=3,4 \\ \dfrac{F_{y1}}{F_{y2}}=\dfrac{F_{z1}\sin(C_{\mathrm{P}}\arctan(B_{\mathrm{P}}\alpha_1))}{F_{z2}\sin(C_{\mathrm{P}}\arctan(B_{\mathrm{P}}\alpha_2))} \end{cases} \tag{5-84}$$

通过求解该约束优化问题，即可将积分式模糊滑模控制器求得的虚拟控制输入 $\boldsymbol{v}$ 转化为实际物理输入 $\boldsymbol{u}$，即各轮的纵横向轮胎力。提出的多执行器控制分配器考虑了执行器动态响应差异及动力学耦合特性对控制效果的影响，实现了复杂约束下多目标优化的在线控制分配。

5.1.2.3　执行器跟踪控制

如图 5-7 所示，本节将基于纵滑 - 侧偏联合工况下的轮胎逆模型，根据 5.1.2.2 中优化分配算法得到的四轮纵横向轮胎力反向求解出各轮胎对应的期望纵向滑移率 s_{xi} 和期望轮胎侧偏角 α_i。最后，通过执行器控制系统将之转化为执行系统的输出，即电机系统的各轮输出转矩 T_i 和转向系统输出的前轮转角 δ。

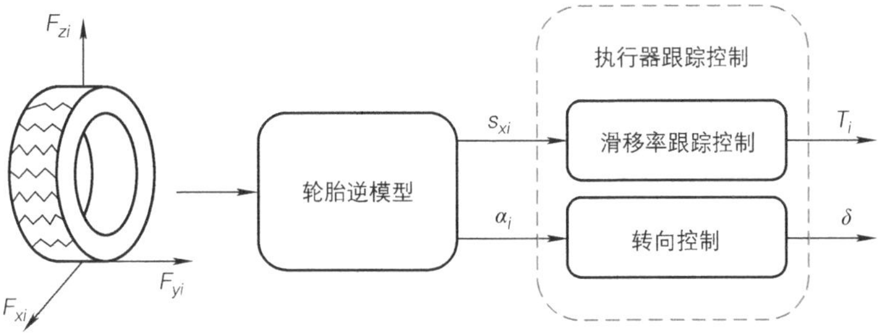

图 5-7　执行器跟踪控制框架

下面基于查表法建立轮胎逆模型。首先，对研究车辆的轮胎进行轮胎稳态滑移特性测试试验，得到轮胎在不同垂直载荷 F_{zi}、纵向滑移率 s_{xi}、轮胎侧偏角 α_i 条件下的轮胎纵向力 F_{xi} 和横向力 F_{yi}，对 Magic Formula 轮胎模型参数进行拟合。Magic Formula 轮胎模型除在试验范围高精度外，对有限工况进行外推同样具有较好的置信度。

以 F_{zi} = 20kN 为例，图 5-8 所示为不同轮胎稳态滑移特性测试结果。对于轮胎纵向力 - 纵向滑移率的曲线关系，轮胎逆模型仅使用纵向力峰值以内区域的数据点，从而保证轮胎逆模型输出的唯一性，即相同的输入产生相同的输出。查表式轮胎逆模型的输入为轮胎的纵向力 F_{xi}、侧向力 F_{yi} 和垂直载荷 F_{zi}，输出为轮胎的纵向滑移率 s_{Li} 和轮胎侧偏角 α_i。通过将不同工况下的轮胎数据制作成一个多维表格，实际使用时通过插值法即可求得轮胎的期望纵向滑移率和期望侧偏角。

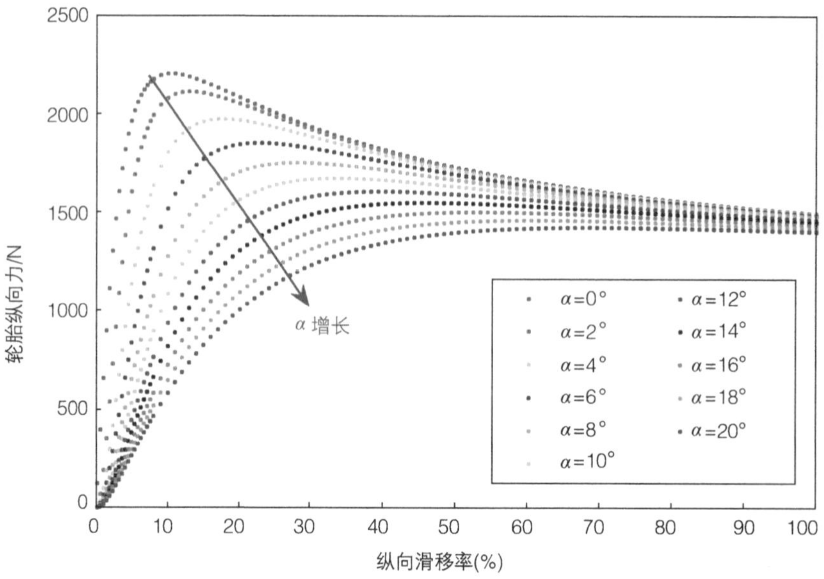

a) 轮胎纵向力-纵向滑移率

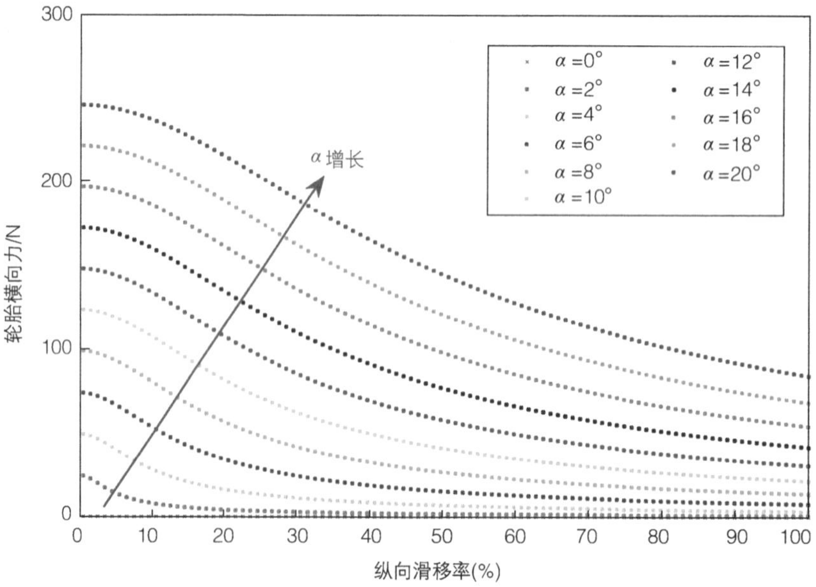

b) 轮胎横向力-纵向滑移率

图 5-8　不同轮胎稳态滑移特性测试结果

在 Carsim 仿真环境中，将某漂移过程中车轮实际的纵向滑移率和侧滑角，与将对应轮胎受力代入轮胎逆模型求得的理论纵向滑移率和侧滑角进行对比，验证结果如图 5-9 所示。可以发现，二者结果是非常接近的，从而证明了上述轮胎逆模型的有效性和准确性。

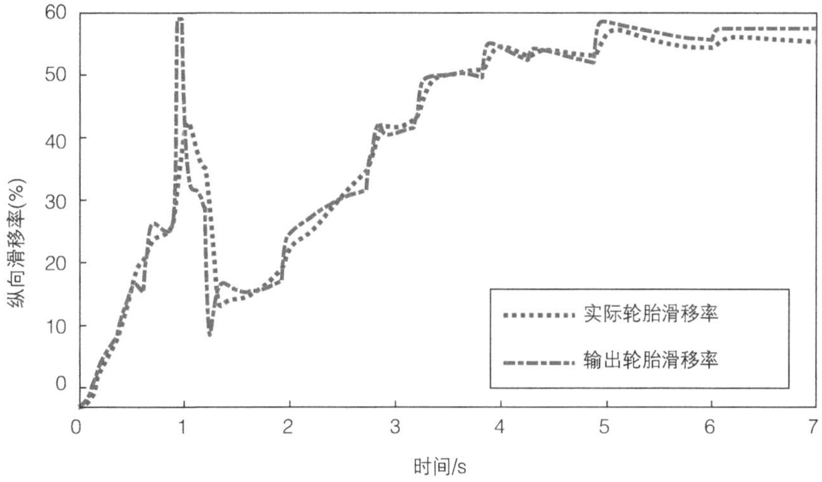

a) 纵向滑移率对比

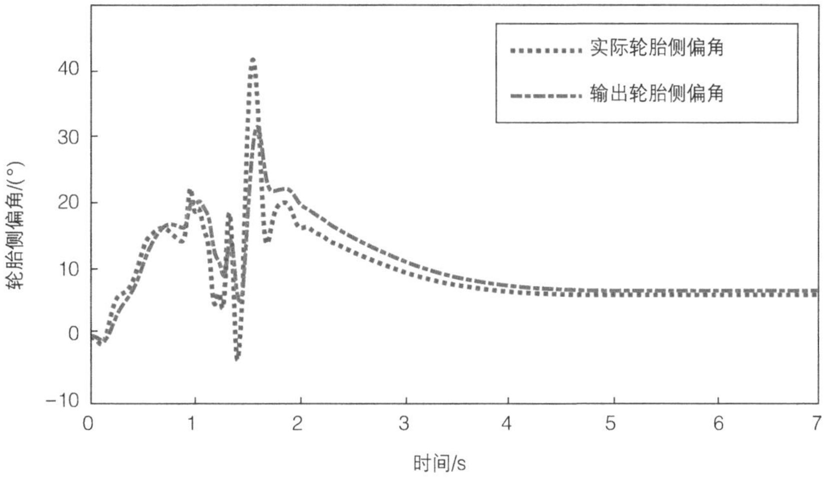

b) 轮胎侧偏角对比

图 5-9　轮胎逆模型验证结果

电机系统通过施加在车轮的转矩调节轮速，从而跟踪期望纵向滑移率。对车轮转动方向进行受力分析可得：

$$I_{\mathrm{w}}\dot{\omega}_i = T_i - R_{\mathrm{w}}F_{xi} \quad i = 1,2,3,4 \tag{5-85}$$

式中，T_i 为施加在第 i 个车轮的电机转矩；I_{w} 为车轮的转动惯量。结合式（5-14）与式（5-15），能够得到期望纵向滑移率对应的各轮转速 ω_i。因此，各轮电机输出力矩可以表示为

$$T_i = I_{\mathrm{w}}\dot{\omega}_i + R_{\mathrm{w}}F_{xi} \quad i = 1,2,3,4 \tag{5-86}$$

转向系统用于跟踪轮胎期望侧偏角。根据左前轮转角 δ_1 和右前轮转角 δ_2 之间的耦合关系，将之转换为转向系统的输出目标——期望前轮转角 δ 表示为

$$\delta = \frac{\mu_1 F_{z1}}{\mu_1 F_{z1} + \mu_2 F_{z2}} \delta_1 + \frac{\mu_2 F_{z2}}{\mu_1 F_{z1} + \mu_2 F_{z2}} \delta_2 \tag{5-87}$$

左前轮和右前轮的转角 δ_1 和 δ_2 分别表示为

$$\begin{cases} \delta_1 = \arctan\left(\dfrac{V_y + L_a\dot{\psi}}{V_x - L_w\dot{\psi}}\right) - \alpha_1 \\ \delta_2 = \arctan\left(\dfrac{V_y + L_a\dot{\psi}}{V_x + L_w\dot{\psi}}\right) - \alpha_2 \end{cases} \tag{5-88}$$

综上所述，基于轮胎逆模型和执行器控制系统，最终将四轮的纵横向轮胎力转化为电机系统输出的驱制动转矩及转向系统输出的前轮转角。

5.1.3 实车试验验证

5.1.3.1 线控底盘试验平台

为了进一步验证所提出的分布式四驱电动车辆的自主稳态漂移控制方法的有效性和实用性，基于 PIX 滑板式线控底盘进行了实车试验验证。该底盘如图 5-10 所示。

图 5-10　PIX 滑板式线控底盘

该底盘采用全线控技术，以独立可控的线控动力、制动及转向系统代替传统的汽车底盘部件，使用电信号的形式取代了传统的机械、液压等形式的连接，同时结合四轮轮毂电机分布式电驱动技术及四轮转向技术，使得该滑板式线控底盘具有控制精度高、响应速度快、全轮独立可控等特点，是实现底盘极限工况下自主决策控制的理想载体。为实现车辆运动状态观测信号的实时采集，在线控底盘的基础上安装了惯性导航单元（Inertial Measurement Unit，IMU）、全球定位系统（Global Positioning System，GPS）、摄像头、激光雷达等传感器。

线控底盘试验的控制流程如图 5-11 所示，将 IMU、GPS 等相关传感器采集到的车辆运动状态观测信号，包括车辆位置、纵横向车速、加速度、横摆角速度、轮速、反馈力矩及前轮转角等信号传输到整车控制器（Vehicle Control Unit，VCU）。VCU 在 MATLAB/Simulink 软件环境下构建并进行开发，将所提出的控制器基于 MATLAB/Simulink 进行建模编程并嵌入到 VCU 中，通过运行程序将控制命令实时发送给分布式线控驱动系统、线控转向系统以及线控制动系统，并基于反馈状态信号实现车辆的闭环控制。试验过程中底盘所有信号均通过 CAN 总线进行传输，从而实现了子模块间的通信和信息交换。

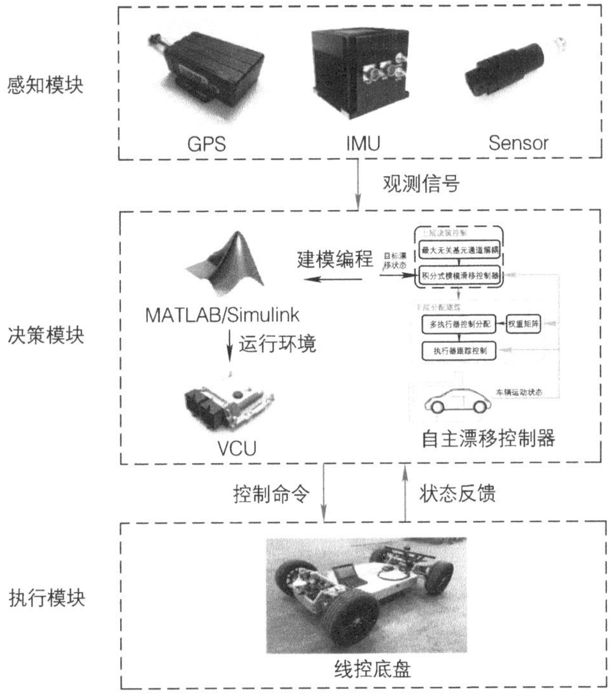

图 5-11　线控底盘试验控制流程

线控底盘基本参数与仿真试验对象的参数一致。线控底盘架构及电气布局如图 5-12 所示，其子系统配置情况见表 5-2。

5.1.3.2　稳态漂移工况的实车验证

用于实车试验的线控底盘的建模过程与 5.1.1.2 节的描述一致，其中该底盘的轮胎建模是通过对同一型号的轮胎进行轮胎复合滑移特性试验，基于测试数据对 5.1.1.2 节中 Magic Formula 轮胎模型 [式（5-12）] 进行模型参数拟合。

结合试验场地环境、底盘相关参数以及性能配置，根据 5.1.1.3 节对实车试验中的稳态漂移平衡状态进行设计，其期望轨迹半径、路面附着系数、稳态漂移平衡点的期望状态 $\boldsymbol{x}_{d1}=\left[V_{x1}^{eq},V_{y1}^{eq},\dot{\psi}_{1}^{eq}\right]^{T}$、期望转角等运动变量设置见表 5-3。

假设车辆的初始运动状态为车速 $V_x=V_{x1}^{eq}=6.2\text{m/s}$ 的匀速直线运动，所提出的控制器在 $t=0\text{s}$ 开始控制车辆跟踪表 5-3 所示的稳态漂移平衡点的运动状态，从而实现分布式线控底盘的自主稳态漂移控制。试验过程的底盘运动状态、控制输入响应状态以及底盘运动轨迹如图 5-13 ~ 图 5-15 所示。

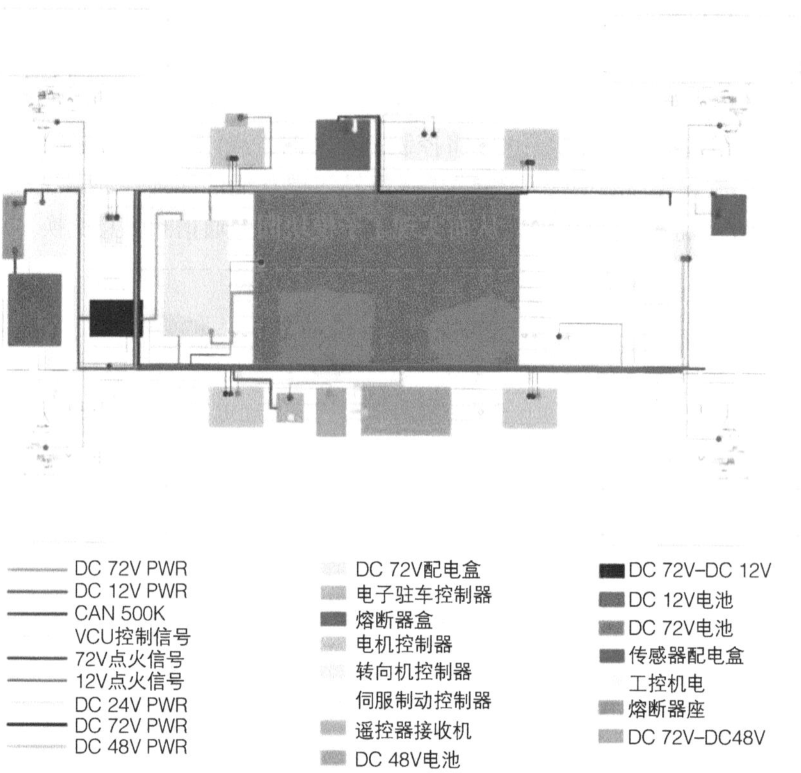

图 5-12　线控底盘架构及电气布局

表 5-2　线控底盘子系统配置

系统	参数名称	数值
整车参数	外形尺寸	2490mm × 1550mm × 590mm
	悬架类型	前、后双叉臂独立悬架
	能源类型	纯电动
	通信协议	CAN 2.0b 标准帧
	轮胎规格	215/55R17
轮毂电机	最大输出功率	4424W × 4
	额定电压	72V
	最大转速	811.9r/min
	控速精度	1（r/min）/bit
动力电池	电池类型	三元锂电池
	额定电压	72V
	电池容量	7kW · h

表 5-3　实车试验稳态漂移平衡点状态

参数	数值	参数	数值
漂移半径	6.0m	纵向车速	6.0m/s
附着系数	0.82	横向车速	−1.56m/s
总车速	6.2m/s	横摆角速度	0.51rad/s
质心侧偏角	−14.57°	前轮转角	22°

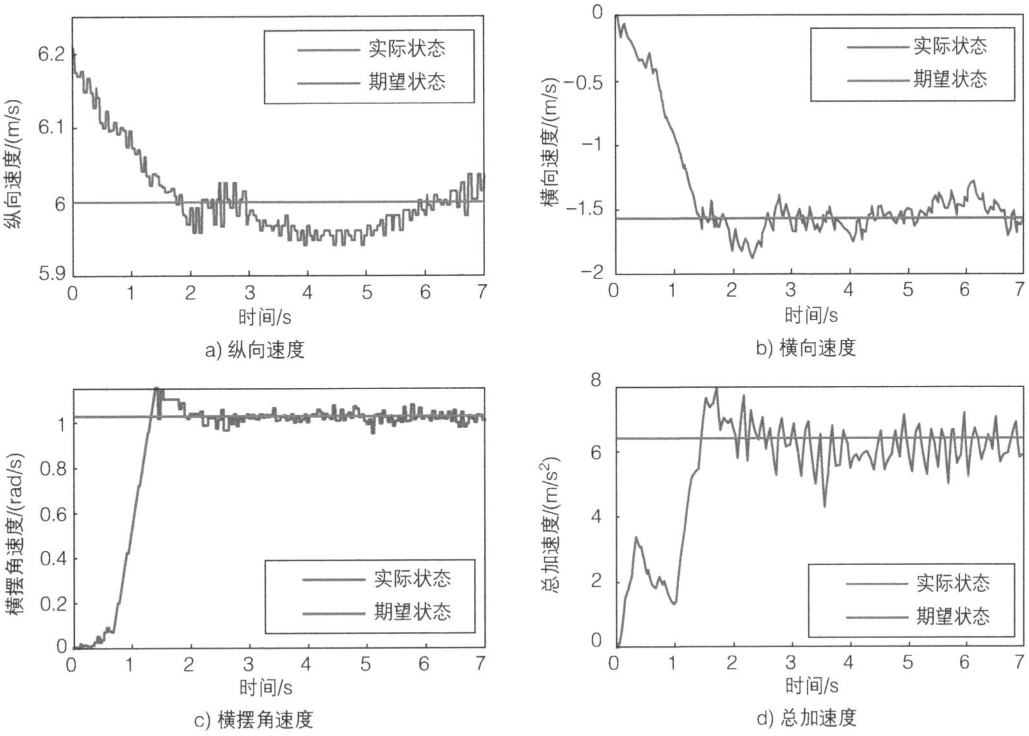

a) 纵向速度　b) 横向速度

c) 横摆角速度　d) 总加速度

图 5-13　稳态漂移试验的底盘运动状态

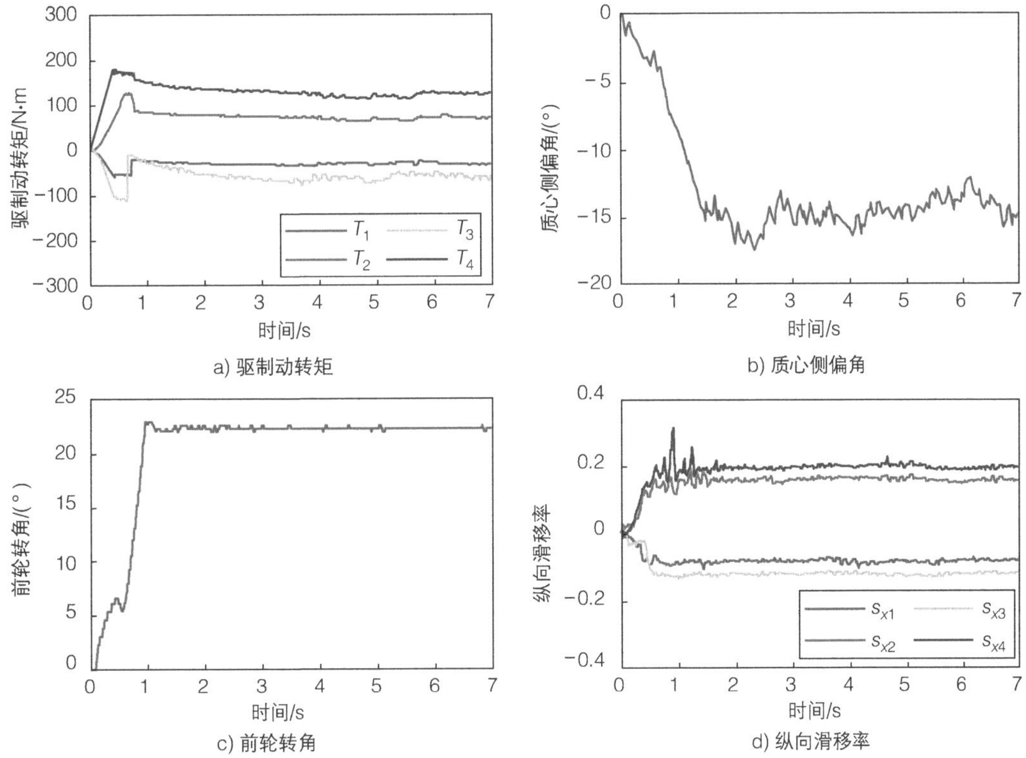

a) 驱制动转矩　b) 质心侧偏角

c) 前轮转角　d) 纵向滑移率

图 5-14　稳态漂移试验的底盘控制输入及响应状态

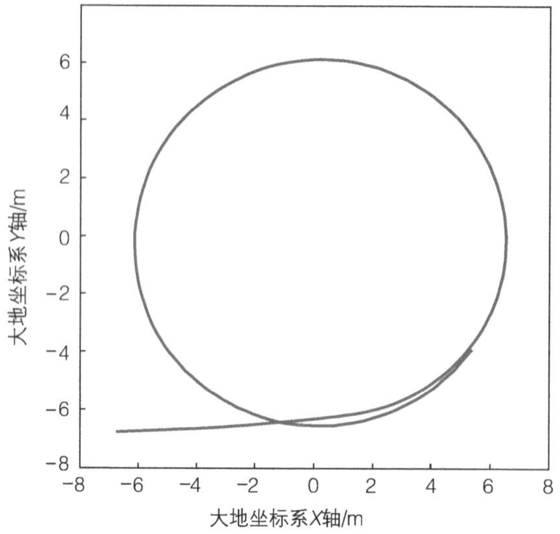

图 5-15　稳态漂移试验的底盘运动轨迹

由图 5-13 可以看出，包括纵向速度、横向速度、横摆角速度、总加速度在内的系统运动状态经过一定时间的控制调整后，在 $t \approx 2.0$s 时达到稳定值，即期望的稳态漂移平衡点。图 5-14 所示为试验过程中车辆的控制输入（各轮驱制动转矩、前轮转角）、质心侧偏角以及各轮纵向滑移率，图 5-15 展示了试验过程中底盘的稳态漂移轨迹。由试验结果可知，车辆在控制作用下逐渐趋于期望的稳态漂移状态，最终沿半径约为 6m 的定圆参考路径做逆时针匀速圆周运动，从而验证了所设计的控制器在实际应用场景中的可行性和有效性。试验场景如图 5-16 所示。

图 5-16　车辆自主稳态漂移试验场景

5.2 车辆瞬态漂移过弯的自主决策控制

瞬态漂移控制是指模拟专业车手的操作策略，使得自动驾驶车辆实现一段状态连续变化的漂移过程，从而完成一些特定的高难度目标，如漂移过弯等。相比于稳态漂移，车辆瞬态漂移的应用场景和动力学特性更复杂多变、更具有实际应用价值，而决策控制难度也更高。

在赛车比赛中，专业车手通过精确控制使车辆始终保持动力学的极限边界状态，从而充分发挥车辆的机动潜能，使得赛车以最高速度通过赛道的各个弯道，缩短比赛圈时。对于瞬态漂移过弯场景，其赛道地图复杂多变性、车辆的时变非线性特性以及持续极限驾驶的动态精确控制，使得自主漂移过弯的轨迹规划和运动控制是一个非常复杂、难度很高的任务。目前针对瞬态漂移过弯的研究尚处于起步阶段，基于简化模型的控制方法难以准确反映复杂瞬态漂移工况下的车辆动态非线性动力学特性，容易产生较大误差导致控制效果恶化；基于高维复杂模型的控制方法对系统参数辨识和复杂非线性控制器求解全局最优解提出了巨大挑战，难以应用于实际环境。基于无模型的强化学习算法在一定程度上解决了经典控制算法过度依赖建模精度的缺陷，适用于复杂应用场景。然而对于瞬态漂移过弯控制，其训练环境的复杂性、车辆动力学的高度非线性以及控制变量间的耦合特性使得纯强化学习算法的训练效率大大降低，很容易在训练过程中陷入局部最优。

为了解决上述问题，本节将介绍结合无模型强化学习算法、基于模型的经典控制算法以及专家示例先验知识的决策控制框架，大幅简化强化学习的训练任务、减小探索规模、提高训练效率的训练方法，使得强化学习算法能够应用于大规模、高维度的瞬态漂移过弯轨迹规划及运动控制问题。

5.2.1 等效运行环境建模

5.2.1.1 赛车驾驶模拟平台

车辆行驶工况的危险性及动力学的复杂特性，增加了瞬态漂移过弯控制任务的难度和危险程度，因此当前研究主要基于仿真平台。通过驾驶员在环的赛车模拟仿真平台采集漂移过弯的操纵数据及车辆运动轨迹，研究专业驾驶员的极限驾驶技巧和车辆的极限运动状态，能够为后续强化学习算法提供专家演示的先验知识从而加快学习进程。当前，大部分研究主要基于 Carla、TORCS、GTA 等驾驶模拟平台，这些平台往往采用简化后的车辆模型，其简单的运动学模型或线性低自由度的车辆动力学模型难以反映车辆及轮胎在极限工况下的高度非线性特性以及纵横向动力学耦合特性。因此，基于此类驾驶模拟平台采集的极限驾驶数据与实际应用场景具有一定程度的差距，难以应用于实际工况。

本书基于 rFactor 2 驾驶模拟平台采集专业驾驶员漂移过弯的极限操作数据及车辆运动状态。rFactor 2 是当前世界上最先进、最逼真的赛车模拟平台之一，专业车手基于 rFactor 2 进行日常训练，能够在保证安全的前提下快速熟悉赛道，提升驾驶技术。rFactor 2 赛车部件和赛道地图都基于真实物理数据进行高精度等比例建模，拥有超逼真的底盘和轮胎模型、先进的物理引擎、复杂的空气动力学和逼真的环境。我们邀请了一位具有丰富赛车驾驶经验并熟悉 rFactor 2 操作的专业驾驶员，基于图 5-17 所示的驾驶员在环赛车驾驶模拟装置，在 rFactor 2 的不同赛道地图中进行多次驾驶操作，从而达到其能力范围内的最短圈时。采集专家数据采用的 SIMAGIC M10 驾驶模拟器包括转向盘、加速踏板、制动踏板、离合器、变速杆等，从而将驾驶员的操作输入到 rFactor 2 平台中控制车辆运动，同时给予驾驶员相应的力反馈，保证驾驶体验。

图 5-17　基于 rFactor 2 平台的驾驶员在环赛车驾驶模拟装置

如图 5-18 所示，通过 rFactor 2 平台的插件软件 Motec i2 采集专业驾驶员的操作数据以及车辆运动状态，构建相关数据集。Motec i2 采集的数据包括车辆的位置坐标、纵横向车速、前轮转角、横摆角速度、各轮转速及侧偏角、轮胎力以及相关的车辆运动参数，数据采集频率为 10Hz。

由于 rFactor 2 插件接口和反作弊机制的限制，只能通过限定型号的驾驶模拟器将驾驶操作输入到 rFactor 2 中，而无法将操作命令直接发送到 rFactor 2 中从而自主控制车辆。因此，rFactor 2 平台无法实现控制算法的在线训练与评估。为了解决该问题，在 MATLAB/Simulink 仿真软件中搭建包含赛道环境以及车辆动力学模型的 rFactor 2 等效运行环境，为瞬态漂移过弯的自主决策控制算法提供在线训练与性能评估的仿真平台。通过操控车辆缓慢而精确地沿赛道边界行驶，从而获得赛道内外边界的准确定位，实现 MATLAB/Simulink 平台下的赛道等效建模。车辆动力学模型和轮胎模型是根据 rFactor 2 中的已知车辆 / 轮胎参数和相关运动状态数据，采用模型与数据结合的方法建立高精度动力学模型，建模方法将在 5.2.1.2 节详细阐述。

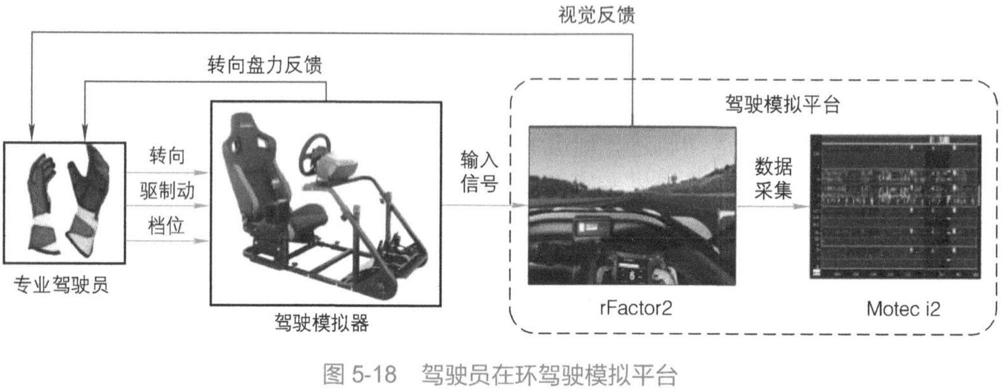

图 5-18　驾驶员在环驾驶模拟平台

5.2.1.2　车辆及轮胎动力学模型

选择 rFactor 2 中的电动后驱赛车 Formula E 作为研究对象。赛车的前翼和尾翼结构的复杂空气动力学导致车辆精确建模的难度和成本大大提高。为了保证动力学建模精度的同时实现计算效率的提升，将传统动力学模型与基于机器学习的数据建模相结合，通过神经网络拟合车辆动力学模型中的未知部分。这里对 rFactor2 中的 Formula E 车型进行建模，其动力学模型表示为

$$\dot{\boldsymbol{x}}=\boldsymbol{F}_{\mathrm{d}}(\boldsymbol{x},\boldsymbol{u})+\boldsymbol{\varepsilon} \tag{5-89}$$

式中，$\boldsymbol{x}$ 为状态变量；$\boldsymbol{u}$ 为控制输入；$\boldsymbol{F}_{\mathrm{d}}(\boldsymbol{x},\ \boldsymbol{u})$ 表示车辆动力学模型中的已知部分，这里采用双轨三自由度车辆动力学模型描述 $\boldsymbol{F}_{\mathrm{d}}(\boldsymbol{x},\ \boldsymbol{u})$；$\boldsymbol{\varepsilon}$ 表示难以建模的模型未知部分，将基于 rFactor 2 采集的数据集，使用神经网络拟合模型中的未知部分 $\boldsymbol{\varepsilon}$。

具体地，状态变量 $\boldsymbol{x}=\left[V_x,V_y,\dot{\psi}\right]^{\mathrm{T}}\in\mathbb{R}^3$ 包括纵向车速 V_x、横向车速 V_y 和横摆角速度 $\dot{\psi}$。控制输入 $\boldsymbol{u}=\left[\delta,F_{x3},F_{x4}\right]^{\mathrm{T}}\in\mathbb{R}^3$ 包括前轮转角 δ、左后轮纵向力 F_{x3} 和右后轮纵向力 F_{x4}。车辆动力学模型的已知部分 $\boldsymbol{F}_{\mathrm{d}}(\boldsymbol{x},\ \boldsymbol{u})$ 表示为

$$\boldsymbol{F}_{\mathrm{d}}(\boldsymbol{x},\boldsymbol{u})=\begin{bmatrix}\dot{\psi}V_y+[F_{x3}+F_{x4}-(F_{y1}+F_{y2})\sin\delta]/m\\-\dot{\psi}V_x+[(F_{y1}+F_{y2})\cos\delta+F_{y3}+F_{y4}]/m\\\dfrac{F_{y1}(L_{\mathrm{a}}\cos\delta+L_{\mathrm{w}}\sin\delta)+F_{y2}(L_{\mathrm{a}}\cos\delta-L_{\mathrm{w}}\sin\delta)-(F_{y3}+F_{y4})L_{\mathrm{b}}-(F_{x3}-F_{x4})L_{\mathrm{w}}}{I_z}\end{bmatrix} \tag{5-90}$$

式中，L_{a} 和 L_{b} 分别为质心与前轴 / 后轴之间的直线距离；L_{w} 为半轮距；m 为整车质量；I_z 为车辆横摆转动惯量；$F_{yi}(i=1,\ 2,\ 3,\ 4)$ 为各轮的横向轮胎力；$F_{xi}(i=3,\ 4)$ 为后轮的纵向轮胎力，其中 $i=1,\ 2,\ 3,\ 4$ 分别表示左前轮、右前轮、左后轮和右后轮，后驱车辆动力学模型如图 5-19 所示。

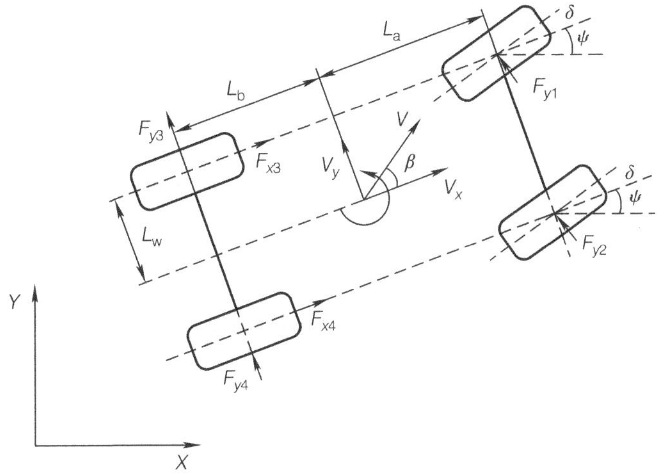

图 5-19　后驱车辆动力学模型

车辆处于瞬态漂移过弯等极限驾驶工况时，轮胎处于纵横向动力学高度耦合的非线性区域，附着状态高度饱和或接近饱和。因此，轮胎动力学模型采用 5.1.1.2 节中的纵滑 - 侧偏联合工况下的 Magic Formula 模型表征极限驾驶工况下的轮胎动力学特性，此处不再赘述。Magic Formula 模型参数 B_{P}、C_{P} 和 D_{P} 基于 rFactor 2 中采集到的轮胎运动状态数据集进行拟合。

与 5.1.1.2 节中的轮胎模型不同的是，这里的车轮垂直载荷除了考虑车辆纵横向载荷转移以及横摆运动的影响外，还需要额外考虑赛车前翼及尾翼空气动力学的影响。各轮的垂直载荷 F_{zi}（$i=1，2，3，4$）表示为

$$
\begin{aligned}
F_{z1} &= \frac{mgL_b}{2(L_a+L_b)} - \frac{ma_x h_g}{2(L_a+L_b)} - \frac{m\dot{V}_y h_g L_b}{2L_w(L_a+L_b)} + F_{aF}(V_x,V_y) \\
F_{z2} &= \frac{mgL_b}{2(L_a+L_b)} - \frac{ma_x h_g}{2(L_a+L_b)} + \frac{m\dot{V}_y h_g L_b}{2L_w(L_a+L_b)} + F_{aF}(V_x,V_y) \\
F_{z3} &= \frac{mgL_a}{2(L_a+L_b)} + \frac{ma_x h_g}{2(L_a+L_b)} - \frac{m\dot{V}_y h_g L_a}{2L_w(L_a+L_b)} + F_{aR}(V_x,V_y) \\
F_{z4} &= \frac{mgL_a}{2(L_a+L_b)} + \frac{ma_x h_g}{2(L_a+L_b)} + \frac{m\dot{V}_y h_g L_a}{2L_w(L_a+L_b)} + F_{aR}(V_x,V_y)
\end{aligned}
\tag{5-91}
$$

式中，$F_{aF}(V_x，V_y)$ 和 $F_{aR}(V_x，V_y)$ 分别为前、后翼产生的空气下压力，与纵横向车速相关，可以通过 rFactor 2 中的空气下压力数据拟合得到表达式。

对于车辆动力学模型 [式（5-89）] 中的未知部分 $\boldsymbol{\varepsilon}$，采用 Levenberg-Marquardt 反向传播算法对构建的神经网络 $f(x，u，\theta)$ 进行训练，从而表征模型未知部分 $\boldsymbol{\varepsilon}$，如图 5-20 所示。

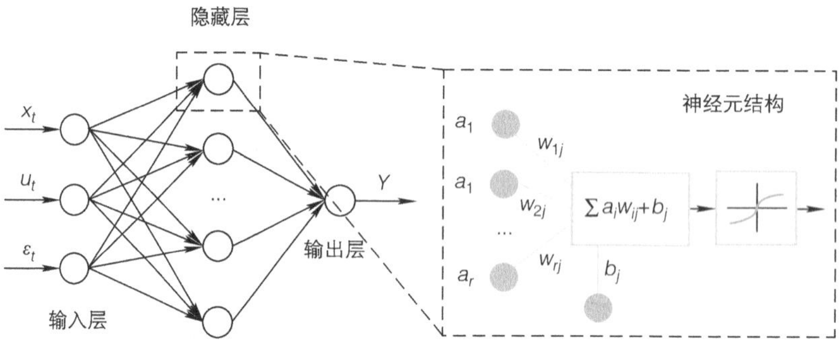

图 5-20　神经网络拟合车辆动力学模型未知部分

Levenberg-Marquardt 算法是梯度下降法与高斯 - 牛顿法的结合，通过自适应调整阻尼因子实现更快的迭代收敛速度，目标是使得训练后的神经网络 $f(\boldsymbol{x}_t，\boldsymbol{u}_t，\boldsymbol{\theta})$ 与模型未知部分 $\boldsymbol{\varepsilon}$ 的拟合误差最小，具体表示为

$$
\underset{\boldsymbol{\theta}}{\text{minimize}} \quad \boldsymbol{Y} = \sum_{t=1}^{T} \frac{1}{T} \boldsymbol{\varepsilon}_t - f(\boldsymbol{x}_t,\boldsymbol{u}_t,\boldsymbol{\theta})_2 \tag{5-92}
$$

式中，θ 为神经网络的权重值集合，通过训练神经网络实现权重值的调整与优化；$\boldsymbol{x}_t$ 和 $\boldsymbol{u}_t$ 分别为基于 rFactor2 数据集得到的车辆在时刻 t 的运动状态和控制输入；$\boldsymbol{\varepsilon}_t$ 为车辆在时刻 t 的模型未知部分，其实际值根据动力学模型 [式（5-89）] 可以表示为

$$
\boldsymbol{\varepsilon}_t = \dot{\boldsymbol{x}}_t - \boldsymbol{F}_d(\boldsymbol{x}_t,\boldsymbol{u}_t) \tag{5-93}
$$

图 5-21 所示为训练过程中神经网络 $f(\boldsymbol{x}_t, \boldsymbol{u}_t, \theta)$ 在训练集、验证集和测试集数据拟合情况，纵坐标为神经网络 $f(\boldsymbol{x}_t, \boldsymbol{u}_t, \theta)$ 与模型未知部分 $\boldsymbol{\varepsilon}_t$ 的拟合误差的均方差值。训练数据集全部从 rFactor 2 平台采集，包括不同的赛道场景下驾驶员的操作数据和车辆运动状态数据。由图 5-21 可知，神经网络的最终拟合误差收敛到一个较小的范围内，说明训练后的神经网络 $f(\boldsymbol{x}_t, \boldsymbol{u}_t, \theta)$ 能够较为精确地描述车辆动力学模型的未知部分。

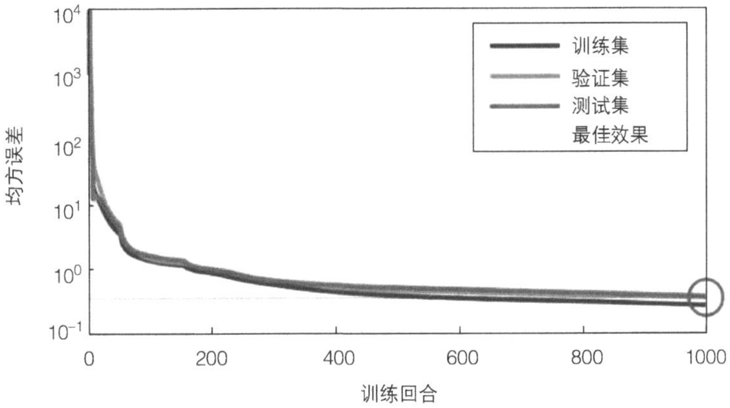

图 5-21　神经网络训练过程拟合误差

图 5-22 所示为所建立的车辆动力学模型式（5-89）与 rFactor 2 中高精度车辆模型在同一测试工况下的对比结果。由图 5-22 可知，基于车辆动力学模型式（5-89）的运动状态响应（V_x, V_y, ψ）与 rFactor 2 平台高度一致，证明了所建立的结合传统动力学模型与神经网络的复合车辆动力学模型的准确性和有效性。

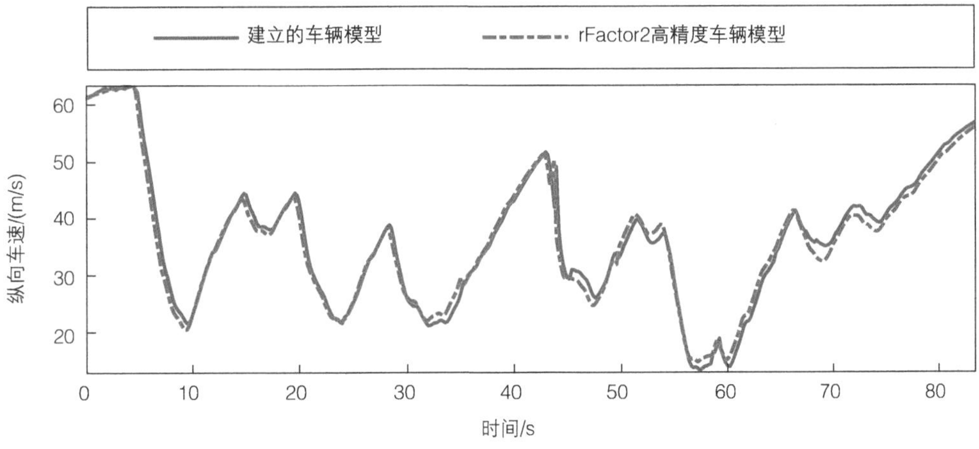

a) 纵向车速

图 5-22　车辆动力学模型与 rFactor2 中高精度模型对比情况

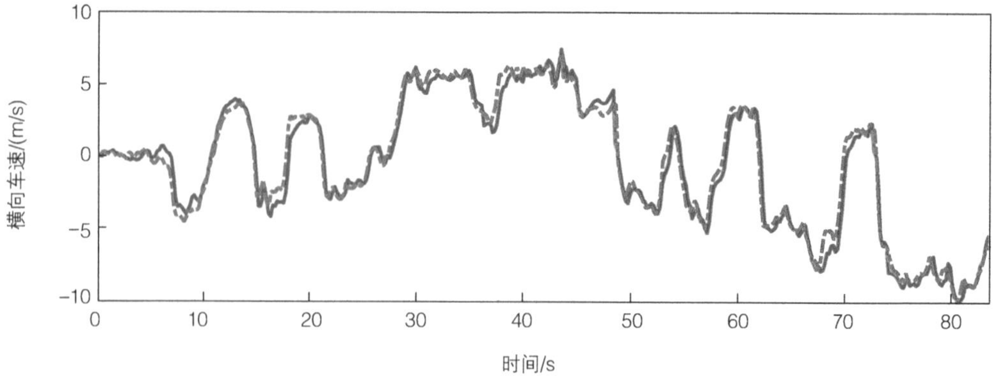

b) 横向车速

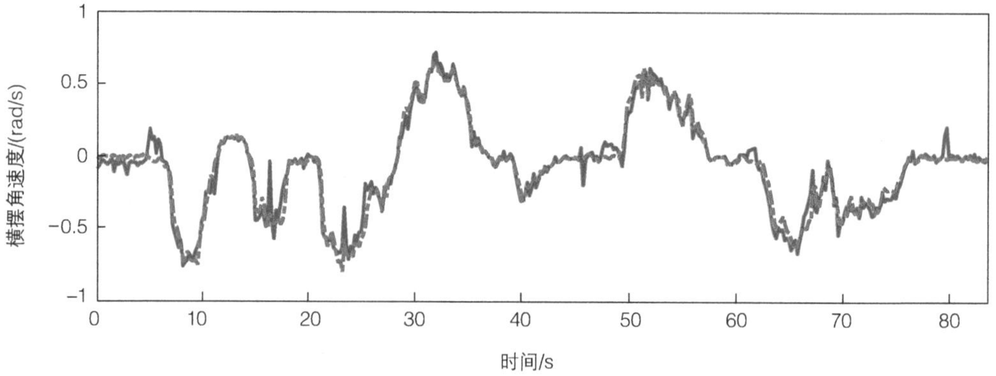

c) 横摆角速度

图 5-22　车辆动力学模型与 rFactor2 中高精度模型对比情况（续）

5.2.1.3　Frenet 坐标转换

为了更加直观地表示车辆与参考轨迹的相对位置，简化轨迹规划及跟踪算法，这里将专业驾驶员操作得到的轨迹作为参考线，使用参考线的切线向量和法线向量建立 Frenet 坐标系，从而将车辆位置坐标从笛卡尔坐标系的（X, Y）转换为 Frenet 坐标系下的（s_F, d_F）。将车辆位置点投影到参考线，垂足点记为 F，将 F 点到车辆位置的法向距离记为横向位移 d_F，参考线起始点到 F 点的弧长距离记为纵向位移 s_F，如图 5-23 所示。

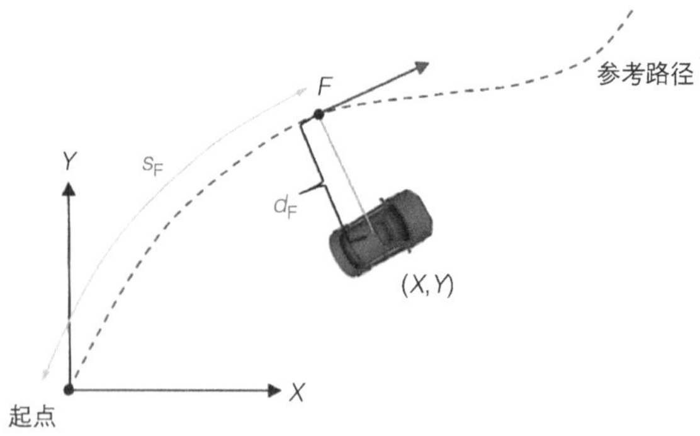

图 5-23　Frenet 坐标系

在建立的 Frenet 坐标系下，车辆的二维运动将解耦成相互独立的一维纵向及横向运动，从而大大简化轨迹规划及跟踪算法，尤其适用于本章中的复杂赛道环境。

至此，完成了在 MATLAB/Simulink 仿真软件中搭建的包含赛道环境以及车辆动力学模型的 rFactor 2 等效运行环境，为后续设计的瞬态漂移过弯的自主决策控制算法提供在线训练与性能评估的仿真平台。

5.2.2　瞬态漂移过弯的自主决策控制

车辆自主漂移过弯的轨迹规划和运动控制是一个具有大规模状态空间和动作空间的复杂控制任务。鉴于赛道地图复杂多变性以及车辆的时变非线性特性，车辆的操纵极限不断发生变化。

5.2.2.1　系统控制框架

极限驾驶是指通过操控车辆在赛道各阶段始终保持动力学的极限边界状态，从而充分发挥车辆的机动潜能。为了精确控制车辆持续极限驾驶，需要实时计算车辆的动态极限操纵边界并确定当前的控制操作策略，使车辆以最快的速度完成整个赛道，实现最小圈时。

因此，这里创新性地提出一种瞬态漂移过弯的自主决策控制框架，结合了无模型强化学习算法、基于模型的经典控制算法以及专家示例先验知识，如图 5-24 所示。通过传统控制算法跟踪专家示例数据得到基础控制策略，强化学习算法在此基础上进行增量式学习并得到增量控制策略，从而校正和改进专家先验知识。最终控制命令是作为先验项的基础控制策略和作为纠正项的增量控制策略的叠加。这里采用了分层控制的结构，将最能体现车

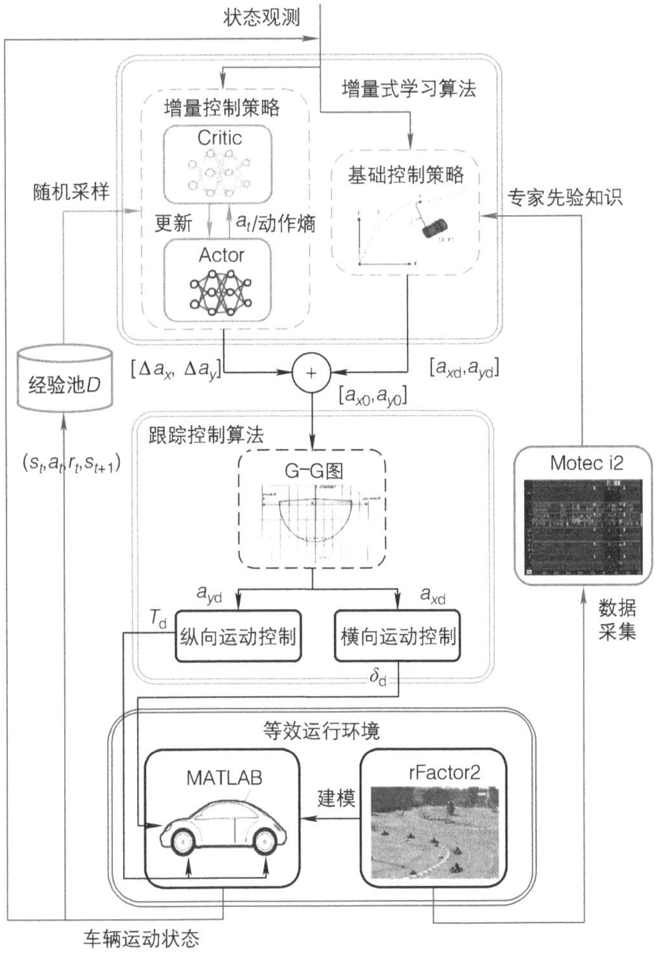

图 5-24　瞬态漂移过弯自主决策控制框架

辆性能极限程度的运动变量，即纵向加速度和横向加速度作为中间控制变量 $\boldsymbol{u}_{\mathrm{d}}$，通过结合传统控制和强化学习的上层增量式学习算法得到，之后通过下层跟踪控制器调节前轮转角和驱制动转矩，从而跟踪目标纵横向加速度。

这种控制框架大大简化了强化学习的训练任务，有效减小了探索规模以及不安全不必要探索行为的概率，使得强化学习算法更快得收敛到全局最优解，从而解决了大规模复杂场景下瞬态漂移过弯的轨迹规划问题。

本节的控制算法主要分为以下三部分：

1）基于专家示例数据的基础控制策略：将 rFactor 2 驾驶模拟平台上采集的专业驾驶员的驾驶操作数据集作为专家示例数据，通过传统非线性控制算法跟踪专业驾驶员操纵下的车辆行驶轨迹，从而得到接近专家水准的基础控制策略 $\boldsymbol{u}_{\mathrm{b}}$。

2）基于强化学习的增量控制策略：设计强化学习算法，在基础控制策略的基础上进行增量式学习并得到增量控制策略 $\boldsymbol{u}_{\mathrm{r}}$，从而对专家先验知识进一步校正和改进。最终控制命令 $\boldsymbol{u}_{\mathrm{d}}$ 是作为先验项的基础控制策略和作为纠正项的增量控制策略的叠加，即

$$\boldsymbol{u}_{\mathrm{d}}=\boldsymbol{u}_{\mathrm{b}}+\boldsymbol{u}_{\mathrm{r}} \tag{5-94}$$

3）下层执行控制器：通过下层执行控制器调节前轮转角和驱制动转矩，从而精确跟踪结合传统控制和强化学习的上层决策控制器输出的控制命令 $\boldsymbol{u}_{\mathrm{d}}$，即期望的纵向加速度和横向加速度。

5.2.2.2 基于家示例数据的基础控制策略

专业驾驶员的极限驾驶操作数据中蕴含了丰富的高级驾驶技巧和操纵经验，同时描述了车辆在极限操纵边界下的动力学特性。基于经典非线性反馈控制跟踪专家示例数据，从而得到接近专家水准的基础控制策略 $\boldsymbol{u}_{\mathrm{b}}$。

基于 rFactor 2 驾驶模拟平台上采集专业驾驶员在不同赛道地图的的驾驶操作数据和车辆行驶轨迹。对于每一个赛道地图，从专业驾驶员的 40 圈操作数据中选择圈时最小的一圈作为相应赛道地图的专家示例数据。以 rFactor 2 中美国路易斯安那州的 NOLA 赛道为例，其车辆参考轨迹及赛道边界如图 5-25 所示，将专家示例数据中的车辆行驶轨迹作为参考轨迹，对应图 5-25 中红色虚线。将参考轨迹下车辆各时刻质心位置坐标记作（X_{d}，Y_{d}），其中，X_{d}，Y_{d} 分别为该参考路径下车辆在大地坐标系下的横坐标和纵坐标，数据采集频率为 10Hz。通过操控车辆缓慢而精确地沿赛道边界行驶，从而获得 NOLA 赛道内外边界的准确位置坐标，对应图 5-25 中蓝色实线。

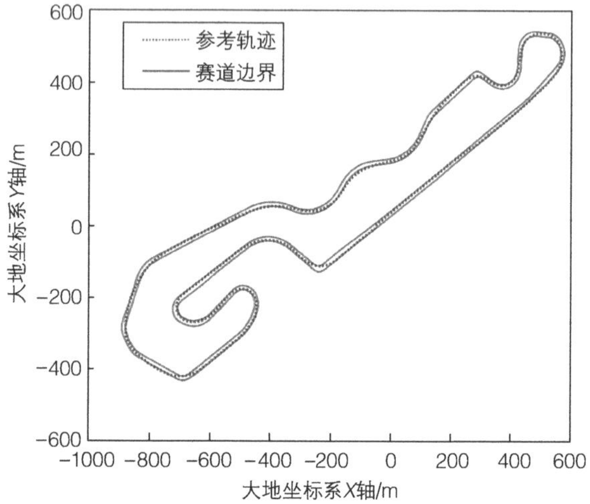

图 5-25 NOLA 赛道车辆参考轨迹及赛道边界

这里采用经典非线性反馈控制算法跟踪专家示例下的车辆参考轨迹，使得车辆以预期

速度跟随参考路径。定义当前车辆的位置跟踪误差（X_e，Y_e）为

$$X_e = X - X_{dt} \tag{5-95}$$

$$Y_e = Y - Y_{dt} \tag{5-96}$$

式中，X、Y 分别为当前车辆质心位置在大地坐标系下的横坐标和纵坐标；X_e、Y_e 分别为车辆横坐标和纵坐标对应的位置跟踪误差；X_{dt}、Y_{dt} 分别为当前车辆的跟踪参考位置点的横坐标和纵坐标，（X_{dt}，Y_{dt}）设置为专家示例参考轨迹中与当前车辆位置（X，Y）具有最相近的 Frenet 横向坐标 s 采样点（X_{dn}，Y_{dn}）的下一时刻的位置采样点。

将期望的纵向车速和横向车速分别定义为

$$\begin{bmatrix} V_{xd} \\ V_{yd} \end{bmatrix} = \begin{bmatrix} \cos\psi & \sin\psi \\ -\sin\psi & \cos\psi \end{bmatrix} \begin{bmatrix} \dot{X}_{dt} + l_x \tanh\left(-\dfrac{k_x}{l_x} X_e\right) \\ \dot{Y}_{dt} + l_y \tanh\left(-\dfrac{k_y}{l_y} Y_e\right) \end{bmatrix} \tag{5-97}$$

式中，V_{xd}、V_{yd} 分别为车辆坐标系下期望的纵向车速和横向车速；ψ 为车辆横摆角。控制参数 k_x，$k_y > 0$ 并且 l_x，$l_y \neq 0$，从而保证了位置跟踪误差（X_e，Y_e）在速度跟踪误差收敛到零的情况下也渐渐收敛到零，证明过程如下。

车辆水平面内运动学方程可表示为

$$\begin{bmatrix} V_x \\ V_y \end{bmatrix} = \begin{bmatrix} \cos\psi & \sin\psi \\ -\sin\psi & \cos\psi \end{bmatrix} \begin{bmatrix} \dot{X} \\ \dot{Y} \end{bmatrix} \tag{5-98}$$

式中，V_x、V_y 分别为车辆坐标系下实时的纵向车速和横向车速。

结合式（5-97）和式（5-98）可得

$$\begin{bmatrix} V_{xe} \\ V_{ye} \end{bmatrix} = \begin{bmatrix} V_x - V_{xd} \\ V_y - V_{yd} \end{bmatrix} = \bar{\boldsymbol{R}}_h \begin{bmatrix} \dot{X}_e - l_x \tanh\left(-\dfrac{k_x}{l_x} X_e\right) \\ \dot{Y}_e - l_y \tanh\left(-\dfrac{k_y}{l_y} Y_e\right) \end{bmatrix} \tag{5-99}$$

式中，V_{xe}、V_{ye} 分别为车辆当前的纵向车速误差和横向车速的跟踪误差；$\bar{\boldsymbol{R}}_h = \begin{bmatrix} \cos\psi & \sin\psi \\ -\sin\psi & \cos\psi \end{bmatrix}$ 为非奇异矩阵，且满足 $|\boldsymbol{R}_h| = 1$。因此当速度误差 V_{xe}、V_{ye} 收敛到 0 时，由式（5-99）可得

$$\dot{X}_e = l_x \tanh\left(-\frac{k_x}{l_x} X_e\right) \tag{5-100}$$

$$\dot{Y}_e = l_y \tanh\left(-\frac{k_y}{l_y} Y_e\right) \tag{5-101}$$

将李亚普诺夫函数 V 定义为

$$V = 0.5X_{\mathrm{e}}^2 + 0.5Y_{\mathrm{e}}^2 \tag{5-102}$$

对 V 进行一阶求导，并结合式（5-100）和式（5-101）可得

$$\dot{V}_1 = X_{\mathrm{e}}\dot{X}_{\mathrm{e}} + Y_{\mathrm{e}}\dot{Y}_{\mathrm{e}} = -l_x X_{\mathrm{e}}\tanh\left(\frac{k_x}{l_x}X_{\mathrm{e}}\right) - l_y Y_{\mathrm{e}}\tanh\left(\frac{k_y}{l_y}Y_{\mathrm{e}}\right) \tag{5-103}$$

由式（5-103）可以看出，当（X_{e}，Y_{e}）$\neq 0$ 且 k_x，$k_y > 0$，l_x，$l_y \neq 0$ 时，$\dot{V} < 0$，即证明了（X_{e}，Y_{e}）在此情况下渐进收敛到（0，0）。因此能够得出结论：车辆位置跟踪误差在速度跟踪误差收敛到零的情况下也渐进收敛到零。

对提出的期望速度进行求导得到

$$\begin{bmatrix}\dot{V}_{x\mathrm{d}}\\ \dot{V}_{y\mathrm{d}}\end{bmatrix} = r\begin{bmatrix}V_{y\mathrm{d}}\\ -V_{x\mathrm{d}}\end{bmatrix} + \begin{bmatrix}\cos\psi & \sin\psi\\ -\sin\psi & \cos\psi\end{bmatrix}\begin{bmatrix}\ddot{X}_{\mathrm{dt}} - k_x\dot{X}_{\mathrm{e}}\mathrm{sech}^2\left(-\dfrac{k_x}{l_x}X_{\mathrm{e}}\right)\\ \ddot{Y}_{\mathrm{dt}} - k_y\dot{Y}_{\mathrm{e}}\mathrm{sech}^2\left(-\dfrac{k_y}{l_y}Y_{\mathrm{e}}\right)\end{bmatrix} \tag{5-104}$$

这里采用了分层控制的结构，将车辆的纵向加速度 a_x 和横向加速度 a_y 作为中间控制变量，且

$$a_x = V_x - \dot{\psi}V_y \tag{5-105}$$

$$a_y = V_y + \dot{\psi}V_x \tag{5-106}$$

结合式（5-104）~式（5-106）可得

$$\begin{bmatrix}a_{x0}\\ a_{y0}\end{bmatrix} = \begin{bmatrix}\dot{V}_{x\mathrm{d}}\\ \dot{V}_{y\mathrm{d}}\end{bmatrix} - r\begin{bmatrix}V_{y\mathrm{d}}\\ -V_{x\mathrm{d}}\end{bmatrix} = \begin{bmatrix}\cos\psi & \sin\psi\\ -\sin\psi & \cos\psi\end{bmatrix}\begin{bmatrix}\ddot{X}_{\mathrm{dt}} - k_x\dot{X}_{\mathrm{e}}\mathrm{sech}^2\left(-\dfrac{k_x}{l_x}X_{\mathrm{e}}\right)\\ \ddot{Y}_{\mathrm{dt}} - k_y\dot{Y}_{\mathrm{e}}\mathrm{sech}^2\left(-\dfrac{k_y}{l_y}Y_{\mathrm{e}}\right)\end{bmatrix} \tag{5-107}$$

式中，a_{x0}、a_{y0} 分别为车辆跟踪专业驾驶员的参考轨迹得到的期望纵向加速度和期望横向加速度，即基于专家示例数据得到的基础控制策略：

$$\boldsymbol{u}_{\mathrm{b}} = \left[a_{x0}, a_{y0}\right]^{\mathrm{T}} \tag{5-108}$$

5.2.2.3 基于强化学习的增量控制策略

这里采用当前性能最佳（State of the Art，SOTA）的强化学习算法中的代表性算法——柔性演员 - 评论家算法（Soft Actor-Critic，SAC），在基础控制策略的基础上进行增量式学习并得到增量控制策略 $\boldsymbol{u}_{\mathrm{r}}$，从而对基于专家示例数据得到的基础控制策略进一步校正和改进。最终控制命令是作为先验项的基础控制策略和作为纠正项的增量控制策略的叠加。与从零开始的随机探索相比，这种基于先验知识的增量式学习方法能够有效降低动作空间的探索范围以及问题复杂程度，提高强化学习的训练效率，从而解决了大规模复杂场景下瞬态漂

移过弯的轨迹规划问题。

SAC 算法首个将最大熵框架、演员 - 评论家算法和离线策略结合的强化学习算法，在处理大规模复杂任务上具有以下优势：①通过引入最大熵学习目标增加了策略的随机性，极大地提高了探索能力，能够避免陷入局部最优；②对模型与估计误差具有更强的鲁棒性；③采用随机策略，使探索更加充分和均匀，训练的稳定性更强。

使用 SAC 算法解决瞬态漂移过弯轨迹规划问题时，其状态空间、动作空间、奖励函数、算法流程以及训练参数的设计将在本节具体介绍。

1. 状态空间

强化学习算法的状态空间中必须包含用于改进车辆自主极限驾驶规划控制所需的全部信息，包括车辆运动状态以及当前状态下对应的基础控制策略，状态空间 $\boldsymbol{S}_{\mathrm{c}}$ 如下式所示：

$$\boldsymbol{S}_{\mathrm{c}}=\left[\boldsymbol{x}_{\mathrm{s}},\boldsymbol{x}_{\mathrm{a}}\right]^{\mathrm{T}} \tag{5-109}$$

式中，

$$\boldsymbol{x}_{\mathrm{s}}=\left[X,Y,\psi,V_x,V_y,\dot{\psi},\ s_{\mathrm{F}},d_{\mathrm{F}},a_x,a_y,a_{x\max},a_{y\max},M\right]^{\mathrm{T}} \tag{5-110}$$

$$\boldsymbol{x}_{\mathrm{a}}=\left[X_{\mathrm{d}},Y_{\mathrm{d}},a_{x0},a_{y0}\right]^{\mathrm{T}} \tag{5-111}$$

式中，$\boldsymbol{x}_{\mathrm{s}}$ 和 $\boldsymbol{x}_{\mathrm{a}}$ 分别为车辆运动状态信息和基础操作控制信息；X、Y 和 ψ 分别为大地坐标系下车辆的质心位置和横摆角；V_x、V_y 和 $\dot{\psi}$ 分别为车辆坐标系下车辆的纵向速度、横向速度和横摆角速度；为了简化轨迹规划的难度，以专业驾驶员的参考轨迹作为参考线，将车辆位置转换为 Frenet 坐标系下的位置，s_{F} 为沿着参考线方向的曲线长度；d_{F} 为偏离参考线的法向距离；a_x、a_y 分别为车辆实际的纵向加速度和横向加速度；$a_{x\max}$、$a_{y\max}$ 分别为当前状态下车辆能够达到的最大纵向加速度和最大横向加速度；M 为当前车辆状态模式，包括以下四种：①在赛道内正常行驶；②完全驶出赛道边界；③发生侧翻；④抵达终点。当车辆状态模式 M 变化到后三种模式时，强化学习该回合的训练终止，终止时刻的状态量记作 s_T。

2. 动作空间 A

SAC 强化学习算法的动作输出为基于 5.2.2.2 节中的基础控制策略 $\boldsymbol{u}_{\mathrm{b}}=[a_{x0},\ a_{y0}]^{\mathrm{T}}$ 进行增量式学习得到的增量控制策略 Δa_x 和 Δa_y。因此动作空间 $\boldsymbol{A}_{\mathrm{c}}$ 设计为

$$\boldsymbol{A}_{\mathrm{c}}=[\Delta a_x,\ \Delta a_y]^{\mathrm{T}}$$

式中，Δa_x 和 Δa_y 分别为对基础控制策略 $\boldsymbol{u}_{\mathrm{b}}$ 中的车辆期望纵横向加速度 a_{x0} 和 a_{y0} 的调节值，其范围为 $\Delta a_x\in[-0.5g,\ 0.5g]$，$\Delta a_y\in[-0.5g,\ 0.5g]$，其中 g 为重力加速度。

将基于专家示例得到的作为先验项的基础控制策略 $\boldsymbol{u}_{\mathrm{b}}=[a_{x0},\ a_{y0}]^{\mathrm{T}}$ 和基于 SAC 强化学习算法得到的作为纠正项的增量控制策略 $\boldsymbol{u}_{\mathrm{r}}=[a_{x0},\ a_{y0}]^{\mathrm{T}}$ 进行叠加，形成最终命令控制 $\boldsymbol{u}_{\mathrm{d}}$：

$$\boldsymbol{u}_{\mathrm{d}}=\begin{bmatrix}a_{x\mathrm{d}}\\a_{y\mathrm{d}}\end{bmatrix}=\mathrm{Restrict}_{\mathrm{G\text{-}G}}\left(u_{\mathrm{base}}+u_{\mathrm{res}}\right)=\mathrm{Restrict}_{\mathrm{G\text{-}G}}\left(\begin{bmatrix}a_{x0}\\a_{y0}\end{bmatrix}+\begin{bmatrix}\Delta a_x\\\Delta a_y\end{bmatrix}\right) \tag{5-112}$$

式中，$a_{x\mathrm{d}}$ 和 $a_{y\mathrm{d}}$ 分别为最终纵向加速度和期望横向加速度的控制命令，受 G-G 图的限制，其中 G-G 图将在下文具体介绍。当（$a_{x\mathrm{d}}$，$a_{y\mathrm{d}}$）超出 G-G 图的边界范围时，$\mathrm{Restrict}_{\mathrm{G\text{-}G}}$ 函数将 $a_{x\mathrm{d}}$ 和 $a_{y\mathrm{d}}$ 同时缩小一定的倍数，使其位于 G-G 图的边界上，此时车辆处于极限驾驶状态。

3. 奖励函数

在强化学习算法框架下，智能体只根据奖励函数的定义来学习如何与环境的交互，从而实现奖励函数的最大化，因此奖励函数的设计直接决定了智能体的控制效果。奖励函数需要定义在不同驾驶状态下相应动作的奖惩，如果定义不明容易导致模型不收敛或模型收敛于局部最优解。

针对车辆瞬态漂移过弯的自主极限驾驶规划控制问题，存在两种类型的奖励函数，分别用 R_{ci} 和 R_{ct} 表示。第一种奖励 R_{ci} 是在自主极限驾驶过程中每个决策步骤后或每一阶段后给予的即时奖励，其目的是克服强化学习过程中奖励的稀疏性，加快智能体的学习速度。另一种奖励 R_{ct} 是在每个训练回合结束后，基于车辆不同的状态模式给予的终止状态奖励。该终止状态共有三种结局模式，分别为完全驶出赛道边界、发生侧翻和成功跑完一圈抵达终点。最终奖励函数 R_c 为即时奖励 R_{ci} 与终止状态奖励 R_{ct} 的和。

这里创新性地将专业赛车手通用的极限驾驶策略和操纵技巧作为专家先验知识融入即时奖励函数的设计。类似于将 SAC 算法中的智能体当作一位赛车初学者，通过科学的训练方案和实时反馈引导，使其快速有效地提升驾驶技能，逐渐成长为最优秀的“赛车手”。用于奖励函数设计的专家先验知识包括如何充分利用动力潜能、弯道各阶段的操作要领、不同弯道的优先级以及赛道各部分的耦合关系，使奖励函数变得稠密的同时引导智能体更加高效地探索，从而提高 SAC 算法的收敛速度。下面将具体介绍各奖励项的定义。

即时奖励的设置能够克服强化学习稀疏奖励带来的训练困难的问题，提高智能体的训练效率和稳定性。即时奖励主要考虑以下几个方面：

（1）路径跟踪项 R_{ci1}

在操控极限下以最快的速度通过整个赛道的前提，是车辆将会识别并沿着理想的路线行驶。这里假设每一个轨道的理想路径地图是固定的，我们选定专业驾驶员的路径为理想路径。车辆实际路径和理想路径之间的偏差越小，将越有利于达到极限驾驶状态，并且缩短时间。

以车辆极限状态最快通过整个赛道的前提是找到这条赛道上最理想的线路，即用时最短的线路，并沿着该理想线路驾驶赛车。在同一赛道地图下，圈时最短的理想线路是固定的。这里将采集到的专业驾驶员操纵得到的车辆路径作为理想路径，车辆实际路径与理想路径的偏差越小，则越有利于达到极限驾驶状态，从而缩短圈时。轨迹跟踪项 R_{ci1} 用于鼓励车辆实际路径尽可能接近理想线路，R_{ci1} 定义为

$$R_{ci1} = k_{c1}\left|d_{F}\right| \tag{5-113}$$

式中，d_F 为 Frenet 坐标系下偏离作为参考线的理想线路的法向距离；k_{c1} 为负常数，用于调整轨迹跟踪项的奖励权重。

（2）速度项 R_{ci2}

虽然赛道中的部分弯道阶段需要进行制动转向操作，但整体来说车速越接近最大极限，圈时越小。为了使车辆以最快速度通过整个赛道，设置速度项 R_{ci2} 为

$$R_{ci2} = k_{c2}V_{t} \tag{5-114}$$

式中，$V_t = \sqrt{V_x^2 + V_y^2}$ 为车辆总速度大小；k_{c2} 为正常数，用于调整速度项的奖励权重。

（3）操纵极限项 R_{ci3}

这里采用横向加速度 - 纵向加速度图（G-G 图）来描述车辆在当前状态下的操纵极限。G-G 图的形状及范围受多种因素影响，主要包括：①轮胎 - 路面附着系数；②加减速性能限制；③空气动力学；④车辆载荷转移。

如图 5-26 所示，G-G 图是从理想化的摩擦圆中提取出的一部分。摩擦圆的范围由轮胎 - 路面附着系数和各轮胎垂直载荷决定，而各轮胎垂直载荷除了与车辆质量相关，还与运动过程中的车辆载荷转移和空气动力学导致的车辆前翼 / 尾翼的下压力相关。摩擦圆限制下的加速度最大值 a_{res} 表示为

$$a_{\text{res}} = \mu\left(F_{z1} + F_{z2} + F_{z3} + F_{z4}\right)/m \tag{5-115}$$

式中，μ 为路面附着系统；F_{zi}（i=1, 2, 3, 4）为各车轮的垂向载荷。

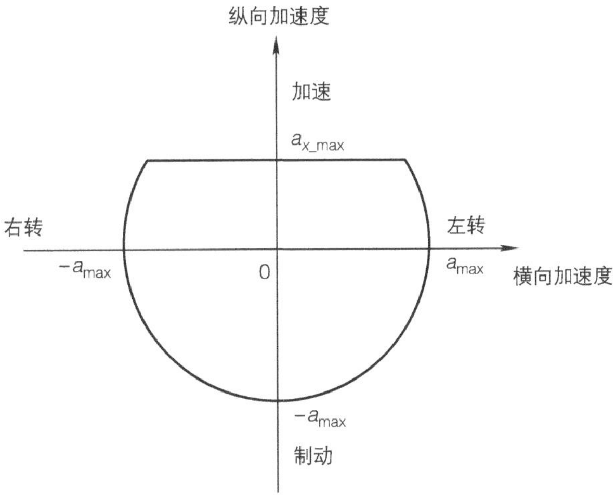

图 5-26　车辆 G-G 图

G-G 图的圆形顶部（纵向加速度轴）被截断是由于轮胎牵引力和驱动电机功率的限制。对于后轮驱动的赛车，其驱动力只能由后轮产生，相对于制动力可以由前后轮一起产生的减速加速度，加速度会受到限制；速度较高时，电机功率将代替车轮牵引力成为纵向加速度的限制因素。G-G 图中最大纵向加速度 $a_{x\text{-res}}$ 由下式计算：

$$a_{x\text{-res}} = \left[\min\left(\frac{T_{\text{limit}} i_{\text{g}}}{R_{\text{w}}}, \frac{P_{\text{limit}}}{i_{\text{g}} V_x / R_{\text{w}}}\right) - \text{drag}\right] / m \tag{5-116}$$

式中，T_{limit} 和 P_{limit} 分别为 Formula E 赛车上驱动电机的最大转矩和最大功率，可由图 5-27 的电机性能曲线获得；i_{g} 为电机端到轮胎端的传动比；R_{w} 为车轮半径；drag 为空气动力学导致的车身纵向阻力，表示为式（5-92）中 $f(\boldsymbol{x}_t, \boldsymbol{u}_t, \boldsymbol{\theta})$ 的第一项。

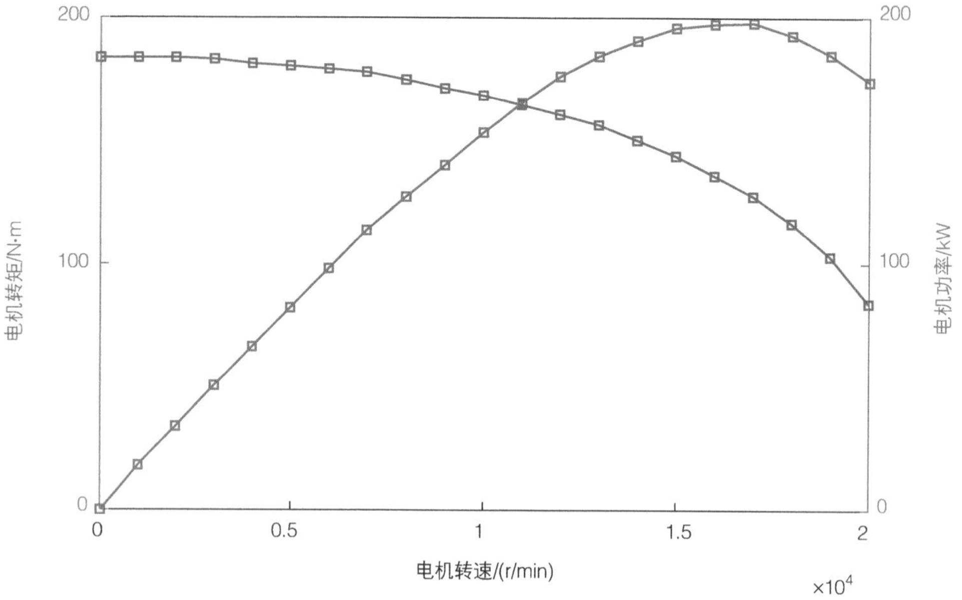

图 5-27 Formula E 车辆电机性能曲线

在不同的运动状态下，车辆的 G-G 图的形状和范围是不同的。若追求以最快的速度通过整个赛道的目标，车辆不只要持续极限驾驶，更重要的是处于什么样的极限状态。操纵极限项 R_{ci3} 用于表示当前车辆的动力学极限范围，即 G-G 图的边界范围。动力学极限范围越大，车辆越有可能以更高的速度通过整个赛道。因此设置 R_{ci3} 为

$$R_{ci3} = k_{c3}\left(a_{res}^2 + a_{x\_res}^2\right) \tag{5-117}$$

式中，k_{c3} 为正常数，用于调整操纵极限项的奖励权重。

（4）极限性能利用率 R_{ci4}

极限性能利用率 R_{ci4} 用于表示当前车辆的动力学极限范围，而车辆动力潜能的利用程度取决于其运动状态（a_x，a_y）能离 G-G 图边界多近。若车辆始终处于 G-G 图边界以内，则说明没有完全发挥车辆的极限性能。为了使得车辆以最快速度通过整个赛道从而达到最小圈时，理想情况为车辆保持持续极限驾驶状态，即运动状态始终处于 G-G 图边界上。设置极限性能利用率 R_{ci4} 来表示车辆运动状态与当前极限性能的接近程度，越接近说明车辆极限性能的利用程度越高。R_{ci4} 定义为

$$R_{ci4} = \begin{cases} k_{c4}(\sqrt{a_x^2 + a_y^2} - a_{max})^2, & 当 a_x < 0.3g \\ k_{c4}(a_x - a_{x\_max})^2, & 当 a_x \geqslant 0.3g \end{cases} \tag{5-118}$$

式中，k_{c4} 为负常数，用于调整极限性能利用率项的奖励权重。当纵向加速度 $a_x < 0.3g$ 时，R_{ci4} 表示为轮胎附着力的利用程度；当纵向加速度 $a_x \geqslant 0.3g$ 时，R_{ci4} 表示为车辆加速潜能的利用程度。

（5）各弯道阶段奖励项 R_{ci5}

由于赛道中各弯道的种类、形状、曲率和长度各不相同，高速漂移过弯整个极限驾驶

控制过程的重点和难点。为了克服强化学习过程中稀疏奖励带来的训练困难的问题，引导智能体以更大的概率训练得到期望的策略，车辆每通过一个弯道都给予这一阶段的奖励，使车辆尽快学习不同弯道的极限驾驶控制策略。需要说明的是，由于训练目标是整体圈时最短，因为每一弯道的阶段目标不仅包括通过该弯道的时间最短，还要考虑入弯速度和出弯速度，从而保证与该弯道连接的赛道部分也能尽快通过。赛道各阶段相互耦合，需要反复调整才能达到总体最优。

在同一赛道中，不同种类的弯道对整体圈时的影响程度不同，具有不同的优先级。弯道种类可划分为以下三种：①通向直道的弯道；②直道过后的弯道；③连接两个其他弯道的弯道。以上三种弯道的优先级依次减低，因此对应的奖励权重依次减小。

各弯道阶段奖励项 R_{ci5} 定义为

$$R_{ci5}=k_{type\_m}(k_{c5}v_{in_j}+k_{c6}v_{out_j}+k_{c7}t_j) \tag{5-119}$$

式中，k_{type_m} 为正常数，表示不同类型的弯道对应的奖励权重，m=1，2，3，分别对应通向直道的弯道、直道过后的弯道、连接两个其他弯道的弯道；v_{in_j}、v_{out_j} 分别表示第 j 个弯道的入弯速度和出弯速度；t_j 为通过第 j 个弯道的时长；k_{c5}、k_{c6}、k_{c7} 分别为第 j 个弯道的入弯速度、出弯速度、时长对应的权重系数；k_{c5}、k_{c6} 为正常数；k_{c7} 为负常数。最终即时奖励 R_{ci} 表示为以上 $R_{ci1}\sim R_{ci5}$ 五个奖励项的和。

当车辆达到终止状态时，该训练回合结束，基于不同的终止状态模式给予智能体终止状态奖励。这里终止状态共有三种结局模式，分别为发生侧翻、完全驶出赛道边界和跑完整圈赛道成功抵达终点。由于训练前期车辆很容易驶出赛道边界，致使回合结束太早，难以进行充分地探索和学习，因此这里将完全驶出赛道边界定义为赛车质心到赛道内外边界的法向距离均超过 10m。前两种结局模式分别给予特定的惩罚，若是第三种结局模式，则根据完成圈时的长短给予相应的奖励。终止状态奖励 R_{ct} 定义为

$$R_{ct}=\begin{cases}k_{c8}\text{，当发生侧翻}\\k_{c9}\text{，当驶出赛道边界}\\k_{c10}(t_{total}-t'_{total})\text{，当跑完赛道}\end{cases} \tag{5-120}$$

式中，k_{c8}、k_{c9} 为负常数，分别表示车辆发生侧翻和驶出赛道边界对应的奖励函数值；t_{total} 为该回合车辆驶过整圈赛道所用的时间；t'_{total} 为专业驾驶员基于 rFactor 2 操纵车辆驶过整圈赛道所用的最短时间；k_{c10} 为负常数，表示整体圈时对应的权重系数。

综合上述所有的因素，最终得到智能体奖励函数 R_c 为

$$R_c=R_{ci}+R_{ct} \tag{5-121}$$

4. SAC 网络结构及算法流程

SAC 算法采用了 Actor-Critic 框架，使用了 5 个深度神经网络，包含一个策略网络 $\pi_\Phi(\boldsymbol{a}/\boldsymbol{s})$，两个评价网络 $Q_{\theta_1}(\boldsymbol{s},\boldsymbol{a})$、$Q_{\theta_2}(\boldsymbol{s},\boldsymbol{a})$ 和两个目标评价网络 $Q_{\tilde{\theta}_1}(\boldsymbol{s},\boldsymbol{a})$、$Q_{\tilde{\theta}_2}(\boldsymbol{s},\boldsymbol{a})$，其网络结构如图 5-28 所示。

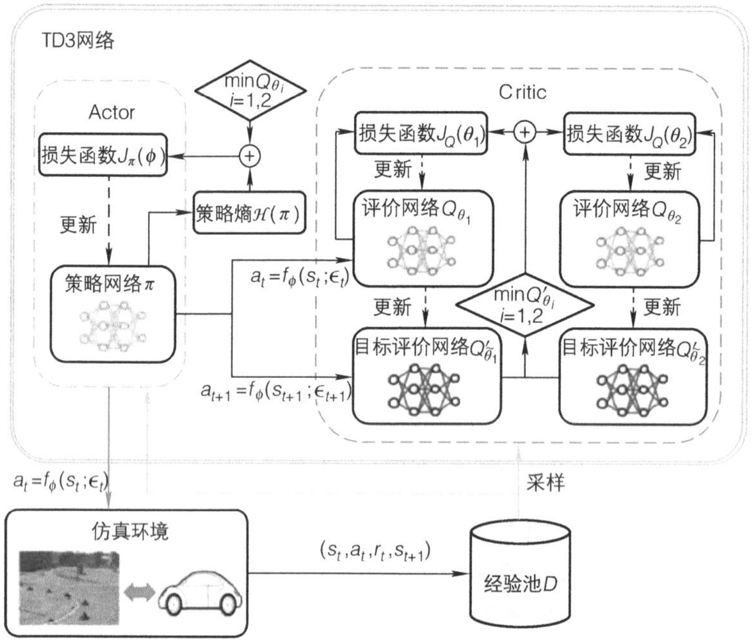

图 5-28　SAC 算法网络结构

评价网络用于评估当前状态 $\boldsymbol{s}_t$ 对应的动作价值，策略网络根据评价网络的评估进行策略更新并输入动作 $\boldsymbol{a}_t$，环境将给予相应的奖励 r_t 并产生新的状态 $\boldsymbol{s}_{t+1}$，进入下一个决策过程。将状态转移四元素（$\boldsymbol{s}_t$，$\boldsymbol{a}_t$，r_t，$\boldsymbol{s}_{t+1}$）存于经验池 D 中，用于后续随机采样和网络更新。

SAC 算法在常规强化学习策略优化目标的基础上引入了最大熵目标，在最大化期望累积回报的同时尽量增加策略的随机性，从而提高智能体的探索能力，避免策略陷入局部最优。策略熵 $H(\pi)$ 用来衡量输出动作的随机性，定义为

$$H(\pi)=-E_\pi[\log(\pi_\Phi(\boldsymbol{a}|\boldsymbol{s}))] \tag{5-122}$$

式中，$E(\ )$ 用于计算变量的期望值。增加了策略熵成分的 SAC 策略网络优化目标表示为

$$\pi^*=\arg\max_\pi E_{(\boldsymbol{s}_t,\boldsymbol{a}_t)\sim\rho_\pi}\left\{\sum_{t=0}^{\infty}\gamma^t[R(\boldsymbol{s}_t,\boldsymbol{a}_t)+\alpha H(\pi(\cdot|\boldsymbol{s}_t))]\right\} \tag{5-123}$$

式中，ρ_π 为状态 - 动作的边界范围；α 为温度参数；γ 为折扣因子。增加了策略熵成分的评价网络的动作价值函数 Q（$\boldsymbol{s}$，$\boldsymbol{a}$）表示为

$$Q(\boldsymbol{s},\boldsymbol{a})=E_{(\boldsymbol{s}_t,\boldsymbol{a}_t)\sim\rho_\pi}\left[\sum_{t=0}^{\infty}\gamma^t R(\boldsymbol{s}_t,\boldsymbol{a}_t,\boldsymbol{s}_{t+1})+\alpha\sum_{t=1}^{\infty}\gamma^t H(\pi(\cdot|\boldsymbol{s}_t))|\boldsymbol{s}_0=\boldsymbol{s},\boldsymbol{a}_0=\boldsymbol{a}\right] \tag{5-124}$$

在 SAC 算法中，首先对评价网络进行更新，其损失函数表示为

$$J_Q(\theta)=E_{(\boldsymbol{s}_t,\boldsymbol{a}_t,r_t,\boldsymbol{s}_{t+1})\sim\mathcal{T}}\left[\frac{1}{2}(Q_\theta(\boldsymbol{s}_t,\boldsymbol{a}_t)-y)^2\right] \tag{5-125}$$

式中，

$$y=r_t+\gamma E_{a_{t+1}\sim\pi}\left[Q_{\bar\theta}(\boldsymbol{s}_{t+1},\boldsymbol{a}_{t+1})+\alpha H(\pi_\phi)\right] \tag{5-126}$$

每次计算 $J_Q(\theta)$ 梯度时对目标评价网络的参数 $\tilde{\theta}$ 进行软更新：

$$\tilde{\theta} = \tau\theta + (1-\tau)\tilde{\theta} \tag{5-127}$$

式中，τ 为目标网络软更新系数。

实现解决对动作价值函数的高估问题，SAC 算法设置了两个独立的评价网络 Q_{θ_1}、Q_{θ_2} 及其对应的目标评价网络 $Q_{\tilde{\theta}_1}$、$Q_{\tilde{\theta}_2}$，并在每次计算 $Q_{\tilde{\theta}}(\boldsymbol{s}_{t+1},\boldsymbol{a}_{t+1})$ 时选择其中较小的目标值，即

$$Q_{\tilde{\theta}}(\boldsymbol{s}_{t+1},\boldsymbol{a}_{t+1}) = \min(Q_{\tilde{\theta}_1}(\boldsymbol{s}_{t+1},\boldsymbol{a}_{t+1}), Q_{\tilde{\theta}_2}(\boldsymbol{s}_{t+1},\boldsymbol{a}_{t+1})) \tag{5-128}$$

为了提高样本效率，SAC 算法使用了重参数化方法将策略输出重新表示为

$$\boldsymbol{a}_t = f_\phi(\boldsymbol{s}_t,\epsilon_t) \tag{5-129}$$

式中，ϵ_t 为满足高斯分布的输入噪声向量。策略网络的学习目标为最小化策略网络和评价网络这两个分布之间的 KL 散度，策略网络的损失函数表示为

$$J_\pi(\phi) = E_{\boldsymbol{s}_t\sim\mathcal{D},\epsilon_t\sim\mathcal{N}}\left[\alpha\log\pi_\phi(f_\phi(\epsilon_t,\boldsymbol{s}_t)|\boldsymbol{s}_t) - Q_\theta(\boldsymbol{s}_t, f_\phi(\epsilon_t,\boldsymbol{s}_t))\right] \tag{5-130}$$

在 SAC 算法中，策略网络优化目标中的温度参数 α 通过最小化以下目标函数进行更新，从而调节策略熵项的权重大小：

$$J_\alpha = E_\pi[-\alpha\log\pi_\phi(\boldsymbol{s}_t) - \alpha H(\pi)] \tag{5-131}$$

综上所述，针对瞬态漂移过弯极限驾驶增量控制策略的 SAC 算法流程如下所示：

输入：ϕ，θ_1，θ_2，基础控制策略 u_b

随机初始化策略网络和评价网络的参数：ϕ、θ_1 和 θ_2
目标评价网络的参数赋值：$\tilde{\theta}_1 \leftarrow \theta_1, \tilde{\theta}_2 \leftarrow \theta_2$
目标评价网络的参数赋值：$\tilde{\theta}_1 \leftarrow \theta_1, \tilde{\theta}_2 \leftarrow \theta_2$
for $episode = 1$ to M
初始化动作探索策略 u_t
接收到初始状态 s_1
for $t = 1$ to T
if $\boldsymbol{s}_t \neq \boldsymbol{s}_T$
计算当前时刻的基础控制策略 u_b 以及增量控制策略 $u_r = a_t \sim \pi_\varphi(\boldsymbol{s}_t)$
得到最终控制命令 $u_d = u_b + u_r$
执行总控制量 u_d，得到观测状态 s_{t+1} 和奖励函数值 r_t
将状态转移四元素 $(\boldsymbol{s}_t,\boldsymbol{a}_t,\boldsymbol{r}_t,\boldsymbol{s}_{t+1})$ 存储到经验池 D
end if
if update
在经验池 D 随机选取 N 个样本
更新评价网络参数 $\theta_i \leftarrow \theta_i - \lambda_Q\hat{\nabla}_{\theta_i}J_Q(\theta_i), i\in\{1,2\}$
更新策略网络权重 $\phi \leftarrow \phi - \lambda_\pi\hat{\nabla}_\phi J_\pi(\phi_i)$
更新温度参数 $\alpha \leftarrow \alpha - \lambda\hat{\nabla}_\alpha J(\alpha)$
更新目标网络 $\dot{\theta}_i \leftarrow \tau\dot{\theta}_i + (1-\tau)\theta_i$，$i\in\{1,2\}$
end if
end for
end for

其中，M 为训练回合总次数，N 为批量采样个数，*episode* 表示回合序号，T 为该训练回合的总步数。

SAC 算法的策略网络和评价网络结构设计如图 5-29 所示。策略网络输入为 17 维的状态观测量 $\boldsymbol{s}_t$，中间隐藏层包括两个全连接（Fully Connected，FC）层，分别由 400 个神经元和 300 个神经元组成，图中括号中表示 FC 层包含的神经元个数。激活函数为线性修正单元（ReLU），然后通过两个并行的 FC 层输入二维动作 $\boldsymbol{a}_t$ 的平均值 μ 和标准差 σ，其中标准差 σ 最终输出前还需使用 softmax 激活函数。评价网络 Q_{θ_1} 和 Q_{θ_2} 具有相同的网络结构。评价网络包含两个输入层，其中状态输入为 17 维，控制输入为 2 维，各隐藏层的激活函数为线性修正单元（ReLU），输出为动作价值函数值 $Q(s, a)$。SAC 算法中评价网络 Q_{θ_1} 和 Q_{θ_2} 具有相同的网络结构，其网络参数独立更新。

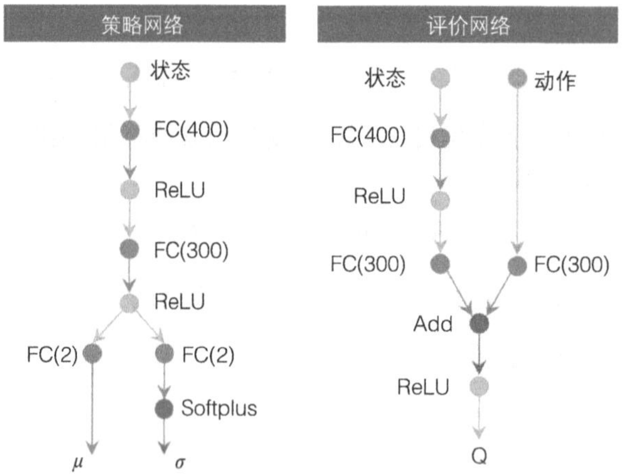

图 5-29 策略网络和评价网络的结构设计

本节 SAC 算法的超参数设置见表 5-4。

表 5-4 SAC 算法超参数设置

超参数	数值	超参数	数值
策略网络学习率	5×10^{-4}	温度参数学习率	5×10^{-4}
评价网络学习率	5×10^{-4}	目标网络软更新系数	1×10^{-3}
折扣因子	0.99	训练回合总次数	1×10^{4}
批量采样个数	128	优化器	Adam
经验池容量	1×10^{6}	—	—

5.2.2.4 加速度跟踪控制

本节通过控制车辆执行系统的驱制动力矩以及前轮转角，实现目标纵横向加速度 $\boldsymbol{u}_\mathrm{d}=[a_{x\mathrm{d}}, a_{y\mathrm{d}}]^\mathrm{T}$ 的精确跟踪。纵横向加速度的跟踪控制均采用前馈 - 反馈复合控制方法。

1. 纵向加速度跟踪控制

这里基于前馈 - 反馈复合控制方法调节驱动电机系统和制动系统作用于轮端的输出转矩 T_d，从而跟踪所期望的纵向加速度 $a_{x\mathrm{d}}$。

前馈控制下的目标驱动转矩 T_{df} 根据下式求得：

$$T_{df}=F_dR_w=F_d(F_{roll}+F_a+ma_{xd}) \tag{5-132}$$

式中，F_d 为目标驱动力；m 为车辆质量；R_w 为车轮半径；a_{xd} 为期望纵向加速度；$F_{roll}=fmg$ 为滚动摩擦力，其中 f 为滚动摩擦系数；g 为重力加速度；$F_a=f_a V^2_x$ 为空气阻力，其中 f_a 为空气阻力系数，通过拟合 rFactor 2 中的相关测量数据得到。

纵向加速度的反馈控制驱动转矩 T_{ds} 用于缩小实际纵向加速度 a_x 与期望纵向加速度 a_{xd} 的差距，其表示为

$$T_{ds}=k_t(a_{xd}-a_x) \tag{5-133}$$

式中，k_t 为驱动转矩的反馈控制系数。

最终期望输出转矩 T_d 为前馈控制和反馈控制的结合：

$$T_d=T_{df}+T_{ds} \tag{5-134}$$

考虑到研究对象 Formula E 为电动后驱车辆，对于驱动转矩（$T_d>0$），设定总转矩平均分配在两个驱动后轮上；对于制动转矩（$T_d<0$），设定总转矩按各车轮的垂向载荷比例分配到四个车轮上，从而防止个别车轮抱死。

2. 横向加速度跟踪控制

这里基于前馈 - 反馈复合控制方法调节前轮转角，从而跟踪所期望的横向加速度 a_{yd}。

其中，前馈控制下的前轮转角 δ_{df} 根据阿克曼原理求得：

$$\delta_{df}=\left(K+\frac{1}{V_x^2}\right)La_{yd} \tag{5-135}$$

式中，K 为汽车的稳定性因数，通过拟合 rFactor 2 中的相关测量数据得到；$L=L_a+L_b$ 为车辆轴距；a_{yd} 为期望横向加速度。

横向加速度的反馈控制转角 δ_{ds} 用于缩小实际横向加速度 a_y 与期望横向加速度 a_{yd} 的差距，其表示为：

$$\delta_{ds}=k_s\left(a_{yd}-a_y\right) \tag{5-136}$$

式中，k_s 为前轮转角的反馈控制系数。

最终期望的前轮转角 δ_d 为

$$\delta_d=\delta_{df}+\delta_{ds} \tag{5-137}$$

5.2.3　仿真试验验证

5.2.3.1　场景条件设置

这里验证场景选择了 rFactor 2 中的三个具有不同难度和不同弯道形状的赛道地图，如图 5-30 所示。赛道 a 的线路和操控相对简单，用于 SAC 算法的第一阶段训练，使车辆快速学习基础的极限驾驶技术和过弯技巧。赛道 b 和 c 线路更复杂，操控难度更大，作为 SAC 算法的第二阶段训练，通过在地图 a 预训练得到的网络权值的基础上进一步训练神经网络，使车辆在已掌握的技术基础上学习更复杂的极限操作技能，从而降低赛道 b 和 c 这类复杂场景下的 SAC 算法的训练难度。

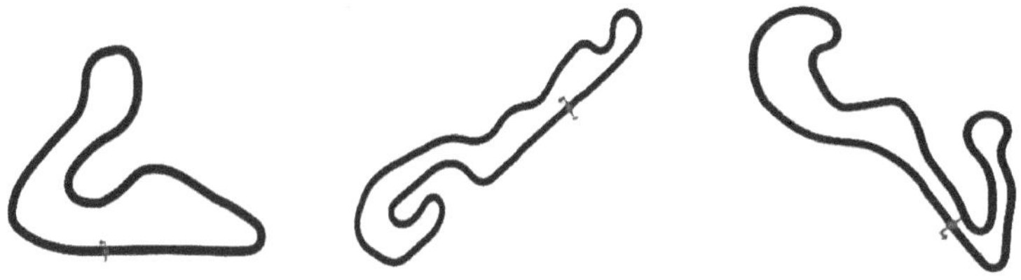

图 5-30　不同难度的 rFactor 2 赛道地图

本节研究对象为 Formula E 电动后驱赛车，其车辆参数见表 5-5 所示。

表 5-5　Formula E 车辆参数

参数	数值	参数	数值
整车质量	900kg	轴距	3.10m
整车长度	5.16m	整车高度	1.05m
整车宽度	1.77m	半轮距	0.776m
前轴到质心距离	1.71m	前轴轮胎半径	0.325m
后轴到质心距离	1.39m	后轴轮胎半径	0.345m

本节中所有强化学习算法均基于 NVIDIA GeForce RTX 3090 显卡进行训练与测试，配备 24GB 显卡内存以及 Intel Core i7 处理器。智能体采样时间间隔设置为 0.1s。

5.2.3.2　试验验证

1. SAC 算法训练效果

经验数据可以通过两种方式来改进 SAC 训练过程：一是利用它初始化网络参数；二是采用残差策略学习的方法，与本节类似。

这里采用 SAC 算法在基础控制策略的基础上进行增量式学习并得到增量控制策略 $\boldsymbol{u}_{\mathrm{r}}$，从而对专家先验知识进一步校正和改进。为了验证该控制方法对于车辆漂移过弯极限驾驶工况下的轨迹规划和运动控制的有效性和优越性，将之与没有基础控制策略辅助的纯 SAC 算法（算法 A）的训练效果进行对比。算法 A 从零开始直接学习车辆的总体控制策略 $\boldsymbol{u}_{\mathrm{d}}=[a_{xd}, a_{yd}]^{\mathrm{T}}$，其奖励函数和网络超参数的设置与本节一致。对于算法 A，其状态空间仅包含车辆运动状态信息 $\boldsymbol{x}_s$，不再包含控制策略信息 $\boldsymbol{x}_a$。算法 A 的状态空间 $\boldsymbol{S}_1$ 设置为

$$\boldsymbol{S}_1 = x_s \tag{5-138}$$

式中，车辆运动状态信息 $\boldsymbol{x}_s$ 的定义见式（5-110）。算法 A 的动作空间 $\boldsymbol{A}_1$ 设置为

$$\boldsymbol{A}_1 = \left[a_{xd}, a_{yd}\right]^{\mathrm{T}} \tag{5-139}$$

式中，a_{xd} 和 a_{yd} 分别为最终纵向加速度和期望横向加速度的控制命令，其定义见式（5-112）。

图 5-31 所示为本节所提出的算法与算法 A 经过 10000 个训练回合的奖励函数值的变化曲线，取每 200 个训练回合奖励的平均值描述训练趋势，如图 5-31 中蓝色实线和橙色实线所示。在图 5-31 中，增加了专业驾驶员的示例操作数据对应的奖励值（绿色虚线）作为基准线。训练结果表明，本算法（橙色曲线）的奖励值在训练过程中总体趋势是上升并逐渐收敛的，最终性能超过了专业驾驶员的示例操作，类似于新手驾驶员在具有较高驾驶水平的辅助操作的引导下，不断在此基础上尝试微调和改进，从而快速学习操纵策略和驾驶技能，逐渐将自己训练成一名最优秀的驾驶员，最终超过了先验知识对应的辅助驾驶水平。相比之下，算法 A 在没有先验知识对应的基础控制策略的引导下，从零开始随机探索，因此奖励初始值相对较低。在 10000 个训练回合过程中，算法 A（蓝色曲线）的性能得到了一定程度的改进，在第 8000 个回合左右陷入局部最优，最终与先验知识对应的基线水平（绿色虚线）仍有较大差距。

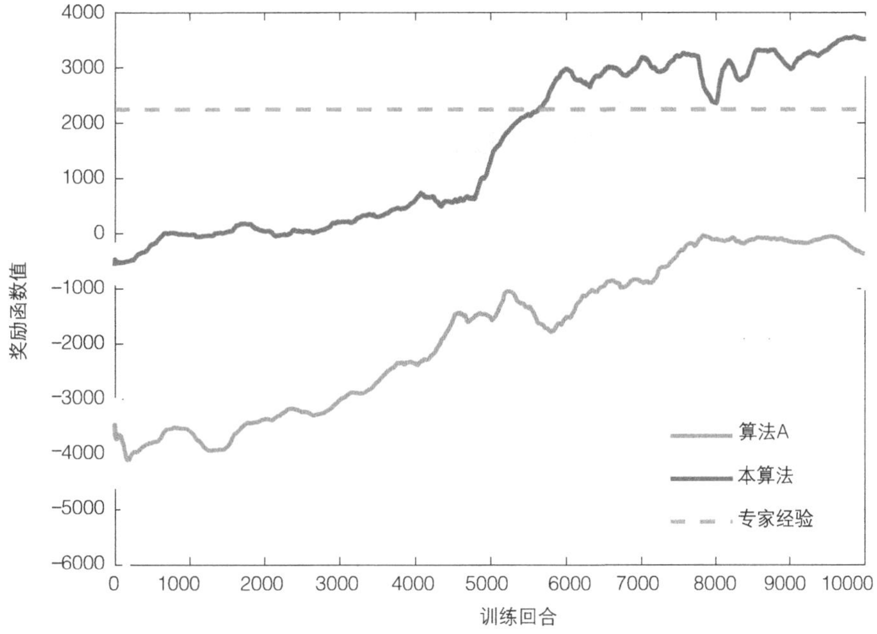

图 5-31　不同强化学习算法的训练过程对比

需要另外说明的是，由于两种算法均基于 SAC 算法进行训练，因此在策略优化目标中引入了最大熵目标，从而提高智能体的探索能力。在算法初期，由于策略完全随机导致其奖励值较小，为使奖励值和动作熵之和最大，因此在训练初期增加了训练的随机性，此时奖励值的上升趋势较为平缓；随着训练进行，策略在奖励值和动作熵之间不断取舍，最终策略逐渐收敛并趋于最优动作，奖励值逐渐增大，因此 SAC 算法在训练后期奖励值的收敛速度大幅提高。

综上所述，本算法的训练效率和最终性能均优于纯 SAC 强化学习算法（算法 A）。分析原因，主要是本算法充分并持续地利用了专家示例操作的先验知识，在此基础上进行增量式学习，从而大大简化了强化学习的训练任务，有效减小了探索规模以及不安全不必要探索行为的概率，从而使得强化学习算法更快地收敛到全局最优解。

2. 性能对比分析

为了具体分析所提出的算法对于先验知识的改进效果，将专业驾驶员的示例操作数据作为基准水平。在图 5-30 所示的不同难度的赛道场景下，将本算法经过训练后规划生成的车辆轨迹和专业驾驶员示例操作对应的参考轨迹进行深入的对比分析，从而验证本算法的有效性和优越性。考虑到算法 A 在训练过程中陷入局部最优，最终性能与基准水平差距较大，没有太大的分析价值，故本节不对其作详细对比。

Wakefield 公园赛道位于澳大利亚新南威尔士州，全长 2.2km，赛道地图如图 5-30a 所示。由于 Wakefield 公园赛道的线路设计相对简单，操纵难度较低，因此用于 SAC 算法的第一阶段训练，以保证车辆快速学习基础的极限驾驶技术和过弯技巧。

针对 Wakefield 公园赛道场景，图 5-32 所示为本算法训练后生成的轨迹与专家示例操作对应的参考轨迹之间的车辆运动状态对比情况，包括总车速 V、纵向加速度 a_x、横向加速度 a_y，横摆角速度 $\dot{\psi}$，驱制动转矩 T 以及前轮转角 δ。在 Wakefield 公园赛道场景下，本算法经过学习训练后规划生成的车辆轨迹对应的圈时为 60.0s，相比于专业驾驶员示例操作通过整个赛道用时 61.6s，算法训练后的驾驶操作将圈时缩短了 2.60%。假设在冲刺阶段车辆的平均速度为 180km/h，则在以上两种操作策略下车辆单圈距离差别为 80m，这对于赛车比赛来说是一个非常显著的提高。随着圈数的积累，改善效果将愈发明显。

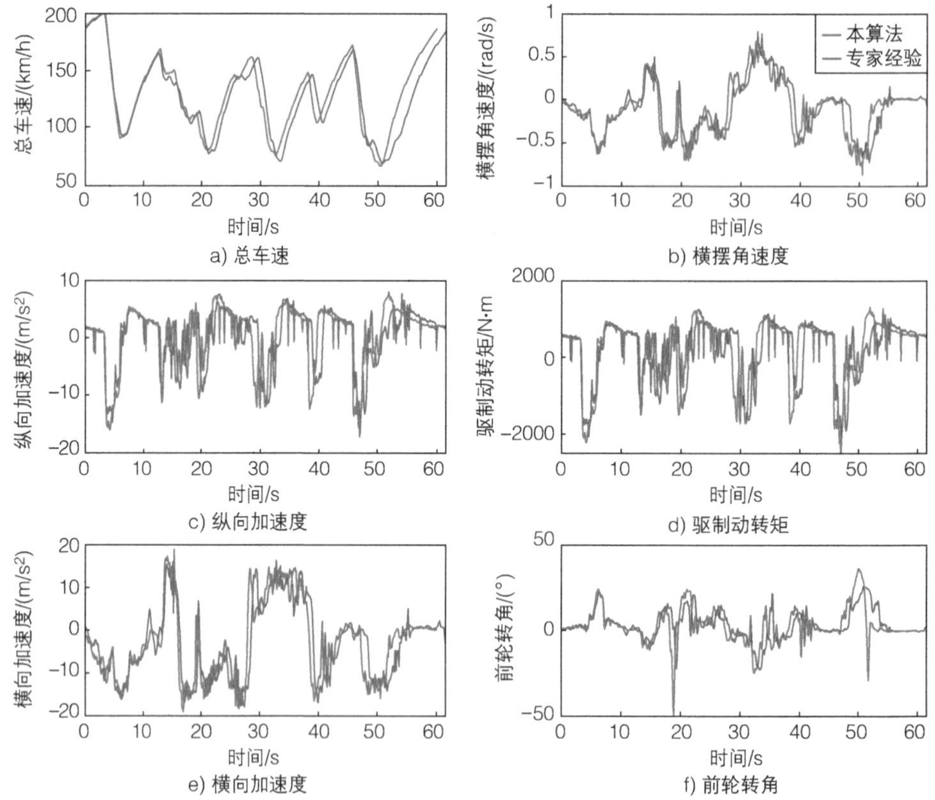

图 5-32　Wakefield 公园赛道车辆运动状态对比

同时，由于本算法是基于专家示例操作进行增量式学习，从而对参考轨迹进行微调和改进，因此两种操作策略下系统状态保持接近。

为了进一步对训练后的轨迹和参考轨迹进行深入的对比分析，将整个赛道按照弯道和直道类型划分为若干部分，如图 5-33 所示。对比两种轨迹下车辆在赛道各部分的入口速度、出口速度以及加减速状态，从而分析总结缩短赛车圈时的关键操作策略和极限驾驶技术。由图 5-34 可以观察到，车辆在每个弯道都经历了三个阶段：减速入弯阶段、弯中过渡阶段以及加速出弯阶段。

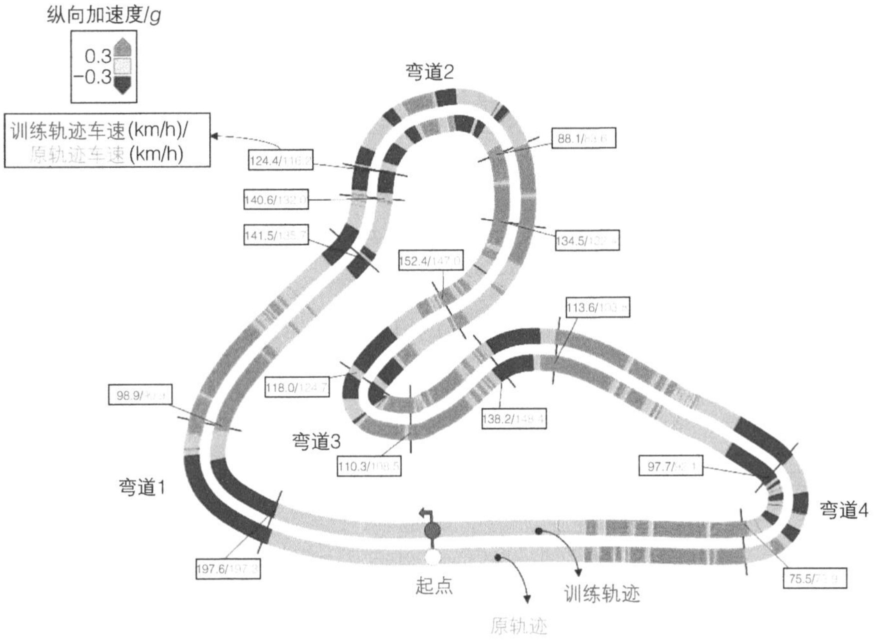

图 5-33　Wakefield 公园赛道各部分的速度及加速度对比

车辆在弯道行驶过程中的极限速度取决于弯道半径以及车辆能够产生的最大横向加速度，因此车辆从直道进入弯道时往往需要提前制动，防止车辆驶出赛道边界。相比于直道，弯道部分的极限驾驶操作要复杂得多，需要综合考虑过弯线路、弯道各阶段速度以及极限控制操作。在赛车比赛中，极限过弯操作主要有以下两个目标：①尽量缩短过弯时间；②通过提前加速获得最大出弯速度，从而最大限度地提高下一段直道的速度。由图 5-33 可得，训练后的轨迹在各弯道的出弯速度明显高于参考轨迹的出弯速度，尤其是优先级最高的通向直道的弯道，如弯道 1 与弯道 4，从而提前为直道做加速准备，有效缩短了整体圈时。

图 5-34 所示为训练后的轨迹和参考轨迹在赛道中 4 个代表性弯道的路径、车速、纵向加速度和横向加速度对比情况。在同一赛道地图下，圈时最短的理想线路是基本固定的。这里将采集到的专业驾驶员操控得到的参考路径作为理想线路，可以观察到总体上训练后的得到的车辆路径与理想路径偏差较小，说明路径跟踪项 R_{t1} 的设置能够使车辆较好地跟踪理想线路，从而有利于车辆达到极限驾驶状态。此外，训练后的车辆路径在参考路径的基础上进行了微调和改进，从而进一步提升整体车速，减小圈时，这与本算法提出的增量式学习框架一致。

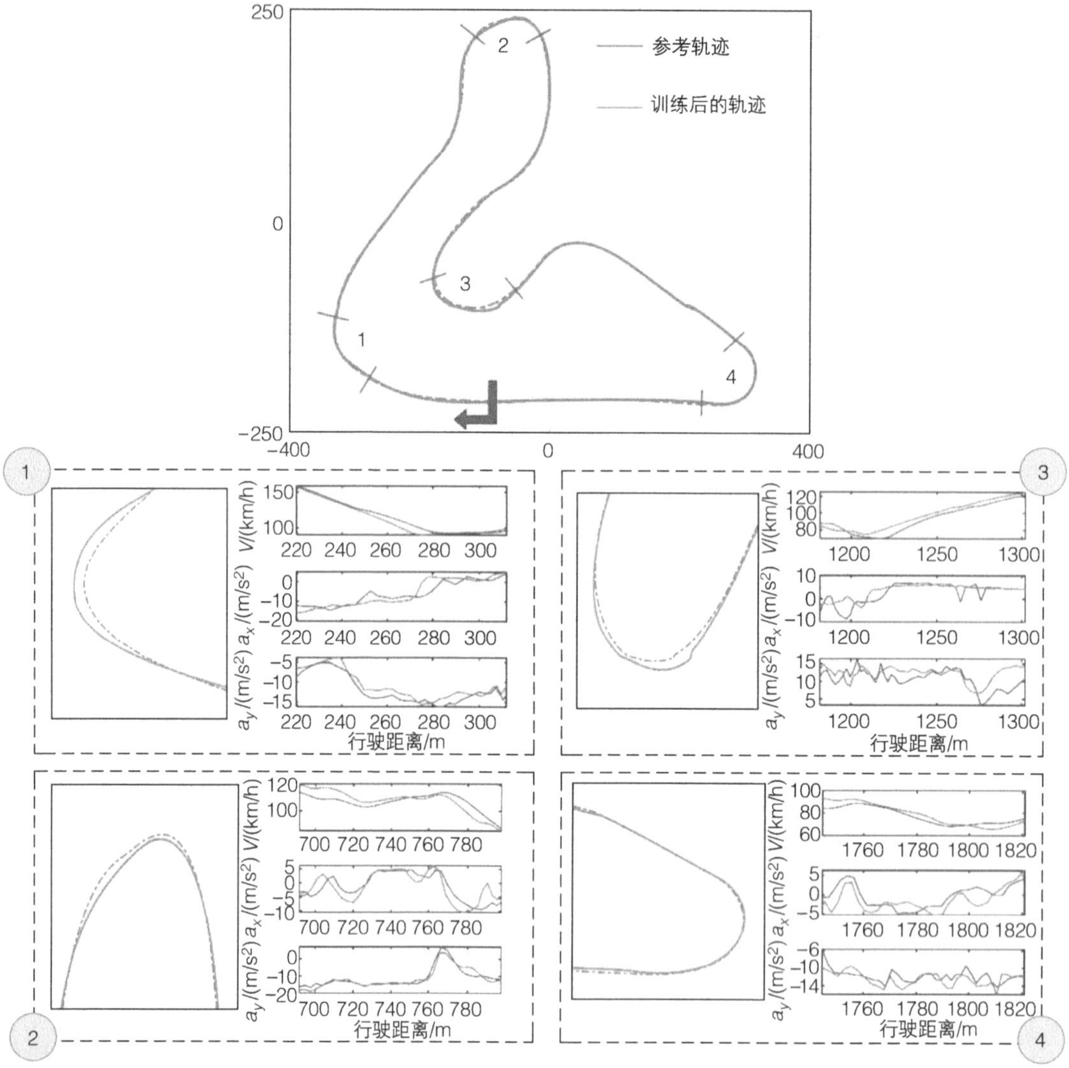

图 5-34　Wakefield 公园赛道代表性弯道的车辆运动对比情况

为量化对比提出方法的有效性和优越性，设置了六个性能指标衡量参考轨迹和训练后的轨迹的车辆控制性能，包括赛道整体以及各代表性弯道的通过时间 T_p、最高车速 v_{max}、平均车速 v_{aver}、横摆角速度绝对值的最大值 $\dot{\psi}_{max}$、最大加速度 a_{max} 以及平均加速度 a_{aver}，见表 5-6。可以发现与专业驾驶员操纵得到的初始参考轨迹相比，基于本算法训练后的轨迹各代表性弯道的通过时间明显减少，平均车速和平均加速度大小明显提高，使得车辆在弯道行驶阶段能够更加充分发挥动力潜能，提升车辆极限性能的利用程度，从而缩短过弯时间以及整体圈时。同时能够观察得出，训练后得到的车辆最高车速、最大横摆角速度以及最大加速度相比于参考轨迹并没有明显变化，说明实现车辆最快驾驶从而缩短圈时的关键并不是在于求某一时刻的最高车速或最大加速度，而是持续极限驾驶并操纵车辆始终处于最理想的极限状态。

表 5-6　Wakefield 公园赛道车辆性能指标对比情况

指标	整圈赛道		弯道 1		弯道 2		弯道 3		弯道 4	
	参考轨迹	本算法	参考轨迹	本算法	参考轨迹	本算法	参考轨迹	本算法	参考轨迹	本算法
T_p / s	61.6	60.0	4.0	3.8	6.2	5.8	4.8	4.6	3.6	3.5
v_{max}/(km/h)	201.8	202.3	187.3	197.6	134.4	139.4	122.4	118.0	88.3	97.7
v_{aver}/(km/h)	127.4	130.9	116.8	122.5	97.0	103.7	90.2	92.0	75.8	79.0
$\dot{\psi}_{max}$ /(rad/s)	0.83	0.91	0.64	0.63	0.83	0.72	0.81	0.69	0.86	0.91
a_{max}/(m/s^2)	21.09	22.63	20.80	20.98	22.63	22.39	15.68	15.90	16.34	17.68
a_{aver}/(m/s^2)	9.44	9.78	14.16	15.18	11.81	13.13	12.74	12.91	11.50	12.90

5.3 减缓车辆 T 型碰撞程度的自主决策控制

T 型碰撞是指一辆车撞上另一辆车的侧面，占交叉路口交通事故的比例超过 30%。这种碰撞可能是由于机械故障（踏板卡住 / 制动失灵）、制动力不足（路面潮湿 / 结冰）、驾驶员注意力不集中等原因造成的。由于汽车侧面结构缺乏能量吸收装置，因此与正面碰撞、追尾碰撞等其他碰撞方式相比，T 型碰撞在交通事故中造成的伤亡和损失更大。相关数据表明，T 型碰撞事故中驾驶员往往采取制动措施，而这种操作并非最佳避撞或减轻碰撞损失的选择。现有的主动安全功能的控制思路主要是通过将车辆的行驶状态限制在一个普通驾驶员容易操控的线性、稳态的范围内，从车辆可控性的角度来看过于保守，无法有效解决 T 型碰撞这一极限驾驶工况下的安全问题。在 T 型碰撞工况下，车辆往往需要快速改变行驶轨迹及车身姿态来避免事故或者减轻事故带来的损失。现有针对 T 型碰撞的研究，一般采用较为理想的动力学模型，绝大部分只涉及转向或纵向运动的单独控制，无法反映车辆在极限驾驶工况下纵横向动力学高度耦合的复杂非线性特性。同时缺乏考虑无法避免碰撞的场景如何降低碰撞损失，且评价指标过于简化，缺少深入的机理分析和统一的系统性描述。

本节针对无法避免碰撞的 T 型碰撞极限场景，设计了能够最大限度地缓解车辆碰撞严重程度的决策控制算法，在强化学习架构的基础上结合了瞬态漂移控制以及基于规则的优化算法，以奖励函数的形式对多重因素耦合影响的碰撞损失进行建模，并针对强化学习网络进行了策略及结构层面的改进。创新性地利用漂移这一激进的操作方式充分拓展车辆动力学控制边界，从而提高车辆在极限条件下的主动安全性能，使得自动驾驶车辆拥有专业驾驶员的高水平驾驶能力，最大限度地扩展自动驾驶车辆的应用场景及动力学控制边界。

在前文关于车辆稳态漂移和瞬态漂移的共性研究基础上，进一步针对极限工况下车辆安全性能指标进行了机理分析和体系整合，从而提升车辆安全阈值。与漂移场景相比，车辆在 T 型碰撞场景下面临更大的威胁和挑战，此时车辆控制目标也从漂移过弯中的追求动力学极限变成危急工况下的追求最优安全性能。

5.3.1 系统建模

车辆在 T 型碰撞场景下呈现出纵横向动力学高度耦合的复杂非线性特性，基于模型的经典控制算法无法解决该极限驾驶工况下的决策控制问题，故本节采用了强化学习算法。考虑到成本问题和安全风险问题，强化学习往往在仿真环境中进行训练学习，基于

MATLAB/Simulink 平台设计强化学习算法。由于软件接口限制，因此 MATLAB 中的 Reinforcement Learning Toolbox 暂不支持强化学习算法在 MATLAB/Simulink 和 CarSim 联合仿真环境下进行在线训练，此外还需考虑算法的训练时间成本与计算成本。为了解决上述问题，在 MATLAB/Simulink 仿真软件中搭建 Carsim 的等效运行环境，包括高精度车辆动力学及轮胎模型，为 T 型碰撞场景下车辆的自主决策控制算法提供在线训练仿真平台，将最终训练结果在 CarSim 中进行验证，从而保证控制效果的可靠性和有效性。

这里选择分布式后驱电动汽车作为研究对象，从而更容易实现漂移操作。车辆动力学模型与 5.1.1 节中的车辆模型一致，车辆动力学模型中的未知部分 $\boldsymbol{\varepsilon}$ 同样采用 Levenberg-Marquardt 反向传播算法对构建的神经网络 $f(\boldsymbol{x}, \boldsymbol{u}, \boldsymbol{\theta})$ 进行训练，从而表征模型未知部分 $\boldsymbol{\varepsilon}$。具体过程此处不再赘述。

为了准确描述轮胎在极限工况下的动力学耦合特性，本节基于试验数据建立了纵滑 - 侧偏联合工况下的 Pacejka 轮胎模型，如图 5-35 所示。该轮胎模型的输入为轮胎的垂向力、纵向滑移率、侧偏角以及轮胎 - 路面附着系数，输出为轮胎的纵向力 F_{xi} 和横向力 F_{yi}。

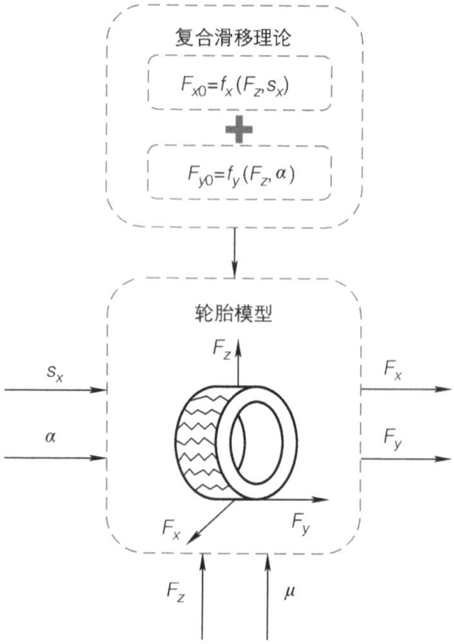

图 5-35 纵滑 - 侧偏联合工况下的轮胎模型

对研究车辆的轮胎在附着系数 μ_0 下分别进行纯滑移和纯侧偏工况的特性测试并采集试验数据，如图 5-36 所示。试验数据采集到的轮胎纵向力 F_{x0} 与轮胎垂向力 F_z 以及纵向滑移率 S_x 一一对应，轮胎侧向力 F_{y0} 与轮胎垂向力 F_z 以及轮胎侧偏角 α 一一对应，F_{x0} 和 F_{y0} 可以分别表示为

$$F_{x0} = f_x\left(F_z, s_x\right) \tag{5-140}$$

$$F_{y0} = f_y\left(F_z, \alpha\right) \tag{5-141}$$

在实际运动过程中，轮胎的纵向力和横向力相互影响，尤其是在轮胎附着接近饱和的极限驾驶工况下，轮胎纵横向动力学特性高度耦合，因此采用 Pacejka 的复合滑移理论对轮胎两个分力进行正交耦合和椭圆化。

轮胎新的纵向滑移率 s_x' 和侧偏角 α' 可以表示为

$$\begin{cases} s_x' = \dfrac{\sigma_{\text{total}}^{*}\sigma_{X\max}\operatorname{sgn}(\sigma_X)}{1+\sigma_{\text{total}}^{*}\sigma_{X\max}\operatorname{sgn}(\sigma_X)} \\ \alpha' = \arctan[\sigma_{\text{total}}^{*}\sigma_{Y\max}\operatorname{sgn}(\sigma_Y)] \end{cases} \tag{5-142}$$

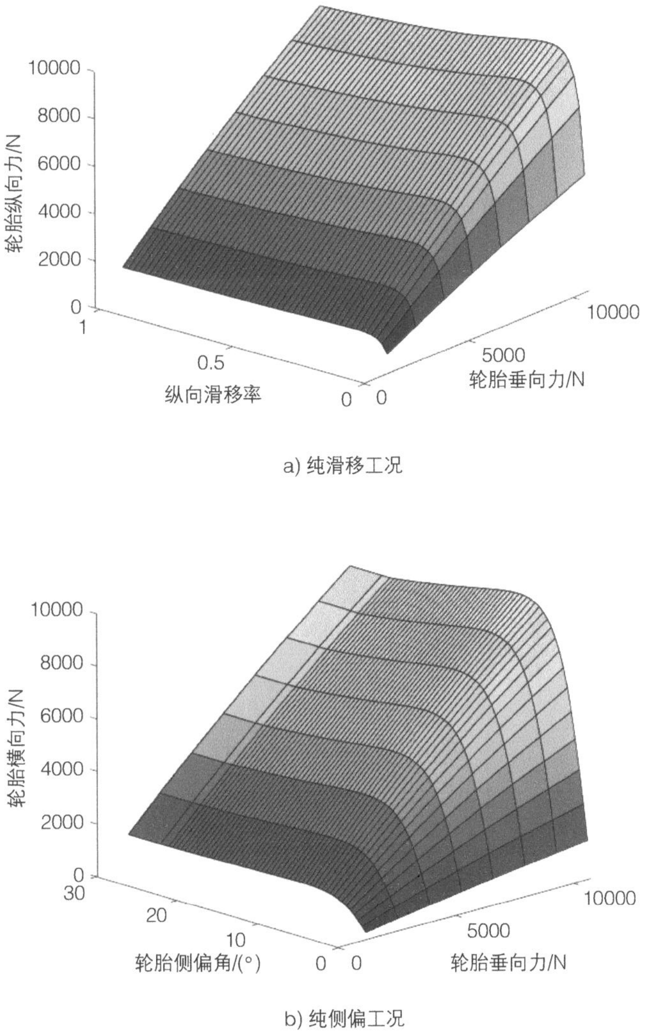

图 5-36　轮胎特性测试采集数据

式中，

$$
\begin{cases}
\sigma_X = -\dfrac{s_x}{1+s_x} \\
\sigma_Y = \dfrac{\tan\alpha}{1+s_x} \\
\sigma_{\text{total}} = \sqrt{\sigma_X^2 + \sigma_Y^2}
\end{cases}
\tag{5-143}
$$

式中，s_x 和 α 分别为轮胎理论的纵向滑移率和侧偏角。因此，归一化处理后的纵横向滑移率分别为

$$\sigma_x^* = \frac{\sigma_x}{\sigma_{x\_\max}} \tag{5-144}$$

$$\sigma_y^* = \frac{\sigma_y}{\sigma_{y\_\max}} \tag{5-145}$$

式中，$\sigma_{x\_\max}$ 和 $\sigma_{y\_\max}$ 分别为 σ_x 和 σ_y 的最大值，可得到归一化处理后的的总滑移率 σ^*_{total} 为

$$\sigma^*_{\text{total}} = \sqrt{\sigma_x^{*2} + \sigma_y^{*2}} \tag{5-146}$$

代入试验数据，椭圆化后轮胎对应的纵向力 F^*_{x0} 和横向力 F^*_{y0} 分别表示为

$$F^*_{x0} = F_{x0} - \varepsilon\left(F_{x0} - F_{y0}\right)\left(\frac{\sigma_y^*}{\sigma^*_{\text{total}}}\right)^2 \tag{5-147}$$

$$F^*_{y0} = F_{y0} - \varepsilon\left(F_{x0} - F_{y0}\right)\left(\frac{\sigma_x^*}{\sigma^*_{\text{total}}}\right)^2 \tag{5-148}$$

式中，当 $\sigma^*_{\text{total}} < 1$ 时，$\varepsilon = \sigma^*_{\text{total}}$；当 $\sigma^*_{\text{total}} > 1$ 时，$\varepsilon = 1$。最终复合滑移工况下轮胎纵向力 F_x 和横向力 F_y 分别表示为

$$F_x = F^*_{x0}\frac{\mu}{\mu_0}\cos\vartheta\,\text{sgn}\,\sigma_x^* \tag{5-149}$$

$$F_y = -F^*_{y0}\frac{\mu}{\mu_0}\sin\vartheta \tag{5-150}$$

式中，

$$\vartheta = \eta + \frac{2(\chi - \varsigma)}{\pi}\arctan\left(q_1 {\sigma^*_{\text{total}}}^2\right) \tag{5-151}$$

$$\varsigma = \arctan\left(\frac{\sigma_y^*}{\left|\sigma_x^*\right|}\right) \tag{5-152}$$

$$\chi = \arctan\left(\frac{\sigma_y}{\left|\sigma_x\right|}\right) \tag{5-153}$$

式中，μ 为当前路面附着系数；ϑ 为水平力的方向角；q_1 为平滑过渡参数。

综上所述，基于试验数据建立的复合滑移轮胎模型表示为如下形式，可通过基于双线性插值法的查表模块进行应用。

$$F_x = f_x^*(F_z, s_x, \alpha) \tag{5-154}$$

$$F_y = f_y^*(F_z, s_x, \alpha) \tag{5-155}$$

式中，$f_x^*()$ 和 $f_y^*()$ 分别为基于轮胎测试数据整合后的标定曲线。

图 5-37 显示了所建立的系统模型与 CarSim 中高精度车辆模型在同一测试工况下的对比结果。验证场景的初始车速设置为 120km/h，转向和制动操作如图 5-37a 所示，两种模型的横摆角速度和纵向转速对比结果分别如图 5-37b 和 c 所示。由图 5-37 可知，两种模型的响应高度相似，证明了所搭建的系统模型的准确性和合理性。

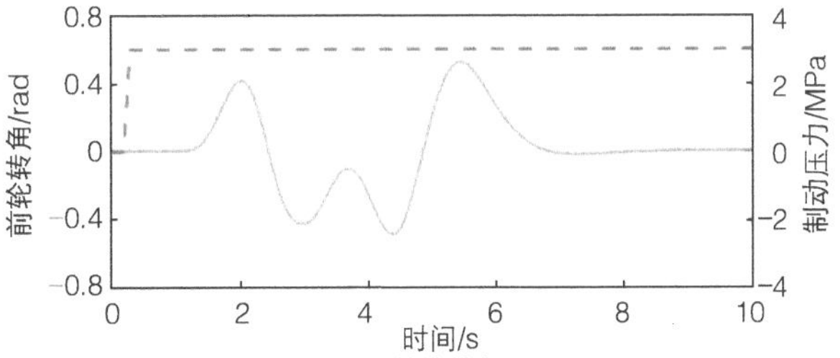

a) 前轮转角

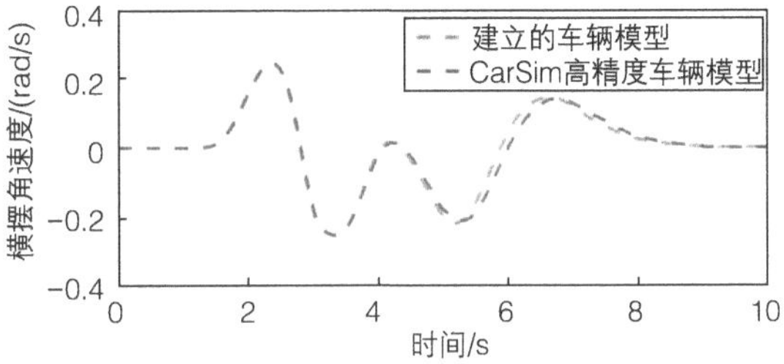

b) 横摆角速度

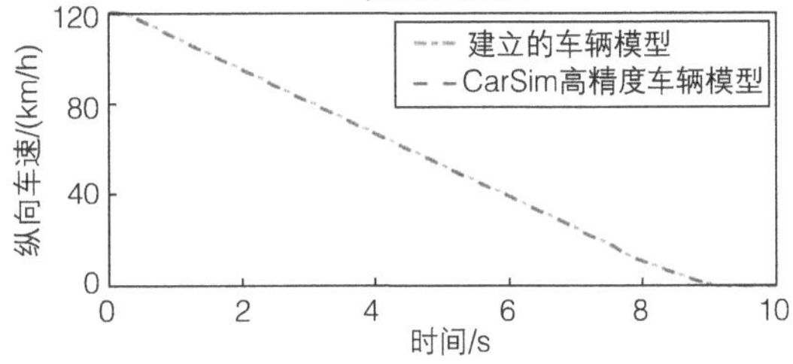

c) 纵向车速

图 5-37 车辆动力学模型与 CarSim 高精度模型对比情况

5.3.2 控制架构

这里针对分布式后驱电动车辆提出了一种基于强化学习的 T 型碰撞缓解控制器，使得车辆在碰撞不可避免的 T 型碰撞极端情况下最大程度地减轻碰撞损失。

5.3.2.1 强化学习控制架构

这里选择了双延迟深度确定性策略梯度强化学习算法（Twin Delayed Deep Deterministic policy gradient algorithm，TD3）应用于 T 型碰撞缓解控制问题。TD3 是一种面向连续动做空间基于 Actor-Critic 架构的深度强化学习算法，在 DDPG 算法基础上，同时对策略网络和评价网络进行改进，缓解了由于价值过估计而导致的策略恶化问题，是 SOTA 强化学习算法中的代表性算法。

TD3 算法的梯度截取和探索噪声添加方式使得其适用于最优策略存在大量边界动作的

场景，其确定性策略相比于随机策略具有更快的收敛速度，因此 TD3 算法更加适用于引入了漂移操纵策略的 T 型碰撞缓解控制问题。

TD3 算法架构如图 5-38 所示，使用了 6 个深度神经网络，包含一个策略网络 $\pi_{\Phi}(\boldsymbol{s})$，一个目标策略网络 $\pi_{\tilde{\Phi}}(\boldsymbol{s})$，两个评价网络 $Q_{\theta_1}(\boldsymbol{s},\boldsymbol{a})$、$Q_{\theta_2}(\boldsymbol{s},\boldsymbol{a})$ 和两个目标评价网络 $Q_{\tilde{\theta}_1}(\boldsymbol{s},\boldsymbol{a})$、$Q_{\tilde{\theta}_2}(\boldsymbol{s},\boldsymbol{a})$。

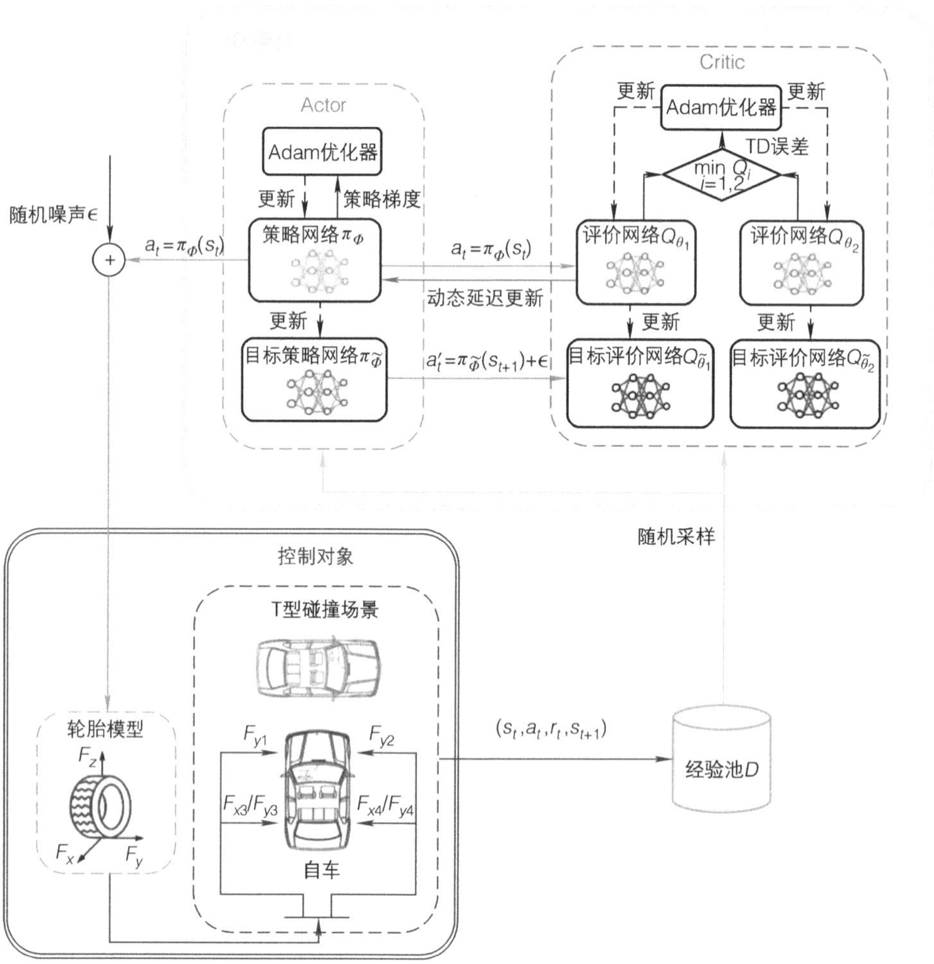

图 5-38　TD3 算法结构

TD3 算法的训练任务是在无法避免碰撞的 T 型碰撞场景下，学习能够最大程度地缓解车辆碰撞程度的决策控制策略。在图 5-38 所示的控制架构中，智能体基于当前自车状态和周围交通环境状态 $\boldsymbol{s}_t$ 执行动作 $\boldsymbol{a}_t$ 控制自车运动，环境将给予相应的奖励 r_t 并产生新的状态 $\boldsymbol{s}_{t+1}$，进入下一个决策过程。将状态转移四元素（$\boldsymbol{s}_t$，$\boldsymbol{a}_t$，$\boldsymbol{r}_t$，$\boldsymbol{s}_{t+1}$）存于经验池 D 中，用于后续随机采样和网络更新。

5.3.2.2　状态空间

TD3 算法的状态空间中必须包含自动驾驶车辆 T 型紧急避撞所需的全部信息，包括自车状态信息以及周围环境信息，其状态空间 S_{T} 如下式所示：

$$\boldsymbol{S}_{\mathrm{T}}=\left[\boldsymbol{x}_{\mathrm{e}},\boldsymbol{x}_{\mathrm{r}}\right]^{\mathrm{T}} \tag{5-156}$$

$$\boldsymbol{x}_{\mathrm{e}}=\left[V_x,V_y,\dot{\psi},X_{\mathrm{e}},Y_{\mathrm{e}},\psi,M\right]^{\mathrm{T}} \tag{5-157}$$

$$\boldsymbol{x}_{\mathrm{r}}=\left[X_{\mathrm{r}},Y_{\mathrm{r}},c_{\mathrm{e}X},c_{\mathrm{e}Y},c_{\mathrm{r}X},c_{\mathrm{e}Y}\right]^{\mathrm{T}} \tag{5-158}$$

式中，$\boldsymbol{x}_{\mathrm{e}}$ 和 $\boldsymbol{x}_{\mathrm{r}}$ 分别为自车状态信息和周围环境信息；V_x、V_y 和 $\dot{\psi}$ 分别为车辆坐标系下自车的纵向速度；横向速度和横摆角速度；X_{e}、Y_{e} 和 ψ 分别为大地坐标系下自车的质心位置和横摆角；M 为当前自车状态模式，包括：尚未碰撞、发生碰撞、完成避撞、避撞过程中发生侧翻四种模式；X_{r}、Y_{r} 为大地坐标系下他车的质心位置；（$c_{\mathrm{e}X}$，$c_{\mathrm{e}Y}$）和（$c_{\mathrm{r}X}$，$c_{\mathrm{r}Y}$）分别为大地坐标系下自车和他车上的某一点坐标，使得两点连线为两车的最小距离，仅非碰撞状态下存在。状态空间 S 的各物理量均可通过传感器测得或基于动力学模型计算得到。

5.3.2.3 动作空间

TD3 算法的动作空间 $\boldsymbol{A}_T$ 包含以下三个元素：

$$\boldsymbol{A}_T=\left[\delta_{\mathrm{d}},s_{x3}^{\mathrm{d}},s_{x4}^{\mathrm{d}}\right]^{\mathrm{T}} \tag{5-159}$$

式中，δ_{d} 为期望的自车前轮转向角；s_{x3}^{d} 和 s_{x4}^{d} 分别为期望的自车左后轮和右后轮的纵向滑移率。

针对分布式后驱车辆进行 T 型避撞缓解策略设计时，为了在 T 型避撞极限工况下使车辆更容易实现漂移操作并发生侧滑，迅速改变车辆轨迹及车身姿态，从而最大程度地减轻避撞损失，这里将车辆前后轮的制动力分配系数设置为 0∶1，即车辆制动力仅由后轮提供，模拟了真实驾驶环境中专业驾驶员利用“手刹”完成漂移的策略。此外，该设置能够给前轮附着留有一定裕度，防止前轮附着饱和影响到转向控制效果，同时在一定程度上简化了强化学习算法，防止动作空间维度较多导致遍历的动作组合爆炸，影响训练收敛。

图 5-39 所示为在不同的纵向滑移率下，左右后轮能给车身提供的最大横摆力矩与车轮侧偏角的关系。可以发现，当车轮滑移程度超过一定范围后，其能提供的横摆力矩范围大幅减小，且纵向滑移率过大可能导致车轮抱死及车辆失稳。经过反复调试并结合实际应用，最终动作空间中的动作范围设置为：$\delta_{\mathrm{d}}\in[-30°,30°]$，$s_{x3}^{\mathrm{d}}\in[-0.5,0.5]$，$s_{x4}^{\mathrm{d}}\in[-0.5,0.5]$。

通过跟踪 TD3 算法的期望控制量 $[\delta_{\mathrm{d}},s_{x3}^{\mathrm{d}},s_{x4}^{\mathrm{d}}]^{\mathrm{T}}$，得到车辆实际的前轮转角 δ 以及左右后轮的纵向滑移率 s_{x3} 和 s_{x4}；结合车辆动力学模型以及轮胎模型，可以求得相应各轮胎的纵横向力大小以及当前车辆的运动状态。

5.3.2.4 奖励函数

针对车辆 T 型碰撞缓解控制问题中包括两种类型的奖励，分别用 R_{Ti} 和 R_{Tt} 表示：一种奖励是发生碰撞前过程中每个决策步骤后给予的即时奖励 R_{Ti}；另一种奖励是在每个训练回合结束时基于车辆最终状态模式给予的终止状态奖励 R_{Tt}。在这里共有三种结局模式，分别为发生碰撞、完成避撞以及避撞过程中发生侧翻。下面将具体介绍各奖励项的定义。

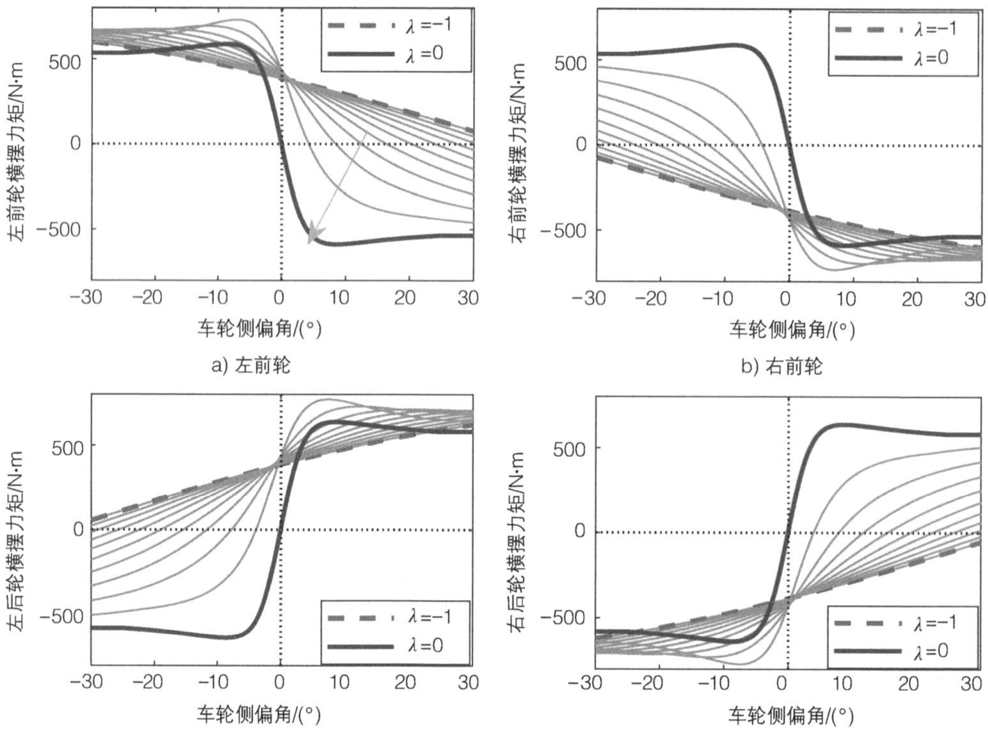

a) 左前轮
b) 右前轮
c) 左后轮
d) 右后轮

图 5-39　不同的纵向滑移率下最大横摆力矩与车轮侧偏角的关系

相对速度项 R_{Ti1} 用于鼓励自车相对于他车的相对速度尽可能小，从而减小潜在碰撞可能或碰撞损失，R_{Ti1} 定义为：

$$R_{\mathrm{Ti1}}=k_{\mathrm{T1}}\frac{\Delta V}{D}=k_{\mathrm{T1}}\frac{(\dot{X},\dot{Y})(c_{\mathrm{r}X}-c_{\mathrm{e}X},c_{\mathrm{r}Y}-c_{\mathrm{e}Y})}{(c_{\mathrm{r}X}-c_{\mathrm{e}X})^2+(c_{\mathrm{r}Y}-c_{\mathrm{e}Y})^2} \tag{5-160}$$

式中，D 为自车与他车的相对最小距离；ΔV 为自车与他车的相对速度沿 D 方向的分量大小；k_{T1} 为负常数，用于调整相对速度项的奖励权重。

相关事故研究报告表明，当两车车身相对平行碰撞时，冲击能量通过将剩余动能分布在更大的表面积上可以减轻碰撞的影响。因此在 T 型碰撞前的车辆控制过程中需要迅速偏转车身使得相撞两车的纵向轴接近平行，从而降低车辆的碰撞严重程度。相对航向角项 R_{Ti2} 定义为

$$R_{\mathrm{Ti2}}=k_{\mathrm{T2}}\left(\psi-\frac{\pi}{2}-k\pi\right),\text{当 } k\in\mathbb{Z} \tag{5-161}$$

式中，k 为任意整数；k_{T2} 为负常数，用于调整相对航向角项的奖励权重；ψ 为自车横摆角，他车在设置其处于静止状态，其横摆角度恒为 $\pi/2$。

智能体的实际控制输入 $[\delta,\ s_{x3},\ s_{x4}]^{\mathrm{T}}$ 及其变化率的大小与奖励之间的关系呈负相关。输入项及其变化率越小，车辆越容易保持在一个线性稳定的区域，不易失稳。R_{Ti3} 定义为

$$R_{\mathrm{Ti3}} = k_{\mathrm{T3}}(\delta^2 + s_{x3}^2 + s_{x4}^2) + k_{\mathrm{T4}}(\dot{\delta}^2 + \dot{s}_{x3}^2 + \dot{s}_{x4}^2) \tag{5-162}$$

式中，k_{T3}、k_{T4} 为负常数，分别用于调整输入项及其变化率大小的奖励权重。

最终即时奖励 R_{Ti} 表示为

$$R_{\mathrm{Ti}} = R_{\mathrm{Ti1}} + R_{\mathrm{Ti2}} + R_{\mathrm{Ti3}} \tag{5-163}$$

当 T 型紧急避撞达到终止状态时，该训练回合结束，将基于自车不同的状态模式给予终止状态奖励 R_{Tt}。该终止状态共有三种结局模式，分别为完成避撞、避撞过程中发生侧翻以及发生碰撞。

$$R_{\mathrm{Tt}} = \begin{cases} k_{\mathrm{T5}}, & \text{当完成避撞} \\ k_{\mathrm{T6}}, & \text{当发生侧翻} \\ R_{\mathrm{Tc}}, & \text{当发生碰撞} \end{cases} \tag{5-164}$$

式中，k_{T5} 为正常数，当车辆完成 T 型避撞而没有发生碰撞以及侧翻时，则给予较大的奖励；k_{T6} 为负常数，当车辆避撞过程中发生侧翻，则给予较大的惩罚；R_{Tc} 为自车与他车最终发生碰撞时给予的奖励，奖励大小反映了发生碰撞的严重程度，其取决于多种因素的组合，包括碰撞速度、碰撞区域及角度。R_{Tc} 表示为

$$R_{\mathrm{Tc}} = k_{\mathrm{T7}} + R_{\mathrm{Tc1}} + R_{\mathrm{Tc2}} \tag{5-165}$$

式中，k_{T7} 为负常数，为发生碰撞的基础惩罚；R_{Tc1} 为碰撞速度相关项；R_{Tc2} 为碰撞区域及角度相关项。下面将描述 R_{Tc} 的具体定义。

这里假设 T 型碰撞场景中他车静止，因此自车垂直于两车碰撞区域的碰撞速度分量越高，碰撞阶段越多的车辆动能转化为其他形式的能量，碰撞损失也就越严重。因此 R_{Tc1} 表示为

$$R_{\mathrm{Tc1}} = k_{\mathrm{T8}} \frac{m v_{\mathrm{p}}^2}{2} \tag{5-166}$$

式中，k_{T8} 为负常数，用于调整相对碰撞速度项的奖励权重；v_{p} 表示垂直于两车碰撞区域的碰撞速度分量。

碰撞区域和碰撞角度是指碰撞车辆之间相互作用力的主要区域及相对方向，其直接影响了碰撞能量的转移程度，是影响碰撞严重程度的重要因素。

碰撞区域往往是车身受损最严重的区域，由于车辆不同部位的结构、材料以及碰撞变形程度不同，碰撞区域会对碰撞损失产生很大影响。根据车辆碰撞事故统计分析，车辆碰撞的部位 I_{p} 可分为图 5-40 所示的区域。

碰撞角度是指发生碰撞时两车纵向轴的夹角。根据车辆碰撞事故统计分析，碰撞角度 I_{a} 的范围由 0° ~ 180° 划分为 6 个区域：0° ± 5°、180° ± 5°、20° ± 15°、50° ± 15°、90° ± 25°、130° ± 15°、160° ± 15°。根据作用效果对这 6 个区域进行合并：

$$\begin{cases} I_{\mathrm{a}}(1) = 0° \pm 5° \text{或} 180° \pm 5° \\ I_{\mathrm{a}}(2) = 20° \pm 15° \text{或} 160° \pm 15° \\ I_{\mathrm{a}}(3) = 50° \pm 15° \text{或} 130° \pm 15° \\ I_{\mathrm{a}}(4) = 90° \pm 25° \end{cases} \tag{5-167}$$

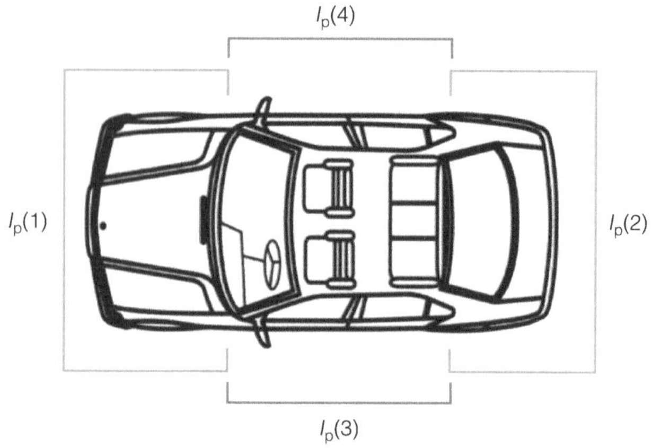

图 5-40　车辆碰撞部位区域划分

碰撞区域和碰撞角度这两个因素交互耦合，对于不同组合的碰撞状态，其碰撞严重程度也各不相同，其碰撞区域和碰撞角度的 16 种不同组合方式如图 5-41 所示，不同碰撞状态对应的奖励函数值也不同。

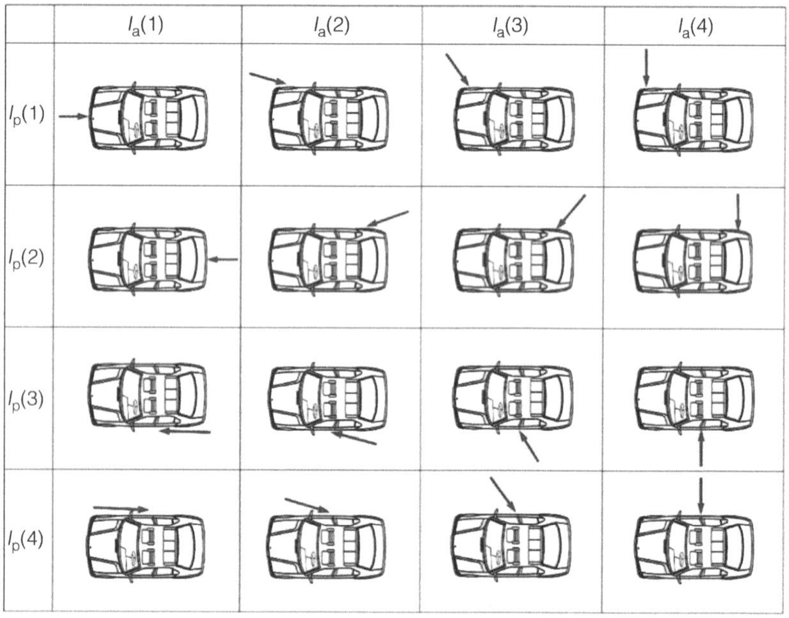

图 5-41　碰撞区域和碰撞角度的不同组合方式

碰撞区域及角度项 R_{Tc2} 与基于 Log-Gamma 回归模型预测的碰撞能量成正比，其中回归模型基于相关交通事故碰撞数据库拟合求得。R_{Tc2} 表示为

$$R_{\mathrm{Tc2}} = k_{\mathrm{T9}} \frac{1}{2} m\mathrm{e}^{2\beta_i} \tag{5-168}$$

式中，k_{T9} 为负常数，用于调整碰撞区域及角度项的奖励权重；β_i 为图 5-41 中碰撞区域和碰

撞角度的不同组合方式对应的系数。β_i 的具体数值见表 5-7。

表 5-7　碰撞区域和碰撞角度不同组合方式对应的 β_i 数值

	$I_a(1)$	$I_a(2)$	$I_a(3)$	$I_a(4)$
$I_p(1)$	2.472	2.534	2.401	2.435
$I_p(2)$	2.611	2.640	2.593	2.612
$I_p(3)$	2.543	2.899	2.748	2.765
$I_p(4)$	2.078	2.738	2629	2.662

由表 5-7 所示的碰撞系数可知，碰撞严重程度最小的碰撞区域与碰撞角度的组合方式是 $I_p(4)\,I_a(1)$，此时两车的纵向轴接近平行，碰撞区域为远离驾驶员的一侧，从而通过将剩余动能分布在更大的表面区域来减轻碰撞损失，这也是 T 型碰撞的理想控制目标。然而由于场景条件以及车辆动力学性能限制，仍需考虑最终碰撞方式无法达到理想碰撞状态的情况。

对于碰撞区域，车头和车尾区域的碰撞严重程度均小于车身侧面（$I_p(4)\cdot I_a(1)$ 除外）；远离驾驶员一侧的碰撞严重程度小于靠近驾驶员一侧的区域。对于碰撞角度，根据相关事故研究分析，小重叠碰撞只能得到少量车身结构件的保护，危险程度相对更大。因此图 5-41 中最严重的碰撞方式是以小角度撞击靠近驾驶员一侧的区域，即 $I_p(3)\,I_a(2)$。

上述各项奖励函数的权重系数 k_{Tj}（j=1，2，…，9）是基于相关交通事故碰撞数据库并结合基本常识设置的，同时对系数进行细微调整以确保强化学习算法训练最终实现收敛。综合上述所有的因素，最终得到智能体奖励函数 R_T 表示为即时奖励 R_{Ti} 与终止状态奖励 R_{Tt} 的总和，即：

$$R_T = R_{Ti} + R_{Tt} \tag{5-169}$$

5.3.3　算法设计

因为难以收集专家示例，无法进行增量式学习，所以算法设计的难度更高，且 T 型碰撞缓解控制中借鉴了漂移操作，存在大量边界动作，因此适用于 TD3。SAC 更加强调算法的探索能力，因此 TD3 算法更加适用于本节问题。

本节采用结合先验知识的强化学习算法，有助于网络收敛至全局最优，同时提高学习的速度。针对无法避免碰撞的 T 型碰撞极限场景，借鉴了专业赛车手的瞬态漂移操作，从而充分拓展车辆动力学控制边界，通过快速改变车辆行驶轨迹及车身姿态，最大限度地缓解了碰撞的严重程度。然而 T 型碰撞控制过程中车辆动力学的高度非线性容易导致 TD3 强化学习算法在训练过程中陷入局部最优，且本节难以收集接近最优策略的专家示例数据作为先验知识进行增量式学习，相比于上节研究，本节中强化学习训练难度更高，因此采用随机初始化参数的策略网络和评价网络难以收敛到全局最优。

为了解决 TD3 算法应用于 T 型碰撞缓解控制带来的问题，进一步提高 TD3 算法探索最优策略的效率，使得强化学习网络尽快收敛到全局最优，本节对 TD3 算法进行了三个方面的改进：

1）通过跟踪学习基于规则的最优控制算法，对 TD3 网络参数进行初始化，进而基于最大化奖励函数的目标进一步探索性能更优的策略。

2）提出针对 TD3 策略网络的动态延迟更新策略，进一步减小价值过估计对策略的影响。

3）设计了基于优先经验回放机制的双经验池结构，从而提升高回馈样本的采样权重，加快收敛速度。

改进后的 TD3 算法的整体训练流程及控制框架如图 5-42 所示。智能体基于当前自车状态和周围交通环境状态 s_t 输出目标动作 $\boldsymbol{a}_t=[\delta_{\mathrm{d}},s_{x3}^{\mathrm{d}},s_{x3}^{\mathrm{d}}]^{\mathrm{T}}$ 控制自车运动，其中转向系统跟踪目标前轮转角 δ_{d}，目标滑移率 $s_{xi}^{\mathrm{d}}(i=3,4)$ 基于滑模控制和电液转矩分配算法使得电机系统和液压制动系统实现跟踪控制。将系统实际响应转矩、前轮转角作用于建立的车辆动力学模型以及轮胎模型，从而获取车辆运动状态以及最终 T 型碰撞状态，并反馈给基于 TD3 算法的规划控制器以及下层滑移率跟踪控制器，实现闭环控制。

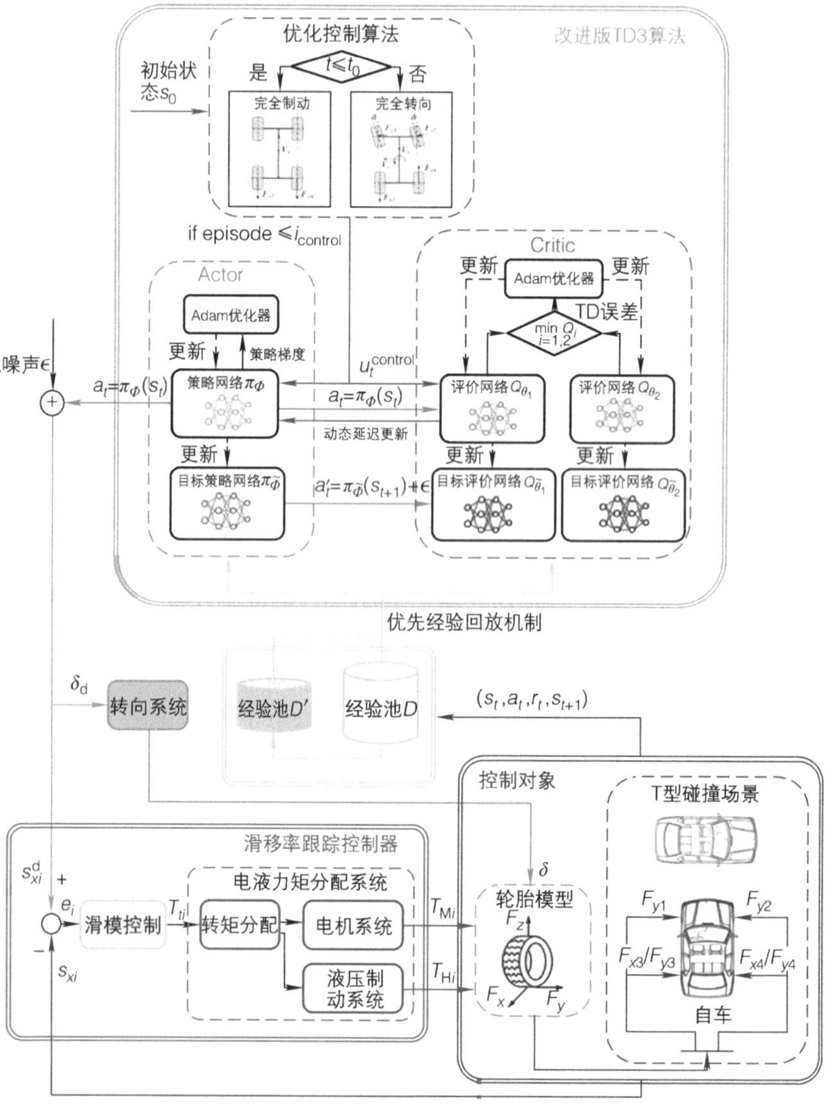

图 5-42 改进后的 TD3 算法框架

5.3.3.1 基于规则的最优控制算法

如图 5-42 所示，本节介绍一种基于规则的最优控制算法并嵌入 TD3 控制框架中，使得 TD3 算法在训练初期通过跟踪学习最优控制算法对其网络参数进行初始化，从而避免策略探索初期的随机无序性，帮助 TD3 算法快速收敛到更合理的方向，进而基于策略梯度算法进一步探索性能更优的策略。

针对碰撞无法避免的 T 型碰撞场景，对有经验的驾驶员执行紧急避撞的操纵行为进行简化和总结，能够建立如下一种基于规则的最优控制策略。

控制策略包括两个阶段：车辆首先进行全力直线制动，在设定时间 t_0 之后全力进行转向使车辆在漂移状态下最大限度地进行横摆运动，尽量在发生碰撞时满足两车的纵向轴接近平行，从而通过将剩余动能分布在更大的表面区域来减轻碰撞损失。该控制优化算法描述如下：

1）当 $t \leqslant t_0$ 时，车辆后轴两轮进行全力直线制动（假设驱制动力仅由后轮提供），根据 5.1.1 节描述的车辆模型，此时控制输入向量为

$$\boldsymbol{u}^{\text{control}} = \left[\delta, F_{x3}, F_{x4}\right]^{\mathrm{T}} = \left[0, \mu F_{z3}, \mu F_{z4}\right]^{\mathrm{T}} \tag{5-170}$$

式中，μ 为路面附着系数；F_{zi}（i=3，4）可由式（5-91）中描述的轮胎垂向力公式求得；μF_{zi} 为附着条件限制下所能提供的最大轮胎力。

2）当 $t>t_0$ 时，车辆进行全力转向及横摆运动实现漂移操作，根据车辆初始状态以及碰撞区域及角度项 R_{tc2} 的设置可以确定转向和横摆运动的方向。假设自车为了最大程度地减小碰撞损失需要采取左转操作，此时，

$$\delta = \delta_{\max} = 30° \tag{5-171}$$

由轮胎侧偏角公式可求得前轴两轮的侧偏角 α_1 和 α_2，再查表求得前轴两轮的侧向力 F_{y1} 和 F_{y2}（前轴两轮的纵向滑移率假设为 0）：

$$\begin{cases} F_{y1} = T_2(0, \alpha_1, F_{z1}) \\ F_{y2} = T_2(0, \alpha_2, F_{z2}) \end{cases} \tag{5-172}$$

车辆后轮在漂移操作下处于附着饱和状态，在轮胎摩擦圆的限制下分别提供反向的最大纵向力，使得自车在前轮转角和横摆力矩的共同作用下最大程度地进行横摆运动，此时后轮纵横向力满足以下关系：

$$\gamma = \arctan\left(\frac{F_{yi}}{F_{xi}}\right) = \arctan\left(\frac{-V_y + L_{\text{b}}\dot{\psi}}{-V_x + R_{\text{w}}\dot{\theta}_{\text{w}i}}\right) \tag{5-173}$$

$$\sqrt{F_{xi}^2 + F_{yi}^2} = \mu F_{zi} \tag{5-174}$$

式中，F_{xi}、F_{yi} 和 F_{zi}（i=3，4）分别为左右后轮的纵向力、横向力和垂向力；R_{w} 为车轮半径；$\dot{\theta}_{\text{w}i}(i=3,4)$ 为车轮角速度。根据式（5-173）和式（5-174）能够求得左右后轮的纵横向力 F_{x3_opt}，F_{y3_opt}，F_{x4_opt} 和 F_{y4_opt}。因此，在基于规则的最优控制策略的第二阶段，其控制输入满足：

$$\boldsymbol{u}^{\text{control}}=\left[\delta,F_{x3},F_{x4}\right]^{\mathrm{T}}=\left[\delta_{\max},F_{x3\_\text{opt}},F_{x4\_\text{opt}}\right]^{\mathrm{T}} \tag{5-175}$$

该最优控制算法的目标函数 J 设置为终止状态奖励 R_{t}：

$$J=R_{\mathrm{t}} \tag{5-176}$$

综上所述，该基于规则的最优控制算法表述为

$$\min_{t_0} J=R_{\mathrm{t}}$$

$$\text{s.t.}\begin{cases}\dot{\boldsymbol{x}}=T\left(\boldsymbol{x}\right)+B\boldsymbol{u}^{\text{control}}\\ \boldsymbol{u}^{\text{control}}=\left[0,\mu F_{z3},\mu F_{z4}\right]^{\mathrm{T}}，当 t\leqslant t_0\\ \boldsymbol{u}^{\text{control}}=\left[\delta_{\max},F_{x3\_\text{opt}},F_{x4\_\text{opt}}\right]^{\mathrm{T}}，当 t>t_0\\ 0\leqslant t_0\leqslant t_{\text{end}}\end{cases} \tag{5-177}$$

式中，t_{end} 为车辆从初始状态到发生碰撞的总时间。在该优化问题中，唯一的控制变量是车辆直线制动与全力转向的切换时间 t_0。当 t_0 确定时，整个运动过程的车辆实时控制输入 $\boldsymbol{u}^{\text{control}}$ 及运动状态也是确定的。因此，基于 MATLAB/Simulink 仿真软件可在线求解出使得目标函数 J 最大化的控制变量 t_0。

本节提出的基于规则的最优控制策略是基于实际驾驶操作经验进行简化和总结得出的，求得的最优解只是在此规则限制下的最优控制策略，并非 T 性碰撞缓解控制问题的全局最优解，只能为 TD3 算法提供总体方向上的指导，后续需要基于最大化奖励函数的目标进一步探索和学习性能更优的策略。

5.3.3.2　动态延迟更新策略

尽管 TD3 算法的策略网络采用了延迟更新机制，在一定程度上缓解了评价网络过估计导致的策略恶化问题，然而其延迟步数是固定的，无法基于评价网络的动态估计情况设置对应的延时机制。TD3 算法中的时间差异更新机制以及贝尔曼方程使得时序差分误差 $\delta(s,u)$ 不断累加，可能将导致较大的价值估计偏差和次优策略更新。评价网络的值函数表示为

$$\begin{aligned}Q_{\theta_i}(s_t,a_t)&=r_t+\gamma Q_{\theta_i}(s_{t+1},a_{t+1})-\delta_t\\&=r_t+\gamma(r_{t+1}+\gamma(Q_{\theta_i}(s_{t+2},a_{t+2})-\delta_{t+1})-\delta_t)\\&=\sum_{i=t}^{T}\gamma^{i-t}(r_i-\delta_i)\end{aligned} \tag{5-178}$$

由式（5-178）可知，值函数实际上是回馈奖励减去时序差分误差后的累计衰减和的期望估计。为了解决 TD3 算法中值函数与策略函数的循环恶化问题，采用了一种针对策略网络的动态延迟更新机制。策略网络的延迟更新步长由评价网络的当前损失函数值与其指数加权移动平均值（Exponential Weighted Moving Average，EWMA）的动态差异决定。EWMA 方法能够有效平滑数据，减少噪声，评价网络损失函数的 EWMA 值在 T 时刻表示为

$$E_T=\beta\frac{1}{T-1}\sum_{i=1}^{T-1}(y_i-Q_{\theta_i}(\boldsymbol{s}_i,\boldsymbol{a}_i))^2+(1-\beta)\frac{1}{T}\sum_{i=1}^{T}(y_i-Q_{\theta_i}(\boldsymbol{s}_i,\boldsymbol{a}_i))^2 \tag{5-179}$$

式中，β 为加权下降速率的系数；y_i 为目标评价网络的输出值。评价网络的预计更新幅度由下式进行估计，采用指数形式使得更新幅度差异更明显：

$$f = \mathrm{e}^{\frac{1}{T}\sum_{i=1}^{T}(y_i - Q_{\theta_i}(\boldsymbol{s}_i,\boldsymbol{a}_i))^2 - E_T} \tag{5-180}$$

最后对 f 进行 clip 操作压缩并映射到特定的更新步数范围：clip（f）→（1，5），此时动态延迟更新步数 d 表示为

$$d = \mathrm{int}\left\{\mathrm{clip}\left[\vartheta e^{\frac{1}{T}\sum_{i=1}^{T}(y_i - Q_{\theta_i}(\boldsymbol{s}_i,\boldsymbol{a}_i))^2 - E_T},1,5\right]\right\} \tag{5-181}$$

式中，ϑ 为线性系数，用于调整 f 的分布区间。

5.3.3.3　双延迟深度确定性策略梯度算法算法

双延迟深度确定性策略梯度算法（TD3）算法采用了经验回放技术，通过从经验池进行随机均匀采样来对策略进行优化。然而这种等概率采样方式忽略了不同样本质量的差异性，可能导致低效样本的频繁利用，降低算法探索效率。为了解决该问题，这里设计了两个独立的经验池 D 和 D'。其中经验池 D 保存智能体在探索中生成的所有四元组经验数据（$\boldsymbol{s}_t$，$\boldsymbol{a}_t$，$\boldsymbol{r}_t$，$\boldsymbol{s}_{(t+1)}$），经验池 D' 则保存累计奖励 r_t 高于基于规则的最优控制算法对应的累计奖励 r_t^{control} 的四元组经验数据。在此双经验池结构的基础上，按照比例系数 $p \in [0, 1]$ 分别从经验池 D 和 D' 进行采样。令批量采样总数为 N，则经验池 D 和 D' 的采样个数分别为 pN 和（$1-p$）N。

为了进一步提高算法的样本效率，加速训练进程，经验池 D 和 D' 采用基于时序差分误差的优先经验回放机制，样本的时间序分误差越大，智能体在该处的学习效率越高，因此采样优先级越高。样本 j 的采样概率 $P'(j)$ 定义为

$$P'(j) = \frac{p_j}{\sum_{i=1}^{Q} p_i} \tag{5-182}$$

式中，

$$p_j = \left|\delta(p_j, \boldsymbol{a}_j)\right| \tag{5-183}$$

式中，δ（p_j，$\boldsymbol{a}_j$）表示样本 j 的时序差分误差，为经验池中的样本总数。

本算法的基本流程与典型双延迟深度确定性策略梯度算法（TD3）一致，这里不再具体介绍。策略网络和评价网络的中间隐藏层均为全连接层，除了策略网络输出层的激活函数为 tanh 函数外，其他全连接层的激活函数均为 ReLu。算法所使用的主要超参数设置见表 5-8。

表 5-8　T 型碰撞控制的 TD3 算法超参数设置

超参数	数值	超参数	数值
隐藏层神经元数量	（400，300）	训练回合次数	1.2×10^4
网络学习率	1×10^{-4}	最优控制作用次数	3×10^3
折扣因子	0.95	目标网络软更新系数	1×10^{-3}
批量采样个数	128	优化器	Adam
经验池容量	1×10^6	—	—

5.3.3.4　滑移率跟踪控制

在 T 型碰撞缓解过程中，TD3 算法的策略网络产生的后轮目标纵向滑移率需要下层执行机构进行快速、精确的跟踪控制，从而保证整体控制效果。轮胎纵向滑移率 s_x 由电机转矩和液压制动力矩协同控制。相比于纯液压制动，电液混合制动的力矩响应更迅速，控制精度更高，能够有效提高车辆在极限驾驶工况下的机动控制性能以及车身稳定性。然而，还需要考虑电机系统与液压制动系统动态响应特性的差异及其耦合作用对控制跟踪效果的影响。

针对上述问题，本节设计了一种基于滑模结构的滑移率跟踪控制器以及基于规则的电液转矩分配算法，实现了轮胎纵向滑移率快速准确跟踪控制，同时具有一定的抗干扰能力。

由于本节对象为分布式后驱电动车辆，且制动力仅由后轮产生，以模拟漂移操作中的“手刹”操作，使得车辆更容易达到漂移状态，从而迅速改变运动轨迹及车身姿态。因此，仅需考虑后轴车轮的转矩控制。后轮的纵向滑移率及其一阶导数表示为

$$
\begin{aligned}
s_{xi} &= \frac{\omega_i R_{\mathrm{w}} \cos\alpha_i - v_{\mathrm{w}i}}{v_{\mathrm{w}i}},\ \text{当}\, i = 3,4 \\
\dot{s}_{xi} &= \frac{R_{\mathrm{w}} \cos\alpha_i}{v_{\mathrm{w}i}^2}\left(v_{xi}\dot{\omega}_i - \dot{v}_{xi}\omega_i\right)
\end{aligned}
\tag{5-184}
$$

式中，

$$
\begin{aligned}
v_{\mathrm{w}3} &= v_x - \dot{\psi} L_{\mathrm{w}} \\
v_{\mathrm{w}4} &= v_x + \dot{\psi} L_{\mathrm{w}} \\
\dot{\omega}_i &= \frac{1}{I_{\mathrm{w}}}(T_{ti} + \Delta T_{ti} - F_{xi} R_{\mathrm{w}})
\end{aligned}
\tag{5-185}
$$

式中，下标 i=3，4 分别为左后轮和右后轮；R_{w} 为轮胎半径；ω_i 为各轮的转速；$v_{\mathrm{w}i}$ 为各轮与地面接触点的速度；α_i 为各轮的轮胎侧偏角；I_{w} 为车轮的转动惯量；T_{ti} 为施加在第 i 个车轮的总力矩；ΔT_{ti} 为由于电机系统与液压制动系统动态响应特性的差异及其耦合作用导致的转矩扰动；F_{xi} 为作用在第 i 个车轮的纵向力。

滑模控制算法的滑模面 s_i(i=3，4) 设计为

$$
s_i = e_i = s_{xi} - s_{xi}^{\mathrm{d}} \tag{5-186}
$$

式中，e_i 为滑移率跟踪误差；s_{xi}^{d} 为基于 TD3 算法生成的第 i 个车轮的目标纵向滑移率。

设置李雅普诺夫函数 $V_i = s_i^2/2$，进行滑移率跟踪控制的稳定性分析。对 V_i 进行一阶求导，可得

$$
\begin{aligned}
\dot{V}_i &= s_i \dot{s}_i = (s_{xi} - s_{xi}^{\mathrm{d}})(\dot{s}_{xi} - \dot{s}_{xi}^{\mathrm{d}}) \\
&= (s_{xi} - s_{xi}^{\mathrm{d}})\left\{\frac{R_{\mathrm{w}}\cos\alpha_i}{v_{\mathrm{w}i}^2}\left[\frac{v_{\mathrm{w}i}}{I_{\mathrm{w}}}(T_{ti} + \Delta T_{ti} - F_{xi}R_{\mathrm{w}}) - \dot{v}_{\mathrm{w}i}\omega_i\right] - \dot{s}_{xi}^{\mathrm{d}}\right\}
\end{aligned}
\tag{5-187}
$$

式中，D_{m} 为扰动转矩的绝对值上限，即满足 $|\Delta T_{ti}| < D_{\mathrm{m}}$。将第 i 个车轮的总转矩输入 T_{ti} 设

计为

$$T_{ti}=\frac{v_{wi}I_w}{R_w\cos\alpha_i}\left(\frac{R_w\dot{v}_{wi}\omega_i\cos\alpha_i}{v_{wi}^2}+\dot{\lambda}_{id}-\eta\cdot\mathrm{sgn}(s_i)\right)-D_m\cdot\mathrm{sgn}(s_i)+F_{xi}R_w \tag{5-188}$$

式中，转矩控制参数 $\eta>0$。将式（5-188）代入式（5-187）中可得

$$\begin{aligned}\dot{V}_i&=-\eta s_i\cdot\mathrm{sgn}(s_i)-\frac{R_w\cos\alpha_i}{v_{wi}I_w}\cdot\mathrm{sgn}(s_i)s_i\cdot(D_m-\Delta T_{ti}\cdot\mathrm{sgn}(s_i))\\&\leqslant-\eta s_i\cdot\mathrm{sgn}(s_i)\leqslant 0\end{aligned} \tag{5-189}$$

式中，当且仅当 $s_i=0$ 时，$V_i=0$ 成立。这说明了在存在转矩扰动的条件下，该滑模控制算法能够使得轮胎纵向滑移率的跟踪误差收敛到 0。

基于式（5-188）求得后轮电机系统和液压制动系统的总转矩输入 T_{ti}（i=3，4）后，为了使电液复合系统实现转矩的快速响应和精确控制，提出了一种基于规则的电液力矩分配算法，如图 5-43 所示。为了使电液复合系统实现更加准确快速的转矩响应，图 5-43 所示的电液转矩分配算法在条件允许的情况下优先使用电机回馈制动转矩，超过电机回馈转矩范围的部分由液压制动转矩提供。电机回馈制动转矩受到电机外特性、电机转速、车辆电池荷电状态的限制要求。

图 5-43 中，T_{Hi}（i=3，4）表示液压制动系统作用于车轮 i 的制动转矩，且满足 $T_{Hi}<0$；T_{Mi}（i=3，4）表示电机系统用于车轮 i 的转矩，可以为驱动力矩（$T_{Mi}>0$）或回馈制动转矩（$T_{Mi}<0$）。SOC 表示车辆电池荷电状态（State of Sharge，SOC）；n_{m_min} 表示允许电机进行回馈制动的最小电机转速；SOC_{max} 表示允许电机进行回馈制动的最高 SOC 值；$|T_{Mi}|_{max}$ 为当前工况下电机系统能够提供的最大转矩，由基于试验数据生成的电机外特性曲线图确定，如图 5-44 所示。

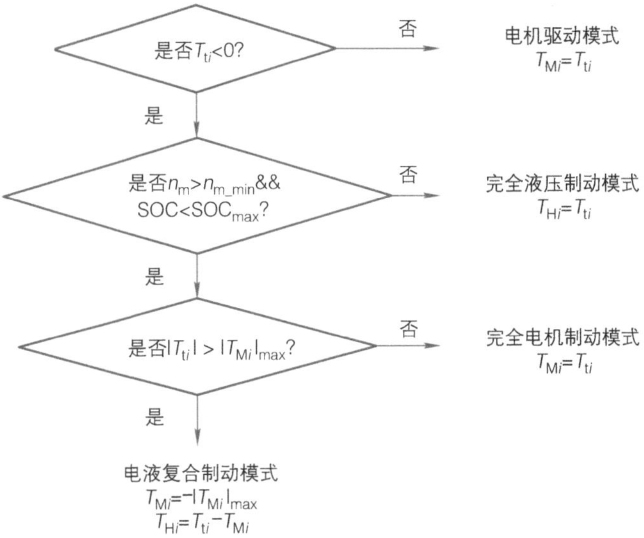

图 5-43　电液转矩分配算法

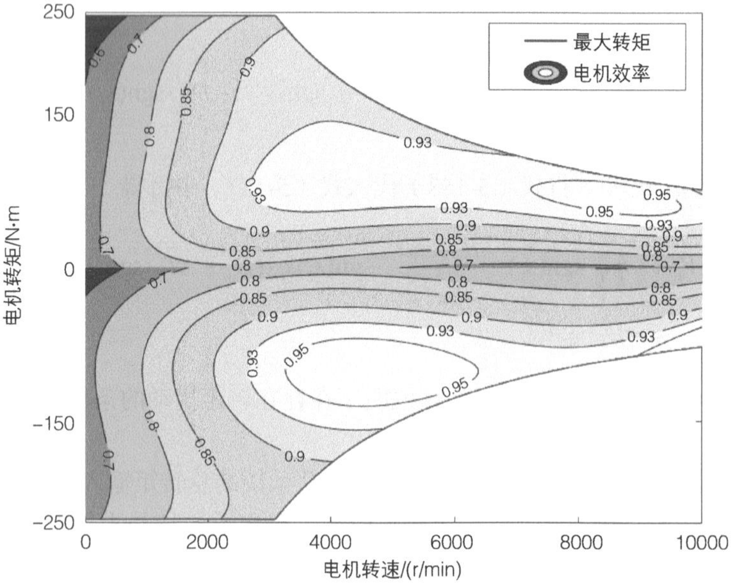

图 5-44　电机外特性曲线

最终期望的电机转矩为

$$T_{\mathrm{MT}i}=\frac{T_{\mathrm{M}i}}{i_{\mathrm{m}}\eta_{\mathrm{m}}} \tag{5-190}$$

式中，i_{m} 为电机端到车辆轮的传动比；η_{m} 为电机效率，由图 5-44 得到。

将液压制动系统的期望制动转矩转化为期望制动轮缸压力 $P_{\mathrm{H}i}$：

$$P_{\mathrm{H}i}=\frac{T_{\mathrm{M}i}}{k_{\mathrm{H}i}} \tag{5-191}$$

式中，$k_{\mathrm{H}i}$ 为制动力矩与制动压力与的系数比，由制动系统相关参数确定。

5.3.4　实车试验验证

5.3.4.1　模型验证及工况设置

本节的研究对象为分布式后驱电动车辆。由于测试工况过于危险，实车试验成本很高、安全风险较大，目前尚不具备实车试验条件，因此基于 Carsim 软件搭建的车辆动力学仿真模型及道路模型进行硬件在环试验。为了验证仿真模型的真实性，设计与研究场景类似的制动转向工况，并将 5.1.3 节中线控底盘的试验结果与 Carsim 仿真结果进行对比，如图 5-45 所示。

验证场景的初始车速设置为 20km/h，转向和制动操作如图 5-45a 所示，实车测试与 CarSim 仿真过程中的横摆角速度和纵向速度对比结果分别如图 5-45b 和图 5-45c 所示。由图 5-45 可知，实车测试结果与 CarSim 仿真结果的响应状态高度相似，证明了用于试验验证的仿真模型的准确性和真实性。

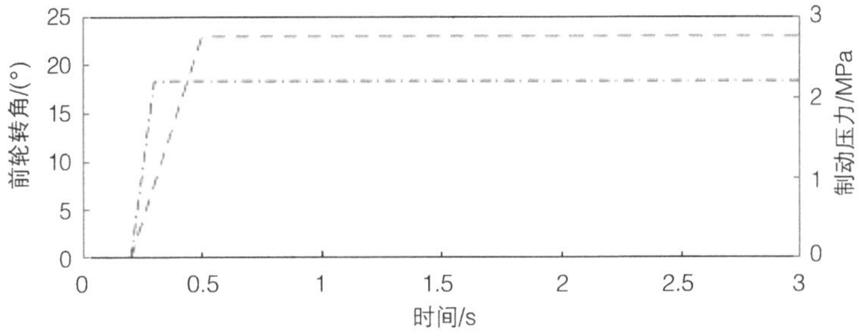

a) 前轮转角

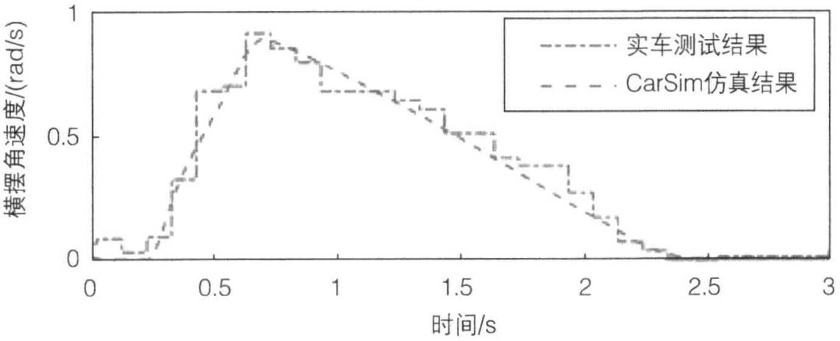

b) 横摆角速度

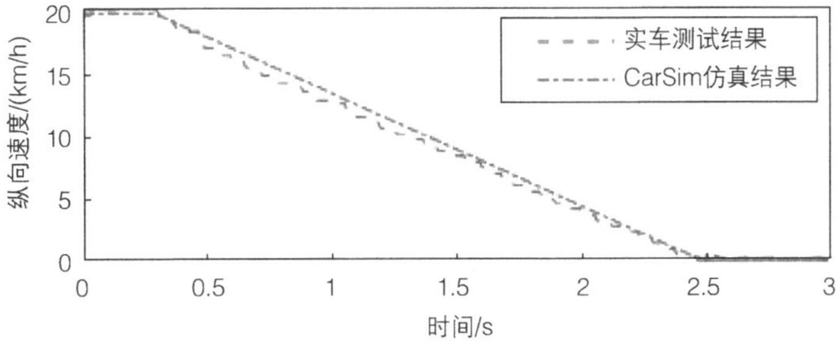

c) 纵向速度

图 5-45　线控底盘试验结果与 Carsim 仿真结果对比

台架测试平台与 4.1.3.1 节一致，此处不再赘述。设置测试工况的初始条件如图 5-46 所示。自车（图中红车）质心的初始位置（X_{e0}，Y_{e0}）位于大地坐标系的原点，初始车速 V_{x0} 设置为 20m/s，即

$$\left[V_{x0}, V_{y0}, \dot{\psi}_0, X_{e0}, Y_{e0}, \psi_0\right]^{\mathrm{T}} = \left[20\mathrm{m/s}, 0, 0, 0, 0, 0, 0, 0\right]^{\mathrm{T}} \tag{5-192}$$

自车的初始控制输入设置为

$$\left[\delta, \lambda_3, \lambda_4\right]^{\mathrm{T}} = \left[0, 0, 0\right]^{\mathrm{T}} \tag{5-193}$$

这里假设他车始终处于静止状态，其几何中心位于 X 轴上，横摆角度恒为 π/2。通过将不同的两车质心初始距离 X_r 以及地面附着系数 μ 进行组合，生成不同的 T 型碰撞测试工况，从而对本节所提出的控制器进行验证和分析。自车的车身长度 L_e 和宽度 W_e 分别为：L_e=2.5m，W_e=1.55m；他车的车身长度 L_r 和宽度 W_r 分别为：L_r=8m，W_r=8m。

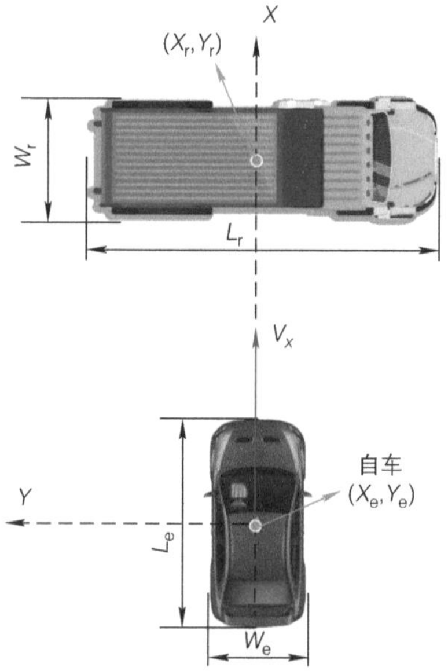

图 5-46　T 型碰撞测试工况初始条件

5.3.4.2　试验结果分析

为了验证本节所提出的 T 型碰撞缓解控制器在不同 T 型碰撞场景下的有效性和优越性，在试验台架上从两个方面进行了对比试验。首先，将提出的控制策略与一般的传统控制策略：完全制动策略和最优控制策略进行对比分析；此外，这里还对比了不同强化学习算法针对 T 型碰撞的控制效果。

将本节所提出的基于 TD3 算法的控制策略与一般的完全制动策略和最优控制策略在不同的无法避免碰撞的 T 型碰撞场景下进行碰撞效果缓解程度的对比分析。完全制动策略是大多数驾驶员在 T 型碰撞场景下的下意识操作，即车辆从初始时刻到与另一辆车发生碰撞为止始终保持最大程度的直线制动状态。最优控制策略是指对有经验的驾驶员执行的紧急避撞操纵行为进行简化和总结，从而提炼出的一种基于规则的最优控制策略。

选取两车初始距离 X_r=20m、路面附着系数 μ=0.5 的 T 型碰撞测试工况为例进行详细对比分析。在三种不同的控制策略下，车辆的行驶轨迹、航向角以及最终碰撞状态如图 5-47 所示，三种策略下控制性能对比见表 5-9。在 TD3 算法训练过程中，使用即时奖励 R_i 与终止状态奖励 R_t 的总和作为回馈奖励，从而克服强化学习过程中奖励的稀疏性，加快智能体的学习速度。然而对于最终控制性能比较，只使用了终止状态奖励 R_t 作为衡量 T 型碰撞严重程度的指标。

由表 5-9 可知，与完全制动策略相比，在最优控制策略与所提出的基于改进版 TD3 算法的策略下 T 型碰撞的最终碰撞损失 R_t 分别降低了 25.2% 和 36.0%，说明 TD3 控制策略的 T 型碰撞缓解性能更显著。在完全制动策略下，自车以 90° 的碰撞角度使其车头部分与另一车辆的车身侧部相撞，在三种控制策略中造成的碰撞损失最大。最优控制策略与所提出的改进版 TD3 控制策略下均借鉴了漂移操作，使得车辆在轮胎发生滑移的状态下实现最大程度的横摆运动，两种策略在发生碰撞时均满足两车的纵向轴接近平行，从而通过将剩余动能分布在更大的表面区域来减轻碰撞损失。然而在 TD3 控制策略下垂直于两车碰撞区域的碰撞速度分量 v_p 相比于最优控制策略更小，因此对应的碰撞损失更小。具体分析如下。

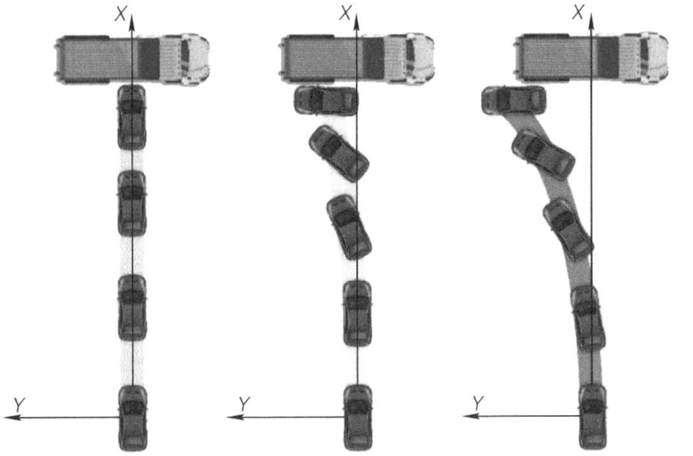

a) 完全制动　　b) 最优控制　　c) 改进版TD3算法

图 5-47　三种策略下车辆轨迹对比

表 5-9　三种策略下控制性能对比

策略	垂直碰撞速度分量	碰撞区域	碰撞角度	碰撞损失（R_t）	碰撞损失改进情况
完全制动	15.32m/s	车头	90°	−1245.5	—
最优控制	14.22m/s	远离驾驶员一侧	176°	−932.2	25.2%
改进版 TD3 算法	12.01m/s	远离驾驶员一侧	180°	−796.7	36.0%

三种策略下的车辆控制输入、运动状态、电机系统及液压制动系统的响应力矩、纵横向加速度分布以及四个车轮的轮胎工作负荷如图 5-48 ~ 图 5-52 所示。

图 5-48 所示为三种策略的控制输入，即前轮转角和轮胎纵向滑移率。在完全制动策略下，考虑到车辆动力学特性沿纵向轴左右对称，因此选择左前轮和左后轮的纵向滑移率 λ_1 和 λ_3 进行分析。由图 5-47a 可知，在完全制动策略下车辆前轮转角 δ 保持为 0，λ_1 和 λ_3 的大小保持在 0.1 ~ 0.15 的范围，使得制动力系数处于峰值附着系数附近，从而保证每个轮胎都能提供制动力的最大值。

在图 5-48b 所示的最优控制策略下，驱制动力完全由后轮提供，因此对左右后轮的纵向滑移率 λ_3 和 λ_4 进行分析。在时刻 t=0.25s 之前为控制的第一个阶段，前轮转角 δ 保持为 0，λ_3 和 λ_4 保持在特定值附近，使得车辆能进行最大限度的直线制动。在控制的第二个阶段，自车以 δ=30° 的前轮转角进行全力转向，左右后轮提供反向的最大纵向力，车辆达到漂移状态，在转向和横摆力矩下实现最大程度的横摆运动。根据轮胎的复合滑移理论，在横向力的耦合作用下，相同的轮胎纵向力需要更大的纵向滑移率，因此在时刻 t=0.25s 之后 λ_3 和 λ_4 的值增大。

在图 5-48c 所示的改进版 TD3 控制策略下，自车从初始时刻开始进行前轮转角 δ=30° 的全力转向操作，在时刻 t=0.16s 之前，左右后轮的纵向滑移率 λ_3 和 λ_4 保持为负，从而进行车辆制动；在 t=0.16s 之后，右后轮的纵向滑移率 λ_4 变为正值，使得左右后轮提供与前轮转角方向一致的横摆力矩，从而使车辆快速改变运动轨迹及车身姿态。TD3 控制策略与最优控制策略的控制流程相似，这是因为这里将该最优控制策略嵌入 TD3 控制框架中，使得 TD3 算法在训练初期通过跟踪学习最优控制算法对其网络参数进行初始化，从而避免策略探索初期的随机无序性，进而基于策略梯度算法进一步探索性能更优的策略。在车辆载荷转移较大的极端情况下，左后轮几乎悬空，因此其纵向滑移率 λ_3 的大小在某些时刻接近 0。

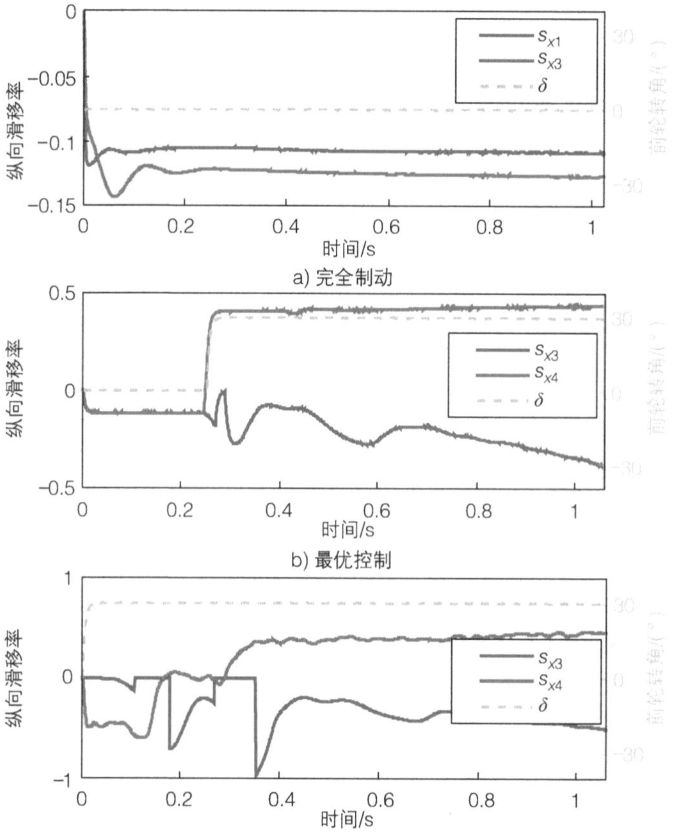

a) 完全制动

b) 最优控制

c) 改进版TD3算法

图 5-48　三种策略下控制输入对比

三种策略下车辆的运动状态 $[\dot{X}_{\rm r},\dot{Y}_{\rm r},\dot{\psi}]^{\rm T}$ 及其变化过程如图 5-49 所示，其中 $\dot{X}_{\rm r}$ 和 $\dot{Y}_{\rm r}$ 分别为自车在大地坐标系下的纵向速度和横向速度，表示为

$$\begin{aligned}\dot{X}_{\rm r}&=V_x\cos\psi-V_y\sin\psi\\ \dot{Y}_{\rm r}&=V_x\sin\psi+V_y\cos\psi\end{aligned} \tag{5-194}$$

完全制动策略只涉及纵向运动，因此其横向速度 $\dot{Y}_{\rm r}$ 和横摆角速度 $\dot{\psi}$ 保持为 0，仅纵向速度 $\dot{X}_{\rm r}$ 以一定的减速度进行下降。在最优控制策略和 TD3 控制策略下，纵向速度 $\dot{X}_{\rm r}$ 快速下降，横向速度 $\dot{Y}_{\rm r}$ 和横摆角速度 $\dot{\psi}$ 明显上升，这是由于两种策略均借鉴了漂移操作机制，充分利用动力学控制潜能将车辆的平动动能转化为转动动能，使得两车发生碰撞时纵向轴接近平行，从而缓解 T 型碰撞的严重程度。在 TD3 控制策略下，最终碰撞时刻的纵向速度 $\dot{X}_{\rm r}$，即垂直于两车碰撞区域的碰撞速度分量更低、碰撞阶段更少的车辆动能转化为其他形式的能量，因此衡量碰撞损失的终止状态奖励 $R_{\rm t}$ 的值与最优控制策略相比更小。

基于本节所提出的滑移率跟踪控制器和电液转矩分配算法，三种策略下电机系统和液压制动系统的转矩响应如图 5-50 所示，其中，$T_{{\rm h}i}$（i=3，4）表示液压制动系统作用于车轮 i 的制动转矩，$T_{{\rm m}i}$（i=3，4）表示电机系统用于车轮 i 的转矩。图 5-51 所示为三种策略下车辆纵向加速度和横向加速度的分布情况对比，车辆动力学潜能的利用程度取决于其运动状态（a_x，a_y）与摩擦圆边界的接近程度。由图 5-51 可以看出，TD3 控制策略下车辆极限性能的整体利用程度更高。

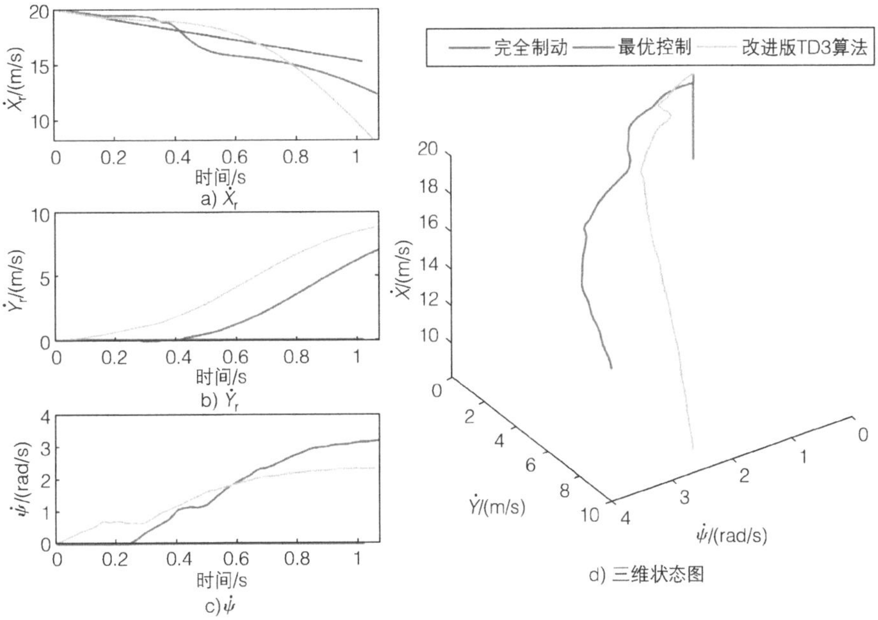

a) $\dot{X}_r$

b) $\dot{Y}_r$

c) $\dot{\psi}$

d) 三维状态图

图 5-49　三种策略下车辆运动状态对比

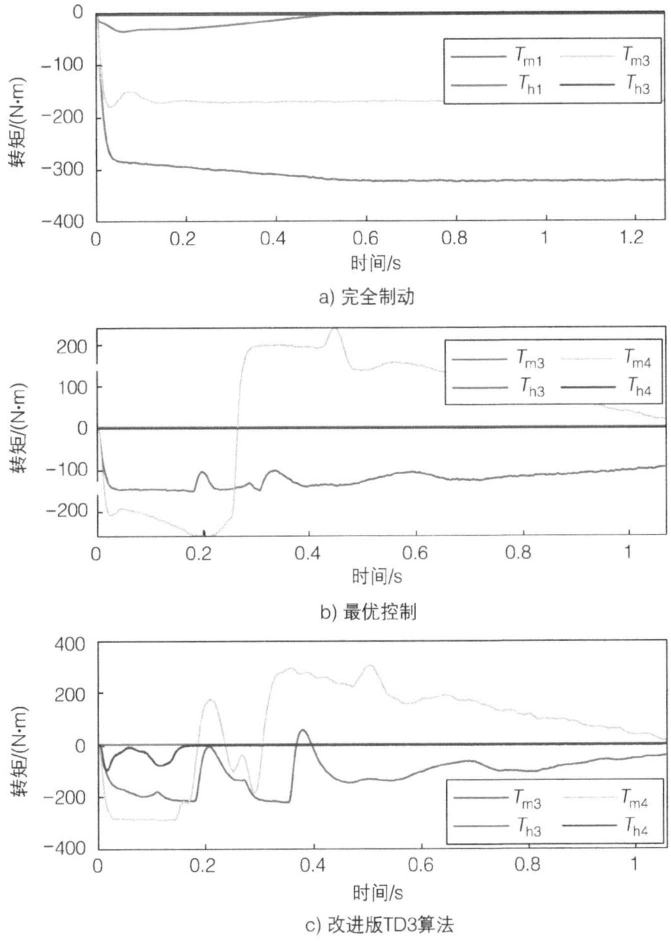

a) 完全制动

b) 最优控制

c) 改进版TD3算法

图 5-50　三种策略下电机转矩与液压制动力矩响应情况

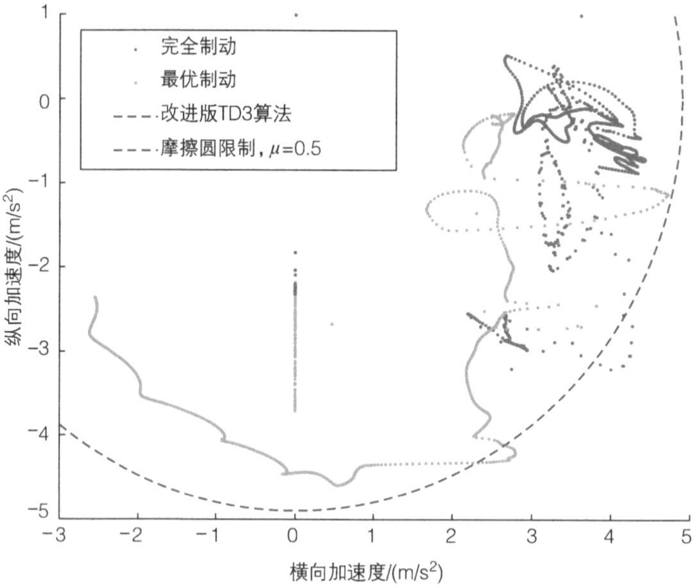

图 5-51　三种策略下车辆纵横向加速度分布

当 η_i 的数值到达测试工况中的路面附着系数 μ=0.5，则对应轮胎达到附着饱和状态。图 5-52 显示了三种策略下车辆各轮胎工作负荷的对比情况。相比于完全制动策略和最优控制策略，TD3 控制策略下四个车轮的轮胎工作负荷显示出更明显的动态变化，这是由于本策略下的控制输入更加复杂，轮胎的纵横向动力学呈现出高度耦合的非线性特性，因此需要对车辆状态进行实时的动态调整，使其类似于在专业驾驶员的瞬态漂移操作下始终保持在极限运动状态的稳定边界上，从而充分发挥车轮的机动性能和动力学控制潜力，最大限度地降低 T 型碰撞的严重程度。

为了进一步验证所提出的控制算法在不同 T 型碰撞场景下的碰撞缓解控制效果，将不同的初始距离 X_r（15 ~ 25m）与路面附着系数 μ（0.3 ~ 0.7）进行组合，选择了其中 9 种不同的代表性 T 型碰撞场景进行台架试验和对比分析，具体分析过程及结论与前文 X_r=20m、μ=0.5 的测试工况类似，此处不再赘述。这里仅展示了在 9 种不同的 T 型碰撞场景下三种策略的终止状态奖励 R_t 的对比情况，如表 5-10 与图 5-53 所示。R_{Tt} 作为衡量最终碰撞损失的性能指标，是碰撞速度、碰撞区域和碰撞角度复杂耦合的结果。由表 5-10 可得，本节所提出的 TD3 控制策略在不同的 T 型碰撞场景下均实现了最佳碰撞缓解效果，即终止状态奖励 R_{Tt} 的值最小，验证了本策略的有效性和优越性，同时体现了强化学习算法在人类驾驶员难以掌握的极端场景下，在碰撞缓解自主控制方面的优越性。在完全制动策略下，单一固定的控制模式使得其最终的碰撞严重程度相比于另外两种策略更大。在最优控制策略下，其最终碰撞损失介于完全制动策略和 TD3 控制策略之间，虽然其参考了实际驾驶操作经验，但简化后的基于规则的控制方式相对固定，无法灵活处理各类工况，因此求得的最优解只是在此规则限制下的最优控制策略而并非全局最优解，只能为 TD3 算法提供总体方向上的指导，TD3 控制策略在最优控制策略的基础上基于最大化奖励函数的目标进一步探索和学习到了性能更优的策略。

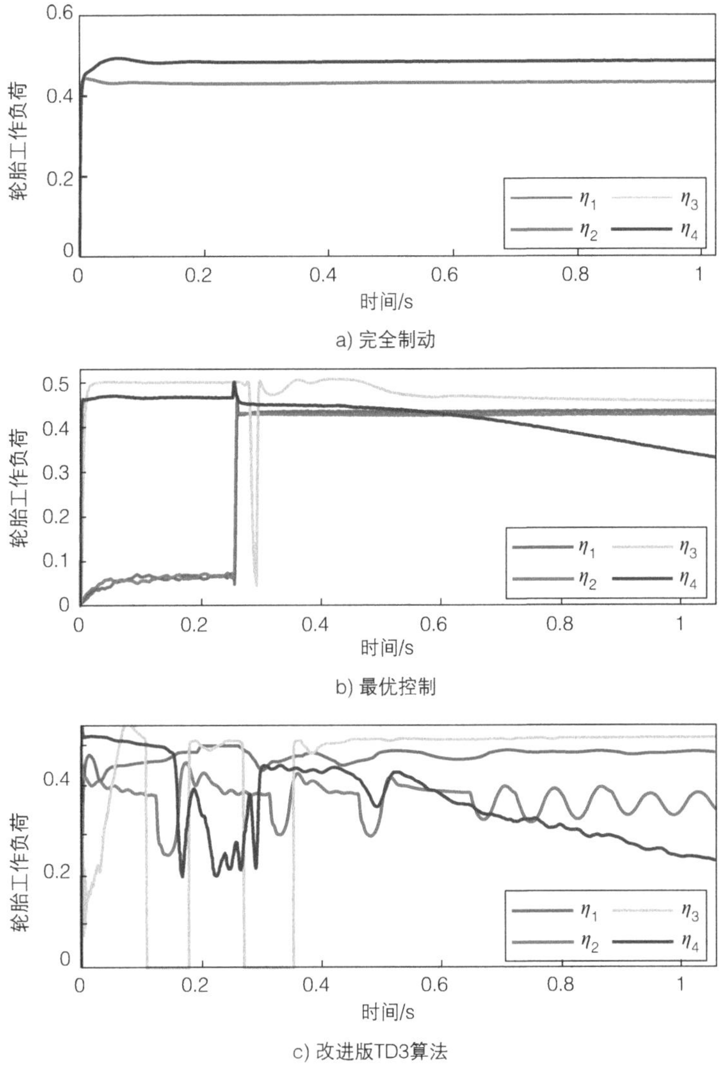

图 5-52　三种策略下轮胎工作负荷对比

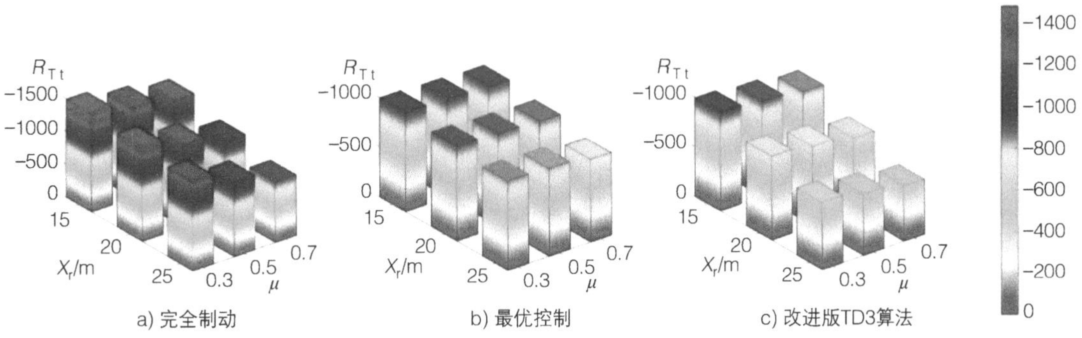

图 5-53　不同 T 型碰撞场景下三种策略的终止状态奖励对比

表 5-10　不同 T 型碰撞场景下三种策略的终止状态奖励 R_{Tt} 对比情况

X_r / m	碰撞场景	μ=0.3	μ=0.5	μ=0.7
15	完全制动	−1487.1	−1369.2	−1257.7
	最优控制	−996.3	−983.0	−966.3
	改进版 TD3 算法	−988.5	−953.6	−907.1
20	完全制动	−1414.1	−1245.5	−1086.7
	最优控制	−949.7	−932.2	−914.6
	改进版 TD3 算法	−839.2	−796.7	−738.8
25	完全制动	−1341.5	−1122.3	−916.1
	最优控制	−893.9	−878.2	−827.6
	改进版 TD3 算法	−670.3	−611.4	−552.9

本节针对无法避免碰撞的 T 型碰撞极限场景，设计了能够最大限度地缓解车辆碰撞严重程度的决策控制算法，在强化学习架构的基础上结合了瞬态漂移控制以及基于规则的优化算法，从而提高车辆在极限条件下的主动安全性能，使得自动驾驶车辆拥有专业驾驶员的高水平驾驶能力，最大限度地扩展自动驾驶车辆的应用场景及动力学控制边界。

第 6 章 智能底盘失效运行及容错控制

由于执行器的线控化，智能底盘故障的种类、数量以及发生概率均有所增加；为了满足高级别智能驾驶的安全需求，底盘需要具有失效运行的能力。本章以智能电动汽车电液冗余制动系统的失效运行为例，分别介绍常规制动工况和紧急制动工况下电液冗余制动失效运行的协调控制方法，以保障制动系统失效状态下车辆安全、高效的制动需求。

6.1 车辆系统动力学建模

车辆系统动力学模型是研究智能电动汽车常规与紧急制动控制方法设计与验证的前提，由于对车辆系统进行准确建模难度较大，而且针对不同的研究问题，模型复杂程度对控制效果并无较大影响，因此可在车辆系统建模时保留关键的控制特性，同时适当地简化模型。本章研究的车辆系统中需要建模的模块包括：车辆动力学、轮胎、轮毂电机、动力电池等。

6.1.1 七自由度车辆动力学模型

车辆坐标系如图 6-1 所示，以前进方向为纵向 x 轴的正向，z 轴正向垂直于 xy 平面，其他运动学和力学变量按照图示默认方向，遵循“右手定则”约定。

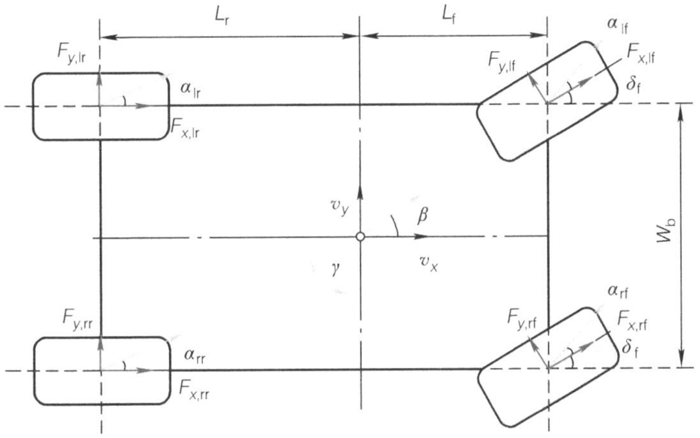

图 6-1 车辆动力学坐标系

车辆纵向运动能够反映制动效能和制动能量回收效率等指标，横向和横摆运动则能够反映车辆制动方向稳定性指标。因此，这里研究智能电动汽车在常规和紧急制动工况下的第 2 章中 REHB 制动系统失效运行协调控制问题，本节采用以车辆纵向、横向、横摆以及四轮转动的七自由度平面动力学模型。

1）车辆纵向动力学方程：

$$m(\dot{v}_x - v_y\gamma) = F_{x,\mathrm{lr}} + F_{x,\mathrm{rr}} - (F_{y,\mathrm{ff}} + F_{y,\mathrm{ff}})\sin\delta_\mathrm{f} + (F_{x,\mathrm{ff}} + F_{x,\mathrm{ff}})\cos\delta_\mathrm{f} - \frac{1}{2}\rho_\mathrm{a}C_\mathrm{D}A_x v_x^2 \tag{6-1}$$

2）车辆横向动力学方程：

$$m(\dot{v}_y + v_x\gamma) = F_{y,\mathrm{lr}} + F_{y,\mathrm{rr}} + (F_{y,\mathrm{lf}} + F_{y,\mathrm{ff}})\cos\delta_\mathrm{f} + (F_{x,\mathrm{lf}} + F_{x,\mathrm{rf}})\sin\delta_\mathrm{f} \tag{6-2}$$

3）车辆横摆动力学方程：

$$\begin{aligned} I_z\dot{\gamma} = {} & (F_{y,\mathrm{ff}} + F_{y,\mathrm{ff}})L_\mathrm{f}\cos\delta_\mathrm{f} + (F_{y,\mathrm{lf}} - F_{y,\mathrm{ff}})\frac{W_\mathrm{b}}{2}\sin\delta_\mathrm{f} - (F_{y,\mathrm{r}} + F_{y,\mathrm{rr}})L_\mathrm{r} + \\ & (F_{x,\mathrm{f}} + F_{x,\mathrm{rf}})L_\mathrm{f}\sin\delta_\mathrm{f} - (F_{x,\mathrm{ff}} - F_{x,\mathrm{fr}})\frac{W_\mathrm{b}}{2}\cos\delta_\mathrm{f} - (F_{x,\mathrm{lr}} - F_{x,\mathrm{rr}})\frac{W_\mathrm{b}}{2} \end{aligned} \tag{6-3}$$

式（6-1）~ 式（6-3）中，m 为车辆整备质量；v_x 为纵向速度；v_y 为横向速度；δ_f 为前轮转角；γ 为横摆角速度；I_z 为车辆围绕垂向 z 轴的转动惯量；F_x 为车轮与地面之间的轮胎纵向力；F_y 为车轮与地面之间的轮胎横向力；ρ_a 为空气密度；A_x 为车辆迎风面积；C_D 为风阻系数；W_b 为轮距。

4）车轮转动动力学方程。某一车轮受力情况如图 6-2 所示，以车辆向前行驶方向为所受力的正方向，以车轮向前行驶的转动方向为所受力矩的正方向。

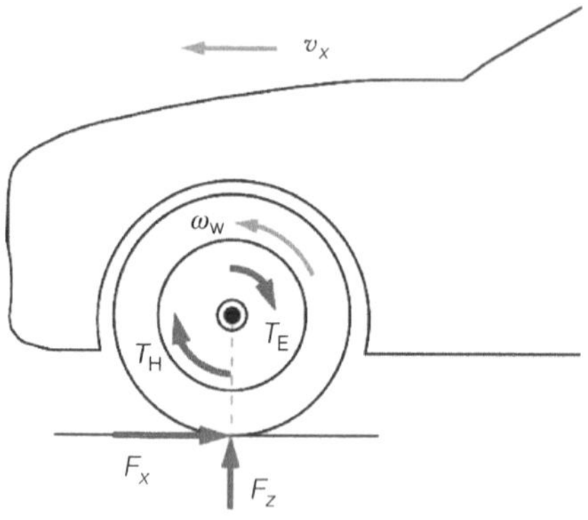

图 6-2　车轮动力学坐标系

轮毂电机及其外部的轮胎构成了车轮。忽略轮胎滚动阻力，由车轮所受的力矩平衡关系，可得四个车轮的转动动力学方程：

$$\begin{cases} I_\mathrm{w}\dot{\omega}_\mathrm{lf} = F_{x,\mathrm{lf}}R_\mathrm{w} - T_{\mathrm{H,lf}} - T_{\mathrm{E,lf}} \\ I_\mathrm{w}\dot{\omega}_\mathrm{rf} = F_{x,\mathrm{rf}}R_\mathrm{w} - T_{\mathrm{H,rf}} - T_{\mathrm{E,rf}} \\ I_\mathrm{w}\dot{\omega}_\mathrm{lr} = F_{x,\mathrm{lr}}R_\mathrm{w} - T_{\mathrm{H,lr}} - T_{\mathrm{E,lr}} \\ I_\mathrm{w}\dot{\omega}_\mathrm{rr} = F_{x,\mathrm{rr}}R_\mathrm{w} - T_{\mathrm{H,rr}} - T_{\mathrm{E,rr}} \end{cases} \tag{6-4}$$

式中，I_w、ω_{ij} 为车轮转动惯量和角速度，i 取 l、r，表示左、右，j 取 f、r，表示前、后，下同；R_w 为车轮有效半径；$T_{\mathrm{H},ij}$ 为液压转矩；$T_{\mathrm{E},ij}$ 为回馈转矩。

车辆动力学的系统输入为轮胎纵向力和横向力，车轮动力学的输入为轮胎纵向力和电机回馈转矩 / 液压摩擦转矩，分别由轮胎模型、轮毂电机以及 REHB 系统给出。

6.1.2　轮胎 - 分布式电驱动系统模型

轮胎是车辆系统中具有高度非线性的模块，尤其是在紧急制动工况中，轮胎运动表现出的滑移现象对于车轮滑移率控制和车辆制动安全具有举足轻重的重要性和挑战性。

这里采用被广泛使用的魔术公式描述轮胎力学，形式如下：

$$F_x = D_\mathrm{MF}\sin\{C_\mathrm{MF}\arctan\{B_\mathrm{MF}\lambda - E_\mathrm{MF}[B_\mathrm{MF}\lambda - \arctan(B_\mathrm{MF}\lambda)]\}\} \tag{6-5}$$

式中，B_{MF}、C_{MF}、D_{MF}、E_{MF} 为轮胎模型参数，具体形式如下：

$$\begin{cases} C_{MF} = b_0 \\ D_{MF} = b_1 F_z^2 + b_2 F_z \\ E_{MF} = b_6 F_z^2 + b_7 F_z + b_8 \\ B_{MF} = (b_3 F_z^2 + b_4 F_z) / [C_{MF} D_{MF} \exp(b_5 F_z)] \end{cases} \tag{6-6}$$

式中，$b_0 \sim b_8$ 为魔术公式模型的拟合参数，可由轮胎试验机测量获取；F_z 为轮胎的垂向力。

轮胎滑移率（制动工况）的表达式为：

$$\lambda_{ij} = \begin{cases} \dfrac{v_x - \omega_{ij} R_w}{v_x} (v_x \geqslant \omega_{ij} R_w, v_x \neq 0), \text{制动工况} \\ \dfrac{\omega_{ij} R_w - v_x}{\omega_{ij} R_w} (v_x < \omega_{ij} R_w, \omega_{ij} \neq 0), \text{驱动工况} \end{cases} \tag{6-7}$$

式中，R_w 为车轮有效半径。

轮胎侧偏特性处于线性工作区间，轮胎横向力可表示为：

$$\begin{cases} F_{y,fi} = -C_f \alpha_{fi} \\ F_{y,ri} = -C_r \alpha_{ri} \end{cases} \tag{6-8}$$

式中，C_f 与 C_r 分别为前、后轴侧偏刚度；α_{fi} 与 α_{ri} 分别为前、后轮侧偏角。

车辆四轮的垂向力来自于静态车重分配以及纵横向加速度引起的动态载荷转移，形式如下：

$$\begin{aligned} F_{z11} &= \frac{1}{2}\left[\frac{MgL_r}{L} - \frac{M\dot{v}_x h_g}{L} - \frac{Mh_g(\dot{v}_y + v_x\gamma)}{W_b}\right] \\ F_{z12} &= \frac{1}{2}\left[\frac{MgL_r}{L} - \frac{M\dot{v}_x h_g}{L} + \frac{Mh_g(\dot{v}_y + v_x\gamma)}{W_b}\right] \\ F_{z21} &= \frac{1}{2}\left[\frac{MgL_f}{L} + \frac{M\dot{v}_x h_g}{L} - \frac{Mh_g(\dot{v}_y + v_x\gamma)}{W_b}\right] \\ F_{z22} &= \frac{1}{2}\left[\frac{MgL_f}{L} + \frac{M\dot{v}_x h_g}{L} + \frac{Mh_g(\dot{v}_y + v_x\gamma)}{W_b}\right] \end{aligned} \tag{6-9}$$

式中，h_g 为车辆质心高度。

轮胎前、后侧偏角与前轮转角 δ_f 的关系式为

$$\begin{cases} \alpha_{fi} = \dfrac{v_y + L_f\gamma}{v_x} - \delta_f \\ \alpha_{ri} = \dfrac{v_y - L_r\gamma}{v_x} \end{cases} \tag{6-10}$$

分布式电驱动系统采用永磁同步电机（PMSM）作为轮毂电机，常用 d-q 轴模型表征其电气动态特征，形式如下。

$$\begin{cases} \dot{i}_d = -\frac{R_s}{L} i_d + P\omega_m i_q + \frac{1}{L} u_d \\ \dot{i}_q = -\frac{R_s}{L} i_q - P\omega_m i_d - \frac{P\psi}{L}\omega_m + \frac{1}{L} u_q \end{cases} \tag{6-11}$$

式中，i_d 与 i_q 分别表示轮毂电机定子的 d 轴与 q 轴电流；u_d 与 u_q 分别表示定子的 d 轴与 q 轴电压；R_s 与 L 分别表示定子的等效电阻与等效电感；P 与 ψ 分别表示轮毂电机的极对数与磁通；ω_m 表示转子的角速度。

PMSM 类型的轮毂电机通常采用单一 q 轴电流跟踪控制方式，即 d 轴电流的参考值为零，由电机转矩目标值反推出 q 轴电流的参考值，最终通过电压控制方式设计所需定子的 d 轴与 q 轴电压命令，实现轮毂电机输出转矩的跟踪控制。

轮毂电机的电磁转矩形式为：

$$T_m = \frac{3}{2} P\psi i_q \tag{6-12}$$

目前，PMSM 的电控技术已较为成熟，基于 PID 等控制器的转矩控制算法已广泛使用于实际电动汽车电驱动系统。永磁同步电机转矩跟踪控制的响应性较为理想，转矩响应时间可达 10ms 级别，转矩控制精度可限制在 1N · m 之内。因此，通常直接通过车载 CAN 总线由车辆控制器（VCU）向电机控制器（MCU）发送电机转矩命令 $T_{E,cmd}$ 使之响应即可。因此，这里将轮毂电机的转矩控制特性描述为带有时延的一阶惯性环节。

$$T_E = \frac{1}{\tau_m s + 1} e^{-\tau_d s} T_{E,cmd} \tag{6-13}$$

式中，τ_m 与 τ_d 分别为轮毂电机的转矩响应惯性参数与时延参数，可通过轮毂电机的转矩阶跃响应试验数据进行参数辨识。在普遍情况下，时延参数相对较小，因此在基于模型的 PMSM 控制设计中可以忽略其影响。

轮毂电机直接嵌入轮胎内形成了车轮整体，因此电机转子角速度 $\omega_{m,ij}$ 与车轮角速度 $\omega_{w,ij}$ 一致。从传感器冗余角度看，电驱动系统的控制器提供的电机转速与 REHB 制动系统的轮速传感器形成了轮速信号的双重冗余备份。

这里所用的动力电池模型采用已经通过实车试验数据标定的“开路电压 - 内阻”模型，针对动力电池 SOC、电池容量、充放电功率、电池母线电流等进行了显式描述。

6.2 常规制动工况失效运行协调控制策略

REHB 系统具有两套液压制动系统用于制动冗余备份。其中，电助力主缸制动系统属于集中式制动系统，只有助力电机作为唯一的供压和调压单元，不能实现四轮制动力完全独立控制。助力电机一旦出现故障，必然导致整个制动系统失效，严重影响车辆制动安全。相比之下，线性电磁阀制动系统属于分布式制动系统，可实现四轮制动力完全独立控制。在某一线性电磁阀出现故障时，制动系统仍可保留部分剩余制动能力。另外，当 REHB 系统正常运行时，电助力主缸和线性电磁阀两种制动系统保持分时运行；当出现失效状态时，两种液压制动系统需要通过制动轮缸液压耦合方式实现制动冗余备份。基于上述考虑，需要重点研究在电助力主缸制动系统出现故障时，线性电磁阀制动系统进行动态协调控制的液液耦合制动力协调控制问题。

6.2.1　液压耦合轮缸压力响应特性

如图 6-3 所示，隔离活塞机构两侧分别为来自制动主缸和高压蓄能器的制动液，通过隔离活塞实现了电助力主缸制动系统与线性电磁阀制动系统的液压耦合作用。当电助力主缸制动系统与线性电磁阀制动系统在制动轮缸处进行液压力耦合时，由于制动轮缸已处于“预压缩”状态，此时制动器间隙已被消除，摩擦片压紧力已超过初始值，因此，两种液压制动系统的轮缸液压力响应特性相比于二者单一作用于制动轮缸时有所不同。

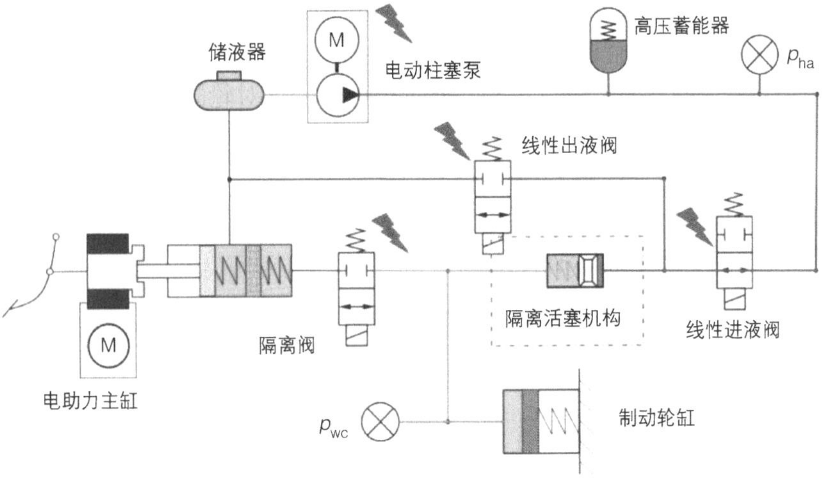

图 6-3　REHB 液压耦合原理示意图

轮缸液压力是由隔离活塞腔内的液压力决定的。考虑到隔离活塞腔处于电助力主缸制动系统一侧，隔离活塞处于线性电磁阀一侧，因此，来自高压蓄能器和线性电磁阀一侧的液压特性将与正常工作模式产生差异：

1）当隔离活塞腔内具有不同的初始液压力时，线性电磁阀制动系统在制动轮缸处具有不同的液压力响应特性。

2）电助力主缸制动系统与隔离活塞腔和制动轮缸直接连通，因此液压力响应特性几乎不受液压力耦合的影响。

根据冗余型线控液压制动系统 REHB 的构型方案，其内部的隔离活塞机构将来自电助力主缸和线性电磁阀的制动液进行物理隔离。在液压耦合时，只有当线性电磁阀一侧的液压力高于隔离活塞腔内的液压力时，制动轮缸液压力的控制权限才可以被线性电磁阀进行接管。隔离活塞的质量很小，可忽略不计。

根据以上对液压耦合原理的分析，无论 REHB 制动系统处于正常还是失效状态，制动轮缸耦合液压强都可统一表示为：

$$p_{wc} = \min(p_{ebc}, p_{lsv}) \tag{6-14}$$

式中，p_{wc} 为制动轮缸处的液压强；p_{ebc} 为电助力主缸制动系统作用在制动轮缸处的液压强；

p_{lsv} 为线性电磁阀制动系统作用在轮缸处的液压强。

为了进一步研究液压耦合控制的方法，首先需要对其液压耦合特性及作用规律进行探索。通过硬件在环试验方法，观测电助力主缸发生故障失效之后，在不同初始轮缸压强下，线性电磁阀在不同 PWM 信号作用下的轮缸压力响应情况。

制动控制器 BCU1 和 BCU2 同时在 Speedgoat 实时系统运行，记录高压蓄能器压强、线性电磁阀（进 / 出液阀）PWM 信号占空比、轮缸压强、电助力主缸位置命令及隔离阀开关命令信号。试验过程分三段，重复进行，如图 6-4 所示。简述如下：

1）利用电助力主缸液压力闭环控制方法和单路隔离阀的隔离作用，再将制动轮缸的压强增加至某一液压强初始值，维持 5s 后释放至压力归零。

2）接上一步骤，利用不同的 PWM 信号占空比控制线性电磁阀制动系统，持续 5s 后至压力基本稳定，观测制动轮缸液压响应曲线。

3）接上一步骤，首先进行第 1）步，通过电助力主缸对轮缸增压至某一液压强初始值，维持电助力主缸和隔离阀的控制命令；同时，重复进行第 2）步，待轮缸压强稳定后，观测制动轮缸液压响应曲线。

4）设定不同期望值的轮缸初始液压强，多次重复以上三步，依次进行试验。分析试验数据，得出液压耦合工况轮缸压强响应规律。

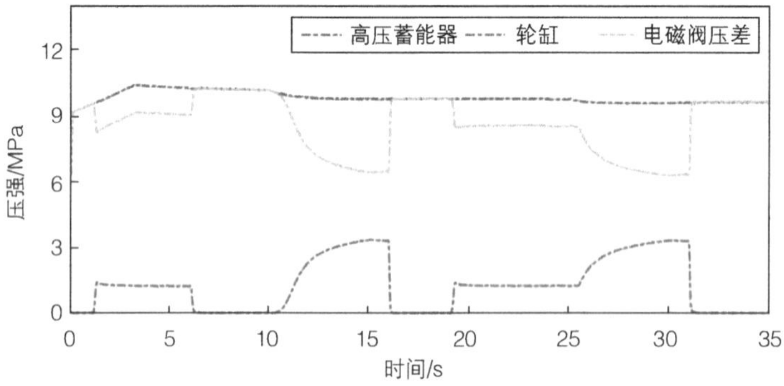

图 6-4　线性电磁阀 PWM- 压差试验

将以上三个阶段的轮缸压强曲线置于同一起始时刻，对比不同执行器在同一次试验过程中的轮缸压力响应，结果如图 6-5 所示。

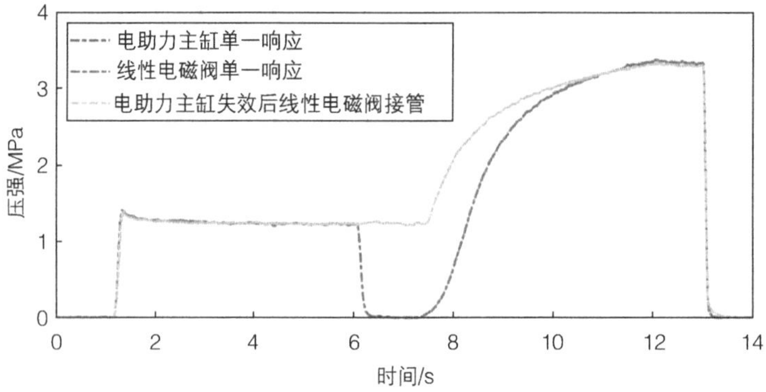

图 6-5　PWM- 压差试验曲线对比

根据制动轮缸压强响应曲线的重合程度可以看出，无论制动轮缸是否存在初始压强，都不会影响线性电磁阀的稳态溢流压强特性。在此结论的基础上，改变 PWM 信号占空比，将多次试验的实测数据进行曲线拟合，并和 REHB 系统正常状态下的稳态溢流特性进行对比，结果如图 6-6 所示。

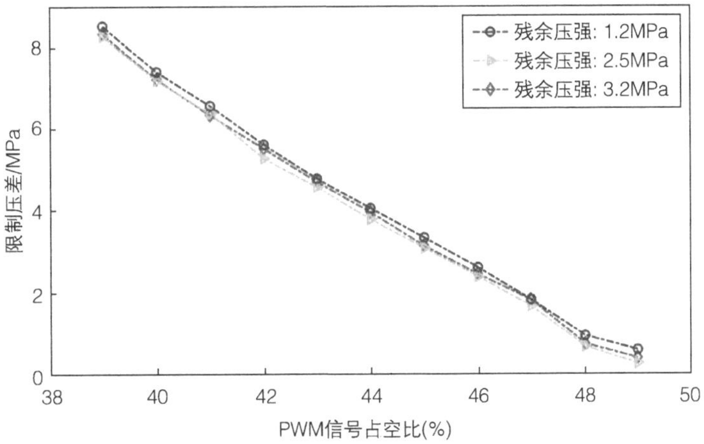

图 6-6　不同残余压强下溢流特性对比

根据图 6-6 中的试验数据及拟合结果可知，线性电磁阀的稳态溢流压强特性依然保持良好的线性度，且与 REHB 系统正常状态时的特性曲线差别较小。因此，可以忽略制动轮缸内的残余液压强对线性电磁阀的稳态溢流压力特性的影响。

基于线性电磁阀不随 REHB 系统正常或失效状态变化的良好控制性质，进一步研究 REHB 系统液压耦合闭环压力的控制方法。

6.2.2　液压耦合闭环压力控制方法

基于 6.2.1 节介绍的 REHB 系统在发生故障时的液压耦合轮缸压力响应特性，为了实现 REHB 系统在失效运行情况下对制动轮缸压力的精密控制，本书提出了基于虚拟轮缸压力估计的快速增压控制算法，形成了一种液压耦合闭环压力控制方法。该方法的原理如图 6-7 所示。

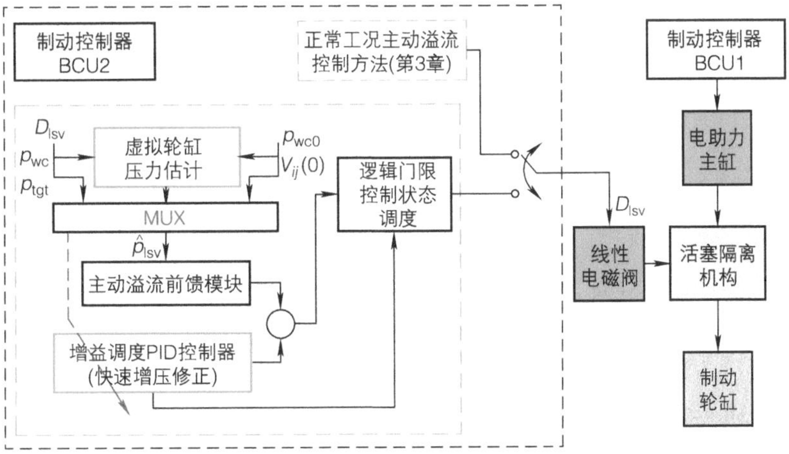

图 6-7　液压耦合闭环压力控制方法框图

液压耦合闭环压力控制方法原理：在电助力主缸制动系统发生故障后，制动控制器BCU1将REHB控制权限交接给BCU2，此前BCU2中运行的正常状态主动溢流控制方法切换为本节提出的失效状态下的液压耦合压力闭环控制算法。该算法保留了主动溢流前馈控制、基于增益调动PID的压力闭环反馈控制以及逻辑门限控制状态调度三个功能模块，同时增加了一个快速增压逻辑用于处理“故障发生 - 控制恢复”过渡阶段的压力控制，防止出现剧烈超调和液压控制失稳。待轮缸压力控制重新恢复稳态跟压误差要求范围内之后，BCU2将正常状态主动溢流控制方法重新切入线性电磁阀制动系统的实时控制中，最终基本恢复REHB系统故障发生之前的车辆制动性能。

根据以上液压耦合闭环压力控制方法原理介绍可知，REHB系统若要实现在失效运行情况下对制动轮缸压力的精密控制需要解决两大问题，并提出相应的解决方案。具体介绍如下。

对于平衡活塞在线性电磁阀一侧的液压力，由于没有压力传感器直接测量压力，在“制动接管”过渡过程中无法进行线性电磁阀制动系统的闭环压力控制，因此需要设计一种轮缸压力观测器以实时估计此侧“虚拟轮缸”的压力值。由于线性电磁阀流量特性性能较好，可控范围宽，流量线性度高。故可借此优势，设计一种基于线性电磁阀流量特性的轮缸压力估计方法。车用液压制动系统的轮缸压强特性（*p-V*特性）根据通过基于试验数据或基于经验公式的方式进行建模。将轮缸*p-V*特性表示为：

$$p_{ij} = a_1 V_{ij}^3 + a_2 V_{ij}^2 + a_3 V_{ij} \tag{6-15}$$

式中，p_{ij}为轮缸压强；V_{ij}为轮缸制动液体积。

轮缸台架试验数据与轮缸*p-V*模型的对比结果如图6-8所示，可以看出，三次多项式*p-V*模型的拟合效果较好。

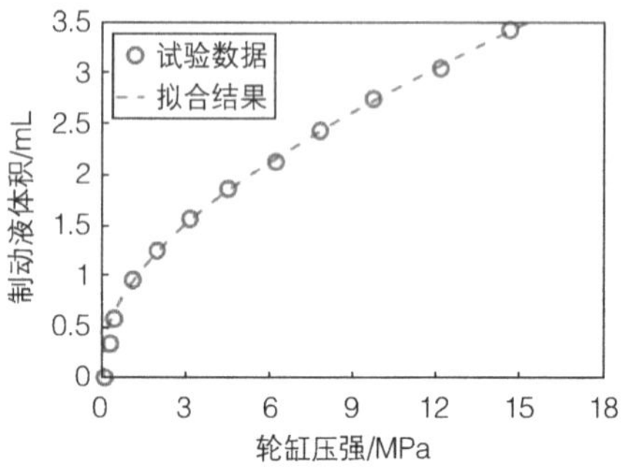

a) 前轮轮缸

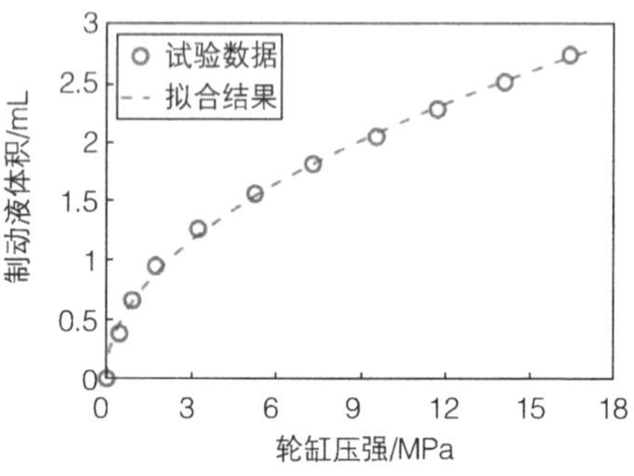

b) 后轮轮缸

图6-8 轮缸*p-V*特性试验验证

轮缸内制动液体积与线性电磁阀阀口流量的关系表示为：

$$V_{ij} = V_{ij}(0) + \int Q_{wc} \mathrm{d}t \tag{6-16}$$

式中，$V_{ij}(0)$为初始制动液体积；Q_{wc}为轮缸流量。

因此，根据轮缸*p-V*特性式（6-15）和轮缸流量 - 制动液体积关系式（6-16），可以通过计算阀口过流时间对应的流量积分获得当前时刻线性电磁阀一侧的“虚拟轮缸”的压力估计值。

另外，液压耦合轮缸压强控制的初始时刻，轮缸已具有某一初始压强（即残余液压强），为了尽可能减少制动接管时间，线性电磁阀一侧的“虚拟轮缸”压强应尽可能快速地达到残余压强值并快速进入后续的压强跟踪任务，从而达到失效运行的目标。

快速增压控制功能由修正参数后的增益调度 PID 控制器实现。在制动故障发生后，影响压强闭环反馈控制的因素既有电磁阀上游的高压蓄能器压力，又有轮缸残余液压力。因此，增益调度 PID 控制器的增益参数必须要根据轮缸残余液压力进行修正。

根据上文所述的线性电磁阀电控溢流特性不随轮缸残余压力变化的性质可知，主动溢流前馈模块的参数保持正常值，无需修正。

综合以上控制设计，针对装备 REHB 制动系统的智能电动汽车常规制动失效工况（典型场景如 ACC 过程中发生制动故障），这里提出了一种基于液压耦合闭环控制的回馈制动控制策略。

6.2.3　基于液压耦合闭环控制的回馈制动控制策略

考虑分布式轮毂电机驱动系统和 REHB 的智能电动汽车能量回馈式线控制动系统方案，在回馈制动时，电机回馈转矩和液压摩擦转矩共同承担车轮制动，因此，车轮上的制动转矩 $T_{b,ij}$ 表示为：

$$T_{b,ij}=T_{H,ij}+T_{E,ij} \tag{6-17}$$

若针对无驾驶员操作的高级别自动驾驶，整车制动需求 $T_{b,req}$ 由 VCU 根据车辆当前工况所需的制动减速度 a_{req} 给出：

$$T_{b,req}=ma_{req} \tag{6-18}$$

若针对有驾驶员操作制动踏板的情况，则整车制动需求 $T_{b,req}$ 由 BCU 接收主缸压强 p_{mc} 进行解析。在考虑同轴制动器参数一致时，整车制动需求表示为：

$$T_{b,req}=4p_{mc}\mu_b(A_{w,f}r_{b,f}+A_{w,r}r_{b,r}) \tag{6-19}$$

式中，$A_{w,f}$、$A_{w,r}$ 分别为前、后制动轮缸活塞截面积；$r_{b,f}$、$r_{b,r}$ 分别为前、后制动器摩擦半径；μ_b 为制动器摩擦系数。

为了统一考虑以上两种情况，这里以“整车需求制动液压力”作为反映整车制动需求的变量。因此，整车制动需求可统一表示为：

$$p_{b,req}=\frac{T_{b,req}}{4\mu_b(A_{w,f}r_{b,f}+A_{w,r}r_{b,r})} \tag{6-20}$$

同样，可将轮毂电机的回馈转矩转化为等效轮缸液压力 $p_{eq,ij}$：

$$p_{eq,ij}=\frac{1}{2A_{wc,ij}\mu_b r_{b,ij}}T_{e.ij} \tag{6-21}$$

这里提出了基于上述液压耦合闭环控制的电液冗余回馈制动控制方法，该方法的控制原理如图 6-9 所示。

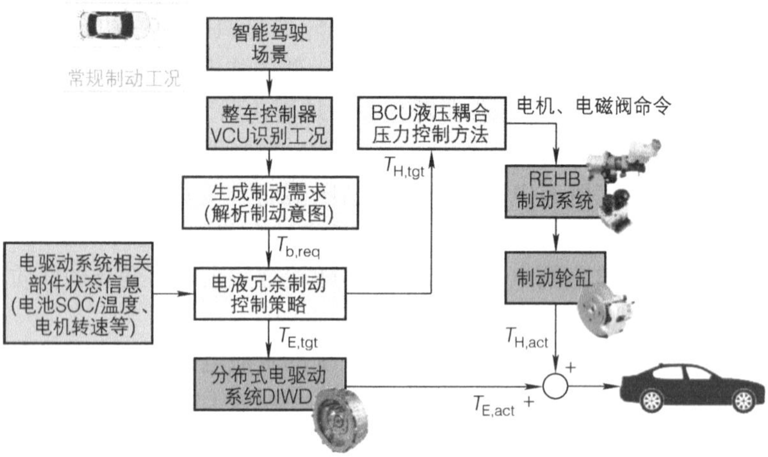

图 6-9　基于液压耦合闭环控制的电液冗余回馈制动控制策略

电液冗余回馈制动的控制逻辑是 VCU 接收来自各种车载传感器和其他控制单元的信息，解析得到当前车辆所需的制动减速度，明确整车制动需求。制动控制器 BCU 按照所设计的制动能量回收策略，计算目标回馈制动转矩。轮毂电机控制器 MCU 根据各轮回馈制动转矩的目标值执行回馈制动，并将实际回馈转矩反馈至制动控制器 BCU，后者将实际回馈转矩与目标制动转矩之差作为 REHB 制动系统的控制目标，传入液压耦合闭环控制模块，计算当前 REHB 制动系统所需电助力主缸或线性电磁阀的控制命令。经过上述过程，轮毂电机回馈转矩和 REHB 制动系统摩擦转矩在车轮处耦合制动，最终实现常规制动工况下的电液冗余回馈制动。

上述制动能量回收的制动力分配策略包括车辆前后轮轴之间的制动力分配和单轮上的回馈制动力 / 摩擦制动力的分配两方面。

对于前后轴制动力分配，应当维持原型车辆的前后制动固定比例分配方式（实际上该分配系数可动态调整，但并非关注的重点），因此车辆前后轴制动转矩表示为

$$\begin{cases} T_{\mathrm{b,f}} = \beta T_{\mathrm{b,need}} \\ T_{\mathrm{b,r}} = (1-\beta) T_{\mathrm{b,need}} \end{cases} \tag{6-22}$$

式中，β 为前后制动力分配系数，一般通过综合考虑各种制动力分配边界（如理想制动力分配 I 曲线、ECE 法规边界线等）给出。

对于单轴电液制动力分配，采用协调式回馈制动策略，优先使用电机回馈制动转矩实现单轴制动需求，剩余不足部分则由摩擦制动转矩进行补偿。在此原则的基础上，还需考虑轮毂电机的实际转矩 / 效率特性、实时车速、电机温度、DC/DC 变换效率、动力电池的充放电效率等，综合以上各种因素确定当前电机的最大允许回馈转矩 $T_{\mathrm{reg,max},ij}$。据此，单轮电液制动力分配关系可描述为：

$$\begin{cases} T_{\mathrm{E,tgt},ij} = \max\{T_{\mathrm{b,need}} | T_{\mathrm{m,max}} |\} \\ T_{\mathrm{H,tgt},ij} = T_{\mathrm{b,need}} - T_{\mathrm{b,e,act},ij} \end{cases} \tag{6-23}$$

6.2.4　常规制动工况电液协调制动失效运行控制策略台架试验验证

为了验证电液冗余制动协调控制策略在各种制动工况下的失效运行控制效果，基于 MATLAB/Simulink 代码生成、Speedgoat 与 dSPACE/SCALEXIO 实时系统进行了硬件在环试验。电液冗余制动硬件在环试验平台如图 6-10 所示，包括上位机 1、上位机 2、REHB 制动系统、下位机 1（Speedgoat 实时系统）、下位机 2（SCALEXIO 实时系统）、各传感器、信号采集和数据处理模块、电机和电磁阀驱动模块，以及与实际车辆一致的辅助液压元件，包括液压管路、车轮制动器等。

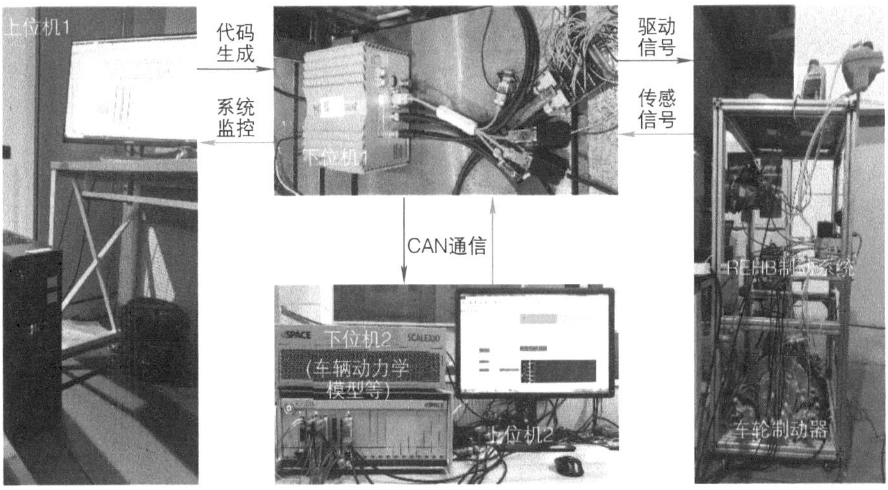

图 6-10　电液冗余制动硬件在环试验系统

本节研究工作的目标车辆系统的相关参数见表 6-1。

表 6-1　目标车辆系统的相关参数

部件	参数名	参数值及单位
整车	整备质量	1360kg
	质心到前轴距离	1.049m
	质心到后轴距离	0.821m
	轮距	1.555m
	质心高度	0.495m
	迎风面积	2.35m^2
	风阻系数	0.31
	车轮有效半径	0.30m
电机	额定功率	20kW
	最大功率	45kW
	最大转矩	530N·m

6.2.4.1　纯液压制动工况失效状态压力跟踪试验

试验思路：在常规制动工况下，REHB 系统的电助力主缸中途发生故障（假定出现多次故障，呈现为不同数值的轮缸残余压力）；在故障发生后，单纯采用线性电磁阀制动系统进行轮缸压力跟踪控制，考察所提出的控制方法的跟压性能、容错能力、鲁棒性以及对比经典 PID 控制方法的优势。

试验场景：轮缸压力的期望值由斜坡、平台、正弦等波形组合而成。开始时刻根据实际制动需求场景进行了调整，具体见试验结果展示的期望曲线。

试验选择基于经典 PID 切换控制方法作为对照组方法：切换逻辑实现容错功能，在故障发生后切换为不同参数的 PID 控制器实现压强闭环控制。基于经典 PID 切换控制方法不具备所提出的方法中的轮缸压力估计前馈和快速增压逻辑模块，该方法的控制参数经过大量标定给出，以尽可能获得较好的压力控制效果。两种控制方法的试验结果分别如图 6-11 和图 6-12 所示。

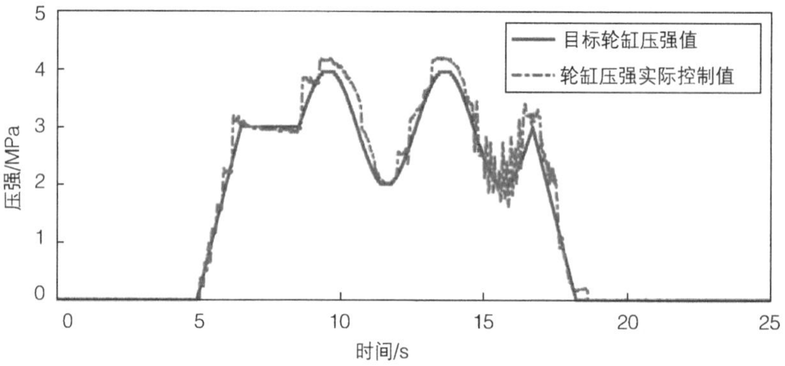

图 6-11　经典 PID 方法压力控制效果

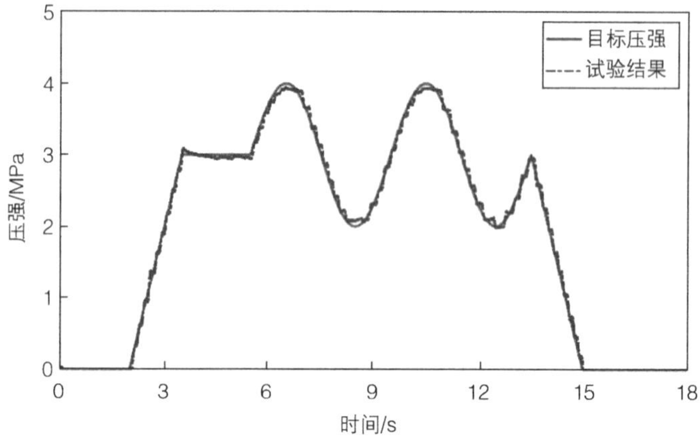

图 6-12　液压耦合闭环控制方法压力控制效果

电助力主缸制动系统分别在 3s、6s、9s 时进行故障注入，具体方法是控制轮缸压强（虚拟值，表示单一电助力主缸制动时的轮缸压力值）依次达到 0.8MPa、1.2MPa、1.6MPa，并在 12.0s 时刻归零来模拟故障。由以上两图试验结果分析可得：

1）基于经典 PID 切换控制方法的压强跟踪在制动初期精度尚可，但在故障发生后，由于缺少压力估计和快速增压实现超调失稳的快速恢复能力，该方法的压力控制稳定性出现了恶化，表现出跟压误差剧烈波动的现象。在增压、减压、保压三种状态之间频繁切换，试验过程中线性电磁阀调压噪声明显，这是由于该方法本质上是开关控制决定的。

2）制动控制器 BCU2 接到故障诊断信号并根据液压耦合闭环控制算法进行失效运行补偿控制。由于该方法具有压力估计和快速增压功能模块，据图 6-12 可知，全程跟压表现几乎不受电助力主缸故障引起的轮缸压强的影响，整个压强跟踪过程中控制误差保持在 0.2MPa 之内，满足动态制动工况的压力控制精度需求，且压力控制过程的稳定性较好。

试验过程中的线性电磁阀控制调度状态和进出液阀的 PWM 驱动信号占空比情况如图 6-13 所示。可以看出，在增压过程中逻辑门限调度状态的进液阀增压命令占据主导，类似的，在减压过程中出液阀增压命令占据主导，这种结果导致电磁阀的频繁开闭现象得到改善。该方法一方面改善了跟压精度，另一方面显著降低了压力控制中的电磁阀振动和噪声。

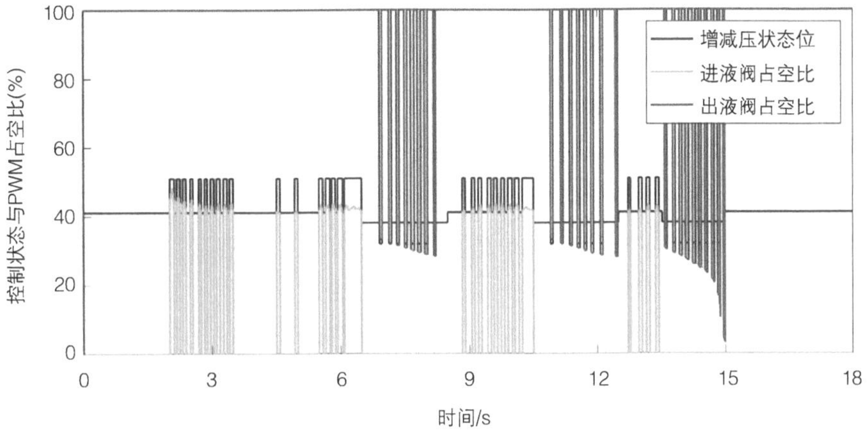

图 6-13　液压耦合压强控制方法的电磁阀控制状态

其中，上位机 1 和上位机 2 通过运行 MATLAB/Simulink 环境实现各种控制方法、监控试验进程、分析与处理试验数据。下位机 1 为 Speedgoat 实时系统，负责运行 VCU、BCU1 和 BCU2 对应的上层电液冗余制动协调控制算法与下层液压力精密控制算法，实现快速控制器原型，并与 REHB 制动系统交互。下位机 2 为 SCALEXIO 实时系统，负责实时解算复杂车辆动力学模型、分布式电驱动系统 DIWD 模型、动力电池模型等。上位机 1、2 与下位机 1、2 分别对应，之间分别通过以太网和 CAN 协议通信。下位机 1 与下位机 2 的交互构成了本节提出的能量回馈式线控制动系统的电子控制闭环。

为了评价不同压力控制方法在液压耦合制动工况的跟压效果，采用均方根跟压误差（Root Mean Square Error, RMSE）来表征上述两种方法动态压力控制的性能。

其中，均方根跟压误差的计算方式为：

$$\mathrm{RMSE}=\sqrt{\frac{1}{n}\sum_{k=1}^{n}[p_{\mathrm{ref}}(t_k)-p_{\mathrm{act}}(t_k)]^2} \tag{6-24}$$

式中，n 为计算时域长度；p_{ref}、p_{act} 分别为轮缸压强的期望值和实测值。经计算可知，在纯液压制动工况下制动系统失效运行问题中，相比于基于经典 PID 的压强控制方法，液压耦合闭环压强控制方法在稳态和动态压力控制性能方面均有显著改善。具体而言，经典 PID 方法与该方法的均方根误差分别为 0.23MPa 和 0.0574MPa，相比前者，该方法的跟压精度提升了 75.0%。

以上试验结果说明，液压耦合闭环压强控制方法在纯液压制动失效运行控制中具有充足的精密性和鲁棒性。

6.2.4.2 电液协调制动工况失效状态回馈制动试验

为了验证基于液压耦合闭环控制的回馈制动算法的控制性能，试验工况选择典型的制动能量回收过程，这一过程描述了车辆由某一初始车速开始进行制动减速直至某一终端车速，代表性场景为自适应巡航控制 ACC 的减速阶段或常规制动工况的减速停车过程。

车辆以 80km/h 的初速度，以 0.2*g* 的制动减速度进行回馈制动，在此过程中 REHB 系统的电助力主缸在 3.2s 发生故障，作为制动失效冗余备份的线性电磁阀制动系统立即进行液压耦合闭环控制。综合考察基于液压耦合闭环控制下轮缸压力跟踪控制效果、电液复合协调制动效果以及车辆制动效能水平、制动平顺性、制动过程能量回馈效率等指标。硬件在环试验结果如图 6-14 所示。

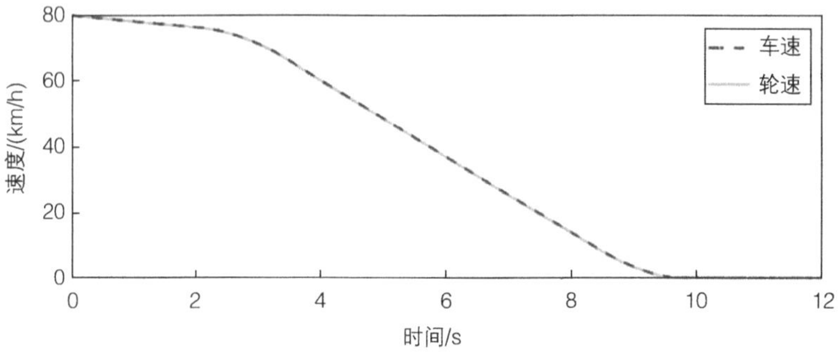

图 6-14 回馈制动过程车速轮速情况

如图 6-15 所示，整车控制器 VCU 在 0s 时刻给出制动需求以模拟内燃机反拖制动，该部分制动需求由前后电机回馈转矩承担。随后 VCU 在 2.0s 发出逐渐增加的制动需求，初期仍由回馈转矩独立实现；在 2.7s 时刻由于电液分配策略，REHB 的电助力主缸开始工作，轮缸压力逐渐增长，液压摩擦转矩加入总制动转矩中进行电液协调，直至 3.2s 时刻电助力主缸发生故障，此时进入 REHB 失效运行模式，触发基于液压耦合闭环控制回馈算法的容错和控制恢复机制。

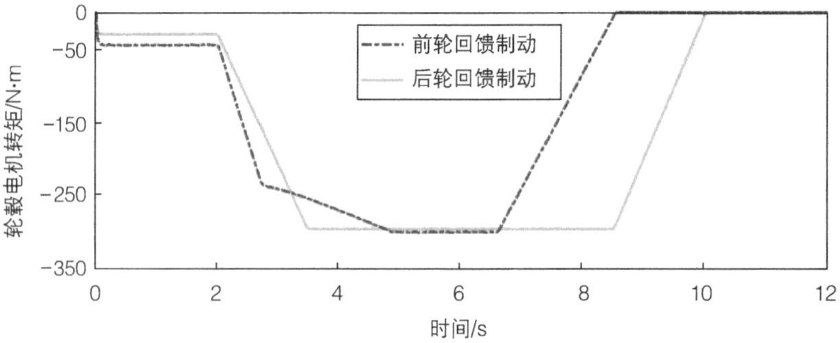

图 6-15 前后轮毂电机转矩响应

上述故障发生后，隔离阀立即切断电助力主缸直通轮缸的液路，此时轮缸残余压强仍有 1.0MPa；线性电磁阀在液压耦合闭环控制算法的作用下，快速增压至 1.0MPa 并继续根据当前液压需求进行跟压控制，如图 6-16 所示。可以看出，在故障事件发生（3.2s）之后，轮缸压强跟踪效果几乎未受影响，说明液压耦合闭环压强控制算法具有良好的容错与恢复能力。此后的跟压误差均保持在 0.1MPa 之内，压强控制较为稳定。电机回馈转矩作为电液复合制动的主动控制部分，转矩响应较为理想。液压摩擦转矩作为被动补偿部分，电液等效转矩跟踪目标转矩良好（等效为液压力），全程均表现出了快速响应和精密调节的液压控制品质。

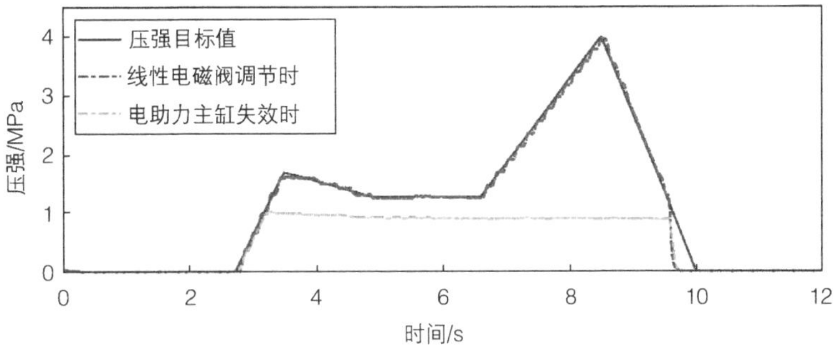

图 6-16 REHB 制动系统压强响应

如图 6-17 所示，在制动过程末期，VCU 监控到车速接近目标值（此处为 0km/h），在车速低于 8.0km/h 时回馈转矩退出，仅保留 REHB 的液压制动；当车速最终到达目标值时（9.4s 左右），线性出液阀全开，同时隔离阀打开，轮缸残余压强完全释放。待进入下一轮制动工况时，REHB 仅保留线性电磁阀制动系统的制动功能，能量回馈式线控制动系统继续保持整体的制动性能，从而实现了智能电动汽车常规制动工况的制动系统失效运行。

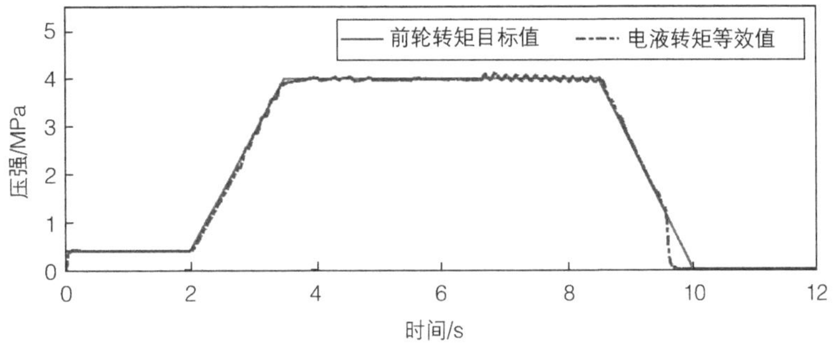

图 6-17 等效转矩与目标转矩的对比

在整个制动过程中，车辆的制动减速度与 VCU 发出的制动需求的一致性较好（二者之间呈现良好的比例关系），另一方面也反映了电液复合制动转矩能够令人满意地跟随整车制动转矩需求。车辆制动平顺性选择纵向冲击度来评价，其计算方式为：

$$J_x = \frac{\mathrm{d}^2(v_{x,\mathrm{act}})}{\mathrm{d}t^2} \tag{6-25}$$

车速的二阶导数存在高频噪声，工程上一般采用低通滤波器（一阶惯性环节）进行信号滤波。计算所得的纵向冲击度如图 6-18 所示，可以看出，仅有制动末期阶段出现了最大冲击（15m/s³），这是液压制动撤出后整车制动力突变以及车速由非零降至 0km/h 导致的。总体而言，整个过程中车辆制动冲击均较为平顺。

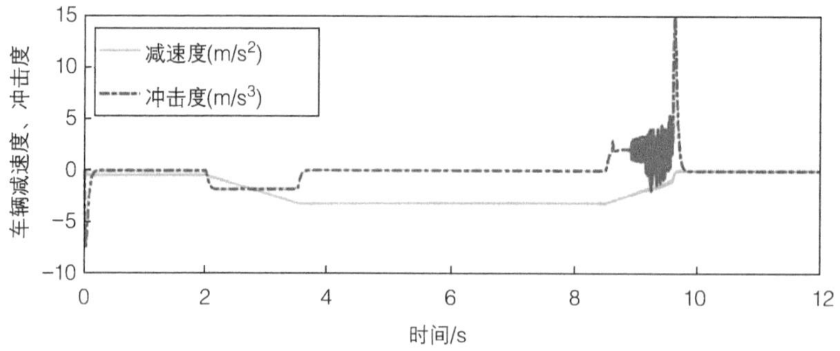

图 6-18　车辆纵向减速度与冲击度

车辆制动能量回收经济性选择制动回馈效率来评价，其计算方式为：

$$\eta_{\mathrm{reg}}=\frac{E_{\mathrm{reg}}}{E_{\mathrm{brk}}}\times 100\% \tag{6-26}$$

式中，E_{reg} 为动力电池端回收的电能；E_{brk} 为可回收制动能量。其计算公式为：

$$\begin{cases} E_{\mathrm{reg}}=\int_{t_0}^{t_{\mathrm{f}}} UI\mathrm{d}t \\ E_{\mathrm{brk}}=\dfrac{1}{2}mv_x^2-\int_{t_0}^{t_{\mathrm{f}}}\left(mgf+\dfrac{1}{2}\rho_{\mathrm{a}}C_{\mathrm{D}}A_x v_x^2\right)v_x\mathrm{d}t \end{cases} \tag{6-27}$$

式中，U、I 分别为动力电池端的电压和电流；t_0、t_{f} 分别为制动过程初末时刻；f 为滑动阻力系数；ρ_{a} 为空气密度；C_{D} 为风阻系数；A_x 为迎风面积。

通过以上计算，本电液冗余失效运行策略下的车辆制动回馈效率可达 28.3%。需要注意的是，制动安全性的优先级始终高于回馈经济性。

综上所述，本节提出的基于液压耦合闭环控制的回馈制动算法在常规制动工况失效运行问题上表现出了制动控制的高效性和鲁棒性，保证了制动失效后的车辆制动安全性。

6.3 紧急制动工况失效运行协调控制策略

智能电动汽车在紧急制动工况下，如 ABS 或 AEB 工况，需要尽可能利用地面附着能力从而获得更大的轮胎制动力，因此轮胎滑移率控制对于紧急制动工况非常关键。特别需要关注的是，在能量回馈式线控制动系统出现失效状态时（如制动执行器故障），紧急制动的控制难度更加明显。因此，本节介绍一种紧急制动工况电液冗余制动失效运行协调控制策略，控制框架如图 6-19 所示。

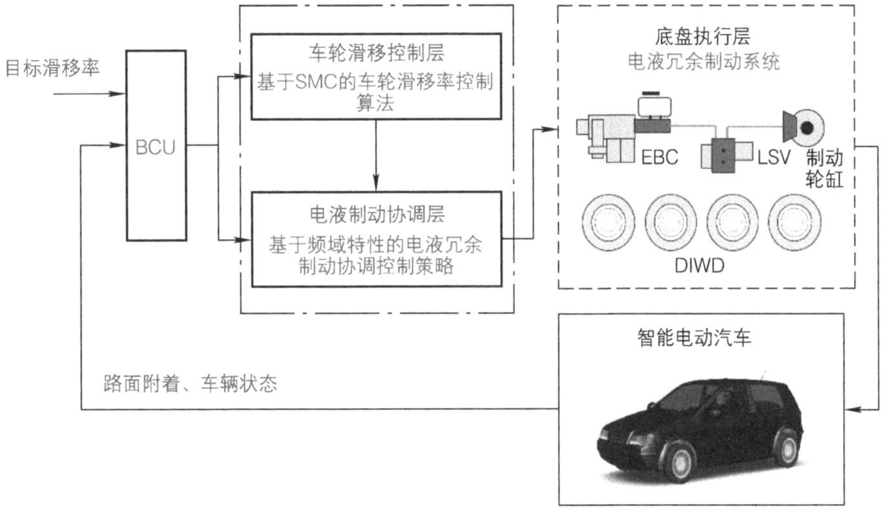

图 6-19　紧急制动工况电液冗余制动失效运行协调控制框架

为了将能量回馈式线控制动系统的电液冗余制动协调控制方法推广至更为一般性的极端制动场景，保证智能电动汽车在全制动工况下的制动安全性，本节针对 ABS 工况中的电液冗余制动失效运行问题，展开控制方法研究与试验验证。

6.3.1　基于滑模控制的车轮滑移率控制算法

选取轮胎滑移率 λ_{ij} 为状态变量，控制目标为跟踪轮胎滑移率的期望值 λ_{d}。

$$x=\lambda_{ij} \tag{6-28}$$

滑移率的时间变化率为：

$$\begin{aligned}\dot{\lambda}_{ij}&=-\frac{\dot{\omega}_{ij}R_{\mathrm{w}}}{v_x}+\frac{\dot{v}_x\omega_{ij}R_{\mathrm{w}}}{v_x^2}\\&=\frac{-R_{\mathrm{w}}\dot{\omega}_{ij}+(1-\lambda_{ij})\dot{v}_x}{v_x}\end{aligned} \tag{6-29}$$

滑移率偏差定义为：

$$e_{ij}=\lambda_{ij}-\lambda_{\mathrm{d},ij} \tag{6-30}$$

在制动过程中，车辆纵向动力学方程为：

$$m\dot{v}_x=-\sum_{i=1}^{\mathrm{r}}\sum_{j=\mathrm{f}}^{\mathrm{r}}F_{x,ij} \tag{6-31}$$

注意，其中轮胎纵向力取正值。

轮胎纵向力由轮胎垂向载荷和附着系数决定，表示为：

$$F_{x,ij}=F_{z,ij}\mu_{ij}(\lambda_{ij}) \tag{6-32}$$

注意，其中轮胎垂向力、附着系数、轮胎滑移率均取正值。

在制动过程中，车辆转动动力学方程为：

$$I_{\mathrm{w}}\dot{\omega}_{ij} = F_{x,ij}R_{\mathrm{w}} - T_{\mathrm{E},ij} - T_{\mathrm{H},ij} = F_{x,ij}R_{\mathrm{w}} - T_{\mathrm{b},ij} \tag{6-33}$$

结合相关上式，代入轮胎滑移率的时间导数表达式，可得：

$$\dot{\lambda}_{ij} = -\frac{R_{\mathrm{w}}}{I_{\mathrm{w}}v_x}(R_{\mathrm{w}}F_{x,ij} - T_{\mathrm{b},ij}) - \frac{(1-\lambda_{ij})}{Mv_x}\sum_{i=1}^{\mathrm{r}}\sum_{j=\mathrm{f}}^{\mathrm{r}}F_{x,ij} \tag{6-34}$$

为实用性考虑，采用比例积分滑模控制器：

$$s_{ij} = e_{ij} + \alpha_1\int e_{ij}\,\mathrm{d}t \tag{6-35}$$

获得式（6-34）的一阶导数。结合滑移率变化率式（6-34）及滑移率跟踪误差式（6-30），得到滑模面时间导数表达式为：

$$\dot{s}_{ij} = \frac{1}{v_x}\left(\begin{array}{l} -\dfrac{R_{\mathrm{w}}}{I_{\mathrm{w}}}\left(R_{\mathrm{w}}F_{x,ij}\left(\lambda_{ij},F_{zi}\right) - T_{\mathrm{b},ij}\right) \\ -\dfrac{1}{M}\left(1-\lambda_{ij}\right)\displaystyle\sum_{i=1}^{\mathrm{r}}\sum_{j=\mathrm{f}}^{\mathrm{r}}F_{x,ij}\end{array}\right) + \alpha_1\lambda_{ij} - \dot{\lambda}_{\mathrm{d},ij} - \alpha_1\lambda_{\mathrm{d},ij} \tag{6-36}$$

当上式为零时，可求解出车轮转矩控制律为：

$$T_{\mathrm{b},ij} = \frac{I_{\mathrm{w}}}{R_{\mathrm{w}}}\left\{\frac{R_{\mathrm{w}}^2}{I_{\mathrm{w}}}F_{x,ij} + \frac{1}{M}(1-\lambda_{ij})\sum_{i=1}^{\mathrm{r}}\sum_{j=\mathrm{f}}^{\mathrm{r}}F_{x,ij} + v_x\left(-\alpha_1\lambda_{ij} + \dot{\lambda}_{\mathrm{d},ij} + \alpha_1\lambda_{\mathrm{d},ij} - \varepsilon_1 s_{ij} - \varepsilon_0\mathrm{sat}\left(\frac{s_{ij}}{\alpha_2}\right)\right)\right\} \tag{6-37}$$

其中，sat(·)为饱和函数，可降低滑模控制的高频抖动。

$$\mathrm{sat}\left(\frac{s_{ij}}{\alpha_2}\right) = \begin{cases} -1, & \text{当}\, s_{ij} < -\alpha_2 \\ \dfrac{s_{ij}}{\alpha_2}, & \text{当}\, -\alpha_2 < s_{ij} < \alpha_2 \\ 1, & \text{当}\, s_{ij} > \alpha_2 \end{cases} \tag{6-38}$$

上述车轮滑移率控制滑模控制器的稳定性证明如下。

选择 Lyapunov 函数形式为：

$$V = \frac{1}{2}s_{ij}^2 \tag{6-39}$$

将滑模面表达式（6-36）及滑模控制律（6-37）代入式（6-39）的一阶时间导数：

$$\begin{aligned} \dot{V} &= s_{ij}\dot{s}_{ij} \\ &= s_{ij}\left[-\frac{(R_{\mathrm{w}}F_{x,ij} - T_{\mathrm{b},ij})R_{\mathrm{w}}}{I_{\mathrm{w}}v_x} - \frac{(1-\lambda_{ij})}{Mv_x}\sum_{\mathrm{r}}^{i=1}\sum_{\mathrm{r}}^{j=\mathrm{f}}F_{x,ij} + \alpha_1\lambda_{ij} - \dot{\lambda}_{\mathrm{d},ij} - \alpha_1\lambda_{\mathrm{d},ij}\right] \\ &= -S_{ij}\left[\varepsilon_1 S_{ij} + \varepsilon_0\mathrm{sat}\left(\frac{S_{ij}}{\alpha_2}\right)\right] \\ &= -\varepsilon_1 s_{ij}^2 - \varepsilon_0\left|s_{ij}\mathrm{sat}\left(\frac{s_{ij}}{\alpha_2}\right)\right| \end{aligned} \tag{6-40}$$

注意滑模控制器参数 ε_0、ε_1 均大于零，因此，

$$\dot{V} = -\varepsilon_1 s_{ij}^2 - \varepsilon_0 \left| s_{ij} \ \mathrm{sat}\left(\frac{s_{ij}}{\alpha_2}\right) \right| < 0 \tag{6-41}$$

至此可证明，上述基于滑模控制的车轮滑移率控制系统具有稳定性。

6.3.2 基于频域特性的电液冗余制动协调控制策略

能量回馈式线控制动系统具有三种制动力来源：通过轮毂电机回馈制动，电助力主缸制动和线性电磁阀液压制动。三种制动转矩的响应特性各有不同，其中回馈转矩的响应性通常较为理想。但是因为 REHB 系统两种执行器的液压控制性能相对较弱，因此成为限制紧急制动工况车辆高安全制动的瓶颈。

通过 REHB 的台架试验，线性电磁阀制动系统和电助力主缸制动系统的压力响应频域特性如图 6-20 所示。

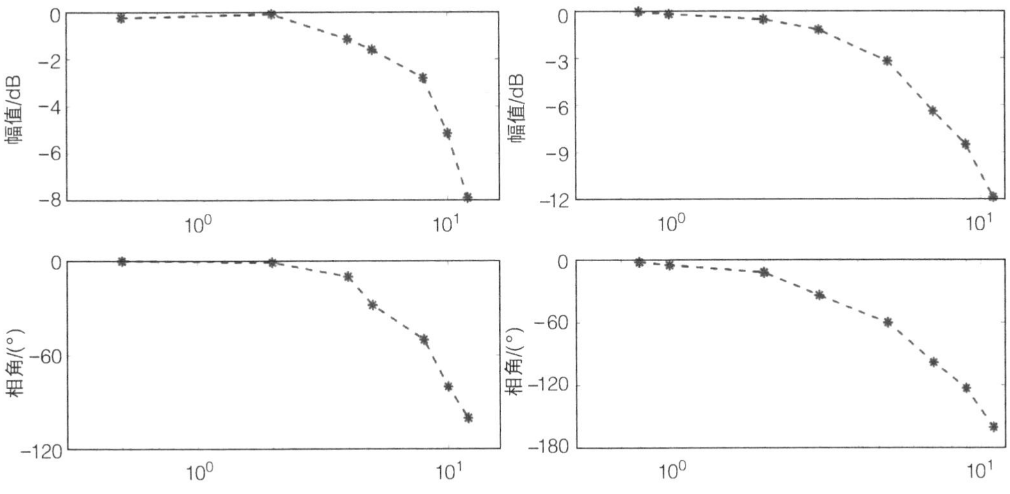

a) 线性电磁阀　　b) 电助力主缸

图 6-20　REHB 系统两种液压执行器频域特性

由图 6-20 所示的液压频域特性曲线可以看出，线性电磁阀制动系统最大能够响应到 7Hz，并出现增益幅值衰退和相角滞后；电助力主缸制动系统最大能够响应到 4Hz，并出现增益幅值衰退和相角滞后。另外，试验结果表明，如果想提高液压力的最大响应频率，那么必须相应地降低压力目标值的幅值大小。因此，在紧急制动工况电液冗余制动时，可以根据制动工况条件和动态制动需求选择合适的液压制动执行器并设定合适的压力跟踪期望值（压力范围、最大频率）。

为了保证车轮滑移率控制的稳定性，设计要求轮毂电机回馈转矩和 REHB 系统摩擦转矩在同一时刻仅能有一种制动转矩进行动态调节或反馈补偿，避免三种制动转矩由于控制特性不同而导致耦合制动转矩的滞后、超调或者失稳。为此，结合上述 REHB 系统两种执行器液压响应频域特性，提出了一种基于频域特性的电液冗余制动协调控制策略，其原理如图 6-21 所示。

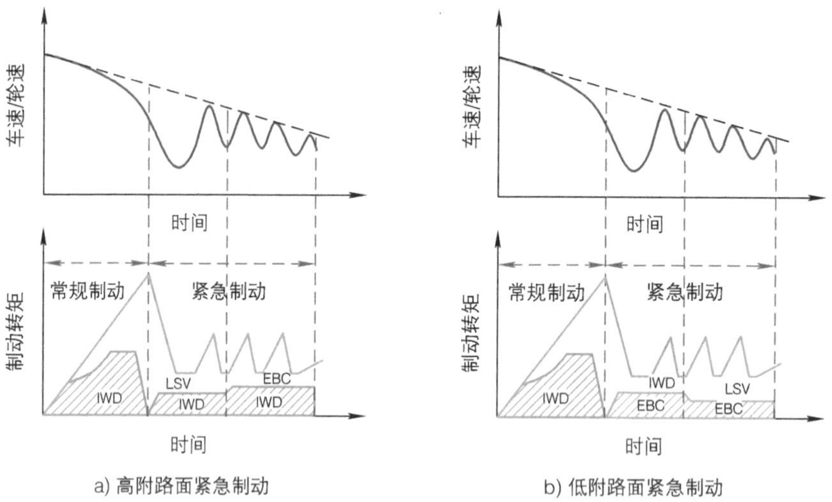

图 6-21　电液冗余紧急制动协调控制电液分配策略

IWD—轮毂电机　LSV—线性电磁阀　EBC—电助力主缸

如图 6-21a 所示，高附路面上的紧急制动工况所需要的车辆总制动转矩需求较大，轮胎抱死倾向低，同时为了回收部分制动能量，选择轮毂电机回馈转矩作为基础制动转矩；在正常状态制动阶段，线性电磁阀制动系统液压转矩可以较高频率进行压力调节补偿；在失效状态制动阶段，当制动中途发生某一线性电磁阀制动失效时，其故障失效导致该路轮缸液压力消失，该路液压制动仅能依赖于电助力主缸进行失效安全备份控制，实现制动接管。相比线性电磁阀，电助力主缸的频域带宽较窄，可控压力幅值较低。为保证其动态协调过程中的压力控制水平，需要提高基础制动即回馈制动转矩的稳态值，从而等效地调整了剩余需求的液压制动转矩的变化幅值。

如图 6-22b 所示，低附路面上的紧急制动工况所需要的车辆总制动转矩需求较小，而且车轮在低附条件下倾向于抱死。考虑以上两点，选择电助力主缸液压转矩作为基础制动转矩；在正常状态制动阶段，轮毂电机回馈转矩响应性良好，用于作为补偿调节转矩进行动态协调；在失效状态制动阶段，当制动中途发生电助力主缸制动失效时，其故障失效导致四轮的制动轮缸制动液压力降至某一残余液压力。由于电助力主缸制动系统为主缸与轮缸压力的集中统一调节，因此线性电磁阀制动系统作为安全备份紧急接管四轮制动轮缸进行独立液压力调节，实现切换控制。未采用轮毂电机回馈制动的原因是在低附路面条件下单独采用回馈制动极易导致车轮抱死，因此在电助力主缸制动系统故障发生后，回馈制动功能快速撤出，仅采用线性电磁阀制动系统承担车轮滑移率控制，进入最为安全、保守的单一液压制动模式。

上述基于频域特性的电液冗余协调制动控制策略中，需要给出基础制动转矩的大小。首先，定义当前路面附着系数条件下的车辆最大稳态制动转矩为 T_{bs}，其计算公式为：

$$T_{bs}=mg\mu R_{w} \tag{6-42}$$

考虑车辆纵向加速度引起的载荷转移后，前后轴单轮上最大稳态制动转矩 T_{bsf}、T_{bsr} 分别为：

$$\begin{cases} T_{\text{bsf}} = \alpha_{\text{wt}} T_{\text{bs}} / 2 \\ T_{\text{bsr}} = \left(1 - \alpha_{\text{wt}}\right) T_{\text{bs}} / 2 \end{cases} \tag{6-43}$$

式中，α_{wt} 为纵向载荷转移系数。

此处仅讨论某一前轮情况。当回馈制动转矩作为基础制动转矩时（即鉴定为高附路面，整车紧急制动需求较大），轮毂电机的回馈转矩期望值的计算方式为：

$$T_{\text{iwd,ref}} = \alpha_{\text{es}} T_{\text{reg,max}} \left(n_{\text{w}}\right) \tag{6-44}$$

式中，n_{w} 为当前轮速 $T_{\text{reg,max}}$ 下轮毂电机最大回馈转矩，α_{es} 定义为稳定回馈因子。因此，$T_{\text{iwd,ref}}$ 即表示当前轮毂电机能够用于紧急制动工况稳定输出的回馈转矩。

此时，REHB 系统提供的补偿调节转矩期望值为：

$$T_{\text{H,ref}} = T_{\text{bsf}} - T_{\text{iwd}} \tag{6-45}$$

根据以上计算逻辑，当 REHB 系统故障发生后，仅需要调节回馈控制参数即可获得压力控制幅值较小的电助力主缸制动期望值。

当 REHB 的液压制动转矩作为基础制动转矩时（即鉴定为低附路面整车紧急制动需求较小），电助力主缸制动系统的液压转矩期望值 $T_{\text{H1,ref}}$ 的计算公式为：

$$T_{\text{H1,ref}} = \beta_{\text{hs}} \min\left(T_{\text{Hc1}}, T_{\text{bsf}}\right) \tag{6-46}$$

式中，T_{Hc1} 为电助力主缸在 ABS 控制所需最低频率下最大可响应稳定液压转矩；β_{hs} 为液压比例因子，为小于等于 1 的正值参数。因此，$T_{\text{H1,ref}}$ 即表示当前电助力主缸能够用于紧急制动工况稳定输出的液压转矩。

类似的，回馈转矩作为补偿调节转矩的期望值为：

$$T_{\text{iwd,ref}} = T_{\text{bsf}} - T_{\text{H1}} \tag{6-47}$$

当 REHB 系统故障发生后，仅需要可以实现低压控制的线性电磁阀压力控制期望值，即

$$T_{\text{H2,ref}} = T_{\text{bsf}} \tag{6-48}$$

需要注意，以上设计的基础制动转矩设计参数 α_{es}、β_{hs} 与制动工况条件（车速、路面附着、失效状态等）有关，可通过基于专家经验的模糊逻辑模块给出。

6.3.3 紧急制动工况电液协调制动失效运行控制策略台架试验验证

为了验证基于频域特性的电液冗余制动协调控制策略在紧急制动工况下失效运行控制中的控制效果，本节采用硬件在环试验的方式，设计了高附与低附两种路面条件、线性电磁阀与轮毂电机两种制动执行器失效场景，对该控制策略进行试验与评价。

车辆制动控制性能评价角度和具体指标介绍如下。

1）制动稳定性：车轮在紧急制动过程中是否存在抱死现象。

2）制动效能：包括制动距离和制动强度。由于紧急制动过程的初期（ABS 激活时间）和末期（ABS 低速退出）两个阶段 REHB 制动系统并未完全发挥制动控制作用，因此采用改进后的计算指标——ABS 效率：

$$\eta_{ABS} = \frac{[\bar{a}_x]_{0.05v_{x0}}^{0.8v_{x0}}}{\mu g} \quad (6\text{-}49)$$

式中，$\bar{a}_x$ 为纵向加速度均值，v_{x0} 为制动初始车速。

3）制动方向稳定性：制动停车后车辆质心距离直线车道中心线的的横向位移。由于所提出的控制策略中未考虑车身姿态控制，因此不考虑制动结束时的车辆横摆角大小。

4）制动舒适性：考虑紧急制动过程的全程制动冲击影响，采用了车速由 $0.8v_{x0}$ 降至 $0.05v_{x0}$ 之前的纵向冲击度最大值作为 ABS 舒适性指标：

$$J_{x,\max} = \max([\bar{a}_x]_{0.05v_{x0}}^{0.8v_{x0}}) \quad (6\text{-}50)$$

6.3.3.1 高附路面紧急制动失效场景

高附路面（$\mu = 0.8$）制动控制稳定性的仿真结果如图 6-22 所示。0s 时刻 ABS 功能触发，电机回馈转矩（图中已等效变换为液压力（MPa），下同）作为基础制动转矩保持主动恒稳输出，REHB 的线性电磁阀制动系统作为补偿调节转矩进行动态补偿控制。在 1.5s 时刻，线性电磁阀出现故障导致轮缸压力骤降，REHB 制动控制器检测到故障并激活电助力主缸制动系统进行快速接管，鉴于电助力主缸的频域特性（带宽低于线性电磁阀液压特性），压力目标值会低于故障发生前，相应的电机回馈转矩进一步提高。最终在 2.28s 时刻，车速降至回馈转矩撤出门限，剩余制动需求则由 REHB 系统的液压摩擦制动功能全部承担，直至车辆停止。

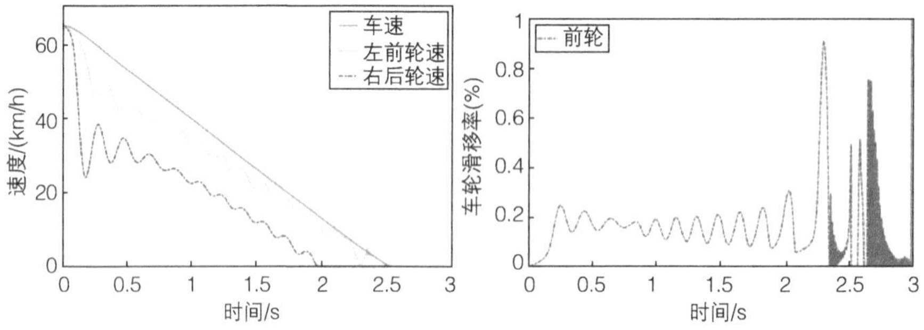

a) 车速、轮速　　b) 车轮滑移

图 6-22　高附路面制动控制稳定性

上述高附路面紧急制动过程中并未出现车轮抱死，制动控制稳定性良好，如图 6-23 所示。经过计算可知，ABS 效率为 0.91，纵向冲击度最大值指标为 25.9m/s³，全程制动冲击较为平顺。实际电液冗余等效制动压力（三种制动力）按照本节提出的电液冗余制动协调控制失效运行策略执行：1.5s 故障发生后，轮毂电机和电助力主缸进行接管，电助力主缸动态补偿直至制动终止；三种制动力响应性良好且控制平稳。从车辆制动轨迹看，对照组为传统线控制动系统在相同紧急制动失效工况下的制动控制结果，制动偏离明显（−0.48m），制动距离较大（41m）；相比而言，该方法的制动横向位移为 −0.045m，制动方向较为稳定，制动距离 30m，明显提高了制动效能，如图 6-24 所示。

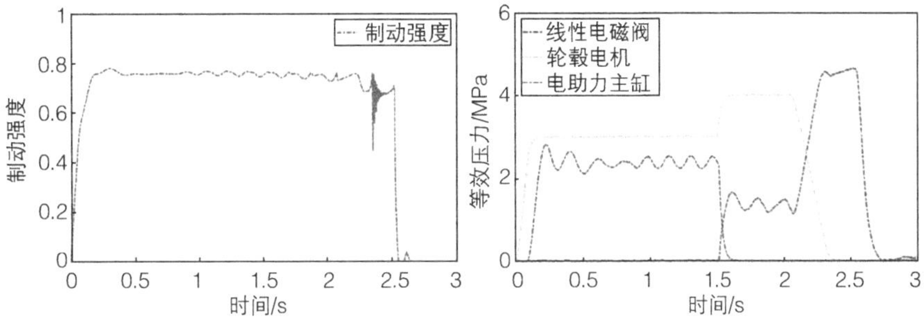

a) 制动强度　　b) 电液冗余制动响应

图 6-23　高附路面制动强度与电液冗余制动响应

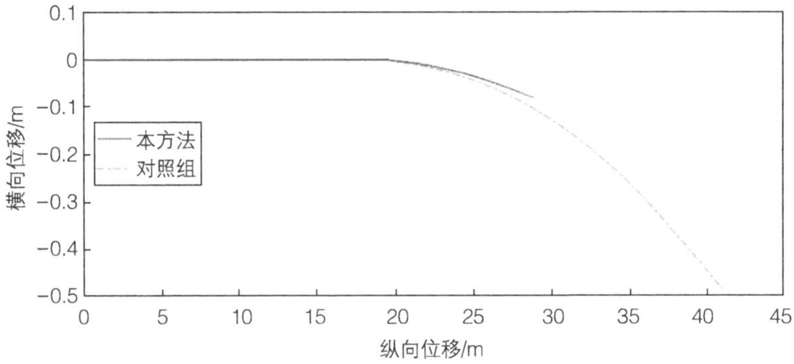

图 6-24　高附路面制动轨迹

6.3.3.2　低附路面紧急制动失效场景

低附路面（$\mu = 0.3$）制动控制稳定性的仿真结果如图 6-25 所示。0s 时刻 ABS 功能触发，电助力主缸液压转矩作为基础制动转矩保持主动恒稳输出，DIWD 的轮毂电机回馈转矩作为补偿调节转矩进行动态补偿控制。在 4.0s 时刻，轮毂电机出现故障导致回馈转矩骤降，在该路车轮需要高频高幅值制动转矩的情况下，需要 REHB 的线性电磁阀制动系统进行快速接管，相应地，该液路隔离阀上电隔断主缸与轮缸，线性电磁阀进入液压耦合闭环压力控制模式。最终在 6.65s 时刻车速趋近于 0，REHB 系统的液压摩擦制动功能全部撤出，最终车辆停止。

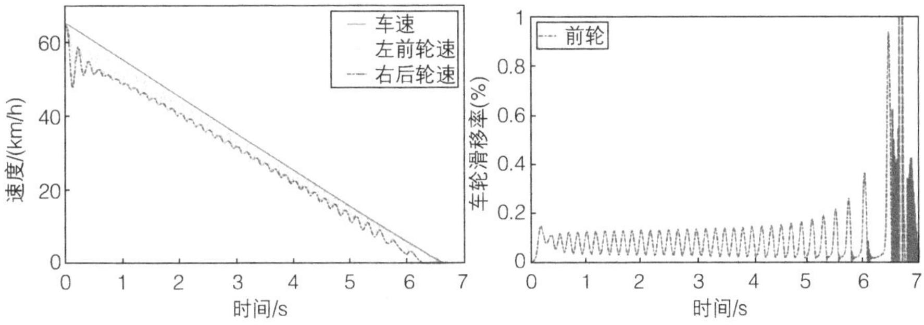

a) 车速轮速　　b) 车轮滑移

图 6-25　低附路面制动控制稳定性

上述低附路面紧急制动过程中并未出现车轮抱死，轮速波动较小，制动控制稳定性良好，如图 6-26 所示。经过计算可知，ABS 效率为 0.93，纵向冲击度最大值指标为 26.2m/s^3，全程制动冲击较为平顺。实际电液冗余等效制动压力（三种制动力）按照本节提出的电液冗余制动协调控制失效运行策略执行：4.0s 故障发生后，线性电磁阀单一接管轮缸压力调节任务，直至制动终止；从电液冗余制动力响应结果可以看出，即使制动轮缸存在残余压力（1.0MPa），线性电磁阀在液压耦合闭环压力控制算法的作用下，依然能够平稳地实现轮缸压力稳定控制。从车辆制动轨迹看，对照组为传统线控制动系统在相同紧急制动失效工况下的制动控制结果，制动偏离明显（−0.41m），制动距离较大（59m）；相比而言，该方法的制动横向位移为 −0.004m，制动方向较为稳定，制动距离为 50m，明显提高了制动效能，如图 6-27 所示。

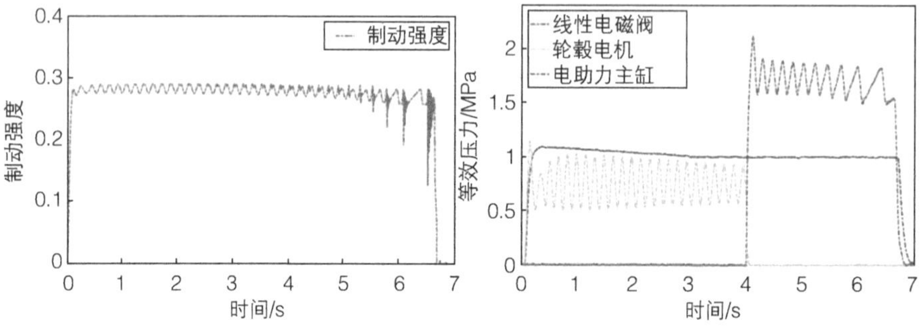

a) 制动强度　　b) 电液冗余制动响应

图 6-26　低附路面制动强度与电液冗余制动响应

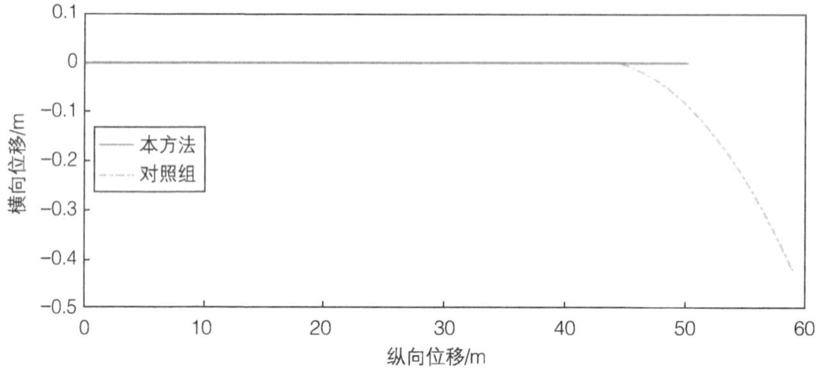

图 6-27　低附路面制动轨迹

综合以上试验及分析结果，不同路面附着条件下的紧急制动过程中 REHB 发生制动故障时，基于频域特性的电液冗余制动协调控制策略基本保持原 REHB 系统正常状态下的整体制动性能，能够有效实现失效运行控制。综合第 6.2 节中提出的常规制动工况下的基于液压耦合闭环压力控制的回馈制动算法，本书提出的电液冗余制动失效运行控制方法，能够在全制动工况保障智能电动汽车的高安全制动能力。

参考文献

[1] 中国汽车工程学会 . 电动汽车智能底盘技术路线图 [M]. 北京：机械工业出版社，2023.

[2] 孙逢春，林程 . 电动汽车工程手册　第一卷 纯电动汽车整车设计 [M]. 北京：机械工业出版社，2019.

[3] 郭孔辉 . 汽车操纵动力学 [M]. 长春：吉林科学技术出版社，1991.

[4] 交通运输部，科学技术部 . 交通运输部　科学技术部关于印发《"十四五" 交通领域科技创新规划》的通知 [EB/OL]. (2023-06-11) [2023-06-30]. https://www.gov.cn/zhengce/zhengceku/2022-04/09/content_5684262.htm.

[5] 欧阳明高 . 电动乘用车发展的新阶段、新挑战与新路径 [R/OL]. (2022-03-26)[2023-06-30]. https://auto.cri.cn/chinanews/20220328/d176188e-9e50-6432-54b4-67a6d21e7ff6.html.

[6] 韩京清 . 自抗扰控制技术 - 估计补偿不确定因素的控制技术 [M]. 北京：国防工业出版社，2008.

[7] KANT B. Sensotronic brake control (sbc)[M]. Wiesbaden：Springer，2014.

[8] RAJAMANI R. Vehicle dynamics and control[M]. New York：Springer，2006.

[9] 崔胜民，余群 . 汽车轮胎行驶性能与测试 [M]. 北京：机械工业出版社，1995.

[10] UTKIN V I. Sliding modes in control and optimization[M]. Berlin：Springer，2013.